AOSTA
VALLE
d'AOSTA

TRENTINO-ALTO
ADIGE

TRENTO

FRIULI
VENEZIA
GIULIA

LOMBARDIA

MILANO

VENETO

VENEZIA

TRIESTE

PIEMONTE

TORINO

Italia settentrionale

EMILIA-ROMAGNA

BOLOGNA

LIGURIA

GENOVA

MAR LIGURE

FIRENZE

TOSCANA

MARCHE

ANCONA

MAR ADRIATICO

PERUGIA

UMBRIA

L'AQUILA

Italia centrale

ROMA

ABRUZZO

L A Z I O

MOLISE

CAMPOBASSO

PUGLIA

BARI

NAPOLI

CAMPANIA

POTENZA

BASILICATA

SARDEGNA

CAGLIARI

MAR TIRRENO

Italia meridionale
e insulare

CALABRIA

CATANZARO

MAR IONIO

PALERMO

SICILIA

MAR MEDITERRANEO

D1728573

Orts- und Ländernamen

Paesi europei			
l'Albania	Albanien	albanese	albanisch
l'Austria	Österreich	**austriaco**	österreichisch
il Belgio	Belgien	**belga**	belgisch
la Bosnia	Bosnien	bosniaco	bosnisch
la Croazia	Kroatien	croato	kroatisch
la Danimarca	Dänemark	**danese**	dänisch
la Finlandia	Finnland	**finlandese**	finnisch
la Francia	Frankreich	**francese**	französisch
la Germania	Deutschland	**tedesco**	deutsch
la Grecia	Griechenland	greco	griechisch
l'Inghilterra	England	**inglese**	englisch
l'Irlanda	Irland	irlandese	irisch
l'Islanda	Island	islandese	isländisch
l'Italia	Italien	**italiano**	italienisch
la Norvegia	Norwegen	norvegese	norwegisch
l'Olanda (i Paesi Bassi)	Holland (Niederlande)	**olandese**	holländisch
la Polonia	Polen	polacco	polnisch
il Portogallo	Portugal	**portoghese**	portugiesisch
la Russia	Russland	russo	russisch
la Spagna	Spanien	**spagnolo**	spanisch
la Svezia	Schweden	**svedese**	schwedisch
la Svizzera	Schweiz	**svizzero**	schweizerisch
la Turchia	Türkei	**turco**	türkisch

Paesi extraeuropei			
il Canada	Kanada	canadese	kanadisch
gli Stati Uniti	die Vereinigten Staaten	statunitense/ **americano**	nordamerikanisch/ amerikanisch
la Cina	China	cinese	chinesisch
il Giappone	Japan	giapponese	japanisch

Continenti			
l'Europa	Europa	**europeo**	europäisch
l'Africa	Afrika	africano	afrikanisch
l'America	Amerika	**americano**	amerikanisch
l'Asia	Asien	asiatico	asiatisch
l'Australia	Australien	australiano	australisch

Città del mondo

Amburgo	Hamburg	**Lubiana**	Ljubljana	**Salisburgo**	Salzburg
Barcellona	Barcelona	**Madrid**	Madrid	**Stoccarda**	Stuttgart
Basilea	Basel	**Manchester**	Manchester	**Strasburgo**	Straßburg
Berlino	Berlin	**Marsiglia**	Marseille	Varsavia	Warschau
Colonia	Köln	**Monaco**		**Vienna**	Wien
Lione	Lyon	**(di Baviera)**	München	**Winterthur**	Winterthur
Lipsia	Leipzig	**Mosca**	Moskau	**Zurigo**	Zürich
Lisbona	Lissabon	**Parigi**	Paris		
Londra	London	**Praga**	Prag		

In piazza

Ausgabe A
Unterrichtswerk für Italienisch

C.C.Buchner

In piazza

Ausgabe A
Unterrichtswerk für Italienisch

Herausgegeben von Sonja Schmiel und Norbert Stöckle

Schülerband

Erarbeitet von M. Cristina Fronterotta, Julia Gerlach, Ingrid Ickler, Dieter Jaeschke, Sonja Schmiel, Frank Schöpp, Martin Stenzenberger und Norbert Stöckle

Dieses Werk folgt der reformierten Rechtschreibung und Zeichensetzung. Ausnahmen bilden Texte, bei denen künstlerische, philologische oder lizenzrechtliche Gründe einer Änderung entgegenstehen.

1. Auflage 1 $^{5\ 4\ 3\ 2}$ 2020 18 16 14
Die letzte Zahl bedeutet das Jahr dieses Druckes.
Alle Drucke dieser Auflage sind, weil untereinander unverändert, nebeneinander benutzbar.

Lektorat: Caroline Meidenbauer
Illustrationen: Kirill Chudinskiy, Köln, Maria Sebald, Bamberg
Herstellung: Artbox Grafik & Satz GmbH, Bremen

Druck und Bindearbeiten: Stürz GmbH, Würzburg

www.ccbuchner.de

ISBN 978-3-7661-**4970**-1

Vorwort und Wegweiser

Liebe Schülerinnen und Schüler! Cari studenti!

Benvenuti in piazza!

Bevor ihr mit *In piazza* in die neue Sprache startet, wollen wir euch an dieser Stelle die wichtigsten Informationen zum Buch geben.

Das Schülerbuch enthält 15 Lektionen.

Jede Lektion besteht in der Regel aus drei Texten (T 1, 2, 3), die jeweils durch einen *Preparare*-Teil lexikalisch bzw. grammatikalisch vorentlastet werden. Auf jeden Text folgen unter E (esercizio) die Übungen. Ein G (für grammatica) bei den einzelnen Übungen verweist auf den dazugehörigen Paragrafen im Grammatischen Beiheft.

Jede Lektion beginnt mit einem *Ingresso*-Teil. Dieser Abschnitt führt in die Lektionsthematik ein, und ihr erfahrt an dieser Stelle in drei bis vier Sätzen, wie sich eure Sprachkompetenz am Ende der Lektion weiterentwickelt haben wird.

Überhaupt hat der Begriff „Kompetenz" in der Bedeutung von „wissen und anwenden können" in diesem Buch eine große Bedeutung.

Im Anschluss an die Lektionen 3, 6, 9 und 12 habt ihr die Gelegenheit herauszufinden, was ihr im Italienischen bereits „könnt", und zwar in den Bereichen Hören, Lesen, Sprechen, Schreiben und Sprachmittlung. Etwa in der Mitte des Buches erreicht ihr die Niveaustufe A2 des Gemeinsamen europäischen Referenzrahmens für Fremdsprachen, am Ende des Bandes die Stufe B1. Den Abschluss von *In piazza* bietet nach Lektion 15 eine Kompetenzüberprüfung, die alle Niveaustufen (A1 bis B1) abdeckt. So habt ihr die Möglichkeit, euer Können aufgeschlüsselt auf die Bereiche Hören, Lesen, Schreiben, Sprechen, Mediation festzustellen. Einen Lösungsschlüssel dazu findet ihr auf unserer Homepage (www.ccbuchner.de/medien) unter Eingabe des Codes 4970-01 in das Suchfeld.

Das Buch will euch auch unterstützen, das Erlernen der italienischen Sprache selbstständig und damit „kompetent" zu gestalten. Zu diesem Zweck erhaltet ihr in jeder Lektion unter dem Stichwort „strategie" Hinweise zu Lern- und Kompetenzstrategien, die übersichtlich auf eigenen Seiten zusammengestellt sind und auf den Lektionsteil folgen. Darüber hinaus gibt es fakultative Lektionstexte in den Lektionen 9, 10 und 11 sowie fakultative Übungen in nahezu allen Lektionen. Sie sind für diejenigen gedacht, die eigenständig weiter arbeiten und sich neuen Herausforderungen zum Thema der Lektion stellen wollen. Die Kenntnis der als fakultativ gekennzeichneten Teile wird in den Folgekapiteln nicht vorausgesetzt.

Im Mittelpunkt des Buches steht natürlich **Italien**, und hierbei insbesondere die Lebenswelt italienischer Jugendlicher in eurem Alter. Vieles ist in Italien einfach anders als bei uns. Damit ihr in Begegnungssituationen eine „bella figura" machen könnt, d.h. einen guten Eindruck hinterlasst, erhaltet ihr in besonderen Info-Kästchen Hinweise, wie man sich verhalten sollte. In den Lektionen begegnen euch außerdem die folgenden Zeichen:

	Hörtext bzw. Hörverstehensübung		Ermittlung einer Grammatikregel
	Lesetext/Leseübung		Partnerübung
	Schriftliche Übung		Gruppenübung
	Mündliche Übung		Mediation
	Fare bella figura		Fakultative Übung/fakultativer Text

Damit ihr von Beginn an im Unterricht Italienisch sprecht und auch viel versteht, schaut ihr euch am besten zuerst die Strategie „Und welcher Lerntyp bist du?" auf Seite 277 an.

Viel Spaß und vor allem viel Erfolg beim Italienischlernen wünscht euch

Das *In piazza*-Team

Inhalt

Strategien

Vocabolario

Alphabetisches Vokabelverzeichnis

Bildnachweis

Gemeinsamer europäischer Referenzrahmen
Checkliste Selbstbeurteilung: Sprachkompetenzstufen A1–B1

	Lektionen 1–8		
		Lektionen 9–15	
	A1	**A2**	**B1**
Hören	Ich kann Ausdrücke und einfache Sätze, z. B. Anweisungen verstehen, wenn sie sich auf mich selbst, meine Familie oder auf konkrete Dinge um mich herum beziehen, wenn sie eher langsam und deutlich gesprochen sind.	Ich kann einzelne Sätze und die gebräuchlichsten Wörter verstehen, wenn es um einfache Informationen zur Person und zur Familie, zum Einkaufen und zur Schule und zur Freizeitgestaltung geht. Ich verstehe das Wesentliche von kurzen, klaren und einfachen Mitteilungen und Durchsagen.	Ich kann die Hauptpunkte verstehen, wenn klare Standardsprache verwendet wird und wenn es um vertraute Dinge aus Familie, Schule, Arbeit, Freizeit usw. geht. Ich kann in manchen Radio- oder Fernsehsendungen über aktuelle Ereignisse oder Themen aus meinem Berufs- oder Interessengebiet die Hauptinformationen entnehmen, wenn relativ langsam und deutlich gesprochen wird.
Lesen	Ich kann einzelne vertraute Namen, Wörter und einfache Sätze verstehen, z. B. auf Schildern, Plakaten und Katalogen.	Ich kann kurze einfache Texte lesen. Ich kann in Alltagstexten (Anzeigen, Prospekten, Speisekarten oder Fahrplänen) konkrete vorhersehbare Informationen auffinden, und ich kann kurze einfache und persönliche E-Mails und Briefe verstehen.	Ich kann Texte verstehen, in denen vor allem häufig verwendete Alltags- oder Berufssprache vorkommt. Ich kann in privaten Briefen oder E-Mails Beschreibungen von Ereignissen, Gefühlen und Wünschen verstehen.
An Gesprächen teilnehmen	Ich kann mich auf einfache Art verständigen, bin aber darauf angewiesen, dass mein Gesprächspartner bereit ist, etwas langsamer zu wiederholen oder anders auszudrücken und mir dabei hilft zu formulieren, was ich sagen möchte. Ich kann einfache Fragen stellen und beantworten, sofern es sich um unmittelbar notwendige Dinge und sehr vertraute Themen handelt.	Ich kann mich in routinemäßigen Situationen verständigen, in denen es um einen unkomplizierten und direkten Austausch von Informationen über vertraute Themen und Tätigkeiten geht. Ich kann ein kurzes Kontaktgespräch führen, verstehe aber kaum genug, um selbst das Gespräch in Gang zu halten.	Ich kann die meisten Situationen bewältigen, denen man auf Reisen im Sprachgebiet begegnet. Ich kann ohne Vorbereitung an Gesprächen über Themen teilnehmen, die mir vertraut sind oder die mich interessieren (z. B. Familie, Hobbys, Schule, Arbeit, Reisen, aktuelle Ereignisse).

Zusammen-hängend sprechen	Ich kann einfache Wendungen und Sätze gebrauchen um mich selbst, Leute, die ich kenne, und meine Wohnsituation zu be-schreiben.	In kann in einigen Sät-zen und mit einfachen Mitteln z. B. meine Familie, andere Leute, meine schulische Ausbil-dung beschreiben.	Ich kann in einfachen, zusammenhängenden Sätzen sprechen, um Er-fahrungen und Ereig-nisse, meine Träume, Hoffnungen und Ziele zu beschreiben. Ich kann meine Meinungen und Pläne erklären und be-gründen. Ich kann eine Geschichte erzählen oder die Handlung eines Buches oder Films wie-dergeben und meine Re-aktion beschreiben.
Schreiben	Ich kann auf Postkarten oder in E-Mails kurze einfache Mitteilungen machen. Ich kann auf Formularen Namen, Adresse und Nationalität eintragen.	Ich kann kurze, einfache Notizen und Mitteilun-gen schreiben. Ich kann eine E-Mail oder einen einfachen persönlichen Brief schreiben, z. B. um mich für etwas zu be-danken.	Ich kann über Themen, die mir vertraut sind oder mich persönlich in-teressieren, einfache zu-sammenhängende Texte schreiben. Ich kann per-sönliche Schreiben ver-fassen und darin von Er-eignissen, Erfahrungen und Eindrücken berich-ten.
Sprachmitt-lung	Ich kann in einzelnen Alltagssituationen mündlich und schriftlich sprachmittelnd handeln.	Ich kann in vertrauten Situationen mündlich und schriftlich sprach-mittelnd handeln.	Ich kann mündlich in Routinesituationen und schriftlich zu vertrauten Themen zusammenhän-gende sprachliche Äuße-rungen und Texte sinn-gemäß von der einen in die andere Sprache über-tragen.

Chi sei?

Ingresso

– Ciao, sono Marco. E tu?
– Io mi chiamo Alessandra.

– Ciao Elena!
– Ciao Martina!

Ciao, ragazzi! Sono Davide.

Am Ende der Lektion kannst du

· dich kurz vorstellen.
· sagen, wie es dir geht.
· erste Kontakte zu Italienern knüpfen.
· wichtige Orte in einer Stadt benennen.

④
– Buongiorno, sono la signora Parodi.
– Piacere, mi chiamo Giuseppina Capecchi.

⑤
Buongiorno, signora. Sono Cristiano Gilberto.

E1 *Come ti chiami?*
Ti presenti, ma … in italiano! Du stellst dich vor … aber auf Italienisch!

E2 *Bei welcher Buchstabenfolge werden „g" und „c" im Italienischen „weich" bzw. „hart"*
ausgesprochen?

Chiara – Cristina – Cinzia – Margherita – Giuseppe – Gianna – Gina – Lucia –
Francesco – Luigi – Graziella – Guglielmo – Gabriele – Caterina

E3 *Versuche, die folgenden Namen zu verstehen und schreibe sie auf.*

E4 *E il tuo nome? Und dein Vorname?*
Gibt es deinen Namen und die Namen deiner Mitschüler auch im Italienischen? Wie werden
sie ausgesprochen? Wie werden sie geschrieben?

T1 *Nuovi amici*

Laura: Oddio, e adesso? Dove sono?
Uffa, ma DOVE SONO?
DOVE??

Francesco: Oh, ciao, c'è un problema?

5 Laura: Ah, sì, non so dove sono. Cerco il
cinema Ariston.

Francesco: Un momento ... Noi siamo qui,
in piazza Matteotti, e il cinema
... è lì.

10 Laura: Ah, grazie. A proposito, io mi
chiamo Laura. E tu?

Francesco: Sono Francesco. Piacere. Di dove
sei?

Laura: Sono tedesca, di ...

15 Francesco: Ah, interessante! Di Amburgo?
Di Francoforte? Di Monaco?

Laura: No, sono di Berlino. E tu sei di
Genova?

Francesco: No, non sono di Genova. Sono di
20 Palermo, ma abito qui da cinque
anni. Genova è bella, no?

Laura: Sì, molto! Ma anche un po'
caotica!

Francesco: Scusa, Laura! ... Pronto? Ah, sei
25 tu! ... Io? Sono in piazza ...

Laura: Matteotti!

E1 *Le risposte di Laura. Lauras Antworten.* **G** → 1.5
1. Come ti chiami?
2. Sei di Amburgo? (No, non ...)
3. Dove abiti?
4. Genova è bella?
5. La piazza si chiama piazza San
Matteo? (No, non...)

E2 *Intervistatevi. Interviewt euch gegenseitig.*

Come ti chiami?
Piacere.
Di dove sei?
Dove abiti?

Mi chiamo .../Sono ...

Sono di ...
Abito a ...

E3 *Presentate il vostro partner alla classe. Stellt euren Interviewpartner der Klasse vor.*
G → 1.4
"Si chiama ... Abita a ..."

E4 *Ciao, ragazzi! Chi è chi?*

Dieci ragazzi si presentano. *Zehn Jugendliche stellen sich vor.*
Ascolta e completa la tabella. *Höre zu und ergänze die Tabelle.*

Kiel – nel nord della Germania

Britta

Cristina

Luca

Antonia

Pantalla – vicino a Perugia

Adrian

Giorgio

Johanna

Martin

Margherita

Angelica

nome	abita a	è di	è tedesco/a/italiano/a
Cristina	▪▪	▪▪	▪▪
Margherita			
...			

E5 *Ascolta lo spelling e scrivi i nomi.* *Es werden nun einige Namen buchstabiert.*
Schreibe sie auf.

"Ciao!" ... ma sempre e con tutti?
Begrüßung und Verabschiedung in Italien

Situation 1: Respekt, Distanz (in der Regel bei Erwachsenen)

Begrüßung	Verabschiedung
– Buongiorno, Signore/Signora! (Guten Tag!) – Buonasera, Signore/Signora! (Guten Abend!)	– Arrivederci, Signore/Signora! – Buongiorno/Buona giornata, Signore/Signora! (Einen schönen Tag noch!) – Buonasera/Buona serata, Signore/Signora! (Einen schönen Abend noch!)

Situation 2: Freundlicher Umgang zwischen Menschen, die sich kennen, aber nicht unbedingt miteinander befreundet sind

Begrüßung	Verabschiedung
– Salve! (Guten Tag! / Hallo!) – Salve, come va? (..., wie geht's?)	– Salve! (Auf Wiedersehen! Tschüss!) – Salve e buona giornata / serata! (... und einen schönen Tag / Abend noch!)

Situation 3: Umgang unter Freunden

Begrüßung	Verabschiedung
– Ciao! (Hallo!) – Ciao, come va? (..., wie geht's?) – Ciao, come stai? (..., wie geht es dir?)	– Ciao! (Tschüss!) – Ciao, a dopo! (..., bis später!) – Ciao, a presto! (..., bis bald!) – Ciao, ci vediamo! (..., wir sehen uns!)

E6 *Ciao! Salve! Buongiorno!*

1. *Wie oft kannst du das Wort „ciao" hören?*
2. *Welche unterschiedlichen Möglichkeiten der Begrüßung und des Verabschiedens kannst du hören?*
3. *In welchem Verhältnis stehen die Personen zueinander, die sich begrüßen?*

E7 *Was sagt man in den folgenden Situationen?*

1. Du gehst in eine Bar.
2. Du trittst in ein Geschäft ein und begrüßt den Verkäufer.
3. Laura geht schon seit mehreren Tagen in die gleiche Bar. Beim Eintreten stellt sie fest, dass man sich an sie erinnert.
4. Francesco sieht eine ältere Nachbarin aus seinem Haus.
5. Du triffst einen Mitschüler aus deiner Austauschklasse.
6. Du verabschiedest dich von einem Freund, den du heute Abend wiedersehen wirst.

1. Du fragst einen Freund, ob es ein Problem gibt.
2. Du findest etwas „interessant".
3. Du bedankst dich.
4. Du hast dich verlaufen und fragst dich, wo du bist.
5. Du bittest um einen Augenblick Geduld.
6. Du möchtest „übrigens" wissen, wie das Mädchen / der Junge, das/den du gerade siehst, heißt.

Preparare T2

E1 *A Genova*

Abbinate. *Ordnet zu.*

- piazza Matteotti
- il Palazzo Ducale
- un'edicola

- una chiesa
- via San Lorenzo
- il duomo

- un bar
- una gelateria

T2 *In centro*

Francesco: Allora, ciao! Ciao ciao! Sì, a presto! Ciao! ... Scusa, Laura!
Laura: Ah, niente. Allora, questa è piazza Matteotti! Ok!
Francesco: Eh sì. Guarda, c'è anche Palazzo Ducale ...
Laura: Hmmm bello!
5 *Francesco:* E poi c'è anche via San Lorenzo con il duomo di Genova ... è bellissimo ...
Laura: E questa chiesa come si chiama?
Francesco: Si chiama ... boh, ... Ma senti, hai voglia di prendere un gelato? Fa così caldo!
Laura: Sì, volentieri.
Francesco: Allora vieni con me... in piazza delle Erbe. C'è il bar Berto, e anche un'ottima
10 gelateria. Si chiama "La Cremeria delle Erbe".
Laura: Una gelateria? Ottimo! Hmmmmm! È lontano?
Francesco: No, è qua vicino.

Francesco: Ecco piazza delle Erbe. E guarda, io abito proprio qua, in questo palazzo.
L'ingresso è lì, dove c'è lo scooter.
15 *Laura:* Ah sì!
Francesco: E tu dove abiti?
Laura: In piazza Carignano.
Francesco: Ah, in piazza Carignano c'è il liceo Tommaso Grossi. Io vado lì.
Laura: Anch'io!
20 *Francesco:* Interessante ... Sei qui per un mese?
Laura: No, per un anno!
Francesco: Ah! Per un anno? Bene!

E2 *Vero o falso? Richtig oder falsch?*

1. Francesco e Laura sono in piazza Matteotti.
2. Anche il duomo è in piazza Matteotti.
3. In piazza Matteotti ci sono un'edicola e un cinema.
4. La gelateria si chiama "San Remo".
5. Laura abita in via San Lorenzo.
6. Laura è in Italia per un anno.

E3 *Lies T2 noch einmal durch. Wie lauten die bestimmten Singularartikel und die unbestimmten Artikel im Italienischen? Versuche sie schlüssig zu ordnen.*

E4 *Che cosa c'è da vedere in città? Was gibt es in der Stadt zu sehen?*

Metti l'articolo determinativo e quello indeterminativo. Setze den passenden bestimmten und unbestimmten Artikel ein. **G** → 1.8

▪▪/▪▪ piazza, ▪▪/▪▪ palazzo,
▪▪/▪▪ chiesa, ▪▪/▪▪ duomo,
▪▪/▪▪ via, ▪▪/▪▪ liceo,

▪▪/▪▪ ingresso, ▪▪/▪▪ scooter,
▪▪/▪▪ centro, ▪▪/▪▪ edicola,
▪▪/▪▪ bar, ▪▪/▪▪ cinema.

E5 Per capire parole nuove (→ Strategia 1.1., pag. 279)

Welche der folgenden Begriffe bezeichnen Substantive, Adjektive oder Verben?
Und was bedeuten sie?

sostantivo	verbo	aggettivo

treno   difficile   fare   fontana   dormire   lettera   ordinare   costruire   prendere   meraviglioso   gentile   ufficio postale   farmacia   vendere   ospedale   silenzioso   stadio   spazioso   riparare   ristorante   scuola   ripetere   canzone   studiare   teatro   strada   profondo

Genova

Hauptstadt der Region *Liguria*, ca. 700.000 Einwohner.

Im Mittelalter war Genua eine der vier Meeresrepubliken (mit Venedig, Pisa und Amalfi), und auch heute noch lebt die rege Hafenstadt von Schiffsbau und Meereshandel. Genua wird auch die Stadt der Horizontalität genannt: Auf einem schmalen Küstenstreifen erstrecken sich ca. 35 km lang die typisch genuesischen Palazzi, direkt zwischen Meer und hohen Bergen. In der Stadt gibt es daher mehrere öffentliche Fahrstühle und Drahtseilbahnen, die die höher gelegenen Wohngebiete (mit atemberaubendem Blick auf den Hafen) mit der Stadt verbinden.

Genua hat darüber hinaus die größte zusammenhängende Altstadt in Europa, in deren engen Gassen („vicoli") man sich schnell verlaufen kann. Einen schönen Überblick über Genua erhält man von der „Spianata di Castelletto", ebenfalls mit einem Fahrstuhl erreichbar, aber auch von der „Lanterna", dem Leuchtturm, der auch das Wahrzeichen der Stadt ist. Und für Freunde der Meereswelt gibt es das „Acquario", direkt am „Porto Antico" gelegen.

∞∞ **E6** *Due città, due piazze*

Reggio Calabria

Reggio Emilia

Ecco due piazze: una a Reggio Calabria e una a Reggio Emilia. Ognuno di voi presenta una di queste piazze senza guardare l'altra. Che cosa è diverso? Fate due liste. *Hier sind zwei Plätze, einer in Reggio Emilia und einer in Reggio Calabria. Jeder von euch stellt einen dieser Plätze vor, ohne den anderen zu sehen. Was ist unterschiedlich? Erstellt zwei Listen.*

Modello: A Reggio Calabria c'è ...

A Reggio Emilia c'è ...

 E7 *E tu dove abiti?*

Abiti in una piazza o in una via? Che cosa c'è in questa via/piazza?

 E8 **Dove siamo?**

Du hörst fünf Dialoge. Ordne sie jeweils einem der folgenden Orte zu.

al ristorante: *im Restaurant* – in piazza: *auf einem Platz* – in gelateria: *in einer Eisdiele* – a teatro: *im Theater* – a scuola: *in der Schule*

 E9 **Cristoforo Colombo**

Cristoforo Colombo (1451–1506), der italienische Seefahrer, der im Auftrag der spanischen Krone einen kürzeren Seeweg nach Asien erkunden sollte und dabei irrtümlich in der Karibik landete, wodurch er Mittelamerika für die westliche Welt entdeckte, wurde in Genua geboren.

Da Genua einen regen Hafen hatte, fuhr Kolumbus bereits in seiner Jugend als kaufmännischer Angestellter zur See, bevor er seine Expeditionen unternahm.

Sucht Spuren von Kolumbus in Genua!

Preparare T3

E1 **Come stai? Wie geht es dir?**

Welcher Ausdruck passt zu welcher Zeichnung?

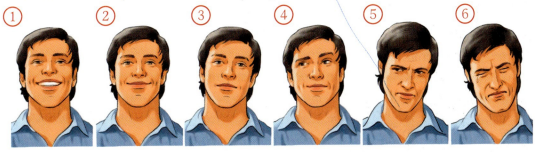

Sto molto male / malissimo. – Sto molto bene / benissimo. – Sto male. – Sto abbastanza bene. – Sto così così. – Sto bene.

E2 *Ti piace il gelato? – Sì, ma che gusto?*

la nocciola   il limone

il cioccolato

la stracciatella

la banana

la vaniglia

l'amarena

lo yogurt

la fragola   il caffè

T3 Mangiamo un gelato?

Laura:	Oddio, quanta gente! Che facciamo? Aspettiamo?
Francesco:	Ma sì! Qui il gelato è davvero buono, soprattutto il limone, la fragola e la strac- ciatella! Che gusto ti piace, Laura?
Laura:	Mi piace soprattutto il cioccolato!
5 Francesco:	Guarda, arrivano anche gli altri. Ciao, ragazzi! Ciao Irene, come stai?
Irene:	Sto bene, grazie. Aspettate da molto?
Francesco:	Da circa cinque minuti ... Ecco Laura, una nuova amica. Laura, ti presento Claudio, Lorenzo, Irene, Mattia e ...
Laura:	Piacere!
10 Mattia:	Di dove sei?
Laura:	Sono tedesca ... di Berlino, e anche ...
Mattia:	Berlino! Che bella città! Ma parli davvero bene l'italiano! Io parlo solo un po' l'inglese ...
Laura:	Eh, grazie, abito qui da un mese. E poi mio padre è italiano.
15 Lorenzo:	Ah ok! E che cosa fai qui? Perché sei a Genova? Per visitare la città?
Laura:	Sì anche, ma sono qui per un anno e vado a scuola per imparare bene l'italiano ... e per incontrare gente simpatica.
Mattia:	E Genova ti piace?
Laura:	Genova mi piace molto! Le piazze, i bar, i negozi, i vicoli ...
20 Francesco:	... e le gelaterie, vero? A proposito: tocca a te, Laura.
Claudio:	Dai, prendi il cioccolato al peperoncino. È divino!
Laura:	Al peperoncino? No, scusa, non mi piace. ... Buongiorno! Vorrei un cono a tre gusti: fragola, yogurt e cioccolato. Senza panna.
25 Gelataio:	Benissimo. Allora ... fragola ... yogurt ... e cioccolato. Ecco a Lei, signorina.
Laura:	Quanto pago?
Francesco:	Oggi pago io!
Gelataio:	Allora paghi i due gelati ... sono tre euro sessanta.
Laura:	Grazie, Francesco. Sei molto gentile!
30 Francesco:	Grazie. Hmmm, adesso sto benissimo!

E3 *Tu sei Laura. Che cosa rispondi?* *Du bist Laura. Was antwortest du?*

1. Ciao Laura, come stai?
2. Ti piace il gelato? E che gusti?
3. Prendi un gelato! Va bene il cioccolato al peperoncino?
4. Aspetti da molto per il gelato?
5. Di dove sei?
6. Che cosa fai qui? Perché sei a Genova?
7. Tuo padre è tedesco?
8. Quanto paghi?

E4 *Com'è il plurale dei sostantivi maschili e femminili?* *Wie lauten die Pluralendungen der männlichen und weiblichen Substantive und die entsprechenden Artikel?*

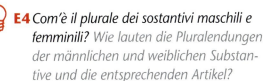

Occhio! il problema – i problemi
il cinema – i cinema

E5 *Laura è in Germania, ma pensa sempre a Genova!* *Laura ist (mal wieder) in Deutschland. Aber sie denkt immer an Genua.*
Metti al plurale. *Ergänze mit dem passenden Pluralartikel.* **G** → 1.10
"Come mi mancano ..."/„Wie sehr fehlen mir ..."

la via – il palazzo – la chiesa – il gelato – l'amico – l'amica – la ragazza – l'edicola – il vicolo – il ragazzo – il negozio – il bar

 E6 *Presentare, parlare, mangiare: la coniugazione dei verbi in -are*

Completa. *Ergänze.*

	presentare	parlare	mangiare	pagare	cercare
io	presento	▪▪	▪▪	▪▪	▪▪
tu	▪▪	parli	▪▪	paghi	▪▪
lui/lei	▪▪	▪▪	mangia	▪▪	▪▪
noi	presentiamo	▪▪	▪▪	▪▪	cerchiamo
voi	▪▪	▪▪	mangiate	▪▪	▪▪
loro	▪▪	parlano	▪▪	pagano	▪▪

Io cerco, ma: tu cer**chi**
Noi cer**chi**amo, ma: voi cercate ... perché???

E7 *Alla "Cremeria delle Erbe"*
Completa. *Ergänze.* **G** → 1.4
Francesco e Laura ▪▪ (incontrare) gli amici alla "Cremeria delle Erbe". Francesco ▪▪ (presentare) Laura. Laura è di Berlino, ma ▪▪ (parlare) bene l'italiano. A Genova ▪▪ (abitare) in piazza Carignano. Adesso gli amici ▪▪ (stare) in gelateria. Ecco! ▪▪ (toccare) a Laura! I ragazzi ▪▪ (pagare) e ▪▪ (mangiare) il gelato. Che buono!

E8 *Metti in ordine le forme di **essere, andare, fare, stare** e **dare**. Ordne die Formen von
essere, andare, fare, stare und dare den Subjektpronomen zu.* **G** → 1.14

io	tu	lui/lei	noi	voi	loro

siamo	sono	è	siete	sono	sei
andate	vado	va	vai	vanno	andiamo
faccio	fa	fai	fanno	fate	facciamo
stanno	stai	sta	stiamo	sto	state
dà	date	diamo	do	danno	dai

E9 *Completa con le forme di **essere, fare, andare, stare** e **dare**. Setze die Formen von
essere, fare, andare, stare und dare ein.*

1. Dove ▪▪ Francesca e Federica?
2. Ragazzi, come ▪▪?
3. Oggi Laura e Mattia ▪▪ in gelateria.
4. E dov' ▪▪ Ferruccio? ▪▪ a casa perché non ▪▪ molto bene.
5. Stasera io ▪▪ da Francesco. E tu Laura, cosa ▪▪?
6. Antonio, perché non ▪▪ il gelato a Mattia?
7. Oggi le ragazze ▪▪ a Firenze. Ma noi ▪▪ a Roma per visitare la città.
8. – Ma voi, che cosa ▪▪ stasera?
   – Boh …
9. – Ragazzi, ▪▪ a casa adesso? – No, ▪▪ al bar.
10. ▪▪ voi gli amici di Mario? E tu, chi ▪▪?
11. Franco ▪▪ il gelato a Gina.
12. Francesco ▪▪ un caffè per i ragazzi.

Fare bella figura: Comprare il gelato in Italia

In Italien entscheidet man sich zunächst, ob man eine Waffel (**un cono**) oder einen
Becher (**una coppetta**) nimmt. Dann überlegt man sich, wie viel Geld man ausgeben will. Man bestellt also z. B. „un cono da un euro ottanta" und fragt, wie viele
verschiedene Sorten (**gusti**) man für diese Summe auswählen kann: „Quanti gusti
sono?". Achtung: Es gibt keine Kugeln, sondern nur „Geschmäcker" (= **gusti**).

E10 *Laura e i nuovi amici a Genova*

Chi sono? Dove sono? Che cosa fanno? Fasse die wesentlichen Informationen von T1, T2 und T3 zusammen.

Laura è a Genova. Cerca …

Occhio! Espressioni utili (nützliche Ausdrücke): **prima** (zuerst), **poi/dopo** (dann/danach), **alla fine** (am Ende)

 E11 *Ecco Carla!*

Carla è una ragazza italiana. È in Germania perché fa uno stage alla tua scuola. Non parla tedesco. Sei con Carla a una festa. Incontrate Mihriban. Carla e Mihriban vogliono comunicare. Aiutale!

Carla ist Italienerin. Sie macht gerade an deiner Schule ein Praktikum. Sie spricht kein Deutsch. Du bist mit Carla auf einem Fest, auf dem ihr Mihriban trefft. Nun wollen Carla und Mihriban kommunizieren und benötigen dazu deine Hilfe!

Fate gruppi di tre persone: uno è Carla, uno è Mihriban e uno è il mediatore. Presentate l'incontro davanti alla classe. Gli altri danno un feed-back.

Arbeitet in Dreiergruppen. Einer ist Carla, einer Mihriban und der dritte der Mediator. Stellt die Begegnung vor der Klasse vor. Die anderen geben ein Feed-back. (→ *Strategia 5.1, pag. 297*)

nome	Carla	Mihriban	Name
nazionalità	italiana	tedesca	**Nationalität**
età	21	17	**Alter**
luogo di nascita	Bergamo	Istanbul	**Geburtsort**
città	Genova	Hanau	**Wohnort**
lingue	italiano, spagnolo	tedesco, turco, inglese	**Sprachkenntnisse**

 E12 *Un nuovo amico*

1. Come si chiama il ragazzo?
2. Dove incontra Maria?
3. Chi sono gli amici del ragazzo?
4. Dove vanno stasera?
5. E Maria, cosa fa?

E13 *In gelateria*

Vero o falso? *Richtig oder falsch?*

Dialogo 1:

a. Alla signora piace il cioccolato.

b. Ci sono tutti i gusti.

c. La signora prende il cioccolato, lo yogurt, la fragola e il pistacchio.

Dialogo 2:

a. Paolo incontra Alice.

b. Paolo mangia un gelato.

c. Laura mangia un gelato e sta molto bene.

Dialogo 3:

a. Al signore piace il cioccolato al peperoncino.

b. Il gelato è senza panna.

c. Il signore paga due euro venti.

E14 *In piazza del Campo*

Sei in Italia con i tuoi genitori. In piazza del Campo a Siena c'è un'ottima gelateria. Tua madre vuole mangiare un gelato, ma non parla italiano. Puoi aiutarla?

Du bist mit deinen Eltern in Italien. Auf der Piazza del Campo in Siena seht ihr eine sehr gute Eisdiele. Deine Mutter möchte ein Eis essen, aber sie spricht kein Italienisch. Kannst du ihr helfen? (→ *Strategia 5.1, pag. 297*)

il gelataio	↔ tu ↔	tua madre
"Salve, desidera?"	...	"Ich möchte ein Eis mit drei Kugeln. Nuss, Banane und Vanille."
	...	
"Prende un cono?"	...	"Ja, im Hörnchen."
	...	
"Bene, con o senza panna?"	...	"Mit Sahne, bitte."
	...	
"Sono tre euro sessanta."	...	"Danke."
	...	

E15 *Lies dir zunächst in der Grammatik (G → 1.15) die Zahlen von 1 bis 20 durch und präge sie dir ein. Betrachte nun die Bilder und merke dir die zugehörige Zahl. Dann schließt du das Buch und lässt dich von deinem Nachbarn / deiner Nachbarin nach folgendem Modell abfragen:*

Che cos'è il dieci? – È un'edicola.

Che cos'è ...?

piazza, palazzo, bar, edicola, gelateria, ragazza, gelato, chiesa, Cristoforo Colombo, scooter, scuola, via, pizza, cinema, signore, signora, fragola, cioccolato, yogurt, ragazzo

Che cosa ti piace?

Ingresso

Giorgio

Michele

Am Ende der Lektion kannst du
· über deine Freizeit berichten.
· ausdrücken, welche Vorlieben du hast.
· erzählen, wo und wie du wohnst.

Matteo

Sara

Corinna

🇮🇹 *Fare bella figura: Come dire che qualcosa (non) ti piace?*

☺	☹
Mi piace l'Italia. Mi piacciono i gatti. Mi piace leggere.	Non mi piace il mare. Non mi piacciono i cani. Non mi piace leggere.
Amo chattare. Amo i gatti.	Odio studiare. Odio i cani.
Vado volentieri al cinema.	Non vado volentieri in discoteca.

E1 *Chi lo dice? Wer sagt das?*

– Mi piace moltissimo ballare.
– Il mio cane si chiama Lino e ha quattro anni.
  Gioco sempre con Lino.
– Mi piace suonare la chitarra.
– Mi piace incontrare gli amici e parlare un po' di tutto.
– Io amo chattare con il mio ragazzo Alberto.
  Non abita a Genova, ma a Cagliari!
– Mi piace il gelato alla fragola!

Laura

Preparare T1

E1 *Che cosa (non) ti piace? E che cosa (non) piace al tuo compagno di banco? Intervistatevi!*
Was gefällt dir? Und was gefällt deinem Banknachbarn? Interviewt euch gegenseitig!

Modello: – Ti piace andare in bicicletta? – Sì, mi piace./No, non mi piace.
– Che cosa (non) piace a ... (Matthias, Anna ...)? – A Matthias/A Anna
(non) piace andare in bicicletta.

andare in bicicletta

guardare la TV

suonare la chitarra

giocare a tennis

telefonare agli amici

ascoltare musica

leggere un libro

andare a scuola

*navigare in Internet
e chattare*

studiare una lingua

andare al cinema

cucinare

il mare

T1 *Quattro amici si presentano*

Nome: Giulia Sannotti

Età: Tra poco faccio 17 anni.
Interessi: Navigo volentieri in Internet e amo chattare, ascoltare la musica (il rap!!)
Indirizzo: Abito in corso Aurelio Saffi 53, vicino al mare.
Amici: Laura, i compagni di classe, siamo tutti nella IIIA

Nome: Laura Klein

Età: Ho 16 anni.
Interessi: Mi piace ballare il tip tap e incontrare gli amici. Vado volentieri al cinema (come tutti, penso) e ai concerti.
Indirizzo: Abito in piazza Carignano 16, in centro.
Amici: Soprattutto Pia, Fabio e Chiara ma anche altri compagni del liceo.

Nome: Fabio Bianchi

Età: Ho 16 anni.
Interessi: Mi piace lo sport, soprattutto il calcio. Vado spesso allo stadio. Ma odio andare in bicicletta.
Indirizzo: Abito in piazza San Matteo 14, nel centro storico.
Amici: I compagni della IIIA.

Nome: Damiano Portinari

Età: Ho 17 anni.
Interessi: Suono la chitarra e mi piacciono gli animali, soprattutto i gatti. E mi piace anche la moto.
Indirizzo: Abito un po' fuori città, a Nervi, in via Sant'Ilario 13.
Amici: Fabio e Giulia.

E2 *Trovate gli errori e scrivete le frasi corrette sul vostro quaderno.* Findet die Fehler und schreibt den richtigen Satz in euer Heft.

1. A Giulia piace lo sport.
2. Fabio abita un po' fuori città.
3. Laura ha 17 anni.
4. A Damiano piacciono molto i gatti.
5. Gli amici di Fabio sono nella IIB.
6. Damiano non ha amici.

E3 *Il verbo avere*

Abbina. *Ordne zu.* **G** → 2.1

io – tu – lui / lei – noi – voi – loro

abbiamo – hanno – ha – ho – avete – hai

E4 *Ciao a tutti! Io sono Gregorio.*

Metti le forme di **avere**. *Setze die Formen von **avere** ein.*

Nella foto ▪▪ un anno. Sono a Genova con mio padre, Maurizio. Maurizio ▪▪ 45[1] anni. E tu, quanti anni ▪▪? A Genova noi ▪▪ una casa bella con tre gatti. Mi piace giocare con i gatti, ma mi piace anche il mare. ▪▪ anche voi il mare? Noi ▪▪ anche una gelateria nel palazzo. Hmmmm! Mi piace molto! Ma io non ▪▪ lo scooter. Uffa! Maurizio, mio padre, e Laura, mia madre, ▪▪ lo scooter. Non mi piace!

¹ 45: *quaran-tacinque*

E5 *Cinzia si presenta.*

Metti i seguenti verbi:

Füge die folgenden Verben ein:

avere (6x) – essere (2x) – chiamarsi (2x) – amare (2x) – odiare (1x) – suonare (1x) – piacere (2x)

Ciao! Io ▪▪ Cinzia. ▪▪ 17 anni e ▪▪ di Torino. ▪▪ due amiche: ▪▪ Maria e Luisa e ▪▪ 16 e 18 anni. Io ▪▪ gli animali. Noi ▪▪ due gatti (Gina e Licia), e Luisa ▪▪ un cane, ▪▪ Lara. Mi ▪▪ anche lo sport. ▪▪ andare al cinema. ▪▪ anche la chitarra. ▪▪ una chitarra molto bella! Una cosa che non mi ▪▪? Sì, ▪▪ il calcio ...

Sono Cinzia.

Mi chiamo Luisa.

E io, chi sono?

 E6 *Due ragazze e due ragazzi si presentano.* (→ *Strategia 2.1, pag. 281*)

Fate la scheda (Modello → T1). *Erstellt den Steckbrief und orientiert euch dabei an T1.*

 E7 *Adesso fate una scheda personale e present̲atela in classe.*

Erstellt jetzt einen eigenen Steckbrief und stellt ihn in der Klasse vor.

E8 *Nel T1 ci sono le forme delle preposizioni **a, in, di** con l'articolo.*

Completate la tabella.

	a	**in**	**di**
il	al	▪▪	▪▪
lo	allo	▪▪	▪▪
l'	▪▪	▪▪	
la	▪▪		
i			
gli			
le			

E9 *Ti faccio vedere le mie foto! Ich zeige dir meine Bilder.*

Modello: la scuola: – È una foto della scuola. – E questa? – È una foto ...

l'edicola in piazza Matteotti – i gatti di Damiano – il duomo di Genova – la Cremeria
... Erbe – il centro di Genova – lo scooter di Maria – il bar Berto

Occhio! Es gibt nur wenige Fälle, in denen die Italiener die Präposition ohne Artikel verwenden:

1. bei Straßen und Plätzen:
- – Dove vai? – Vado in piazza.
- – Dove abiti? – Abito in piazza delle Erbe./Abito in via Mazzini.

2. bei Orten ohne nähere Angabe:
- – Vado in gelateria. (ma: Vado alla gelateria "Da Mario".)

- – Dove sei? – Sono in centro. (ma: Sono nel centro di Genova.)

3. bei den fünf Grundbedürfnissen, die der Mensch seit der Antike hat:
- Sono/Vado a letto.
- Siamo/Andiamo tutti a tavola.
- Sono/Vado a scuola.
- Sono/Vado a teatro. (ma: vado al cinema!)
- Sono/Vado a casa.

E10 *Dove vai? Dove sei? A che cosa pensi?*

1. – Dove vai? Dove andate?
   – Vado .../ Andiamo al/alla .... E tu ...?

cinema	edicola	stadio
gelateria	bar	mare

2. – Dove sei? Dove siete?
   – Sono .../ Siamo nel/nella .... E tu?

stadio	aula 5	gelateria Giolitti
duomo	Palazzo Ducale	chiesa

3. – A che cosa pensi? A che cosa pensate?
   – Penso ...

gli amici	le ragazze	lo scooter	il tip tap
l'Italia	la scuola	il calcio	i compagni di classe

Preparare T2

E1 *Un appartamento*

Abbina queste parole alle stanze. Ordne die Begriffe den Zimmern zu.

la cucina – il bagno – la camera da letto – la camera dei genitori – il soggiorno – l'ingresso – il terrazzo

E2 *Dove sono il gatto e il canarino?*
  Che cosa significano queste preposizioni?

T2 *A casa mia*

 Laura scrive un'e-mail a sua cugina Grazia.

lauratiptap@libero.it
grazia.veri@aliceposta.it

Cara Grazia!

Come stai? Io sto molto bene. Da un mese sono a Genova. Abito dalla famiglia Botto in piazza Carignano 16, proprio in centro. Tutti sono gentili e simpatici. Il padre lavora al porto (fa il broker), la madre ha un piccolo negozio di pasta fresca nel centro storico e
5 allora a casa mangiamo sempre benissimo!
La mia nuova scuola non è male. Ho già tre amici: Fabio, Chiara e Pia, della mia classe. C'è anche una scuola di ballo vicino a casa mia! Così vado lì a ballare il tip-tap, mi piace moltissimo. La sera vedo gli amici e spesso andiamo al cinema insieme.

Adesso descrivo un po' l'appartamento. È proprio grande con un terrazzo enorme.
10 Abbiamo una bella vista sul porto perché stiamo al quinto piano.
Alla fine dell'e-mail ti allego un disegno dell'appartamento. Così puoi capire com'è.
La mia camera è a sinistra dell'ingresso. Non è molto grande ma per me va bene.
Vorrei solo uno specchio perché l'unico specchio grande in questa casa è in bagno, dove Elisa, mia "sorella", passa tantissimo tempo!!! Per fortuna, c'è un altro bagno pic-
15 colo di fronte alla cucina.

Accanto alla mia camera c'è la camera di Federico. È il fratello "grande" di Elisa: ha 17 anni ed è alto quasi due metri. Quando torna a casa accende subito la TV nella sua camera e guarda i videoclip. Con tutto il rumore che fa non posso studiare. Che cosa faccio allora? Vado da lui e guardiamo i clip insieme oppure vado a fare i compiti nel
20 soggiorno: è grande e mi piace molto. Federico è un po' disordinato e per questo litiga spesso con sua madre. Cerca sempre qualcosa che poi la madre trova sotto il letto. Allora c'è ancora più rumore! Ma mi piace, perché i due sono divertenti! Così come le discussioni che abbiamo la sera in cucina, quando mangiamo.
La cucina si trova a sinistra del soggiorno, accanto alla camera di Federico. La camera
25 da letto dei genitori è tra la camera di Elisa e il bagno. Il piccolo bagno è a destra della camera di Elisa.
Questo è tutto per oggi, cara cugina. Adesso vado a ballare con Francesco, un mio amico.

Ti abbraccio!

A presto **Laura**

E3 *Ecco il disegno di Laura.*

Dove sono le stanze? Usa le preposizioni.
Wo befinden sich die Zimmer? Verwende die Präpositionen.

Modello: La camera di Laura è accanto alla camera di Federico e di fronte al bagno.

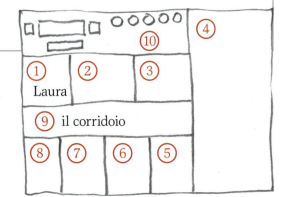

E4 *A casa di Laura*

Collegate le frasi.

Laura scrive un'e-mail	in bagno.
I Botto sono	con sua madre.
La signora Botto ha un negozio	accende subito la TV.
Mangiano sempre	molto bene.
Il palazzo è	manca lo specchio.
La famiglia abita	di pasta fresca.
Dal terrazzo	gentili e simpatici.
Nella camera di Laura	in piazza Carignano 16.
Elisa passa molto tempo	c'è una bella vista.
Quando Federico torna a casa	a sua cugina Grazia.
Federico litiga spesso	al quinto piano.

E5 *Il palazzo e l'appartamento di Laura*

Completa questa tabella. Übertrage die Tabelle in dein Heft und vervollständige sie, indem du die Fragen beantwortest.

Il palazzo	Quanti piani ha?	
	A che piano abita?	
La posizione	Dove si trova?	
	Come si chiama la piazza?	
L'appartamento	Quante camere ci sono?	
	Com'è?	
altro	???	

E6 *Com'è l'appartamento?*

Ascolta le due presentazioni e rispondi alle stesse domande che trovi nell'esercizio 5. Höre dir zwei Präsentationen an und beantworte die gleichen Fragen, die du in E5 findest.

E7 *Affittasi casa. Haus zu vermieten.*

Fai un disegno dell'appartamento/della casa dei tuoi sogni. Poi ognuno presenta il suo disegno alla classe: quale appartamento/quale casa vince? Fate una votazione. Fertige eine Zeichnung von deiner Traumwohnung/deinem Traumhaus an. Anschließend stellt jeder die eigene Zeichnung in der Klasse vor. Welche Wohnung/welches Haus gewinnt? Stimmt darüber ab.

E8 *Fate una tabella di tutti gli aggettivi che trovate nel testo. Sammelt alle Adjektive, die ihr im Lektionstext findet, und teilt sie nach Singular und Plural (m/f) ein. Wie lautet die Regel?*

E9 *La risposta di Grazia*

Completa con i seguenti aggettivi al singolare o al plurale: storico, -a (2x) – fresco, -a – simpatico, -a – altro, -a – bello, -a – grande – piccolo, -a – divertente – carissimo, -a – enorme – disordinato, -a

■■ cugina!

Grazie per la tua e-mail. Che ■■, abiti proprio nel centro ■■, in un appartamento con un terrazzo ■■. Anch'io adesso abito nel centro ■■ (di Roma), ma l'appartamento non è ■■, è molto ■■. Sono in una camera con due ■■ ragazze che si chiamano Elena e Maria. Sono ■■, ma come tuo "fratello", sono anche un po' ■■, e così cercano sempre qualcosa. Spesso non è ■■ e allora litighiamo un po'. Ma Elena cucina molto bene e così prepara spesso una pizza ■■ anche per Maria e per me.

E10 *Fate una lista degli "aggettivi possessivi" al singolare. Quando non c'è l'articolo?*

1. – Com'è il tuo gelato?
   – Molto buono. Grazie!

2. – Come si chiama la vostra scuola?
   – La nostra scuola è la "Tommaso Grossi".

3. – Paola è la tua amica?
   – Certo, Paola è la mia amica.

4. – Ti piace il mio scooter?
   – Sì, molto!

5. – Non sto bene.
   – Chiamiamo Francesco, sua madre è medico.

6. Ti presento mia sorella, si chiama Lucia.

7. Ecco il nostro ingresso.

8. – Tuo padre è tedesco?
   – No, mio padre è italiano, ma mia madre è tedesca.

E11 *Il mio, il tuo, il suo … Attenti all'uso dell'articolo.* **G** → 2.6

1. – È ▪▪ scooter? – No, è di mio fratello.
2. – Ecco ▪▪ camera. – Bella!
3. – Questo è ▪▪ palazzo. – E dove abita ▪▪ cugina?
4. – È questo ▪▪ palazzo? – Sì, abitiamo proprio qui, in via Canneto Lungo 15.
5. – Dove abita ▪▪ fratello? – Abita a Roma.
6. – Posso parlare con ▪▪ madre? – ▪▪ madre non c'é. È in centro.
7. – Ecco Luca, Anna e ▪▪ sorella Martina.
8. – Dov'è Rosalia? – ▪▪ sorella non si chiama Rosalia, si chiama Anna Lisa.

E12 *Il suo, la sua, il loro, la loro*
Forma delle frasi. **G** → 2.6

1. Elisa – cercare – libro.
2. I ragazzi – accendere – scooter.
3. Gina – chiamare – amica.
4. Matteo – mettere a posto – camera.
5. A Piero – piacere molto – gelato.
6. Paolo e Chiara – litigare spesso con – sorellina.
7. Mio padre – chiamare – amico.
8. Laura – non studiare – in camera.

E13 *Potere*
Mettete in ordine le forme. **G** → 2.8

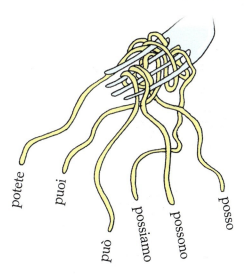

potete · puoi · può · possiamo · possono · posso

E14 *Prendere, mettere, accendere, scrivere, descrivere, vedere e potere*

1. Completa con le forme adatte. Ergänze mit den passenden Formen. **G** → 2.7/2.8

1. Per andare in centro (noi) ▪▪ lo scooter.
2. Pia, perché non ▪▪ la televisione?
3. Laura ▪▪ un'e-mail a Grazia.
4. Ragazzi, ▪▪ un gelato?
5. Quando c'è rumore non ▪▪ studiare.
6. Elisa, dove ▪▪ sempre il mio libro di italiano?
7. Laura ▪▪ l'appartamento a sua cugina.
8. Ragazzi, perché ▪▪ sempre la TV?
9. Oggi Laura non ▪▪ andare a ballare perché sta male.
10. Spesso, di sera, Laura ▪▪ gli amici e insieme vanno in centro.

2. Prendere, accendere, mettere, scrivere … – Und was mache ich, wenn ich das „r" nicht aussprechen kann? (→ Strategia 3.1, pag. 282)

E15 *Affittasi. Zu vermieten.*

Tuo zio ha un appartamento a Dresda che affitta a turisti. Per il suo sito ti chiede di presentare l'appartamento in italiano. Dein Onkel besitzt eine Wohnung in Dresden, die er an Touristen vermietet. Er bittet dich, diese Wohnung auf seiner Website in italienischer Sprache vorzustellen.

> WOHNUNG in Dresden
>
> Die große Wohnung liegt im 5. Stock eines schönen Wohnhauses im Zentrum von Dresden. Sie hat 2 Schlafzimmer, 1 Wohnzimmer, TV, 1 Badezimmer und eine große Küche. Terrasse mit Blick auf die Frauenkirche. 40 €/Tag.

E16 *E il tuo appartamento?*

Tra poco arriva il tuo amico italiano. In un'e-mail parli del palazzo, della tua casa e della tua stanza. (→ Strategia 4.1, pag. 290)

I N F O

Il negozio di pasta fresca

Natürlich gibt es auch in Italien in jedem Supermarkt Nudeln in der Packung zu kaufen. Sie wird „pasta asciutta" genannt, weil es sich um getrockneten, gehärteten Teig handelt. Viel besser aber schmeckt die *pasta fresca*, die frisch zubereitete Nudel, die es in allen denkbaren Varianten und je nach Region mit unterschiedlichen Füllungen gibt: In Genua isst man z.B. *trofie al pesto* (eine Nudelart, die den Spätzle ähnlich ist, mit grüner Sauce) oder *pansoti* (mit Gemüse gefüllte Pasta) *con la*

salsa di noci (Nusssauce), aber natürlich auch *le lasagne* (oft ebenfalls *al pesto*), *ravioli* (z. B. mit Fleischfüllung) und *tortelloni*.

E17 *Leandro Barsotti, Mi piace*

1. *Che cosa ti piace? Fai una lista di cose/azioni e scrivi anche perché ti piacciono. Confronta con il tuo partner.*
2. *Leggi il testo della canzone. Che cosa piace al cantante? E perché?*
3. *E la canzone (la melodia, il tipo di musica, le parole …), vi piace? (→ Strategia 3.7, pag. 285)*

Giro i negozi
e compro le cose più belle del mondo
faccio tutto per te, tutto per te.
Guardo la tele anche se non mi piace
5 ma registro tutto quello che piace a te
faccio tutto per te, tutto per te.
perché ti voglio bene
perché mi vuoi bene
perché ti voglio bene.

10 Frego la macchina di mio padre
e corro a prenderti a scuola
faccio tutto per te tutto per te.

È sabato sera andiamo a ballare
anche se non sono capace
15 ma sei brava tu
faccio tutto per te
perché ti voglio bene
perché mi vuoi bene
perché ti voglio bene.

20 Mi piace mi piace quando tu sei felice
ci piace ci piace quando siamo felici
mi piace mi piace quando perdo la voce
perché ti urlo che sei bella quando tu sei felice.

Imparo a memoria le favole per raccontartele
25 faccio tutto per te, tutto per te.
E quando è il momento di fare l'amore
è bello lasciarsi andare insieme a te
farei di tutto per te
perché ti voglio bene
30 perché mi vuoi bene
perché ti voglio bene.

Mi piace mi piace quando tu sei felice
ci piace ci piace quando siamo felici
mi piace mi piace quando perdo la voce
35 perché ti urlo che sei bella quando siamo felici.

Mi piace mi piace quando tu sei felice
ci piace ci piace quando siamo felici
Mi piace mi piace quando tu sei felice
ci piace ci piace quando siamo felici.

1 girare i negozi: *durch die Geschäfte bummeln*; 5 registro tutto quello che piace a te: *ich nehme alles auf, was dir gefällt*; 7 ti voglio bene: *ich mag dich*; 10 frego la macchina: *ich nehme heimlich (verbotenerweise) das Auto*; 11 corro a prenderti a scuola: *ich fahre schnell los, um dich von der Schule abzuholen*; 14 non sono capace: *ich bin nicht fähig*; 15 sei brava tu: *du bist gut*; 22 perdo la voce: *ich verliere die Stimme*; 23 ti urlo: *ich schreie dich an*; 24 imparo a memoria le favole: *ich lerne die Märchen auswendig*

Vivere insieme

Ingresso

Am Ende der Lektion kannst du

· dein Zusammenleben mit anderen Menschen beschreiben.

· Besitzverhältnisse ausdrücken.

· Aufforderungen erteilen und Ratschläge geben.

E1 *Che tipo di vita ti piace?*
Vivere da solo/sola? In famiglia?
Con gli amici? Con il tuo ragazzo/
la tua ragazza? Con/senza animali?

E2 *E dove?*
In città? In campagna?
In un palazzo? In un appartamento?
In una villetta?

Preparare T1

E1 *Che cosa c'è nella tua camera?*

C'è ..../Ci sono ... Non c'è .../Non ci sono ...

uno scaffale

un armadio

un poster

una scrivania

una sedia

un letto

un tappeto

una poltrona

un tavolo

🔘 **T1** *Ma che caos*

Mamma, dove sono le mie chiavi? Cerco anche il mio portafoglio.

Ma di' un po': è normale con tutto il caos che c'è qui. Guarda sotto i giornali!

Ma qui le mie chiavi non ci sono. O forse lì, davanti alla TV ... No. Ho un'idea ...

Forse accanto al telefono o sugli scaffali ... Ma non è possibile!

Federico,
vieni qui, per favore!

Senti,
Federico, adesso metti a
posto la tua stanza. I CD per
terra, i libri sul letto. Ma dove
dormi con questo caos?

Mamma,
uffa!! Sta' zitta!
L'autobus passa tra pochi minuti e nel portafoglio ci sono
anche i biglietti.

Ecco
le tue chiavi, lì per
terra, sotto l'armadio.

Ed
ecco il mio portafoglio, tra
i libri, sullo scaffale. Vedi, io
trovo sempre tutto! Vero?

Ed ecco
il nostro telefono che cerco da
questa mattina. E questo? Che cos'è?
Due DVD di Elisa, il giornale di papà! Incredibile! Apri la finestra per favore. Fa
anche molto caldo qui
dentro.

E2 *Qual è il riassunto corretto?* Welche ist die richtige Zusammenfassung?
Spiega perché.

1. Federico ha un problema. Non trova le sue chiavi e il suo portafoglio. Sua madre lo aiuta. Federico cerca prima in cucina sotto i giornali, poi va nella sua camera dove c'è già sua madre. Lì c'è il caos. Federico e sua madre litigano (un po') ma poi trovano il portafoglio, le chiavi ed altre cose.

2. Federico ha un problema. L'autobus passa tra pochi minuti ma non trova il portafoglio con i biglietti. Sua madre lo aiuta a cercare anche le chiavi. Cercano soprattutto nella sua camera perché lì c'è un gran caos. I CD per terra, i libri sul letto ... Alla fine trovano tutto.

3. Federico cerca il suo portafoglio e le sue chiavi nella sua camera e in corridoio. Sua madre e sua sorella lo aiutano. Nella sua camera ci sono tante cose per terra e sul letto. Anche sotto l'armadio c'è qualcosa. Non trovano solo il portafoglio e le chiavi, ma molte altre cose.

E3 *Imparare le parole della lezione.*
Erstelle eine Mindmap zu den Lektionsvokabeln von T1. (→ Strategia 2, pag. 278)

E4 *I verbi in –ire (I): venire/dire*
Completa questa lista: **G** → 3.1/3.2

sentire	dormire	aprire
▪▪	dormo	▪▪
senti	▪▪	apri
▪▪	dorme	▪▪
sentiamo	▪▪	▪▪
▪▪	dormite	▪▪
sentono	▪▪	aprono

venire	dire
vengo	dico
▪▪	▪▪
▪▪	dice
veniamo	▪▪
▪▪	dite
vengono	▪▪

E5 *Verbi*
Completa le frasi con i seguenti verbi:
accendere – dormire – aprire (2x) – fare – sentire (2x) – ascoltare – avere – litigare – stare – venire (2x) – dire (2x)

1. Oggi il negozio ▪▪ alle cinque.
2. I gatti ▪▪ sotto il tavolo.
3. Ti ▪▪ una cosa: mi piaci davvero.
4. Quando Luca ▪▪ la musica non ▪▪ più il telefono.
5. Ciao ragazzi. ▪▪ domani alla festa di Mario?
6. ▪▪ proprio caldo. Io non ▪▪ voglia di andare a ballare.
7. Pia non ▪▪ bene e per questo non ▪▪ al cinema con noi.
8. Ragazzi, ▪▪ la finestra per favore. ▪▪ caldo.
9. Io ▪▪ spesso con mia sorella quando ▪▪ i miei CD.
10. Pronto, Matteo, che cosa ▪▪? Non sento bene.

E6 *Chi lo dice?* **G** → 3.3/3.5

Abbina. Ordne zu.

La madre al figlio
La madre alla figlia
Il figlio alla madre
Il professore ad un alunno
La figlia ai genitori
Il padre ai figli
Il professore agli alunni

Metti a posto la tua camera.
Cercate il mio portafoglio, per favore.
Non tornare a casa troppo tardi.
Ma Anna, non dormire.
Sentite, adesso cominciamo.
Non mangiare troppo gelato.
Guarda sotto il tuo letto.
Aprite le finestre, per favore.
Non parlate tutto il tempo.
Prendi il libro.
Scrivete il vostro nome sul foglio.
Prepara da mangiare, per favore.
Non accendere il televisore quando fai i compiti.
Fate i compiti per lunedì.

E7 *Come si forma l'imperativo?*

guardare	mettere	sentire	stare	dire
guarda	▪▪	▪▪	stai/sta'	▪▪
non ▪▪	non ▪▪	non ▪▪	non ▪▪	non ▪▪
▪▪	mettete	▪▪	▪▪	▪▪

Come si forma l'imperativo negativo al singolare?

E8 *Date consigli! Gebt Ratschläge!*

1. Federico: La notte non dormo.
   - Allora, non ▪▪ (mangiare) troppo la sera.
   - ▪▪ (prendere) una camomilla.
   - Non ▪▪ (giocare) con il computer fino a tardi.
   - ▪▪ (fare) più sport e non ▪▪ (guardare) troppo la TV.
2. Non trovo le chiavi dello scooter.
3. Ho problemi con mia madre.
4. La mia ragazza ed io litighiamo sempre.
5. Oggi non sto bene.
6. Mio fratello fa molto rumore.

E9 *Gli aggettivi possessivi*

1. *Completate la lista.* **G** → 3.6

Ecco le forme del plurale: i suoi – i nostri – le vostre – i loro – le loro – i tuoi – i vostri – le nostre – le sue – le tue

	singolare	plurale
io	il mio CD/la mia chiave/mio fratello[1]/ mia sorella	i miei CD/le mie chiavi/i miei fratelli/ le mie sorelle
tu	▬▬ CD/▬▬ chiave/ ▬▬ fratello/▬▬ sorella	▬▬ CD /▬▬ chiavi/ ▬▬ fratelli/▬▬ sorelle
lui/ lei	▬▬ CD/▬▬ chiave / ▬▬ fratello/▬▬ sorella	▬▬ CD /▬▬ chiavi/ ▬▬ fratelli /▬▬ sorelle
noi	▬▬ CD/▬▬ chiave / ▬▬ fratello/▬▬ sorella	▬▬ CD/▬▬ chiavi/ ▬▬ fratelli /▬▬ sorelle
voi	▬▬ CD/▬▬ chiave/ ▬▬ fratello /▬▬ sorella	▬▬ CD/▬▬ chiavi/ ▬▬ fratelli/▬▬ sorelle
loro	▬▬ CD/▬▬ chiave/ ▬▬ fratello/▬▬ sorella	▬▬ CD/▬▬ chiavi/ ▬▬ fratelli/▬▬ sorelle

2. *Welche Besonderheiten stellt ihr bei den Verwandtschaftsbezeichnungen fest?*

E10 *Traducete. Übersetzt.*

mein Bett – unsere Wohnung – ihr (Lauras) Bruder – seine Katzen – eure Fahrkarten – deine Tanten – unsere Zimmer – deine Schwester – ihre Bücher (von Pia; von Pia und Laura) – meine Eltern – deine Freundinnen – unsere Mutter – meine Klassenkameraden – unsere Freunde – deine Poster

E11 *Federico cerca sempre tutto!*

Modello: Dov'è / Dove sono i miei CD …?

CD – compiti – compagni
padre – gatti – sedie – scrivania –
sorelle – letto – libri – bagno – TV

---

[1] padre, madre, zio, zia …

E12 *Che caos!*

Lavorate in due: solo uno di voi guarda il disegno e lo descrive al suo partner che ne fa un disegno (der eine Zeichnung davon anfertigt). Poi controlla il suo disegno nel libro.

E13 *A casa di Lorenzo*

Ascolta e correggi, se è necessario. Höre zu und korrigiere, falls nötig.

1. Lorenzo ha 16 anni.
2. Ha un fratello e due sorelle.
3. Nella sua camera ci sono una scrivania, un armadio e una TV.
4. La camera è piccola.
5. Va molto d'accordo con la sua famiglia, soprattutto con suo fratello.
6. Nel suo tempo libero naviga in Internet e suona la chitarra.

E14 *La mia camera*

Descrivi la tua camera al tuo compagno di banco che ne fa un disegno. È giusto?
Beschreibe dein Zimmer deinem Banknachbarn, der davon eine Zeichnung anfertigt.
Stimmt es?

Preparare T2

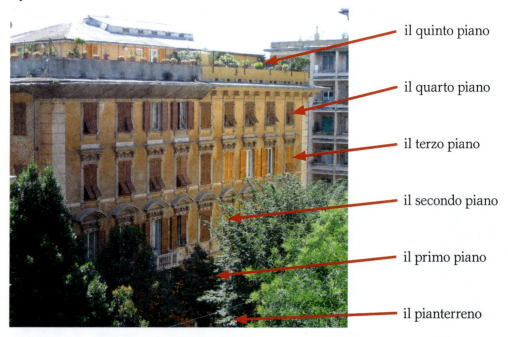

il quinto piano

il quarto piano

il terzo piano

il secondo piano

il primo piano

il pianterreno

E1 *Che cosa significano queste parole?*

entrare ↔ uscire, aprire ↔ chiudere, caotico, -a ↔ ordinato, -a, triste ↔ contento, -a
tardi ↔ presto, raramente ↔ spesso, facile ↔ difficile

E2 *Il verbo dovere (müssen)*

Abbina.

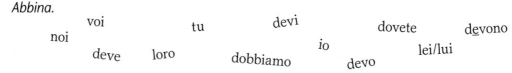

voi   tu   devi   dovete   devono

noi   io   lei/lui

deve   loro   dobbiamo   devo

T2 *I vicini di casa*

E3 *Guardate il disegno. Che cosa vedete? Chi sono le due signore? Di che cosa parlano?*

E4 *Primo ascolto*

Come si chiama la signora che parla con la signora Botto? Di quali problemi parlano?

E5 *Secondo ascolto*

*Mettete insieme tutte le informazioni sulle due signore e confrontatele poi con il vostro com-
pagno di banco. Presentatele infine alla classe.* Stellt alle Informationen über die beiden
Frauen zusammen und vergleicht sie anschließend mit eurem Nachbarn. Stellt sie dann der
Klasse vor.

– Buongiorno, signora Botto. Esce così presto?
– Ah, buongiorno, signora Pucci. Eh, purtroppo sì. Prima di aprire il negozio devo fare
    tante cose …
– … come il mio cane, capisco. Signora, mi scusi, forse ha un attimo?
5 – Sì, che c'è?
– Noto spesso che Suo figlio, signora Botto, lascia il motorino proprio davanti all'ingresso
    e …
– E allora?
– E allora riesco appena ad entrare e uscire. Perché non cerca un altro parcheggio?
10 – Mio figlio, signora, lascia lì il motorino solo quando piove. Lui è molto ordinato!
– Ma, non tanto penso …
– Guardiamo un attimo, adesso. Come vede, il motorino non è davanti all'ingresso, ma
    accanto.
– Ma è proprio un'eccezione.
15 – Che eccezione … Parliamo piuttosto del Suo cane se mi permette.
– Perché? Che c'è da dire?
– Che c'è da dire? Fa molto rumore soprattutto la sera perché non finisce mai di abbaiare.
    Lei abita al pianterreno, ma noi sentiamo il Suo cane perfino al quinto piano quando ab-
    baia.
20 – Ah, davvero? Mi dispiace. Sa, gli animali …
– Eh, sì, difficile come i figli, vero? … Signora, mi viene un'idea. A mio figlio piacciono
    molto i cani. Se è d'accordo, può portarlo a spasso ogni tanto, nel pomeriggio o, se Lei
    preferisce, in un altro periodo.
– La ringrazio! Accetto volentieri perché la sera non mi piace molto uscire.
25 – Allora chiedo a mio figlio.
– Mi farebbe proprio un grande favore. Sono proprio contenta.
– Non c'è di che. ArrivederLa, signora Pucci.
– ArrivederLa, signora Botto. E grazie di nuovo!

E6 *Altri verbi in – ire (II)*

Completate. **G** → 3.8

capire	finire	preferire
capisco	▪▪	▪▪
▪▪	finisci	▪▪
▪▪	▪▪	preferisce
capiamo	▪▪	▪▪
▪▪	finite	▪▪
▪▪	▪▪	preferiscono

uscire	riuscire
esco	▪▪
▪▪	riesci
esce	▪▪
▪▪	riusciamo
uscite	▪▪
▪▪	riescono

E7 *Quando fa caldo a Genova …*

Coniuga i verbi tra parentesi. Konjugiere die Verben in der Klammer.

Questa notte Gina non (riuscire) a dormire. (Fare) caldo nella sua camera e poi (sentire) i rumori che (venire) dalla piazza. Tanta gente (preferire) stare in piazza dove fa più fresco. C'è perfino un ragazzo che (suonare) la chitarra e (cantare). Povera Gina. E poi ci sono i cani che (abbaiare) e i motorini che (passare)! (Dovere) chiudere la finestra, ma allora (sentire) ancora più caldo. (Andare) in cucina, (prendere) qualcosa da bere e poi (accendere) la TV. Ma anche dalla TV (venire) tanto caldo: infatti, (esserci) un documentario sul deserto … proprio adesso! Non (essere) possibile. Proprio adesso.

> *Occhio!* **"Chiedere"** non è sempre facile!
> chiedere qualcosa **a qualcuno** – **jemanden** etwas fragen

E8 *Tutti chiedono qualcosa a qualcuno*

Fa' delle frasi complete e metti i verbi nella forma giusta. Bilde ganze Sätze und konjugiere die Verben.

1. Federico – chiedere – Laura – se – avere voglia di mangiare un gelato.
2. Laura – chiedere – Elisa – se – poter avere il suo libro.
3. I ragazzi – chiedere – Claudio perché non – suonare la chitarra.
4. La signora Pucci – chiedere – Federico – se – poter uscire con il cane.
5. Gina, perché – non chiedere – tua sorella?
6. Ragazzi, – chiedere – le ragazze – se – venire a ballare stasera.
7. La ragazza – chiedere – il signore – come – chiamarsi – questa piazza.
8. Il gelataio – chiedere – la ragazza – se – preferire – un cono o una coppetta.

E9 *Che cosa prende, signora?* **G** → 3.11

Usa la forma di cortesia. Verwende die Höflichkeitsform.

1. Che cosa – prendere – signora?
2. Uscire – così presto col cane?
3. Come – stare, – signorina?
4. Dove – abitare, signora?
5. Venire – anche Lei domani?
6. Che gelato – preferire?
7. Lei – essere – a casa stasera?
8. Scusi, signora, (Lei) – avere un attimo?

 E10 *Come si dice?*

1. Trovate nel T2 le espressioni giuste.

Volete parlare con qualcuno:	Dite che non siete d'accordo:	Presentate una scusa:
Avete un'idea:	Ringraziate:	Salutate la persona:

2. E se la persona non è la signora Pucci (un adulto), ma un giovane?

E11 *Federico, la madre, la signora Pucci ... e il cane!*

In due scegliete a., b. o c. Presentate la scenetta.

a. Federico e sua madre parlano.
Quando la madre torna a casa, parla con Federico. Racconta della sua idea: Federico può portare fuori il cane della signora Pucci. Che cosa dice la madre? E Federico?

b. Federico dalla signora Pucci.
Nel pomeriggio Federico va dalla signora Pucci. Fate un dialogo.

c. Federico con un amico.
Federico porta fuori il cane e incontra un amico. Fate il dialogo.

E12 *La madre di Federico*

Rileggete T1 e T2 e presentate la madre di Federico. Potete utilizzare queste parole:
Lest T1 und T2 noch einmal und präsentiert Federicos Mutter. Ihr könnt diese Wörter benutzen: gentile – spontanea – (non) dice la sua opinione – (non) difende la vicina di casa – (non) capisce il figlio – furiosa – (non) cambia idea – (non) difende il figlio

E13 *Adesso ti racconto dove abito!*

Ascolta le quattro presentazioni e completa la tabella.

	1	2	3	4
nome				
via, città				
piano				
vicini				
altro				

E14 *Ripasso: Come si dice in questi momenti?*

Abbina.

1. Du fragst einen Freund,	
1.1 ob er einen Moment Zeit hat.	
1.2 was es dagegen einzuwenden gibt.	a. Mi viene un'idea/ho un'idea.
1.3 nach seinem Einverständnis.	b. È proprio un'eccezione.
2. Du ...	c. Mi farebbe un grande favore.
2.1 drückst dein Unverständnis aus.	d. Hai un attimo?
2.2 betonst, dass es eine Ausnahme ist.	e. Che c'è da dire?
2.3 sagst, dass du eine Idee hast.	f. Grazie di nuovo.
2.4 bedankst dich für die Freundlichkeit.	g. Sei d'accordo?
2.5 betonst gegenüber einer Person, die du siezt, dass sie dir einen großen Gefallen tun würde.	h. Sta' zitto/zitta, per favore.
2.6 bedankst dich noch einmal.	i. Molto gentile, grazie.
2.7 bittest deinen Freund/deine Freundin, nichts mehr zu sagen.	l. Non capisco proprio.

Competenze *Livello A1*

A1

 Comprensione orale

E1 *Cinque persone fanno lo spelling del loro cognome. Scrivi.* Fünf Personen buchstabieren ihren Nachnamen. Schreibe mit.

E2 *Domanda, affermazione o ordine?* Frage, Aussage oder Aufforderung?
Metti la crocetta al punto giusto. Übertrage die Tabelle in dein Heft und kreuze richtig an.

	affermazione	domanda	ordine
1			
2			
...			

E3 *Chi è chi?* Wer ist wer?

	Cinzia	Carlo	Chiara	Fabrizio
abita in via Verdi 16				
è di Lecce				
sua madre è tedesca				
parla l'inglese				
a ... piace molto il gelato				
non sta bene				
è in terza B, al liceo Giovanni Verga				
cerca una farmacia				

E4 *Completa il numero di telefono.* Ergänze die Telefonnummern.
1. ▪▪ / 56 47 ▪▪, 2. 046/ ▪▪ 79 32, 3. 085/(10) 92 ▪▪

 Comprensione scritta

E5 *Capire annunci*

Hendrik a scuola studia l'inglese, il francese e da qualche tempo anche l'italiano. Nel tempo libero suona in un gruppo rock la chitarra elettrica e gli piacciono i film e i libri di fantascienza. Ora cerca un compagno in Italia con cui può chattare ed ha trovato queste brevi presentazioni. Secondo te, a chi scriverà Hendrik? Spiega brevemente la tua scelta in tedesco. Hendrik lernt in der Schule Englisch, Französisch und seit neuestem auch noch Italienisch. Er spielt Elektrogitarre in einer Rockband und mag Fantasy-Filme und Bücher. Jetzt sucht er einen Partner in Italien, mit dem er chatten könnte. Dabei stößt er auf die folgenden Kurzvorstellungen. Wem wird Hendrik wohl schreiben? Begründe dies kurz auf Deutsch.

Salve, sono Eugenio, ho 16 anni. Cerco ragazzi e ragazze che hanno voglia di discutere sull'Europa, sulla politica dell'UE. Non vogliamo fare un unico Stato europeo? Possiamo anche chattare in inglese. fabioeu@tiscali.it

Buongiorno! Sono Marisa. C'è qualche ragazza tedesca che ha voglia di scambiare e-mail con me? Tu potresti scrivere in italiano ed io in tedesco. Mi piacciono molto gli animali. marinero@virgilio.it

Ragazzi e ragazze tedeschi: quali sono i gruppi di musica tedeschi che vi piacciono di più? Sto facendo una ricerca ma non trovo informazioni. Chi mi aiuta? GiovanniNo@tiscali.it

Ho appena finito il mio primo film (un po' surreale) e sono curioso di sapere che cosa ne pensate. Mi date un feedback anche sulla musica? Guardate il mio blog universoperduto.

 Produzione scritta

E6 Genova

Scrivi un breve testo su Genova da presentare poi in classe. *Zur Vorbereitung eines Kurzvortrags über Genua schreibst du einen Text über diese Stadt (Lage, Gebäude, Einrichtungen …).*

E7 E com'è la casa dei vostri sogni? Und wie sieht euer Traumhaus aus?

Immaginatela e presentatela alla classe. *Plant es und stellt es der Klasse vor.*

 Produzione orale

 **E8 Conoscere qualcuno – Jemanden kennenlernen.**

Incontri un ragazzo italiano / una ragazza italiana della tua età. Fai tante domande. *Du triffst eine gleichaltrige Italienerin / einen gleichaltrigen Italiener und möchtest so viel wie möglich von ihr / von ihm erfahren. Welche Fragen stellst du?*

E9 Ti presenti. – Du stellst dich vor.

Racconta tutto quello che sai dire: nome e cognome, domicilio e indirizzo, luogo di nascita, scuola e classe. *Erzähle alles, was du sagen kannst: Vorname und Nachname, Wohnort und Adresse, Geburtsort, Schule und Klasse.*

E10 Presentare Genova

Presenta il testo che hai scritto ma senza leggerlo. *Stelle den Text vor, den du über Genua geschrieben hast, aber ohne ihn abzulesen.*

 Mediazione

E11 *Du gehst mit deinen Eltern, die kein Italienisch sprechen, in eine Eisdiele. Deine Mutter hätte gerne einen Eisbecher mit zwei Sorten, und zwar Erdbeere und Zitrone mit Sahne. Dein Vater möchte dagegen drei Sorten in der Waffel, und zwar Schokolade, Vanille und Nuss, aber ohne Sahne. Suche für dich auch etwas aus. Frage dann noch den Eisverkäufer wie viel du bezahlen musst.*

La mia settimana

Ingresso

14 Lunedì

07.30 ___
08.00 ___
08.30 ___
09.00 ___

15

07.00 ___
07.30 ___
08.00 ___
08.30 ___
09.00 ___
09.30 ___
10.00 ___
10.30 ___
11.00 ___
11.30 ___
12.00 ___
12.30 ___
13.00 ___
13.30 ___
14.00 ___
14.30 ___
15.00 ___
15.30 ___
16.00 ___
16.30 ___
17.00 ___
17.30 ___
18.00 ___
18.30 ___
19.00 ___
19.30 ___
20.00 ___
20.30 ___
21.00 ___
21.30 ___
22.00 ___

1. – Davide, che ore sono?
   – Siamo in ritardo. Sono già le otto.

ORARIO FARMACIA

dalle 9 alle 12.30
dalle 15.30 alle 19.30

2. – La farmacia è già aperta?
   – No, mi dispiace. Apre alle tre e mezzo.

16 Mercoledì

3. – A che ora comincia *Notte prima degli esami*?
   – Alle nove meno un quarto. Abbiamo ancora molto tempo.

4. – Quando uscite?
   – Adesso. Sono già le nove e un quarto.

09.00 ___
10.00 ___
10.30 ___
11.00 ___
11.30 ___
12.00 ___
12.30 ___
13.00 ___
13.30 ___
14.00 ___
14.30 ___
16.30 ___
17.00 ___
17.30 ___
18.00 ___

Am Ende der Lektion kannst du

· Uhrzeiten angeben und deine Tagesaktivitäten beschreiben.
· dich selbst und andere Personen vorstellen: Kleidung, Aussehen und Nationalität.

17 Giovedì

07.0
07.3
08.
08.3
09.0
09
10
10

5. – A che ora parte l'autobus?
– Alle tre e venti.

18 Venerdì

07
07.
08.
08.3
09.0
09.3
0.00
0.30
1.00

6. – Scusi, ma quando arriva il treno a Milano Centrale?
– Arriva alle quindici e trentacinque.

19 Sabato

20

07.00

07.00
07.30
08.0
08.3
09.
09.
10
10
11
1

BIGLIETTERIA

7. – Quando è aperta la biglietteria?
– Nei giorni feriali apriamo alle 9 e chiudiamo la sera alle 6. Nei giorni festivi la biglietteria è aperta dalle 9 fino a mezzogiorno.

INFO

L'orario dei negozi

Attenzione! In Italia molti negozi fanno una pausa lunga a mezzogiorno: chiudono alle 13.00 e riaprono solo alle 15.30 o alle 16.00. La sera invece sono aperti fino alle 19.30 o alle 20.00 (anche di sabato!). Tanti negozi rimangono chiusi il lunedì mattina.

Quasi in ogni città, c'è il mercato settimanale. Lì vendono frutta e verdura, ma anche vestiti, borse e articoli utili per la casa.

Occhio! giorni festivi = Feiertage
giorni feriali = Werktage

16.30   17.00
17.00   17.30

E1 *Come si forma l'ora in italiano? E come si chiede?* **G → 4.1**

18.30   19.00
19.00   19.30
19.30   20.00
20.00   20.30

Preparare T1

E1 *C'è sempre molto da fare*

Mettete in ordine i giorni, la giornata e altro.

la mattina – a mezzo-
giorno – il pomeriggio – la sera –
la notte – dopodomani – il martedì
– il venerdì – il s<u>a</u>bato – il lunedì –
la dom<u>e</u>nica – il mercoledì – il giovedì – oggi – domani – la prossima
settimana

T1 Il lunedì di Laura

E2 *Leggi il testo e abbina poi le frasi ai disegni.*

1. Laura vuole andare in bagno. Occupato!
C'è Elisa! E adesso? ... Meno male. Elisa
esce. Laura deve sbrigarsi: si fa la doccia, si
lava i denti, si pettina e si trucca un po'. Poi
torna nella sua camera e si veste. Il tutto in
dieci minuti.

2. Si incontra con la sua amica Pia.
Vogliono fare un giretto in città. Laura ha
bisogno di scarpe nuove. Poi compra il pane.

3. Sono le sette. Suona la sveglia, ma Laura
non ha voglia di alzarsi. Preferisce rimanere a letto e dormire ancora un po'.

4. Sono le sette meno un quarto. Laura
dorme. Non si sveglia.

5. Va a scuola in autobus e arriva alle otto
meno un quarto. Oggi ha lezione dalle otto
all'una e un quarto.

6. Alle dieci e mezzo Laura va a letto. Legge
un po' e poi si addormenta.

7. Alle sette e dieci la signora Botto entra in camera. "Laura, alzati. È proprio ora!"

8. Alle otto cenano tutti insieme.
Di primo c'è la pasta e di secondo la carne con la verdura. E dopo c'è anche il dolce di Laura.

9. In cucina fa colazione con Federico.
Lei mangia solo due biscotti e prende un caffè, ma non parlano molto perché sono ancora stanchi.

10. Dalle tre alle quattro e un quarto si riposa un po'. Ascolta prima la musica e poi legge le e-mail. Fino alle sei fa i compiti, poi si occupa del dolce per la cena. Alla fine telefona a Pia.

11. Torna a casa a piedi per il pranzo. Ha molta fame. Quando arriva, trova anche Federico ed Elisa e mangiano insieme. C'è una buona pasta al pesto, poi un'insalata e la frutta.

E3 Laura racconta la sua giornata

*Ritrova l'ordine cronologico. Metti **poi** e **dopo**.*

1. Vado nella mia camera a vestirmi.
2. Quando suona la sveglia, spesso non mi alzo subito, perché sono ancora stanca.
3. Ceniamo tutti insieme.
4. Torno a casa e poi mangio con Elisa e Federico.
5. Faccio un giretto in città con la mia amica Pia.
6. Finalmente mi alzo.
7. Vado a scuola in autobus.
8. Leggo ancora un po' e poi mi addormento.
9. Mi faccio la doccia e mi lavo i denti.
10. Mi riposo e poi faccio i compiti.
11. Faccio colazione.

E4 Mi, ti, si ...

Verbi riflessivi. Abbina. **G** → 4.3

(io) mi	vestiamo
(tu) ti	trucchi
(lui/lei) si	sbrigano

(noi) ci	addormenta
(voi) vi	alzate
(loro) si	pettino

E5 *Che ore sono?*

Ascoltate e scrivete.

E6 *Forza!*

rip<u>o</u>sati – f<u>a</u>tevi una buona pasta – sbr<u>i</u>gatevi – <u>a</u>lzati – non ti addormentare – v<u>e</u>stiti, è ora!

E7 *Che consiglio dai? Welchen Rat gibst du deinem Freund?*

Modello: – Quando parte il treno per Roma? – Guarda in Internet!

1. Sono stanca.
2. Sono già le otto meno cinque.
3. Non ho voglia di tornare a piedi.

4. Ho fame.
5. Che caos! Non trovo le mie cose.
6. Le scarpe sono troppo piccole.

E8 *La giornata di un broker*

Completa con le forme dei verbi. **G** → 4.3

Il signor Botto ▪▪ (alzarsi) alle sei e mezzo per andare a lavorare. La sveglia ▪▪ (suonare) e lui ▪▪ (svegliarsi). ▪▪ (farsi) la doccia, ▪▪ (vestirsi) e ▪▪ (uscire). ▪▪ (Prendere) il caffè al bar. ▪▪ (sbrigarsi) per arrivare in ufficio alle sette e mezzo, ma prima ▪▪ (passare) all'edicola per comprare il giornale. In ufficio ▪▪ (leggere) il giornale e poi ▪▪ (cominciare) a lavorare. ▪▪ (leggere) le e-mail e poi ▪▪ (telefonare) a un cliente a Barcellona. Il cliente ▪▪ (volere) ▪▪ (trasportare) 150 container da Barcellona a Genova. Allora Gianfranco ▪▪ (alzarsi) e ▪▪ (chiedere) al suo collega se la nave che ▪▪ (partire) da Barcellona ▪▪ (essere) pronta. Dopo, ▪▪ (telefonare) di nuovo al cliente. Lui ▪▪ (chiedere) a che ora ▪▪ (arrivare) la nave a Genova. Adesso ▪▪ (dovere) ▪▪ (sbrigarsi) perché la nave ▪▪ (dovere) ▪▪ (partire)! A mezzogiorno, Gianfranco ▪▪ (tornare) a casa per ▪▪ (mangiare) insieme alla famiglia. Tutti ▪▪ (raccontare) la loro giornata ...

E9 *Che cosa vogliamo fare oggi? E che cosa dobbiamo fare?*

Completa con le forme del verbo **dovere** e **volere**: **G** → 3.7 + 4.4

1. Piero stasera ▪▪ incontrare gli amici, ma ▪▪ lavorare.
2. Chiara e Francesco ▪▪ ancora uscire con il cane. Ma poi ▪▪ andare al cinema!
3. Alessia, ▪▪ andare alla festa della sua amica Lucia. Ma prima ▪▪ studiare.
4. Io ▪▪ uscire perché ▪▪ comprare il dolce.
5. E voi che cosa ▪▪ fare oggi?
6. Noi ▪▪ fare un giretto per il centro per vedere i negozi.
7. Gina ▪▪ alzarsi perché sono già le sette e un quarto.
8. Mamma, non possiamo uscire. ▪▪ fare i compiti prima.

E10 *La giornata della signora Botto*

La signora Botto parla con sua sorella al telefono. Ascolta il testo e completa.

ora	attività
6.00	si alza
▪▪	▪▪

E11 *A che ora aprono e chiudono?*

Utilizza queste espressioni:

essere aperto/a tutti i giorni dalle … alle – essere chiuso/a il/la … – all'una – nel pomeriggio dalle … alle – nei giorni festivi – nei giorni feriali

E12 *Ecco Alessandro, il tuo nuovo amico italiano*

Per sapere un po' di più del tuo amico Alessandro, gli fai tante domande. Il tuo partner dà le risposte.

1. A che ora – alzarsi?
2. Fare – colazione a casa?
3. Andare – a scuola a piedi, in auto-bus o in treno?
4. Quando – cominciare la scuola?
5. Quando – finire le lezioni?
6. Che cosa – fare nel pomeriggio?
7. Avere – molti compiti da fare?
8. Che cosa – fare la sera? A che ora – andare a letto di solito?
9. Altre domande?

E13 *E la tua giornata?*

Che cosa fai la mattina presto, a mezzogiorno, nel pomeriggio e la sera? **G** → 4.2

INFO

Gli italiani a tavola

Molti italiani non fanno colazione la mattina, ma prendono solo in fretta un caffè. Poi, prima di entrare in ufficio vanno al bar, prendono un cappuccino con un cornetto e leggono il giornale.

Il primo pasto completo è il pranzo che, di solito, è tra le 13.00 e le 14.00: spesso mangiano un primo, un secondo, la frutta e bevono un caffè.

Anche in Italia, come succede in altri paesi europei, molti non tornano a casa per il pranzo, ma mangiano in un'osteria/una tavola calda o vanno a un self-service.

La famiglia si ritrova dunque la sera, a cena, con un piatto di pasta o di minestra (*Suppe*). Per secondo, si mangia un po' di verdura e formaggio (o anche un po' di carne) e poi la frutta. Alcuni prendono il caffè anche la sera dopo cena.

E14 *Un pranzo tra amici*

Sei nell'osteria "Balebùste" a Ferrara. Il tuo amico tedesco non parla l'italiano. Non mangia il pesce (Fisch). Che cosa può ordinare (bestellen)? Puoi usare il dizionario.

Le specialità gastronomiche dell'osteria Balebùste

Il menù potrà avere variazioni settimanali in base alla reperibilità delle materie prime e alla fantasia dei cuochi.

Primi piatti

- Lasagne con patate e ragù di prosciutto
- Lasagne alla bolognese
- Tagliatelle con gamberi
- Cavatelli con tonno fresco

Secondi piatti

- Spiedini di tonno
- Somarino con polenta
- Lombatina di cervo alla griglia con fagioli neri
- Cono di gamberi e zucchine pastellate

Dolci

- Torta di nutella
- Crema catalana
- Tenerina al cioccolato

http://www.balebuste.it/osteria

Preparare T2

E1 *Turisti da tutto il mondo*

Vanno tutti in Italia. Ma da quale paese vengono? Guardate la carta geografica all'inizio del libro.
Modello: La prima persona viene dalla Francia.
La seconda …

①
Parigi

②
Copenhagen

⑦
Vienna

③
Istanbul

⑥
Cairo

⑤
Varsavia

④
Atene

E2 *Quali paesi sono nell'Unione europea (UE)?*

E3 *Ritrova i numeri.* **G** → 4.5

37	ottantotto	59	diciottomila settecentosessantanove
52	centocinquantasei	26	settantasei
86	quarantaquattro	88	cinquantanove
09	settantuno	71	zero nove
44	trentasette	68	sessantadue
76	ventisei	156	novantatré
62	tremila ottocentonovantaquattro	3.894	sessantotto
93	cinquantadue	18.769	ottantasei

T2 *Chi cerca trova*

Oggi dopo le lezioni Laura accompagna Elisa all'università. Si fermano davanti ad una grande bacheca con molti annunci perché Elisa cerca una lampada fashion per la sua camera. Ma forse anche Laura trova qualcosa ... Allora cominciano a leggere con molto interesse.

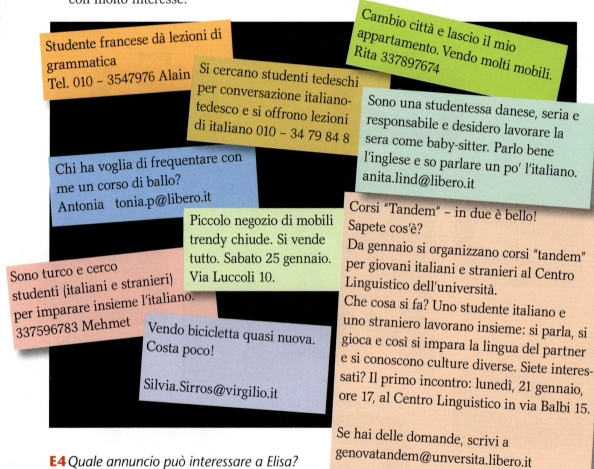

Studente francese dà lezioni di grammatica
Tel. 010 – 3547976 Alain

Cambio città e lascio il mio appartamento. Vendo molti mobili.
Rita 337897674

Si cercano studenti tedeschi per conversazione italiano-tedesco e si offrono lezioni di italiano 010 – 34 79 84 8

Sono una studentessa danese, seria e responsabile e desidero lavorare la sera come baby-sitter. Parlo bene l'inglese e so parlare un po' l'italiano.
anita.lind@libero.it

Chi ha voglia di frequentare con me un corso di ballo?
Antonia   tonia.p@libero.it

Piccolo negozio di mobili trendy chiude. Si vende tutto. Sabato 25 gennaio.
Via Luccoli 10.

Sono turco e cerco studenti (italiani e stranieri) per imparare insieme l'italiano.
337596783 Mehmet

Vendo bicicletta quasi nuova. Costa poco!

Silvia.Sirros@virgilio.it

Corsi "Tandem" – in due è bello!
Sapete cos'è?
Da gennaio si organizzano corsi "tandem" per giovani italiani e stranieri al Centro Linguistico dell'università.
Che cosa si fa? Uno studente italiano e uno straniero lavorano insieme: si parla, si gioca e così si impara la lingua del partner e si conoscono culture diverse. Siete interessati? Il primo incontro: lunedì, 21 gennaio, ore 17, al Centro Linguistico in via Balbi 15.

Se hai delle domande, scrivi a genovatandem@unversita.libero.it

E4 *Quale annuncio può interessare a Elisa? E quale a Laura? Spiega perché.*

E5 *In quale annuncio si parla di uno di questi temi?*

fare sport	vendere	lavorare	studiare	altro

E6 *Claudia abita a Berlino, in Germania. E dove abitano queste persone?*
Continua. Guarda la cartina geografica all'inizio del libro.
Sibylle (Basilea), Anna (Bolzano), Sven (Colonia), Krystyna (Varsavia), Françoise (Lione), Stefan (Lipsia), Ian (Londra), Julijana (Lubiana), Georges (Marsiglia), Monika (Monaco), Julia (Salisburgo), Laura (Stoccarda), Thomas (Vienna), Sarah (Zurigo), Claudine (Parigi), Juan (Madrid), Boris (Mosca), Inés (Lisbona)

E7 *Discutere sull'Unione europea*

Ogni anno c'è una riunione del parlamento dei giovani europei.
Ci sono ragazzi tedeschi, inglesi, ...
Continuate la lista. Sapete tutte le nazionalità?

EUROPEAN **YOUTH** PARLIAMENT
PARLEMENT EUROPÉEN DES **JEUNES**
DEUTSCHLAND GERMANY

E8 *Un'e-mail di Laura a genovatandem@unversita.libero.it*

Laura è interessata al corso tandem. Per questo, scrive un'e-mail. Si presenta e fa tutte le domande che ha. Scrivi tu al posto suo. (→ Strategia 4.1, pag. 290)

E9 *Elisa e Rita al telefono*

Scrivi questa tabella e poi completala.

Dove abita Rita?	▪▪
Perché vende i mobili?	▪▪
Che cosa vende? E a che prezzo?	▪▪
Che cosa non vende?	▪▪
Che cosa interessa molto a Elisa?	▪▪
Quando si incontrano?	▪▪

E10 *L'albero del sapere. Der Baum des Wissens.*

*Completa le frasi con le forme di **sapere**.* **G** → 4.12

1. – Giovanni, ▪▪ la novità? – Sì, certo.
   Io ▪▪ sempre tutto.
2. Anita ▪▪ l'italiano e l'inglese.
3. Mario e Luis ▪▪ il portoghese e l'italiano.
4. – Ragazzi, ▪▪ parlare lo spagnolo?
   – No, noi ▪▪ parlare solo il francese.

E11 *Sapere, potere o conoscere?* **G** → 4.12.2

Completa.

1. Domani sera io non ▪▪ andare al cinema perché faccio il babysitter.
2. Dopo due mesi di corso gli studenti ▪▪ già parlare un po' d'italiano.
3. Federica ▪▪ tutta la grammatica francese.
4. I turisti americani non ▪▪ Roma.
5. Prima devi lavorare un po' e dopo ▪▪ andare al cinema.
6. La signora Balducci è americana e per questo suo figlio ▪▪ bene l'inglese.
7. Maria, ▪▪ il nostro vicino di casa?
8. Compriamo i biglietti al bar e poi ▪▪ prendere l'autobus.

E12 Che cosa si fa al corso tandem?

Completa le seguenti frasi: **G** → 4.11

1. ▪▪ (conoscere) tanti altri studenti Erasmus.
2. ▪▪ (ascoltare) musica italiana.
3. ▪▪ (presentare) tanti paesi.
4. ▪▪ (guardare) un film insieme.
5. ▪▪ (avere) anche discussioni molto interessanti.

6. ▪▪ (organizzare) feste dove ▪▪ (incontrare) tanti studenti italiani.
7. ▪▪ (preparare) anche delle specialità che poi ▪▪ (mangiare) insieme.
8. E ▪▪ (imparare) tante cose nuove e interessanti.

> **Occhio!** Si mangia una pizza.
> Si mangiano due pizze.

E13 Che cosa si fa …

Fate quattro gruppi. Chi trova più frasi?
1. a scuola; 2. la domenica; 3. in discoteca; 4. la sera

E14 Alla prima lezione ci sono tutti

Completa con la forma giusta di **tutto**. **G** → 4.13

1. ▪▪ gli studenti sono nell'aula 5.
2. Ci sono anche ▪▪ le studentesse francesi e ▪▪ gli studenti inglesi.
3. ▪▪ ascoltano bene perché vogliono capire ▪▪.

4. Federica è ▪▪ contenta perché incontra Franca e Giorgia.
5. Dopo la scuola vanno ▪▪ e tre a casa di Franca.
6. Mangiano la pizza insieme a ▪▪ la famiglia di Franca.

E15 Il tempo libero

Ascolta e completa la tabella.

	☺	☺	☺
Come si chiama?			
Di che nazionalità è?			
Che cosa fa nel tempo libero?			
Quando?			
Perché?			

E16 Il mio tempo libero

Bereite einen Kurzvortrag zu deinem Freizeitverhalten vor (→ *Strategia 3.2, pag. 282*).
Achte auf die folgenden Fragen:
– Che cosa ti piace? Che cosa non ti piace? Perché?
– Quando lo fai? (Il lunedì, il martedì o ogni giorno?)
– A che ora? (Nel pomeriggio, la sera?)
– Da quando lo fai? (Da un anno, da due mesi?)
Halte einen Vortrag vor deinem Partner. Lege dabei deine Notizen aus der Hand. Nachdem auch dein Partner sich dir vorgestellt hat, stellst du ihn der Klasse vor. Dein Partner wird daraufhin in der Klasse von dir erzählen.
In bocca al lupo! = Viel Glück!

Preparare T3

E1 *Comprare vestiti*

Che cosa vi piace? Guardate i prodotti. Avete 100 euro. Che cosa comprate? Mett*e*tevi
d'accordo!

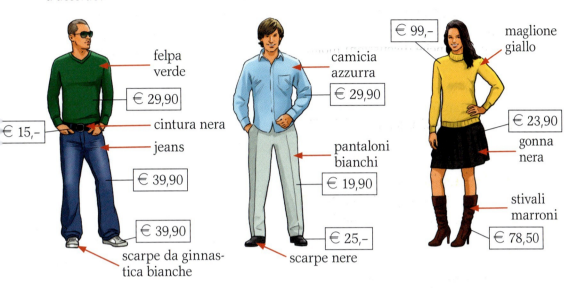

felpa
verde

€ 29,90

cintura nera

€ 15,–

jeans

€ 39,90

€ 39,90

scarpe da ginnas-
tica bianche

camicia
azzurra

€ 29,90

pantaloni
bianchi

€ 19,90

€ 25,–

scarpe nere

€ 99,–

maglione
giallo

€ 23,90

gonna
nera

stivali
marroni

€ 78,50

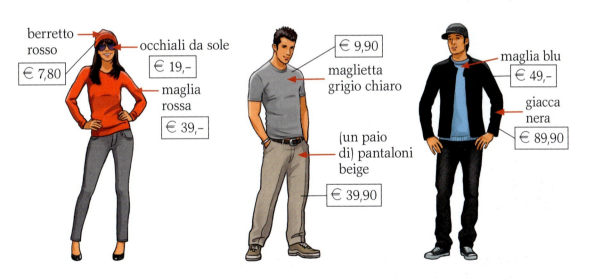

berretto
rosso

occhiali da sole

€ 7,80

€ 19,–

maglia
rossa

€ 39,–

€ 9,90

maglietta
grigio chiaro

(un paio
di) pantaloni
beige

€ 39,90

maglia blu

€ 49,–

giacca
nera

€ 89,90

E2 *Colori*

Erstellt eine Liste der Farbadjektive mit den Singular- und Pluralformen. In welche Gruppen
könnte man sie unterteilen? **G** → 4.14

T3 *Indovina chi è*

Grazie al suo annuncio, Mehmet, lo studente turco, trova un corso di lingua italiana all'università di Genova. Il giovedì sera frequenta questo corso insieme a Mary, una ragazza inglese, Hélène, una studentessa francese, Lars, un ragazzo svedese e Miguel di Barcellona. Per parlare dei colori e dei vestiti, Gianna, l'insegnante, fa un gioco e spiega le regole: "Prendete un foglio e descrivete i vestiti di un compagno, ma attenzione, senza fare nomi. E poi gli altri indovinano chi è."

Porta delle belle scarpe da ginnastica bianche e arancio, poi pantaloni beige e una bella camicia azzurra.

Porta una bella gonna nera, scarpe nere e una maglia blu.

Miguel   Hélène

Porta stivali marroni, i jeans e un bel maglione grigio chiaro.

Porta pantaloni neri molto belli e scarpe marroni. Anche la maglia rossa mi piace molto!

Mary   Mehmet

Indossa pantaloni marroni con una cintura nera, una camicia rosso scuro e una giacca nera.

Indossa i jeans con una cintura nera. Porta anche una felpa verde perché fa freddo. Le scarpe sono blu e bianche. Sono scarpe da ginnastica.

Gianna   Lars

E3 *Che cosa comprano?*

Modello: Pia compra un paio di pantaloni neri, Marco …

Marco

Franca

Claudio

Pia

Cinzia

Alessandro

Federica

Beatrice

Luisa

Enrico

 E4 *Come si chiama la ragazza? E come si chiama il ragazzo?*

Ascolta.

 E5 *Indovina chi è*

Descrivi un compagno di classe / una compagna di classe (faccia e vestiti) senza fare il suo nome. Gli altri indovinano chi è. (→ Strategia 3.3, pag. 283)

 E6 *Descriversi*

È la prima volta che vai in Italia a fare uno scambio. Il tuo partner chiede una tua descrizione perché ti vuole riconoscere subito quando arrivi con il treno. Descriviti (faccia, capelli, vestiti)!

◯◯ **E7** *Ritratti famosi*

Descrivi un ritratto senza fare il nome della persona. Il compagno deve dire chi è.
(→ Strategia 3.3, pag. 283)

 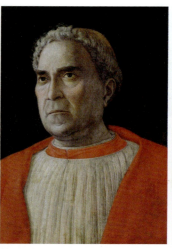 

1. La Gioconda / Leonardo da Vinci (1452 – 1519)

2. Ritratto di uomo / Luca Signorelli (1445 – 1523)

3. Ritratto del cardinale Ludovico Trevisan / Andrea Mantegna (1431 – 1506)

◯◯ **E8** *Quando sei nata, Anna?*

Modello: – Quando sei nata, Anna?
– Sono nata nel 1993 (millenovecentonovantatré).
E tu, Piero? Quando sei nato?

Antworte anstelle der angegebenen Personen:

Piero *1963 – Alessandra *1989 – Marco *1995 – Andrea *1999 – Gunnar *1951 – Clara *1967 – Gina *2002 – Fabrizio *1997 – Salvatore *1941

Guarda l'esercizio n° 7: Leonardo da Vinci: quando è nato? E quando è morto? E gli altri?

◉ **E9** *Numeri*

Quali sono i numeri? *Welche Zahlen werden genannt?*

1. La signora Rossi ha ▬▬ anni.
2. Il libro e il giornale costano ▬▬ €.
3. Oggi arrivano ▬▬ studenti da Pisa.
4. Ecco un biglietto da ▬▬ €.
5. Il signor Rossi abita in via Garibaldi ▬▬.
6. Sul giornale ci sono oggi ▬▬ annunci.
7. Il biglietto per l'autobus costa ▬▬ €.
8. Nel libro di francese ci sono ▬▬ lezioni.
9. Mario ha ▬▬ anni.
10. La signora Pescatori ha ▬▬ vicini di casa.

E10 *Ci vediamo tra poco*

Du erhältst die Mail von deiner neuen Austauschpartnerin aus Palermo. Du stellst sie auch deinen Eltern vor.

Da: "Chiara.Negri@libero.it"

Ciao!

Mi chiamo Chiara, sono italiana e ho 17 anni. Ci vediamo tra poco con lo scambio. Siamo 35 ragazzi palermitani, e io sto a casa tua.

Ho tanti hobby, per esempio mi piace ascoltare la musica, incontrare amici in piazza e sono anche molto brava in cucina: la mia pizza è buonissima!
E tu? Che cosa ti piace fare?

Com'è casa tua? Puoi descrivere l'appartamento? Mi interessa anche molto la mia stanza.

Sono una ragazza simpatica. Ho un piercing al naso, i capelli lunghi e gli occhi verdi. Così mi puoi riconoscere alla stazione! Di solito indosso vestiti scuri (jeans, scarpe da ginnastica). Adoro le felpe con il cappuccio. Qualche volta metto anche un berretto.

Tanti saluti e a presto!

Chiara

E11 *I jeans: perché si chiamano così?*

Du möchtest einem Freund erklären, woher der Name „Jeans" eigentlich stammt. Versuche dem folgenden Text möglichst viele Informationen zu entnehmen.

Probabilmente ognuno di noi ha almeno un paio di jeans nell'armadio. I jeans sono un capo di abbigliamento che si può indossare praticamente in qualsiasi occasione. Ci sono jeans a poco prezzo e quelli creati da grandi stilisti di moda, quelli con i buchi e quelli con gli strass, i jeans per lavorare in giardino e quelli per andare a
5 un ricevimento.
Ma sapete che il nome dei jeans deriva da una città italiana che voi conoscete bene? Da ... Genova!

Nell'800 i marinai di Genova, per fare i duri lavori al porto e sulle navi, hanno bisogno di vestiti resistenti. Così indossano un tipo di pantaloni blu fatti con una
10 stoffa robusta con la quale confezionano anche le tele delle navi. Da qui, i pantaloni "genovesi" arrivano in tutto il Mediterraneo, anche in Francia dove i francesi li chiamano "bleu de Gênes". La parola inglese deriva proprio da qui.

Per ricordare questo fatto, nel novembre 2004, gli studenti di due scuole genovesi hanno fabbricato un gigantesco paio di pantaloni "blu di Genova" che misura 18
15 metri. Confezionato con seicento paia di vecchi jeans ed issato – come bandiera – su una gru del Porto antico.

Incontri di famiglia

Ingresso

Am Ende der Lektion kannst du
· von Feiern im Familien- und Freundeskreis erzählen.
· Vorlieben und Gefühle ausdrücken.
· von Ereignissen in der Vergangenheit berichten.
· dich in der Region Kampanien orientieren.

Battesimo

Compleanno

Matrimonio

Prima comunione

○○ **E1** *Di quale foto parlano queste frasi? Abbinate.*

1. Quando due si amano e vogliono stare sempre insieme.
2. Quando nasce un nipotino i nonni sono molto felici.
3. In quel giorno le bambine sono come delle piccole spose.
4. È sempre bello invitare amici e parenti – anche se hai un anno in più ...
5. La morte di un caro parente è un triste momento.

◉ **E2** *Ascoltate i cinque dialoghi. Di quale incontro di famiglia si parla?*

Funerale

Preparare T1

E1 *Da Genova a Ravello*

1. Per quali città passate durante il viaggio da Genova a Ravello? Guardate alla fine del libro o in Internet.
2. Quali sono le regioni che incontrate da nord a sud?
3. Quanti chilometri ci sono da Genova a Ravello?

E2 *Famiglia e parenti di Serena e di Luca*

Serena e Luca prima del matrimonio presentano le loro famiglie con queste espressioni:
la moglie – il marito – il figlio – la figlia – il fratello – la sorella – il nonno – la nonna
– il cugino – la cugina – lo zio – la zia – il cognato – la cognata – il nipote (di nonno, di zio) – la nipote (di nonno, di zio)

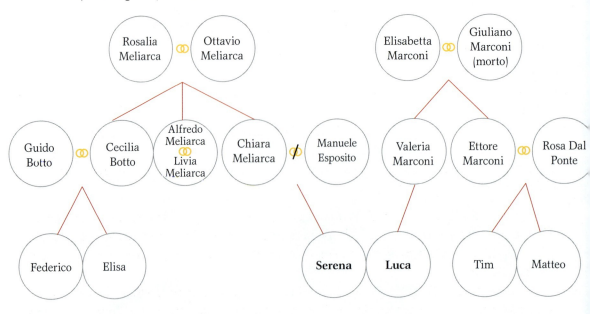

T1 *Un viaggio importante*

Finalmente: Venerdì dopo la scuola Laura parte con tutta la famiglia per la Campania. Che bello! Si sposano Luca e Serena; lei è la cugina di Elisa. Luca e Serena sono di Salerno. Lui è un giovane architetto e insegna all'università di Napoli. Lei studia ancora. Laura li conosce solo in fotografia. Purtroppo non c'è Federico perché non si sente bene da qualche giorno.
5 Ha un forte raffreddore ma niente di grave. Durante il viaggio in macchina Laura è già molto emozionata. "Al matrimonio vengono parenti da tutta l'Italia e anche dagli Stati Uniti", racconta la signora Botto. "Luca, lo sposo, ha uno zio italiano a Chicago e due cugini molto simpatici." Laura non vede l'ora di conoscerli. Anche la signora Botto è contenta. "Sai, Chiara, la mamma di Serena, è mia sorella. È divorziata. Da quando vive
10 a Ostia con il suo nuovo compagno la vedo forse una volta all'anno."
La macchina viaggia sull'Aurelia. Passa per Livorno e Grosseto, poi per Roma e Terracina. Per fortuna c'è poco traffico. Spesso si vede il mare dalla macchina. Che bello! All'improvviso suona il cellulare della signora Botto.

la sig.ra Botto: Pronto!
15 *Alfredo:* Ciao, cara sorella. Sono Alfredo, mi senti?
la sig.ra Botto: Sì, ti sento bene!
Alfredo: Livia è già un po' emozionata. Quando pensate di arrivare a Napoli?
la sig.ra Botto: Presto! Vi chiamo quando siamo vicino alla stazione.
Alfredo: Va bene, a dopo! E tanti saluti a Elisa! Come sta la mia nipotina?
20 *la sig.ra Botto:* Bene, bene, Alfredo. La vedi tra poco. Ciao ciao!

"A Napoli ci aspettano mio fratello e mia cognata Livia", spiega la signora Botto. Ancora 50 chilometri ... Ora si vedono già le isole vicino a Napoli ... "guarda, Laura: questa è Procida." "Ah, è quella che vogliamo visitare domenica?", chiede Laura. "Sì, proprio quella", risponde il signor Botto.
25 Alla stazione di Napoli incontrano Alfredo e Livia e partono insieme per Ravello dove Luca e Serena si sposano. È un posto meraviglioso sulla Costiera Amalfitana tra Napoli e Salerno che attira tanta gente.

La sera Laura ed Elisa fanno una passeggiata. Zia Livia le accompagna a Villa Eva, il posto del matrimonio, con un giardino enorme. Per Laura è tutto bellissimo! "Un panorama così lo
30 trovi solo qui", dice Elisa. "Se mi sposo io, dev'essere in un posto come questo! Faccio subito una foto e la mando alla mia amica Rosa."
Durante il pomeriggio arrivano tanti altri parenti. Lo zio Ettore e sua moglie Rosa sono quelli che vengono da Chicago, insieme ai loro figli Tim e Matteo. Laura li trova subito simpatici. Il loro italiano è divertente perché lo parlano con accento americano. Da Salerno vengono Vale-
35 ria, la mamma di Luca ed anche sua nonna Elisabetta. Poi tanti amici e vicini di casa.

E3 *Vero o falso?*

Correggete la frase, se necessario.

1. Tutta la famiglia va al matrimonio.
2. Serena è di Salerno.
3. Luca è un broker.
4. Al matrimonio vengono anche dei parenti inglesi.
5. Luca ha due cugini che vivono a Chicago.
6. I Botto e Laura viaggiano in macchina sulla via Cassia.
7. Quando suona il cellulare della signora Botto chiama Livia, sua cognata.
8. Alfredo e Livia si trovano alla stazione di Napoli.
9. Dalla macchina si vedono Ischia e Procida.
10. Elisa non vuole sposarsi.
11. Tim e Matteo parlano l'italiano con un accento divertente.
12. Arrivano tanti amici da tutta la zona e anche i nonni di Luca.

E4 *Chi? Perché? Dove? Quando?*

Mettetevi in gruppi da tre o quattro e scrivete otto domande sul testo. Poi gli altri devono rispondere alle vostre domande.

E5 *Una grande famiglia*

Completate.

1. Mia madre e mio ▪▪ sono i miei ▪▪.
2. La sorella di mia madre è ▪▪ ▪▪.
3. Non ho un fratello ma ho una ▪▪.
4. Il figlio di mia sorella è ▪▪ ▪▪.
5. La madre di mio padre è ▪▪ ▪▪.
6. Il marito di mia sorella è ▪▪ ▪▪.
7. I figli dei miei zii sono ▪▪ ▪▪ ▪▪.
8. Io sono il/la ▪▪ dei miei nonni.
9. I miei genitori non vivono insieme. Sono ▪▪. Però, mia madre ha un ▪▪. Si chiama Giorgio, e per me è come un secondo ▪▪.
10. Mio padre non ama proprio suo fratello. Ma io vado molto d'accordo con mio ▪▪.

E6 *Quattro chiacchiere in classe*

Ogni alunno porta una foto della sua famiglia o di qualche suo parente. Poi in classe cercate un partner e presentate le vostre foto. Chi ha il parente più divertente? Descrivetelo!

INFO

Separazioni e divorzi – in crisi anche la famiglia italiana

Anche se per tanti europei l'Italia è proprio "il paese della famiglia", anche qui si nota un continuo aumento delle separazioni e dei divorzi. Le coppie che si separano sono all'incirca 80.000 all'anno. C'è allora la famiglia monogenitoriale/monoparentale con un solo adulto.

Nelle famiglie con due adulti spesso tutti e due i genitori lavorano. Hanno pochi figli: uno o due. La quota delle nascite in Italia è la più bassa in Europa.

Però, la famiglia resta molto importante per tutti quando si fa una grande festa. Quando c'è un matrimonio, una prima comunione o un funerale si incontrano tutti.

E7 *A Ravello*

Metti il pronome oggetto diretto. **G** → 5.1

Nel giardino di villa Eva Laura incontra un bel ragazzo ...

Laura: Senti, Elisa, hai visto quel ragazzo bellissimo lì, in giardino?

Elisa: Quale?

Laura: Ecco ▪▪! Non ▪▪ vedi?

Elisa: Ah, adesso ▪▪ vedo anch'io.

Laura: Anche lui è un vostro parente?

Elisa: No, penso di no. Ora sta parlando con la cugina di Luca.

Laura: Come ▪▪ guarda! Ah, arrivano i tuoi zii Livia e Alfredo. Andiamo a salutar ▪▪.

zia Livia: Ciao, ragazze! Facciamo una passeggiata? ▪▪ accompagno lì da dove si vede tutta la Costiera Amalfitana. Facciamo delle belle foto. Alfredo, ▪▪ fai tu? Così, possiamo mandar ▪▪ alle ragazze.

Alfredo: Va bene, per voi, ▪▪ faccio volentieri. Aspettate un attimo, devo fare quattro chiacchiere con mio cugino Roberto. ▪▪ vediamo più tardi!

E8 *Progetto: Scoprire le 20 regioni d'Italia*

In gruppi scegliete una regione che volete presentare in classe. Poi cercate del materiale in Internet. Sul sito dell'Agenzia Nazionale del Turismo trovate del materiale su ogni regione italiana. Informatevi! Alla fine decidete come fare la presentazione (computer, poster ...).
Buon divertimento!

E9 *La Costiera Amalfitana – un posto meraviglioso …*

Abbina le foto alle descrizioni. Attenzione: non devi capire tutte le parole!

1. La piazza davanti al duomo è un punto d'incontro per vecchi e giovani…

2. Questo paese si affaccia proprio sul mare … Tipiche sono le tantissime "scalinate" dall'alto del paese alla spiaggia.

3. Questo paese è molto famoso per le sue ceramiche e l'artigianato delle maioliche. C'è anche un bel museo.

4. Il paese si trova in alto e offre ai suoi visitatori due ville con dei panorami fantastici, villa Rufolo e villa Cimbrone.

5. Ancora oggi la maggior parte della gente vive di pesca. Nel piccolo porto le barche si vedono dappertutto.

6. Il campanile della chiesa di Santa Maria Maddalena è uno dei più affascinanti di tutta la costiera.

7. La sera i cittadini s'incontrano sul lungomare per chiacchierare e giocare.

Vietri sul Mare

Erchie

Atrani

Amalfi

Minori

Ravello

Positano

Preparare T2

Prima del matrimonio

la sposa

- ha scelto il vestito da sposa
- è passata dal parrucchiere
- ha invitato le amiche a cena
- ha comprato i fiori per la chiesa

lo sposo

- è andato al ristorante con gli amici
- ha comprato un vestito per la cerimonia
- ha comprato gli anelli
- ha organizzato la macchina per andare in chiesa

Insieme hanno parlato con il prete, hanno scelto il menu e il vino, hanno fatto la lista dei regali, hanno mandato gli inviti, sono andati a vedere la sala per la festa e hanno ordinato le bomboniere, hanno cercato un albergo per il viaggio di nozze.

 E1 *Il passato prossimo: avere/essere + participio passato*

1. *Come si forma il participio passato dei verbi in -are?*
2. *Quando si usa "avere", quando si usa "essere"?*
3. *Attenzione al participio quando usate "essere". Perché?*

T2 Il matrimonio a Ravello

Elisa: Oddio. Non ho spento il cellulare. Ah, è Federico. Pronto Federico. Stai meglio?

5 Federico: Sì, grazie, va un po' meglio. E voi, come state? Com'è andato il viaggio? È durato molto? Quando siete arrivati?

10 Elisa: Tutto a posto. Siamo arrivati ieri sera alle sette e abbiamo subito visitato il paese. È bellissimo.

Federico: E la festa, com'è?

15 Elisa: Meravigliosa!

La cerimonia in chiesa

Federico: Ci sono delle belle ragazze?

Elisa: Ma tu sei sempre il solito … La sposa è bellissima, ma adesso per te è troppo tardi … Ci sono invece dei ragazzi bellissimi: sono arrivati Tim e Matteo dagli Stati Uniti.

Federico: Chi è arrivato? Non ho capito.

Elisa: Tim e Matteo, i cugini di Luca. Sono veramente simpatici, questi cugini …

Federico: E com'è andata la cerimonia?

Elisa: È stata meravigliosa. In chiesa hanno suonato una musica molto romantica. Dopo il "sì", Luca ha dato un bacio a Serena e allora la mamma di Luca ha cominciato a piangere. Quando gli sposi sono usciti, gli invitati hanno cominciato a lanciare il riso. Poi siamo andati al ristorante dove siamo ancora adesso …

Federico: È quello che conosce papà?

Elisa: Sì, è Villa Eva.

Federico: Avete già finito di mangiare?

Elisa: No, siamo arrivati al dolce. Voglio assaggiare tutto.

Federico: Certo, ti conosco!

Elisa: Eh sì, tu non hai idea di quante cose buone abbiamo mangiato … e anche bevuto. Al brindisi tutti hanno alzato il bicchiere e dopo siamo andati in sala da pranzo per il banchetto. Prima gli antipasti, poi tre tipi di primo e tanti secondi …

Federico: Basta, Elisa, basta! Se continui a raccontare mi viene fame.

Elisa: Ah, sì, scusa!

Federico: E com'è la musica?

Elisa: Prima hanno suonato della musica rock, ma quella non è piaciuta molto agli anziani. Solo i giovani hanno ballato. Ora danno le classiche canzoni napoletane: "O sole mio", "Luna rossa". Le amo anch'io queste canzoni. Poi hanno messo la tarantella e ha ballato perfino la nonna di Luca, con tutto quel vino e quello spumante che ha bevuto! La vedo molto felice con i suoi nipoti.

Federico: E mamma e papà? Ballano anche loro? ….

Elisa: Certo! Ma sai, il momento più felice è stato quando Luca ha cantato "A te" per Serena.

Federico: Di Jovanotti? Che forte!

Elisa: Sì, un momento proprio romantico.

Federico: E io non l'ho visto. Peccato. E com'è allora questa villa Eva?

Elisa: È meravigliosa! Dal parco vedi tutta la costiera amalfitana. E adesso, con le luci … Scusa Federico, mi chiama Laura, è caduta zia Rosina …

Federico: Cosa? Chi è caduto?!

Elisa: No, non è vero. È il momento delle bomboniere.

Federico: Va bene. Salutami tutti! Ciao, Elisa!

Elisa: Ciao, Federico.

E2 *Avete capito bene?*

Correggete quello che non è giusto.

Domenica Serena ha sposato Federico nel duomo di Ravello. Durante la cerimonia in chiesa Luca ha chiamato Laura sul cellulare. Al telefono Laura ha parlato di Tim e Matteo. Loro sono i fratelli di Luca e sono venuti dall'Inghilterra. Dopo, tutti sono andati a Villa Eva per il banchetto. A Elisa sono piaciuti solo i primi. Hanno suonato solo le classiche canzoni della musica napoletana. Villa Eva è un luogo meraviglioso. Alla fine della festa gli sposi hanno dato tanti fiori ai loro invitati.

E3 *Che bello! ... Elisa è proprio contenta!*

Cercate nel testo come si dice quando "si è contenti", poi fatevi tre complimenti.

E4 *Cos'è la bomboniera?*

Du willst deinem deutschen Freund erklären, was eine "bomboniera" ist. Der Text hilft dir, doch ein paar Wörter musst du sicherlich nachschlagen. Benutze ein Online-Wörterbuch!
(→ *Strategia 3, pag. 279*)

La bomboniera

In Italia si usa ringraziare con la bomboniera chi porta un regalo per il matrimonio, il battesimo o la prima comunione.

Ci sono diversi tipi di bomboniera (piattino, scatoletta ...) e anche di materiali differenti (porcellana, argento, cristallo, cartone ...).

La bomboniera contiene o accompagna sempre i confetti. Attenzione: i confetti non sono pezzettini di carta colorata, ma dei dolci alla mandorla o al cioccolato!

In fondo si tratta di una simpatica usanza per dire: "ricordati di me".

E5 *La formazione del participio passato*

Cerca i verbi al passato prossimo e completa questa tabella: **G** → 5.2

-are → "Preparare T2"	-ere	-ire	participi irregolari
parlare → parlato	...	...	scegliere → scelto
comprare → comprato			

E6 *E che cosa hanno fatto i ragazzi a Genova?*

E come hanno passato la loro serata gli amici di Genova? Completa il testo con le forme giuste! **G** → 5.2

1. Federico non ▪▪ (potere) fare il viaggio con gli altri. ▪▪ (stare) a casa a letto.
2. Gli altri ragazzi della classe ▪▪ (andare) in città e ▪▪ (guardare) un film al cinema.
3. I ragazzi ▪▪ (tornare) a casa molto tardi.
4. Anna ▪▪ (studiare) tanto e ▪▪ (andare) a letto alle tre di notte. Così, ▪▪ (dormire) fino alle dieci di mattina.
5. Federica ▪▪ (telefonare) a sua nonna che non sta molto bene.

6. Giorgia ▪▪ (aiutare) suo fratello a fare i compiti.
7. Chiara ▪▪ (scrivere) una lettera alla sua amica inglese.
8. I genitori di Chiara ▪▪ (guardare) la televisione.
9. Lorenzo e Marco ▪▪ (giocare) a pallone. Marina ▪▪ (leggere) gli annunci per trovare un apparta-mento per la sua amica inglese.
10. Le sorelle di Ilaria ▪▪ (andare) alla festa di Carlo.

E7 *E voi come avete passato il fine settimana?*

Raccontate.

| Nel pomeriggio ... | La sera ... | La notte ... |

| La mattina ... | poi ... | dopo ... | alla fine ... |

fare una passeggiata – mangiare una pizza – giocare a pallone – dormire fino a tardi – guardare la televisione – andare a ballare – telefonare ad un'amica/un amico – andare al cinema – preparare il pranzo – andare in macchina – ascoltare la musica – leggere un libro – guardare un film in televisione – giocare a tennis – invitare amici a casa – navigare su Internet – lavorare – andare in bicicletta – andare in discoteca – andare a letto

Occhio! Il passato prossimo: essere o avere?

avere	essere
con verbi transitivi	con verbi intransitivi
Ho finito il lavoro.	Il lavoro è finito.
Ho cominciato l'esercizio.	La lezione è cominciata alle otto.
Ho cambiato 50 euro in dollari.	Gianna è molto cambiata.
Gli studenti hanno continuato la discussione.	La festa è continuata fino alle due di notte.
	sempre con essere: costare, bastare, piacere, durare Quanto è costato il computer? I biglietti sono bastati? Le fotografie vi sono piaciute? Il viaggio è durato un'ora.
Ho finito. – Ich bin fertig (mit etwas).	Sono sfinito/sfinita. – Ich bin fix und fertig.

E8 "'o professore"

Vincenzo Palumbo detto "'o professore" è il proprietario di Villa Eva. Ecco un dialogo con Franco che lavora lì. Completate con le forme al passato prossimo. **G** → 5.2

prof: Salve, Franco! Com' ▪▪ (andare) la festa di ieri sera?

Franco: ▪▪ (andare) benissimo. Come sempre ▪▪ (cominciare – noi) a lavorare alle 6 del pomeriggio.

prof: ▪▪ (bastare) il vino?

Franco: Sì, ma ▪▪ (prendere) anche dello spumante.

prof: Va bene. ▪▪ (mettere) la musica?

Franco: Certo, ▪▪ (venire) Mario ed i suoi amici a suonare.

prof: Allora la festa ▪▪ (piacere) agli invitati?!

Franco: Come no! Anche per noi colleghi ▪▪ (essere) una bella festa.

prof: Bene. A che ora ▪▪ (finire) di lavorare?

Franco: Ah, ▪▪ (finire) di lavorare alle tre di notte. Ma molti invitati ▪▪ (continuare) a ballare in giardino fino alle 4.30!

prof: Davvero?

 ### E9 Rock o tarantella?

1. Di chi parlano le nonne all'inizio?	2. Come trovano la musica?
a. di Luca	a. La trovano bella.
b. di Serena	b. Non la trovano bella.
c. dei loro amici	c. Non parlano di musica.
d. di Tim e Matteo	

3. Al suo matrimonio una delle nonne ha ballato a. un tango. b. un valzer. c. una tarantella. d. una samba.	4. Cosa dicono le signore di Laura? a. Parla bene l'italiano. b. Sta sempre al telefono. c. Ama la cucina italiana. d. Ha un bel vestito.
5. Durante il matrimonio a. Laura balla la tarantella. b. Tim dà un bacio a Laura. c. Ettore fa cadere un bicchiere.	6. Dalla zia sappiamo che, l'anno scorso Tim a. ha finito il liceo. b. ha fatto un viaggio in Inghilterra. c. è venuto in Italia. d. ha comprato una macchina.
7. Alla fine anche la nonna di Matteo vuole a. cantare. b. ballare. c. bere un bicchiere di spumante. d. mangiare la frutta.	8. L'altra nonna invece preferisce a. andare a casa. b. tornare in albergo. c. chiamare suo marito. d. mangiare un dolce.

E10 Che bello!

*Metti la forma giusta di **bello**.* **G** → 5.4

Che ▰▰ bambino! Che ▰▰ ragazzo!
Che ▰▰ strada!
Che ▰▰ città! Che ▰▰ alberghi! Che ▰▰ casa! Che ▰▰ giardino!
Che ▰▰ musica! Che ▰▰ duomo!

Che ▰▰ sposi! Che ▰▰ sorelle!
Che ▰▰ bar! Che ▰▰ occhiali! Che ▰▰ sposa! Che ▰▰ paese!
Che ▰▰ sposo! Che ▰▰ cugini!

E11 Questo? Quello? O quell'altro che non vedi?

Il giorno dopo il matrimonio, Elisa e Laura vanno a Napoli a fare un po' di shopping. **G** → 5.3

Laura: Guarda, Elisa! Hai visto ▰▰ giacca qua? Mi piace moltissimo!

Elisa: Quale giacca? ▰▰ lì? Ma no, il colore non è bello. A me invece piace ▰▰ che abbiamo visto prima in ▰▰ negozio in via Garibaldi.

Laura: Che negozio? ▰▰ che vende anche scarpe?

Elisa: No, Laura! Parlo di via Garibaldi, non di ▰▰ altra strada. In via Garibaldi, ci sono tre negozi che sono anche piaciuti a te: ▰▰ dove hai provato i pantaloni e ▰▰ due che vendono giacche.

Laura: Ah, ▰▰! Adesso ho capito. Sì, va bene. Allora, Elisa, vuoi tornare in ▰▰ negozio in via Garibaldi? Ma io vorrei provare ▰▰ giacca qui. Ti dispiace?

Elisa:	No, fai pure!
Laura:	Scusi, signore, vorrei provare ▬ giacca lì fuori.
Il signore:	Ma no, signorina, ▬. Ho una giacca molto più bella per Lei! C'è ▬ lì, vicino a ▬ verde. Che dice di ▬ bella giacca rosa?
Elisa:	No, Laura …, non mi piacciono ▬ giacche qua. Torniamo in via Garibaldi.
Laura:	Va bene, ma allora andiamo in ▬ che vende anche i pantaloni. Così li provo di nuovo. E poi passiamo per ▬ due negozi di giacche. Che bello fare shopping!
Elisa:	Eh sì …

E12 *Finalmente maggiorenne*

Per i vostri 18 anni preparate una grande festa. Con l'aiuto delle domande presentate le vostre idee alla classe.

1. Chi invitate alla festa?
2. Dove fate la festa?
3. Che regalo desiderate?
4. Che musica scegliete?
5. E che cosa c'è da mangiare e da bere?

E13 *Jovanotti, A te*

A te che sei l'unica al mondo, l'unica ragione
Per arrivare fino in fondo ad ogni mio respiro
Quando ti guardo dopo un giorno pieno di parole
Senza che tu mi dica niente, tutto si fa chiaro
5 A te che mi hai trovato all'angolo coi pugni chiusi
Con le mie spalle contro il muro pronto a difendermi
Con gli occhi bassi stavo in fila con i disillusi
Tu mi hai raccolto come un gatto e mi hai portato con te
A te io canto una canzone perché non ho altro
10 Niente di meglio da offrirti di tutto quello che ho
Prendi il mio tempo e la magia che con un solo salto
Ci fa volare dentro l'aria come bollicine

A te che sei … semplicemente sei
Sostanza dei giorni miei, sostanza dei giorni miei
15 A te che sei il mio grande amore ed il mio amore grande
A te che hai preso la mia vita e ne hai fatto molto di più
A te che hai dato senso al tempo senza misurarlo
A te che sei il mio amore grande ed il mio grande amore
A te che io ti ho visto piangere nella mia mano
20 Fragile che potevo ucciderti stringendoti un po'
E poi ti ho visto con la forza di un aeroplano
Prendere in mano la tua vita e trascinarla in salvo
A te che mi hai insegnato i sogni e l'arte dell'avventura
A te che credi nel coraggio e anche nella paura

2 fino in fondo: *alla fine*

4 senza che tu mi dica niente: *ohne dass du mir etwas sagst*
5 coi pugni chiusi …: *mit geballten Fäusten und den Schultern zur Wand*
7 stavo in fila con …: *ich befand mich in einer Reihe mit den Desillusionierten*

12 le bollicine: *Seifenblasen*

20 fragile che potevo ucciderti stringendoti un po': *so zerbrechlich, dass ich dich hätte töten können, wenn ich ein wenig gedrückt hätte*
22 trascinarla in salvo: *salvarla (retten)*

25 A te che sei la miglior cosa che mi sia successa

A te che cambi tutti i giorni e resti sempre la stessa

A te che sei ... semplicemente sei

Sostanza dei giorni miei, sostanza dei sogni miei

A te che sei ... essenzialmente sei

30 Sostanza dei sogni miei, sostanza dei giorni miei

A te che non ti piaci mai e sei una meraviglia

Le forze della natura si concentrano in te

Che sei una roccia sei una pianta sei un uragano

Sei l'orizzonte che mi accoglie quando mi allontano

35 A te che sei l'unica amica che io posso avere

L'unico amore che vorrei se io non ti avessi con me

A te che hai reso la mia vita bella da morire

Che riesci a render la fatica un immenso piacere

A te che sei il mio grande amore ed il mio amore grande

40 A te che hai preso la mia vita e ne hai fatto molto di più

A te che hai dato senso al tempo senza misurarlo

A te che sei il mio amore grande ed il mio grande amore

A te che sei ... semplicemente sei

Sostanza dei giorni miei, sostanza dei sogni miei

45 E a te che sei ... semplicemente sei

Compagna dei giorni miei, sostanza dei sogni miei.

25 sei ... la miglior cosa che mi sia successa: *du bist das Schönste, was mir je begegnet ist*

31 la meraviglia: *Wunder*

33 la roccia: *Felsen*, l'uragano: *Hurrikan*

36 se non ti avessi con me: *wenn ich dich nicht bei mir hätte*

38 la fatica: *die Mühe*

1. Domande:
   1. Perché Jovanotti ama così tanto la sua ragazza? Che cosa trova di bello in lei?
   2. Che cosa ha fatto la ragazza per lui?
   3. Conosci una persona che ha fatto tanto per te? Scrivi anche tu una canzone "A te" per questa persona.

2. Per altre parole che cercate, consultate un dizionario!

Preparare T3

E1 *Prima di partire, che cosa hanno fatto Tim, Matteo, Laura ed Elisa?*

Tim ... si è fatto la doccia.

Tim e Matteo ... si sono pettinati.

Poi tutti si sono incontrati davanti all'hotel.

Laura ... si è lavata i denti.

Elisa e Laura ... si sono vestite.

Attenzione al passato prossimo con un verbo riflessivo. Perché? **G** → 5.5

3 *Un viaggio in mare*

Domenica mattina Laura è partita presto con Elisa, Tim e Matteo per visitare Procida. Da Ravello sono andati coll'autobus fino a Sorrento, lì hanno preso un aliscafo per l'isola di Procida. Il viaggio è durato un'ora.

Prima hanno fatto il giro dell'isola e poi si sono fermati in spiaggia a prendere il sole. Hanno
5 fatto il bagno e si sono divertiti tanto in acqua. Dopo una partita di pallavolo si sono riposati lì in spiaggia e naturalmente hanno mangiato e bevuto un po'.

All'improvviso però il cielo si è fatto tutto nero ed è venuto un vento fortissimo.

Allora hanno lasciato la spiaggia e hanno preso il primo autobus per il porto. Che brutta sorpresa! Quando sono arrivati al porto, hanno visto un annuncio in biglietteria: "Vietata la
10 partenza dei traghetti, degli aliscafi e delle barche a vela per mare mosso!"

"E adesso? Perdiamo l'aereo per Chicago!", ha gridato Tim. "Ma no, aspetta!", ha risposto Elisa e ha preso il cellulare ...

Elisa:	Mamma, non puoi immaginare cosa è successo. Siamo ancora a Procida! Abbiamo avuto l'informazione che l'aliscafo non parte per il mare mosso!
15 *sig.ra Botto:*	Oddio! E i traghetti?
Elisa:	No, si sono fermati tutti.
sig.ra Botto:	Che brutta sorpresa. Laura deve tornare a scuola e gli zii hanno prenotato l'aereo per domani. Avete mangiato qualcosa?
Elisa: 20	Sì, non ti preoccupare! Insomma stiamo bene. Almeno l'isola l'abbiamo vista quasi tutta. È meravigliosa! Ci siamo fermati in spiaggia e abbiamo preso il sole! Anche Tim e Matteo stanno bene. Adesso li abbiamo lasciati al bar ...
sig.ra Botto:	Ma come facciamo adesso? Aspetta un momento! Ti passo papà ...
Sig. Botto: 25	Senti, Elisa! Se non c'è più il traghetto, non si può fare niente ... Una soluzione però c'è sempre. Io conosco due alberghi a Procida, la "Casa sul Mare" e il "Tirrenoresidence". Li chiamo subito. Forse non sono pieni e vi possono dare una stanza per questa notte.
Elisa:	Grazie, papà! Ottima idea!

Così la gita è finita bene. I ragazzi hanno trovato una stanza alla "Casa sul Mare" e hanno mangiato la pizza. La mattina dopo si sono svegliati molto presto. Hanno preso il primo
30 aliscafo per il porto di Napoli insieme a tanti altri turisti. A Napoli Laura e i Botto sono partiti subito in macchina verso Genova. Luca ha accompagnato Tim e Matteo all'aeroporto. E le valigie? Le hanno portate lo zio Ettore e la zia Rosa. Che gentili!

E2 *Tutto chiaro?*

Abbina le frasi che vanno insieme.

1. Domenica mattina Laura ed i suoi amici ...	a. non sono partiti i traghetti.
2. Sulla spiaggia i ragazzi ...	b. hanno preso il primo aliscafo.
3. All'improvviso però ...	c. il cielo sì è fatto nero.
4. Per il mare mosso ...	d. i Botto sono partiti subito per Genova.
5. Per fortuna il signor Botto conosce ...	e. ha preparato una buonissima pizza.
6. Il proprietario della Casa sul Mare ...	f. hanno fatto una gita a Procida.
7. La mattina dopo i ragazzi ...	g. due alberghi a Procida.
8. Quando sono tornati al porto di Napoli ...	h. si sono riposati.

E3 *Una gita che finisce bene*

In gruppi da tre o quattro mettete insieme:

a. i momenti tranquilli e felici della gita.

b. i problemi della gita.

c. la soluzione ai problemi.

Occhio!

– Laura, dove hai conosciuto i cugini di Luca?
– Li ho conosciuti al matrimonio.
– Quando hai visto la sposa per la prima volta?
– L'ho vista in chiesa.

E4 *Tante cose da preparare!*

Metti il pronome oggetto diretto e anche la forma del participio, se necessario. **G** → 5.1/5.2.2

Prima della festa ...

1. – Pronto? Pronto? ▪▪ senti? – Ciao, ▪▪ sento benissimo.

2. – Hai chiamato i nonni? – Certo, ▪▪ ho chiamat ▪▪ ieri sera.

3. – Allora ▪▪ accompagnate voi alla festa? – Sì, sì, ▪▪ accompagniamo noi.

4. – Hai trovato un bel regalo? – Come no?! ▪▪ ho comprat ▪▪ in un negozio in centro.

5. – E il vino? – ▪▪ ha portat▪▪ Maurizio.

A tavola ...

6. – Ti è piaciuta la pasta al pesto?
   – Certo, ▪▪ ho già mangiat ▪▪ tutta.

7. – Hai visto i miei occhiali? Non ▪▪ trovo più. – Ah sì, ▪▪ ho vist ▪▪ nella tua stanza.

8. – Conosci questa canzone? – Certo, ▪▪ canto spesso!

E5 *Traghetti nel golfo di Napoli*

Sei con i tuoi genitori al porto di Napoli. Volete fare una gita a Procida. Accanto a voi c'è un signore che non legge bene. Rispondi alle sue domande ...

1. A che ora parte il primo traghetto per Procida?
2. C'è anche un aliscafo che parte da Napoli dopo mezzogiorno? Quanto dura il viaggio?
3. E quando posso tornare da Procida? Quando c'è l'ultimo traghetto?

Linea *Napoli Procida* e ritorno

Tutto l'anno

NAPOLI-PROCIDA		PROCIDA-NAPOLI	
Part.	Mezzo	Part.	Mezzo
06,25	Nave	06,50	Aliscafo
07,40	Aliscafo	07,15	Nave
08,55	Nave	09,15	Aliscafo
09,55	Aliscafo	12,15	Aliscafo
13,10	Aliscafo	13,00	Nave
14,30	Nave	14,30	Aliscafo
15,10	Aliscafo	15,50	Nave
*15,40	TMV	16,30	Aliscafo
17,30	Nave	17,50	Nave
17,55	Aliscafo	A19,30	Aliscafo
19,20	Nave	20,00	Nave
A20,20	Aliscafo		
1 21,55	TMV		

* Del 16/6 al 15/6 le partenze saranno effettuate dalla Nave TRAGHETTO
1 al 30/9
A dal 1/6 al 30/9

E6 *Una tariffa speciale...*

Vuoi fare i biglietti e vai alla biglietteria. Qui ascolti un dialogo tra il signore davanti a te e l'impiegato che vende i biglietti. Allora scegli la soluzione giusta.

1. Il turista desidera viaggiare con	2. La nave che ha scelto parte alle ore
a. un traghetto.	a. 8.30.
b. una barca a vela.	b. 9.30.
c. un aliscafo.	c. 10.20.
	d. 11.30.
3. Il turista desidera un biglietto per	4. Quanto costa il viaggio? Costa
a. Ischia-Forio.	a. € 27,80.
b. Ischia-Porto.	b. € 26,70.
c. Ischia-Casamìcciola.	c. € 28,40.
d. Ischia-Sant'Angelo.	d. € 29,60.
5. Il turista chiede una tariffa speciale. Dice	6. Che cosa chiede allora l'impiegato della Caremar?
a. di lavorare per la Caremar.	a. Il passaporto.
b. di essere uno studente.	b. La carta d'identità.
c. di abitare ad Ischia.	c. La tessera universitaria.
d. di essere un medico.	

7. Cosa dice il turista?	8. Alla fine il turista
a. Che prende il passaporto in macchina e torna subito.	a. non parte proprio.
b. Che non ha la carta d'identità.	b. paga la tariffa speciale.
c. Che chiama un altro impiegato della Caremar.	c. paga il prezzo normale.
d. Che ha perso la carta d'identità nel centro di Napoli.	d. sceglie un altro traghetto.

E7 *Una giornata di Stefan e Julia a Eboli*

A Procida Elisa e Laura hanno conosciuto Stefan e Julia. I due ragazzi tedeschi fanno un servizio di volontariato europeo (EVS) presso Legambiente alla spiaggia di Eboli. Laura e Elisa vogliono sapere di più. Così, Julia racconta quello che hanno fatto ieri:

"Alle sette io ▪▪ (alzarsi) e ▪▪ (andare) in bagno. Alle sette e un quarto ▪▪ (alzarsi) anche Stefan, ▪▪ (lavarsi) i denti e ▪▪ (farsi) la doccia. Poi, in due, ▪▪ (fare) colazione. Stefan ▪▪ (prepararsi) un caffè, io invece ▪▪ (mangiare) dei biscotti. Alle otto meno un quarto ▪▪ (prendere) l'autobus per andare a Marina di Eboli. Dopo 45 minuti ▪▪ (arrivare) e ▪▪ (andare) in spiaggia. Ma non per prendere il sole! ▪▪ (pulire) la spiaggia. A mezzogiorno ▪▪ (riposarsi) un po'. Nel pomeriggio ▪▪ (venire) altri amici di *Legambiente*.
Alle cinque ▪▪ (tornare) tutti ad Eboli. Dopo Stefan ▪▪ (uscire) con il suo amico Mario. Io ▪▪ (andare) al coro. La sera, Stefan e io ▪▪ (andare) in macchina a Paestum per mangiare un gelato. A mezzanotte, io ▪▪ (andare) a letto, ma non ▪▪ (riuscire) ad addormentarmi subito per il caldo! Che giornata! Ma il lavoro sulla spiaggia e con gli altri ragazzi mi piace molto."

E8 *Ripasso: L'amore al cinema: "Manuale d'amore" – „Handbuch der Liebe"*

1. *È già molto tardi, ma Chiara torna solo adesso dal cinema. Sua madre vuole sapere tutto. Metti le sue domande al passato prossimo:* **G** → 5.2

1. Dove ▪▪ (essere)?
2. Perché non ▪▪ (telefonare)?
3. Con chi ▪▪ (stare)?
4. Che film ▪▪ (vedere)?
5. Non ▪▪ (costare) troppo?

6. A che ora ▪▪ (finire)?
7. Perché non ▪▪ (tornare) subito?
8. ▪▪ (venire) anche Lucio e Luisa?
9. Il film ti ▪▪ (piacere)?
10. Perché non ▪▪ (prendere) l'autobus?

2. Che cosa risponde Chiara? Metti le forme verbali e fai attenzione perché devi scegliere tra presente e passato.

Allora, come sai, io ▪▪ (incontrare) Luca e Luisa alle otto e insieme ▪▪ (andare) al cinema per vedere finalmente *Manuale d'amore*, il film con Carlo Verdone e Silvio Muccino. È davvero molto divertente perché Verdone ▪▪ (fare) un film a episodi. Nel primo episodio ▪▪ (raccontare) di Tommaso, un giovane molto bello che ▪▪ (innamorarsi) di Giulia. Solo che a Giulia Tommaso non ▪▪ (piacere). Allora Tommaso ▪▪ (fare) di tutto per

Una scena del film "Manuale d'amore"

farsi amare dalla ragazza. Non ti ▪▪ (dire) cosa perché ▪▪ (dovere, tu) vedere il film! Dopo il cinema ▪▪ (andare) a casa di Lucio per bere qualcosa e ▪▪ (parlare) un po' del film. Sai com'è. Io non ▪▪ più ▪▪ (guardare) l'ora. Verso le 23 ▪▪ (andare via), ma ▪▪ (perdere) l'autobus e ▪▪ (tornare) a piedi. Stai tranquilla, mamma, buonanotte!

E9 **Progetto: presentare un film in classe**
A Chiara il film "Manuale d'amore" è piaciuto molto. E perché?
Mettete insieme tutte le informazioni che trovate. Internet vi aiuta! Poi presentate il film agli altri.

E10 *In due: Siete due amici/due amiche.*

Persona A: Ti sei innamorato/a di ... e ti vuoi sposare il prima possibile.

Persona B: Conosci bene il ragazzo/la ragazza della tua amica/del tuo amico. Non ti piace questa persona! Vuoi far capire al tuo amico/alla tua amica che è meglio riflettere prima di sposarsi.

Fase di preparazione:
Persona A: Tu sei molto innamorato/a. *Fa' una lista di tutti i tuoi motivi.*
Persona B: Tu conosci questa persona e non ti piace. Perché? *Fa' una lista.*

Fate il dialogo (cinque minuti)! (→ Strategia 3.2, pag. 282 + Strategia 3.5, pag. 284)

A scuola ... e non solo

Ingresso

> Il mio giorno preferito? È il martedì, perché abbiamo due ore d'italiano, un'ora d'inglese e una di tedesco. Mi piacciono le lingue.

> Invece a me il martedì non piace proprio. Eh sì, le lingue non sono il mio forte! Preferisco il venerdì: abbiamo due ore di educazione fisica e poi la sera m'incontro con gli amici in piazza delle Erbe. È quasi fine settimana!

Am Ende der Lektion kannst du
· über dein Schulleben berichten und es kommentieren.
· höfliche Aufforderungen und unterschiedliche Verneinungen ausdrücken.
· darüber berichten, was sich „gerade" ereignet.
· eine leichtere Lektüre im Wesentlichen verstehen.

E1 *L'orario di Laura, Edoardo e Matteo*

ora	lunedì	martedì	mercoledì	giovedì	venerdì	sabato
8h10–9h00	Italiano	Italiano	Matematica	Storia	Tedesco	Matematica
9h00–9h50	Matematica	Italiano	Tedesco	Italiano	Inglese	Storia dell'arte
9h50–10h40	Tedesco	Tedesco	Chimica	Latino	Inglese	Filosofia
intervallo						
11h00–11h50	Fisica	Latino	Chimica	Matematica	Matematica	Latino
11h50–12h40	Storia dell'arte	Inglese	Fisica	Storia	Educazione fisica	
12h40–13h30	Filosofia	Storia dell'arte	Italiano	Filosofia	Educazione fisica	

1. Guardate questo orario (le ore, le materie, gli intervalli) e poi il vostro. Che cosa è diverso? E che cosa no?
2. Quali lingue studiano i ragazzi?
3. A Edoardo piacciono soprattutto la chimica e la fisica. Qual è il suo giorno preferito?
4. Immagina di essere in questa classe. Qual è il tuo giorno preferito?

E2 *La mia settimana*

Ascolta e rispondi.

1. Quali materie piacciono a Martina? E quali no?
2. Che cosa fa il mercoledì mattina?
3. Quando finisce la scuola il sabato?
4. Che cosa fa nel pomeriggio?
5. Perché preferisce una materia a un'altra?

E3 *Intervista in classe*

1. Ogni alunno scrive su un foglio:

1. la sua materia preferita
2. la materia meno preferita
3. il giorno di scuola che gli piace di più
4. il suo nome.

2. Poi prendete i fogli e dateli agli studenti in classe. Ogni studente legge quello che c'è scritto sul foglio (senza però dire il nome della persona!), gli altri devono indovinare chi l'ha scritto. Usate le espressioni che trovate a pagina 159 (→ Strategia 3.4, pag. 284).

Preparare T1

 E1 *Che cosa esprime "stare + gerundio"? E come si forma il gerundio?* **G** → 6.1

– Che cosa stai facendo?
– Sto facendo i compiti per domani.

Antonio sta parlando al telefono con la sua ragazza.

– Posso entrare?
– Aspetta un momento. Mi sto vestendo.

– Perché non uscite?
– Ma sta piovendo.

 E2 *Come si forma l'imperativo? Completate questa tabella e trovate la regola di formazione.*

l'imperativo				
	2ª persona		forma di cortesia	
	forma positiva	forma negativa	forma positiva	forma negativa
guardare				
leggere				
aprire				
fare				
andare				
stare				
...				
...				

– Guarda qua, Lorenzo! Sta' attento e non dormire! Apri gli occhi e leggi questa e-mail di Cristina. Mi ama davvero, penso!
– Ma va!

Signor Rossi, guardi! Quest'informazione è molto importante. Legga tutto, controlli bene e poi spenga il computer. Ah, no, non spenga, scusi! Apra un'altra volta Internet e cerchi su google ... Ma, stia attento, per piacere! Adesso vada su google e cerchi ... Ah, la password? Scriva I-M-P-E-R-A-T-I-V-O. E poi mi faccia un caffè!

1 *Martedì mattina: sorpresa!*

Prof:	Ascoltate, ragazzi. Oggi non facciamo lezione secondo l'orario.
Damiano:	Meno male! Sono stufo di Dante, Petrarca e Manzoni …
5 *Prof:*	Bisogna preparare la gita a Venezia.
Pia:	… e abbiamo già fatto i gruppi per la ricerca sui monumenti e sui personaggi.
Prof:	E allora adesso cercate dei testi sul vostro tema. Andiamo in aula computer. Meno
10	male che oggi tutto funziona.
Pia:	Perché?
Prof:	Ieri è andato in tilt il sistema perché un alunno ha versato la coca-cola su una tastiera, e così è andata via la
15	corrente.
Pia:	Incredibile!

Giulia:	Accendi il computer, Laura, dai!
Laura:	Ok, ma mi devi dire la password della nostra classe.
20 *Giulia:*	Matteo, dille la password, per favore. Io non la so. Guarda sul tuo diario.
Prof:	Giulia, quante volte vi ho detto che non è più necessaria la password.
Giulia:	Sì, sì, l'ho dimenticato!
25 *Matteo:*	Quale personaggio dobbiamo presentare? Casanova, vero?
Tommaso:	Prof, venga qui, per favore! Ci dica per favore se ha un sito da consigliarci.
Prof:	Sentite, cercate prima da soli. Poi fatemi
30	delle domande …
Damiano:	Guarda, Tommaso, ho trovato un sito che ti fa vedere tutta Venezia!
Tommaso:	Ecco, c'è anche la zona del ghetto. Cominciamo, allora.
35 *Damiano:*	Ehi, ragazzi, guardate un po'. C'è un sito che vi può servire!
Laura:	Grazie, noi non facciamo la ricerca su un monumento, ma su un personaggio, cioè su Casanova.
40 *Damiano:*	Ah, interessante! E Pia, la vostra ricerca, come va?

Pia: Boh, nel nostro gruppo ci sono Marisa, la secchiona, e Edoardo, lo specialista di Internet. Gli ho dato i link per la ricerca e adesso fanno tutto loro. Luca invece sta facendo i compiti di tedesco ...

Giulia: Guarda quanti risultati per "Casanova". Clicco qui?

Matteo: Sì, vai!

Giulia: Ah, ma ... cos'è questo? "Scrivimi presto. Non posso vivere senza sapere come stai. Ti voglio conoscere. Casanova95@libero.it"
Ma ... prof! Che ricerca ci fa fare?

Prof: Che cosa state facendo, ragazzi?

Matteo: Ma guardi, non è vero! Abbiamo solo scritto CASANOVA ... e ecco il blog del nostro caro compagno di classe Edoardo!!!

Giulia: Prof, guardi lo schermo e legga qua! Fa una doppia vita da Casanova, Edo!

Matteo: Sentite, ragazze, facciamogli uno scherzo. Giulia, rispondi sul suo blog!

Giulia: Sì, ma dimmi cosa scrivere!

Matteo: Scrivi: *Casanova, amore mio, ti scrivo questo messaggio per conoscerti meglio. Sono una persona romantica e il tuo blog mi piace moltissimo. Incontriamoci! A Venezia, il 30 maggio, davanti alla tua prigione. Un bacio, tvtb, tua XXX.*

Laura: Mandalo a Edoardo, subito, dai!

Giulia: Adesso guardate la faccia di Edoardo, guardatela! L'ha ricevuto, il messaggio. Adesso lo sta leggendo! Comincia a sognare e si chiede in quale prigione è stato Casanova!

Prof: Tra poco suona. Che c'è, Edoardo?

Edoardo: Scusi, Le posso fare una domanda? Mi dica per favore in quale prigione è stato Casanova.

Prof: Edoardo, all'improvviso tutto questo interesse per la storia! Mi fa piacere! E un voto migliore in storia, sulla tua pagella, ti fa bene!

E3 *Vero o falso*

1. Durante la lezione d'italiano, in classe, si parla di Dante, Petrarca e Manzoni.
2. Per preparare la gita a Venezia la classe lavora in gruppi.
3. Giulia sta in un gruppo con Edoardo.
4. Il prof non sa la password per il computer.
5. Il prof dice a Damiano e a Tommaso quale sito consiglia per fare la ricerca.
6. Damiano fa vedere un sito molto interessante a Laura. Lei lo ringra-

zia perché ne ha bisogno per la sua ricerca.
7. Luca e Edoardo sono gli specialisti di Internet. Fanno tutto il lavoro da soli.
8. Giulia trova subito un sito su Casanova. Questo sito è molto importante per la ricerca.
9. Durante la lezione, Giulia, Matteo e Laura scrivono un messaggio a Edoardo, ma il prof non è d'accordo.
10. Alla fine, Edoardo non ha più voglia di andare a Venezia perché le ragazze gli hanno fatto uno scherzo.

E4 *L'incontro a Venezia tra Edoardo e Giulia*

Fate uno dei seguenti compiti:

a. Scrivete insieme il dialogo e presentatelo in classe.
b. Fate una scenetta: uno di voi è Giulia, l'altro Edoardo. Potete prendere appunti.

E5 *Giulia e Matteo durante un compito di storia*

Metti i verbi all'imperativo. **G** → 3.3/6.2

Giulia: Matteo, (ascoltare)! Non ho capito la domanda. Quali date bisogna scrivere?

Matteo: (scrivere) tutto quello che sai, Giulia! Tanto … non è molto.

Giulia: Che amico che sei, Matte! Invece di parlare male di me, (finire) il compito e (passare) il foglio.

Matteo: Ma (guardare) che anch'io non so … La storia non è il mio forte.

Giulia: Sì, (parlare), (parlare), (parlare)! Sono stufa di quello che dici.

Matteo: Giulia! Non (parlare) così forte, il prof ti sta già guardando!

Prof: Giulia, (spiegare) un po' qual è il tuo problema!

Giulia: Ah, prof, niente. Mi (fare) una cortesia: mi (dire) cosa devo scrivere qua, perché non so niente.

Prof: Ma, (pensare) un po' da sola, non ti posso aiutare in un compito di storia!

Giulia: Sì, allora (guardare): Lei non vuole sapere dov'è il problema. Allora non (venire) da me a chiedere cosa c'è. Non ci capisco niente e basta!

Prof: Giulia, la prossima volta (studiare) un po' di più e non (fare) discussioni quando c'è un problema.

E6 *C'è un sito che <u>vi</u> può servire …*

Pronome complemento diretto e indiretto: quali sono?
Quale può essere la loro posizione nella frase? **G** → 5.1/6.4

diretto	indiretto

E7 *Ripasso: Un nuovo studente*

Metti il pronome complemento oggetto diretto o indiretto.

Laura: Senti, Giulia, hai visto quel ragazzo bellissimo lì, all'ingresso?

Giulia: Cosa?

Laura: Ecco▪▪! Non ▪▪ vedi?

Giulia: Ma cosa c'è di tanto speciale? Ah, adesso ▪▪ voglio vedere anch'io. Ma perché sta parlando con quella secchiona di Mariuccia? Oh, come ▪▪ guarda.

Laura: Adesso arrivano anche Simona e Marco. Senti, Giulia, andiamo a salutar▪▪.

Giulia: No, io non ci vengo. Mariuccia non ▪▪ sta per niente simpatica. Ma adesso ▪▪ guardano tutti perché tu hai parlato troppo forte ...

Laura: Vieni con me, su! Così possiamo parlare con questo tipo bellissimo. Io so che ▪▪ vuoi conoscere anche tu!

Giulia: Allora, andiamo a salutar▪▪ tutti.

Le ragazze vanno da Simona, Marco e Mariuccia.

Laura: Ragazzi, ecco▪▪ qua! Perché non ▪▪ presentate il vostro nuovo amico?

Marco: Giorgio, ti presento Giulia e Laura: ma ▪▪ vuoi proprio conoscere?

E8 *Siete preparati?*

Metti il pronome complemento oggetto indiretto.

La prof parla agli studenti e poi ▪▪ dà un foglio bianco. Maria ▪▪ chiede che cosa deve fare, ma la prof non ▪▪ risponde. Quando dà il foglio a Paolo e a Giacomo, ▪▪ dice: "Avete studiato bene le parole della lezione quattro?"

Giacomo ▪▪ risponde: "No, prof, ▪▪ abbiamo già detto che non abbiamo avuto tempo ..."

– "Attenzione!", dice Gino a Giacomo e ▪▪ dà il suo foglio. La prof guarda ancora i due ragazzi. Ma adesso Paolo ▪▪ dice: "Prof, sappiamo tutte le parole. Stia tranquilla!"

Occhio!

con oggetto diretto		con oggetto indiretto	
aiutare qualcuno	jdm helfen	chiedere a qualcuno	jdn fragen
aspettare qualcuno	auf jdn warten	telefonare a qualcuno (ma: chiamare qualcuno)	jdn anrufen
ringraziare qualcuno	jdm danken		
sognare qualcosa, qualcuno	von jdm/etw. träumen		
ascoltare qualcuno	jdm zuhören/ etw. hören		

E9 *Un invito a casa*

    1. Giulia vuole presentare Giorgio, il suo nuovo ragazzo, ai suoi genitori. Che cosa gli dice? Scrivi quello che dice Giulia! Usa il pronome complemento oggetto giusto.

Giulia: Du sagst deinen Eltern, dass du ihnen heute Abend deinen neuen Freund Giorgio vorstellen möchtest. Du hast ihn zum Essen eingeladen.

Padre: E lo hai già detto a tua madre?

Giulia: Du sagst, dass deine Mutter einverstanden ist: Du hast sie gefragt, ob Giorgio kommen kann, und ihr hat die Idee sehr gut gefallen. Deine Mutter hat euch beide, Giorgio und dich, schon in der Stadt gesehen.

Padre: Allora, Giorgio è il tuo nuovo ragazzo? E come sempre è l'amore della tua vita, vero?

Giulia: Du erklärst deinem Vater, dass es mit Giorgio ganz anders ist: Du liebst ihn wirklich, du träumst jede Nacht von ihm, und wenn du ihn in der Schule siehst, dann spürst du, dass du immer mit ihm zusammen bleiben willst.

Padre: Allora se per te è una storia così seria ... invitalo pure!

Giulia: Du bedankst dich bei deinem Vater und sagst ihm, dass er furchtbar nett ist.

    2. Inventa un dialogo tra ...
- Giulia e Giorgio.
- Giorgio e i genitori di Giulia al momento della visita.

E10 *Che cosa sta facendo?/Che cosa stanno facendo?*

Descrivi i disegni con **stare** *+ gerundio e usa i seguenti verbi:* **G** → 6.1

ascoltare la musica – leggere – studiare – rispondere al telefono – scrivere sulla tastiera – svegliarsi – farsi la doccia – giocare a tennis

Caterina

Gianni

Laura

Davide

Luca

Cinzia

Paola

Federica

E11 *E tu cosa stai facendo adesso?*

Uno di voi due fa cinque azioni diverse. L'altro deve dire cosa fa, usando il gerundio. Poi cambiate il ruolo. **G** → 6.1

E12 *Una brutta sorpresa*

1. Primo ascolto: Che cosa è successo?

1. È andata via la corrente.
2. È andato in tilt il sistema.
3. All'improvviso non si vede niente sullo schermo.
4. Giovanna ha versato il caffè sulla tastiera.

2. Secondo ascolto: Metti insieme tutte le informazioni su Giovanna.

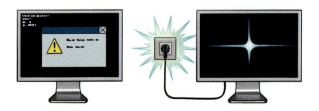

 E13 *Il sistema scolastico italiano*

Come funziona il sistema scolastico in Italia? Prepara una piccola presentazione in tedesco per una riunione di giovani tedeschi, austriaci e svizzeri. Paragona la scuola italiana con la tua scuola.

Il sistema scolastico italiano

LAVORO   **LAVORO/UNIVERSITÀ**

14-19 anni

Istituto professionale (si impara un lavoro)

Istituto tecnico
• industriale
• meccanico
• chimico
• di ragioneria

Liceo
• classico
• linguistico
• scientifico
• artistico

quinta (classe) di liceo
quarta (classe) di liceo
terza (classe) di liceo
seconda (classe) di liceo
prima (classe) di liceo

11-13 anni

Scuola media

terza media
seconda media
prima media

6-10 anni

Scuola elementare

quinta elementare
quarta elementare
terza elementare
seconda elementare
prima elementare

3-5 anni

Scuola materna/ Asilo[1]

[1] la scuola materna/l'asilo: Kindergarten

Per fare bella figura

Attenzione ai falsi amici!

Il maestro/la maestra non è il "Meister", ma l'insegnante della scuola elementare (*Grundschule*).

Il professore/la professoressa non è solo "Professor/Professorin an der Universität", ma anche l'insegnante della scuola media e superiore (*ab der 6. Klasse*).

L'esame di stato non è solo lo "Staatsexamen", ma l'esame di maturità (*Abitur, Reifeprüfung*).

In Italia il professore dà il voto. La nota non è il voto, ma un commento sul registro di classe se un ragazzo non si è comportato bene.

I voti non si ricevono, ma si prendono!

"Io ho preso 6" significa "Ich habe 6 Punkte bekommen".

... e lo "Schulleiter, Schuldirektor" (il direttore scolastico) per la scuola media e la scuola superiore si chiama "preside".

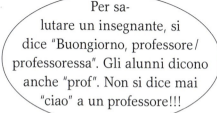

Per salutare un insegnante, si dice "Buongiorno, professore/professoressa". Gli alunni dicono anche "prof". Non si dice mai "ciao" a un professore!!!

E14 *Quattro pagelle diverse*

Alla fine dell'anno scolastico, quattro ragazzi del Liceo Linguistico "Dante Alighieri" di Padova commentano le loro pagelle. Prima di ascoltare, leggi questa pagella e le domande.
(→ *Strategia 1.2, pag. 155*)

1. Di chi è questa pagella?
2. Quale di questi ragazzi è molto sportivo?
3. Perché Silvio è proprio contento?
4. Cosa fanno i genitori di Lucia quando vedono la pagella?
5. Cosa fanno i ragazzi per aiutare Lucia?

Liceo linguistico "Dante Alighieri", Padova

Pagella scolastica

Nome dello studente: _____

Italiano:		Matematica:	8
Tedesco:	8	Fisica:	7
Francese:	7	Biologia:	6
Inglese:	7	Storia:	7
Geografia:	7	Religione:	7
Educazione fisica:	6	Arte:	9
	9		

Lo studente è ammesso alla classe superiore.

E15 *Presenta il tuo orario scolastico.*

– Quale materia preferisci? Perché?
– Quale giorno preferisci? Perché?
– Secondo te, quale materia non è necessaria a scuola?
– C'è un'altra materia che si deve insegnare secondo te?

Parla delle tue idee. (→ *Strategia 3.4, pag. 284*)

Preparare T2

 E1 *Fate una lista delle negazioni in italiano. Che cosa significano?*

> Non
> ho capito niente.
> Non capisco mai
> niente.

> E poi
> non voglio più es-
> sere il vicino di banco
> di Roberto.

> Non
> mi piace la matema-
> tica. Ma nessuno mi sa dire
> come fare per prendere
> almeno 6.

> Questa
> materia non mi inte-
> ressa per niente.

> Quando
> non capisco qualcosa,
> non mi aiuta nessuno.

⚪⚪ **E2** *Chi può aiutare Marco? Che cosa può fare per sentirsi meglio?*

*1. Ecco di nuovo Marco, ma molto felice! I suoi compagni lo
hanno aiutato. Adesso dice:*

> Ho
> capito tutto.
> Adesso capisco
> sempre tutto!

2. Che altro dice? Continuate voi!

2 Quando penso alla scuola ...

Da noi nessuno viene a scuola per studiare ma solo per incontrare gli amici. Perché? Perché le materie sono quasi tutte noiose. Non impari niente di interessante. Va bene, non impari per la scuola ma per la vita, ma comunque, si studia troppo. E poi i professori non ci lasciano mai il tempo di discutere o di essere davvero creativi. La scuola è troppo seria! Troppi compiti per casa e in classe! Troppi esami. Non mi ricordo di lezioni davvero interessanti!
Vorrei fare del teatro o scrivere per il giornale scolastico. Ma non c'è tempo perché devo sempre studiare. La scuola ideale per me non esiste.

Liliana, 15 anni,
II anno, Istituto
Tecnico Giordano
Bruno di Perugia

Perché la scuola non piace a nessuno?
Per me è chiaro: gli alunni non amano la scuola a causa dei voti. Senza voti gli alunni si sentono più liberi, senza per questo studiare di meno, credo. In più: se li critichi, i professori ti danno un brutto voto. Vorrei anche dei professori giovani, dei presidi aperti, delle classi piccole e degli argomenti interessanti. E più viaggi all'estero. Vi ho convinto?

Lidia, 16 anni,
III anno, Liceo
Scientifico Galileo
Galilei di Milano

Insomma, a me piace la scuola.
Passare invece una giornata a casa non mi piace per niente. Qui ho la possibilità di conoscere tante materie diverse, di informarmi e poi scegliere la mia strada. Ma, secondo me, si fa troppa teoria a scuola. Ecco le mie idee: perché si insegna la biologia in classe e non nella natura? Perché con il professore di arte non si va più spesso nei musei per vedere una mostra? Strano no? E perché non si fanno più scambi con altri paesi? Le lingue si imparano soprattutto in contatto diretto cioè con un partner straniero, penso. Perché i professori non ci ascoltano ed è così difficile convincerli?

Leonardo, 18 anni,
V anno, Liceo Lingui-
stico Elsa Morante
di Senigallia

Io mi trovo bene a scuola, ma non capisco perché dobbiamo studiare tante materie diverse. A me non piacciono né le materie scientifiche né la filosofia, che però non posso lasciare fino alla maturità.
Vorrei una scuola libera per poter scegliere tante attività diverse. Adesso faccio parte del club Internet. Abbiamo deciso di scrivere per un giornale scolastico europeo. Così siamo in contatto con ragazzi inglesi, tedeschi e francesi e imparo molto!

Carlotta, 17 anni,
IV anno, Liceo classico
Tassoni di Modena

E3 *La critica degli studenti*

Lavorate in quattro gruppi. Ogni gruppo presenta uno studente (l'età, la città e la classe che frequenta e le sue idee sulla scuola).

E4 *La scuola ideale*

Con chi dei quattro ragazzi siete più d'accordo? Con chi no? E perché?
Come deve essere secondo voi la scuola ideale? (→ *Strategia 3.5, pag. 284*)

E5 *Lucia dice sempre di no*

Rispondi alle domande. **G** → 6.8

1. Lucia, hai già visto l'ultimo film di Carlo Verdone?
2. Ti piace di più la chimica o la fisica?
3. Hai già fatto i compiti d'inglese?
4. È vero che aiuti spesso i tuoi fratelli?
5. Ha telefonato qualcuno?
6. Forse però hai avuto il tempo per continuare la ricerca su Dante?
7. Ma hai già scritto a Paolo?
8. Mamma mia! Ma, insomma, hai fatto qualche cosa oggi?

E6 *Un anno in Italia*

Stefanie ha 17 anni e frequenta un anno scolastico in Italia al Liceo Scientifico "Enrico Renzi" di Modena. Marco, che scrive per il giornale della scuola, la intervista. Ma lei ha bisogno di te perché non sa parlare ancora bene l'italiano. La puoi aiutare? Scrivi la sua parte.

Marco: Ciao Stefania, finalmente una tedesca nella nostra scuola! Senti, conosci già l'Italia?

Stefanie möchte sagen, dass sie noch nie in Italien gewesen ist. Dies ist nämlich das erste Mal!

Marco: Ma parli già bene l'italiano.

Stefanie findet das nicht so. In ihrer Schule in Deutschland wird Italienisch nämlich noch nicht unterrichtet. Aber sie hat einen italienischen Freund, der ihr ein paar Wörter beigebracht hat.

Marco: E conosci già qualche tedesco qua a Modena?

Stefanie ist froh, dass sie noch niemandem aus Deutschland begegnet ist.

Marco: Meglio così! Hai tutto il tempo adesso per conoscere i ragazzi della nostra scuola. E quali sono le tue materie preferite?

Stefanie gefallen weder Mathe noch Physik. Auch Biologie ist nicht gerade ihre Stärke. Aber Sport mag sie.

Marco: Che bello! Allora perché non vieni con noi questo pomeriggio? Ogni mercoledì giochiamo a pallavolo.

Stefanie hält das für eine tolle Idee. Aber sie hat noch nie Volleyball gespielt ... oder nur einmal, und danach hat sie es nie wieder gemacht.

Marco: Non fa niente! Ti possiamo insegnare noi come si fa.

Stefanie bedankt sich und fragt, wann sie sich treffen.

Marco: Alle quattro qui davanti alla scuola. Va bene?

Stefanie bejaht und verabschiedet sich.

Marco: Ciao, a dopo. E grazie dell'intervista.

Preparare T3

E1 *Guarda la foto della ragazza.*

1. Secondo te, quanti anni ha questa ragazza?
2. Che classe fa?
3. Le piace la scuola? Perché?
4. Quali sono le sue materie preferite, secondo te?
5. Arriva in anticipo o in ritardo a scuola?
6. Ha tanti amici? Ragazze o ragazzi?
7. Quali voti prende?

T3 *Test: Sei il cocco / la cocca degli insegnanti?*

E2 *Sei bravo / brava a scuola e tutti i professori ti amano – o la scuola non è proprio il tuo forte? Scoprilo con questo test!*
(→ Strategia 3, pag. 279)

1. **È il primo giorno di scuola e tu arrivi in anticipo.**
   a. Scrivi sulla lavagna un messaggio di benvenuto per i professori.
   b. Fai di tutto per piacere a tutti i ragazzi / le ragazze della scuola.
   c. Vai in giro per la scuola e cerchi di sapere tutte le novità dell'anno scolastico.
   d. Cosa? Tu prima della lezione? In anticipo? Non è possibile! Come al solito arrivi in ritardo anche il primo giorno di scuola.

2. **Cosa odi a scuola?**
   a. Solo i compiti in classe improvvisi.
   b. Tutto. Le interrogazioni e i compiti in classe.
   c. Non odi niente: a scuola ti piace tutto.

3. **A quale banco ti siedi?**
   a. Vicino alla tua amica del cuore / al tuo miglior amico per parlare tutto il tempo.
   b. Davanti alla cattedra per ascoltare meglio il professore.
   c. Vicino al ragazzo / alla ragazza che ti piace per conoscerlo / conoscerla meglio ...
   d. All'ultima fila per copiare meglio.

4. **La tua insegnante fa alla classe una domanda molto difficile, tu ...**
   a. Alzi la mano e gridi: "io, prof, io!"

b. Alzi la mano e aspetti con pazienza che il professore ti chiami.

c. Dici qualsiasi cosa per far ridere tutta la classe.

d. Cominci a cercare qualcosa sotto il banco; forse l'insegnante non ti vede e così non ti chiama.

5. L'insegnante d'italiano ti chiede di scegliere un argomento da discutere in classe. Quale scegli?

a. "Un domani senza la scuola"

b. "Il tuo cantante preferito"

c. Scegli un argomento che ti piace come per esempio la vivisezione.

d. Una discussione su Dante Alighieri.

6. A scuola, quale tipo di ragazzo/ragazza ti interessa di solito?

a. I ragazzi simpatici e aperti.

b. Un ragazzo/una ragazza della scuola? Non è interessante per te.

c. I ragazzi bravi e secchioni.

d. I ragazzi delle classi superiori anche se non ti guardano.

7. Cosa dice la tua pagella?

a. Che non segui abbastanza le lezioni e per questo hai brutti voti.

b. Che sei un alunno/un'alunna modello.

c. Che sei molto aperto/a e vai d'accordo con tutti.

d. Che sei molto intelligente, ma devi studiare di più.

8. Fai qualcosa il pomeriggio dopo la scuola?

a. Certo, ami lo sport!

b. Sei molto attivo/a nella *Legambiente* e in Chiesa.

c. No, ma una volta hai fatto teatro a scuola.

d. No, non ti piace la scuola e non ti interessano altre attività.

Trova il tuo profilo

1.	a 4	b 2	c 3	d 1
2.	a 3	b 1	c 2	d 4
3.	a 3	b 4	c 2	d 1
4.	a 4	b 3	c 1	d 2
5.	a 1	b 2	c 3	d 4
6.	a 3	b 1	c 4	d 2
7.	a 1	b 4	c 2	d 3
8.	a 3	b 4	c 2	d 1

27 – 32: Sei il cocco/la cocca degli insegnanti

Per gli insegnanti è un piacere interrogarti, infatti sei sempre preparato/a in ogni materia scolastica. Vuoi avere solo buoni voti. Peccato perdere tanto tempo sui libri, non dimenticare che ci sono altre cose nella vita!

21 – 26: Rispetti lo studio e la scuola

Forse non passi tutta la tua giornata a studiare sui libri, ma normalmente prendi bei voti. Vai alle feste che organizza la tua scuola e ti diverti.

15 – 20: Superpopolare

Vedi la scuola come un evento sociale, con tanti bei ragazzi/belle ragazze e persone interessanti da conoscere. Sei molto simpatico/a e i tuoi insegnanti, e i tuoi compagni di classe, ti trovano davvero speciale. Cerca però di pensare anche allo studio, altrimenti ... brutte notizie alla fine dell'anno!

8 – 14: Sei un ribelle / una ribelle

Non ti piace andare a scuola, non partecipi alle lezioni e non apri mai un libro. Anche i rapporti con i professori e i tuoi stessi compagni di classe non sono buoni. Perché non provi a passare un po' di tempo con qualche compagno? Forse non sono poi così male, e forse la scuola non è così brutta come credi.

E3 *Tante parole nuove ...*

Metti la parola che manca.
1. Come ▬ da discutere in classe, ho scelto "Amleto".
2. La professoressa scrive la domanda alla ▬.
3. Il contrario di "arrivare in ritardo" è ▬.
4. L'anno scolastico comincia, e tutti vogliono sapere subito tutte le ▬ dell'anno.
5. Il contrario di "in prima fila" è ▬.
6. La prof fa una domanda. Tu ▬ la mano.
7. Gina ▬ bene la lezione, così riesce a rispondere alla domanda.
8. Marta è davvero ▬ a scuola, prende solo ottimi voti.

E4 *La scuola*

Fai un campo semantico! (→ *Strategia 2, pag. 278*)

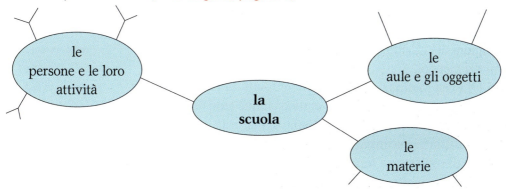

E5 *Maurizio e la scuola*

Ascolta bene quello che dice Maurizio. Che cosa pensa lui della scuola? Vuole essere anche lui "il cocco degli insegnanti"?

○○ **E6** *6 a ks stasera?* – *Mandare un messaggio*

1. Durante la lezione di fisica, Giulia e Laura si mandano un messaggio scritto su un foglio. Scrivete il loro testo in un italiano "corretto". La tabella vi aiuta! Il resto … indovinate un po'!

cm st Laura?

Sto bn. E tu?

Ank io xò sn 1 po stanca …

6 a ks stasse?

Si. Usciamo insme? Risp ti prego

Fantastiko! Tvtb!

Tvtrbxs

Xk nn mi risp?

Io t risp sempre… C ved x le 8, ke dici?

Xk nn prima, x le 7. Prendiamo l'aperitivo insme.

Kiedo ank a Luca e Matteo?

Xké no?

xxx

xké:	*perché*
nn:	*non*
+:	*più*
–:	*meno*
cc a tt:	*ciao a tutti*
cc:	*ciao*
sn:	*sono*
tvtb:	*ti voglio tanto bene*
tvtrb:	*ti voglio troppo bene*
xs:	*per sempre*

2. Adesso scrivi un testo come quello di Giulia, ma per il tuo partner. Scambiate poi i messaggi. Il tuo partner capisce quello che hai scritto? Buona fortuna!

E7 *L'ultimo giorno di scuola (Roma, giugno 1989)*

1. Immagina: È l'ultimo giorno di scuola. Davanti a te, c'è solo l'esame di maturità. Sei nel corridoio con i tuoi compagni. Come ti senti? E che cosa fai?

Quando l'ultimo giorno di scuola dell'ultimo anno di liceo suona la campanella dell'ultima ora di lezione, è come l'ultimo secondo della tua adolescenza. E tu senti il bisogno di sottolineare il momento con una
5 frase storica tipo: "Che la forza sia con noi!" oppure "Campioni del mondo! Campioni del mondo! Campioni del mondo!".
Oggi io, Luca Molinari, diciott'anni compiuti da poco, sono stracarico di adrenalina: dietro a me, ci sono cinque anni di liceo scien-
10 tifico! Davanti a me rimane solo l'esame di maturità, ultimo scoglio prima dell'estate. Vacanze. Vacanze. Vacanze. Per tre lunghi mesi. In attesa di capire cosa farò a partire dall'autunno prossimo. Fino ad allora il mio motto sarà: "Va' dove ti porta la vita". Certo l'esame mi fa paura, ma lo vivo come l'ultimo decisivo sforzo verso la li-
15 bertà. …
Verso la libertà. Fuori dall'aula, nel corridoio che conosciamo a memoria, che abbiamo percorso centinaia di volte ridendo e mangiando, tutti i miei compagni si abbracciano felici.
Io no. Io penso ad altro. Mentre tutti gli altri miei amici compagni

2   la campanella: *Schulglocke*

5   sia: *congiuntivo del verbo "essere"*

8   compiuti: *fatti*; stracarico: *pieno*

10   lo scoglio: *qua: la pietra (Klippe)*

12   farò: *futuro del verbo "fare"*

14   lo sforzo: *Anstrengung, Mühe*

17   percorso: *fatto*

²⁰ se ne vanno felici, io mi blocco e torno indietro. È arrivato il momento. In un attimo, senza nemmeno pensarci, mi ritrovo proprio là, davanti alla temuta sala professori. Il luogo dove loro hanno riso di noi e, sadicamente, hanno continuato a ripetere ai genitori la frase che per tanti anni mi ha perseguitato: "È intelligente, ma non
²⁵ si impegna ... può fare di più". Dietro la porta: lui. Antonio Martinelli. Il più bastardo prof di lettere della storia dell'umanità. Lui è capace di abbassarti il voto solo perché sbagli di qualche giorno la data di nascita di D'Annunzio, vuole farti imparare le poesie a memoria come alle elementari, e nei temi è un maniaco dell'uso cor-
³⁰ retto del punto e virgola, e delle parole che mai e poi mai useresti parlando con i tuoi amici. Martinelli ha un soprannome che si tramanda di classe in classe. Da quattro generazioni di studenti. Per tutti Martinelli è *la Carogna*. Per lui, invece, io non sono uno studente, né una persona. Sono solo un numero. E precisamente un sei
³⁵ meno meno.

Insomma, lui, da tre anni a questa parte, è il mio peggior nemico, e io lo odio per quell'umiliante sei meno meno col quale mi ha sempre bollato: sei meno meno. Cioè: "Sei *un* meno meno". Ma ora sono deciso a vendicarmi. Alla grande.
⁴⁰ Lo intravedo mentre cerca di fare il piacione con la Lattanti, una trentenne decisamente attraente, l'unica prof della scuola che tutti si farebbero. ...

Disgustoso. Carogna. Schifoso. Lascio che finisca la sua pantomima da intellettuale sfigato e poi faccio qualche passo verso di lui,
⁴⁵ per affrontarlo.

Lui sta sistemando il registro dentro la sua cartella.

Io mi piazzo davanti a lui. Respiro forte.

"Professore, posso rubarle un minuto?"

"Solo un minuto Molinari, non vedi che vado di fretta?"
⁵⁰ "Volevo solo dirle che...."

Tratto da:
Luca e Claudia: *Notte prima degli esami.*
Milano (Mondadori) 2006,
p. 9–12 (testo adattato).

22	temuta: *una cosa che fa paura (gefürchtet)*
26	bastardo: *cattivo*
27	abbassarti il voto: *darti un voto più basso*
29	il maniaco: *il fanatico*
31	si tramanda: *si porta avanti*
33	la Carogna: *das Aas*
37	umiliante: *erniedrigend*
38	bollato: *(ab)gestempelt*
40	fare il piacione con: *cercare di piacere a*
41	che tutti si farebbero: *di cui tutti sono innamorati*
44	sfigato: *che fa schifo*

2. Che cosa dice Luca Molinari al suo odiato professore? E che cosa risponde il prof? Scrivi il dialogo e presentalo in classe.

3. Se vuoi sapere cosa succede VERAMENTE a Luca e il suo prof, leggi il libro e/o guarda il film!

Competenze *Livello A1–A2*

A1   A2

 Comprensione orale

E1 *Che brutto sogno*
La notte prima del matrimonio Antonio fa un brutto sogno. Sei cose vanno male, le hai capite tutte?

E2 *Vita di famiglia*
Per la sua trasmissione "Vita in famiglia", Rai 3 ha intervistato diversi giovani.
Ascolta le testimonianze di Silvia, Vittorio e Mara.

	Silvia	Vittorio	Mara
età			
classe			
fratelli e sorelle			
parenti			
in famiglia ama …			
in famiglia non ama			

 Comprensione scritta

E3 *A scuola*
Siamo a scuola. La professoressa di greco sta consegnando i compiti scritti.

"Benucci, cinque e mezzo. Salvetti, sei." È andata. Quelle della classe che ancora non hanno ritirato il compito fanno un sospiro. Ormai è la sufficienza assicurata. La Giacci consegna i compiti in ordine crescente, prima i voti peggiori poi lentamente sale fino alla sufficienza e ai vari sette e otto. Lì si ferma. Non ha mai messo di più. E anche l'otto è un
5 evento niente male.
"Marini, sei, Ricci, sei e mezzo." Alcune ragazze aspettano tranquille il loro voto, abituate a trovarsi nella zona alta della classifica. Ma per Pallina questo è un vero e proprio miracolo. Non crede alle sue orecchie. Ricci sei e mezzo? Quindi ha preso almeno quel voto, se non di più. Si immagina tornare da sua madre a pranzo e dirle "Mamma ho preso sette
10 in greco". Sarebbe svenuta. L'ultima volta che ha preso un sette è stato in storia, su Cristoforo Colombo … "Gervasi, sette." Pallina sorride felice per l'amica … "Lombardi, quattro." Pallina rimane senza parole. "Il tuo compito deve essermi finito per sbaglio fra questi" si scusa la Giacci sorridendo. Pallina prende il suo compito e torna affranta al banco. Per un attimo ci ha creduto. Come sarebbe stato bello prendere sette. Si siede. La
15 Giacci la guarda sorridendo, poi riprende a leggere i voti degli ultimi compiti.

Federico Moccia, Tre metri sopra il cielo. p. 172-173

Rispondi alle domande:

1. La professoressa di greco si chiama
   a. Benucci.
   b. Ricci.
   c. Giacci.

2. Quando ridà i compiti, la professoressa usa un ordine particolare: quale?

3. Qual è il voto migliore che dà?

4. Pallina in greco prende di solito
   a. buoni voti.
   b. cattivi voti.
   c. non si sa.

5. Come si sente Pallina all'inizio dell'episodio e come si sente alla fine? Spiega perché.

Produzione scritta

E4 *Il tuo miglior amico ha avuto un incidente con la moto ed è finito all'ospedale. In un'e-mail raccontagli della scuola e del tuo tempo libero (circa 80 parole).*

E5 *Il supermercato vicino a casa tua cerca un'alunna/un alunno per lavorare alla cassa. Il lavoro ti interessa. Scrivi una presentazione di circa 100 parole.*

Produzione orale

E6 *Il tuo amico/la tua amica vuole uscire con te questo fine settimana. Tu non hai voglia e preferisci restare a casa. Ognuno di voi spiega le sue ragioni e cerca di convincere l'amico/l'amica. Alla fine vi dovete mettere d'accordo.*

Mediazione

E7 *Wer könnte sich für die folgende Werbung interessieren? Warum?*

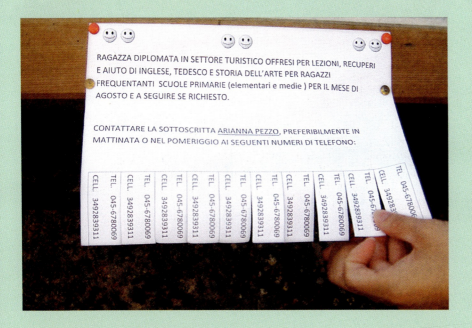

In gita a Venezia

Ingresso

Am Ende der Lektion kannst du

· Möglichkeiten ausdrücken.

· dich in Venedig orientieren.

· einkaufen und essen gehen.

· nach dem Weg fragen.

· eine Unterkunft reservieren.

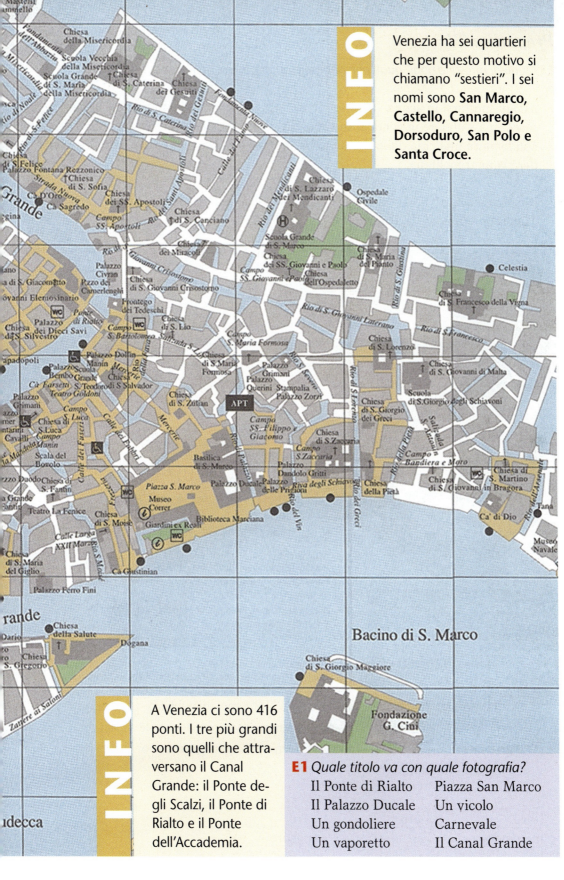

Venezia ha sei quartieri che per questo motivo si chiamano "sestieri". I sei nomi sono **San Marco, Castello, Cannaregio, Dorsoduro, San Polo e Santa Croce.**

A Venezia ci sono 416 ponti. I tre più grandi sono quelli che attraversano il Canal Grande: il Ponte degli Scalzi, il Ponte di Rialto e il Ponte dell'Accademia.

E1 *Quale titolo va con quale fotografia?*

Il Ponte di Rialto	Piazza San Marco
Il Palazzo Ducale	Un vicolo
Un gondoliere	Carnevale
Un vaporetto	Il Canal Grande

Preparare T1

E1 *Quali di queste azioni, quali personaggi e quali posti si riferiscono a Venezia?*

azioni: spostarsi in acqua – nuotare in un lago – attraversare un ponte – andare in macchina – andare in gondola/in vaporetto – partecipare al carnevale – difendere con le mura una città dalle invasioni barbariche – portare una barca a riva – prendere la metropolitana

personaggi e posti: il Re – il Doge – Dante – la Cappella Sistina – Il Palazzo Ducale – Tintoretto – il Ponte di Rialto – Piazza San Pietro – Piazza San Marco

	Sì	No
azioni		
personaggi		
posti		

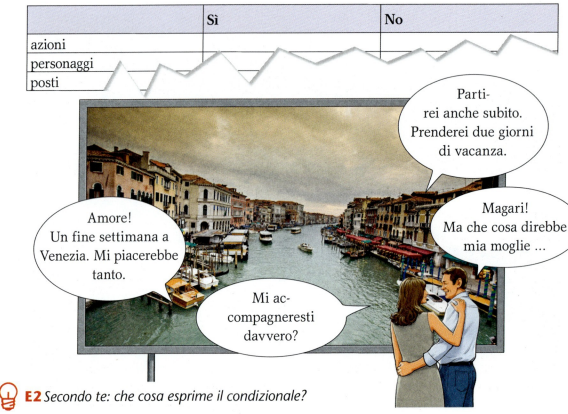

E2 *Secondo te: che cosa esprime il condizionale?*

E3 *Ecco le forme del condizionale presente: Mettile in ordine.*

accompagnerebbe – partiresti – partireste – accompagnerebbero – prenderesti –
prenderebbe – accompagnerei – prenderemmo – accompagnereste – partiremmo
– prendereste – partirebbe – prenderebbero – accompagneremmo – partirebbero
– prenderei – accompagneresti

-are	-ere	-ire
accompagnare	prendere	partire

E4 *Che cosa farebbero a Venezia?*

noi – visitare la Basilica di San Marco

io – prendere il vaporetto

noi – guardare i turisti

voi – cercare il Ponte di Rialto

io – partecipare al Carnevale di Venezia

Lucia e Roberto – partire per una delle belle isole vicine

Lucia – parlare con un gondoliere

I N F O

Murano, Burano e Torcello
sono le isole più grandi della laguna di Venezia.
Murano è famosa per la produzione di vetro, Burano
per i suoi merletti e per i dolci (e poi a Burano le case
sono tutte di colori diversi) e Torcello per la sua basilica
che è la più antica della laguna (VII secolo).

T1 *In giro per Venezia*

E5 *Primo ascolto*

1. Quali sono i tre posti dove la classe si ferma?
2. Chi parla della vita di tutti i giorni, chi della storia e della cultura?

E6 *Secondo ascolto*

1. Quali sono le informazioni sui tre temi?
2. Perché per i veneziani l'acqua è sempre stata utile, ma anche pericolosa?

Matteo:	Eccoci sul Ponte di Rialto. Ma dove sono gli altri?
Prof:	Eccoli. Dai, su, sbrigatevi! Se non cominciamo con il programma adesso, niente pausa pranzo!
Matteo:	Allora io comincerei con la …
5 Prof:	Un attimo, Matteo. Adesso ci siamo. Silenzio, per piacere.
Matteo:	Allora, ci troviamo sul Ponte di Rialto. Sapete perché si chiama così?
Gli alunni:	Hmmm …
Matteo:	Allora, sapete che da sempre, le città hanno fatto delle mura per difendersi dalle invasioni. Venezia non ne ha bisogno perché c'è il mare che la difende.
10 Maria:	Io non vorrei vivere così … con l'acqua dappertutto!
Matteo:	Hai ragione, Maria. Il terreno è molto instabile! Per questo dalle invasioni barbariche nel sesto secolo in poi la gente è venuta proprio qua dove la riva è più alta.
Edoardo:	Riva alta … ah, Rialto.
15 Alunni:	Hm! Ah! Bravo, Matteo!
Matteo:	Aspettate. C'è ancora tanto da dire: grazie al commercio, Venezia è diventata poi una città molto ricca. In tutti i secoli sono venuti molti artisti ed ecco perché oggi qui ci sono tante opere d'arte di stile diverso. E il Ponte di Rialto è un bell'esempio!
20 Prof:	A chi tocca adesso?
Edoardo:	Ma no! Sono stanco e ho fame. Stamattina all'ostello, per la prima colazione, ci hanno dato pochissimo da mangiare. Non potremmo farla adesso, la pausa pranzo?
Giulia:	Ancora no! Vorrei prima sentire la ricerca di Laura sul Palazzo Ducale.

Laura:	Ecco il Palazzo Ducale, sede dei Dogi. Ma dovete sapere che 19 Dogi sono morti
25	in modo violento.
Edoardo:	E perché?
Laura:	Perché quasi tutti i Dogi hanno cercato di passare il potere ai loro figli, però il
	popolo veneziano è sempre stato contrario alle dinastie e ha cercato di control-
	lare il potere dei loro politici. Il palazzo che vedete è del Trecento. Se volete,
30	potremmo entrarci adesso.
Prof:	Sì, e dopo prendiamo il vaporetto per il ghetto, d'accordo? Così facciamo tutto il
	Canal Grande.
Tutti:	Va bene!
Maria:	Siamo qui alla fermata del vaporetto. Avete mai pensato come fa un ragazzo ve-
35	neziano ad arrivare a scuola?
Matteo:	Dovrebbe saper nuotare!
Maria:	Sì, ma in quest'acqua così sporca? Direi di no. Meglio andare a piedi e attraver-
	sare tanti ponti o prendere il vaporetto. Qui tutti vanno con il vaporetto e anche
	i taxi e perfino la polizia si spostano in acqua.
40 *Laura:*	Quindi quando si va a trovare qualcuno o si può prendere il vaporetto o si de-
	vono attraversare tanti ponti … Bello, eh?
Maria:	Sì, però quando piove molto e c'è vento forte, ci può essere l'acqua alta.
Edoardo:	Allora, così, il nostro ragazzo veneziano non può uscire di casa. È fortunato!
Maria:	Insomma non è sempre così romantico vivere in una città come questa.
45 *Giulia:*	Neanche il nostro ostello è molto romantico! Non riesco a dormire con otto per-
	sone in una camera e condividere il bagno e la doccia con altri.
Prof.:	Ah, preferiresti forse prenotare una camera matrimoniale o una camera a due
	letti con bagno e vista sul Canal Grande? Magari al Danieli?
Giulia:	Lo so che possiamo permetterci solo un ostello. Ma un bagno per sette camere è
50	davvero troppo poco.

E7 *Conoscere Venezia*

Quali informazioni trovate su Venezia? Pensate alla storia, alla cultura, il commercio,
i palazzi, e … l'acqua.

Venezia è una città diversa … e così anche la lingua!
Per esempio le strade a Venezia non si chiamano strade, ma calli (la calle). La gente non s'incontra in piazza, ma in campo. E poi è chiaro che i veneziani non prendono l'autobus, ma il vaporetto. Tanti hanno anche una barca, perché a Venezia la macchina non serve. E per i turisti ci sono le gondole, famose in tutto il mondo.

E8 Vivere a Venezia

Durante la pausa pranzo Maria e Matteo parlano della gita e di Venezia. Metti i verbi al condizionale presente.

1. *Maria:* Che dici? Facciamo una passeggiata? Dopo (potere) mangiare un gelato.
2. *Matteo:* D'accordo. Hai visto? Edoardo (volere) sempre fare delle pause, ma così noi non (finire) mai con le ricerche.
3. *Maria:* Infatti. Forse per lui (essere) meglio restare a casa.
4. Lo penso anch'io. Senti. Io non (potere) immaginare di vivere in una città come Venezia perché (avere) sempre paura dell'acqua. I miei genitori invece ci (passare) una vita. E a te (piacere) abitare qui?
5. *Matteo:* Beh, non ci (stare) sempre, ma ci (restare) volentieri qualche mese.
6. *Maria:* E che cosa (fare)? (andare) per le calli?
7. *Matteo:* Sì, certo, ma soprattutto (visitare) Murano, Burano e Torcello. Ma tu e le tue amiche, (potere) andare al Carnevale di Venezia! (divertirsi) molto, penso.
8. *Maria:* Perché no? (potere) passare qualche giorno felice.

E9 Che cosa ti piacerebbe fare a Venezia? E perché?

Intervista il tuo compagno / la tua compagna di banco e presenta alla classe quello che vorrebbe fare.

E10 Prenotare non è sempre così facile!

Sentite quattro dialoghi.

1. Primo ascolto: quali di queste frasi senti?

1. Avrebbe una camera doppia per il prossimo fine settimana?
2. La prima colazione è inclusa nel prezzo?
3. Peccato! La ringrazio comunque.
4. Vorrei prenotare una camera singola dal due al sette marzo. C'è posto?
5. Ho chiesto una camera con bagno.
6. Mi può dire il prezzo, per favore?
7. Buongiorno! Ha una stanza matrimoniale con bagno per questa sera?
8. Com'è la camera?
9. La camera è tranquilla?
10. Cerchiamo una stanza con bagno, ma non matrimoniale, per favore!

2. Secondo ascolto: trova il problema nelle quattro prenotazioni.

E11 Organizzare un viaggio a Venezia

Auf der Suche nach einer Unterkunft für eine Klassenfahrt nach Venedig stoßt ihr auf diesen Text:

> YHA Ostello di Venezia Categoria: ostello
> Fondamenta Zitelle 86 – Venezia, Italia
> Camerate da 22,– € (per persona)

Descrizione: L'Ostello per la Gioventù di Venezia si trova sull'isola della Giudecca, posizione che vi permette di ammirare la città in tutto il suo fascino. È il più celebre tra tutti gli ostelli a Venezia e spicca per essere una sistemazione comoda, poiché è ben collegata dai vaporetti delle linee urbane ed è quindi un'ottima base di partenza per le escursioni a Venezia e nella laguna, alla scoperta di angoli nuovi e aspetti suggestivi.

Per aderire all'AIG non esistono limiti massimi di età; per i giovani con meno di 18 anni è necessaria l'autorizzazione dei genitori. È possibile l'emissione di una Tessera di gruppo per chi accompagna in Ostello gruppi di giovani (minimo quattro, massimo 24) appartenenti ad Associazioni, gruppi scolastici ecc.).

Un viaggio a Venezia permette di scoprire le sue meraviglie: piazza San Marco, la grande laguna, le gondole sul Canal Grande, le grandiose architetture, i capolavori artistici, i sontuosi palazzi, la magia delle 'calli', il Festival Internazionale del Cinema, il Teatro della Fenice e i tanti segni dello splendore e della ricchezza fastosa di una potenza marinara che dominò il Mediterraneo per cinque secoli.

1. *Was spricht für eine Reservierung in dieser Einrichtung? Und was dagegen? Erstellt eine Plus-Minus-Liste, wenn nötig auch mithilfe eines Wörterbuchs.*

2. *Anschließend findet ihr die folgenden Stellungnahmen von Besuchern dieser Jugendherberge. Ergänzt eure Plus-Minus-Liste.*

Commenti scritti di recente su quest'ostello

May 31 – Davvero un bell'ostello, ben organizzato, e situato in una buona posizione.
May 15 – Non è lontano dal centro, due stazioni da San Marco. Lo staff può aiutarti se hai delle domande. Se sei fortunato, vedi la città dal tuo letto.
Apr 20 – Ho pernottato solo una notte. Dalle camere si gode di una bella vista sulla citta, ma la colazione potrebbe essere un pò più varia.
Mar 29 – Abbiamo avuto un soggiorno molto piacevole. Tutti gli impiegati sono stati molto gentili. Mille grazie e può darsi che ci rivediamo.

3. *Ihr habt euch entschieden, in dieser Einrichtung eine Unterkunft zu buchen. Kontrolliert nun, ob es in der Zeit der Biennale Platz für eure Gruppe gäbe und verfasst anschließend eine Reservierungsanfrage auf Italienisch in einer E-Mail. (→ Strategia 4.3, pag. 292)*

E12 *Dove prenotare?*

Tu e il tuo amico avete deciso di fare un corso di lingua italiana a Perugia. Dovete decidere dove volete andare a dormire. La scuola di lingua vi offre due possibilità: l'albergo tre stelle o l'ostello della gioventù. Tu vorresti andare in albergo ma il tuo amico/la tua amica preferisce l'ostello. Volete comunque stare insieme.

Prima fase: ognuno prepara una lista di motivi.
Seconda fase: Discutete e trovate una soluzione.

Preparare T2

E1 *Dove andresti a mangiare? Oppure ti porteresti il tuo panino?*

Quando sono in gita, a mezzogiorno mi fermo in un bar. Prendo un succo di frutta e mangio un tramezzino oppure una focaccia. Così non spendo molti soldi.

Io, anche a mezzogiorno, voglio sedermi. Mi bastano una pizza e un bicchiere di acqua minerale.

In gita mangio poco a mezzogiorno. Mi basta un po' di frutta. Una pesca e dell'uva per me vanno benissimo.

Quando vado in gita, mi porto il panino da casa, la frutta e una bottiglia d'acqua! Andare al ristorante è sempre molto caro se non si trova un'offerta speciale.

Io cerco una salumeria oppure un piccolo supermercato. Lì mi fanno un panino come lo voglio io: con la mozzarella, col prosciutto oppure col salame.

2 *E dove si mangia a mezzogiorno?*

E2 *Primo ascolto*

Dove vanno i tre gruppi di studenti?

E3 *Secondo ascolto*

Fai una lista di quello che mangiano e bevono i ragazzi.

Barista:	Buon giorno! Desidera?
Matteo:	Vorrei un tramezzino e una coca-cola.
Pia:	Io prendo un toast e un'acqua minerale.
Damiano:	Un tramezzino anche per me e una sprite. E tu Giulia?
5 *Giulia:*	Per me niente, grazie.
Barista:	Se volete potreste accomodarvi fuori, ci sono ancora quattro posti liberi.
Damiano:	Sì, perché no …?
Matteo:	Preferiamo restare qui al banco.
Barista:	Va bene!
10 *Laura:*	Scusi, signore, c'è ancora un tavolo libero per cinque persone?
Cameriere:	Sì, vede, in fondo a sinistra c'è un tavolo grande.
Laura:	Grazie! Dai ragazzi, sediamoci!
Cameriere:	Allora avete deciso?
15 *Giorgio:*	Io prendo una *Margherita*.
Rebecca:	Per me una pizza al prosciutto.
Cameriere:	Prosciutto cotto o crudo?
Rebecca:	Cotto, per favore.
Laura:	Io prenderei una tonno e cipolla …
20 *Claudio:*	Scusi, ma c'è anche la pasta, vero?
Cameriere:	Sì, oggi ci sono gli spaghetti aglio e olio …
Claudio:	Eh, ma non so … È il mio piatto preferito, ma poi puzzo di aglio.
Sergio:	Sbrigati! Ho tanta fame! Io comunque una *Viennese* con i wurstel.
Claudio:	Che schifo: "*Wurstel*" sulla pizza! Allora per me gli spaghetti aglio e olio
25	vanno benissimo.
Cameriere:	E da bere, ragazzi?
Sergio:	Coca-cola per tutti!
Tutti:	Sì!
…	
30 *Claudio:*	Scusi, ci prepara il conto per favore?
Cameriere:	Si paga alla cassa, ragazzi.
Rebecca:	Che ne dite se paghiamo alla romana anche se siamo a Venezia?
Sergio:	Sì, perché no?
Laura:	Va bene, allora quant'è?
35 *Giorgio:*	57,50 euro
Laura:	Diciamo 60 euro, quindi 12 a testa.

Fare bella figura

Gli italiani quando vanno al bar prendono quasi sempre il caffè in piedi. Se uno desidera sedersi, paga di più, perché c'è il servizio. Quando entrate in un ristorante italiano, prima di prendere posto dovreste chiedere al cameriere se c'è un tavolo libero.

Pagare alla romana: In Italia spesso si paga alla romana, cioè si divide la somma totale in parti uguali e ognuno paga la stessa cifra.

Caterina:	Ma dove siamo finiti? Ci sono troppe strade, e quasi tutte uguali.
Paola:	Credo che ci siamo proprio perse.
Federica:	Scusi, ci saprebbe dire se c'è qualche supermercato qua vicino? O anche una panetteria?
Signora:	Un supermercato? Ce n'è uno, ma è un po' lontano. Vedete quella chiesa lì in fondo?
Le ragazze:	Sì!
Signora:	Allora, andate dritto fino alla chiesa. Attraversate la piazzetta. Poi girate a sinistra. Il supermercato è davanti a voi.
Federica:	Quanto tempo ci vuole?
Signora:	Ci vogliono circa dieci minuti.
Le ragazze:	Grazie!

Caterina:	Ma dov'è questo supermercato! Ho fame e sete!
Federica:	Ma guarda! C'è un mercato. Facciamo la spesa lì. Un po' di frutta non sarebbe male!
Paola:	Perché no? Guardate: ci sono delle bellissime albicocche!
Fruttivendolo:	Signorine, che cosa desiderate? Mele? Pesche? Pere? Guardate un po'!
Federica:	Ci dia un chilo di albicocche, tre etti di ciliegie e un melone, per favore.
Fruttivendolo:	Altro?
Carina:	Io vorrei anche dell'uva.
Paola:	Allora ne prendiamo un chilo per tutto il gruppo.
Fruttivendolo:	Ecco la frutta! Sono … sette euro e venti. Per voi sette.
Federica:	Grazie! Arrivederci!

E4 *Tre posti – tre mappe concettuali*

Al bar, al ristorante, al mercato: fate tre mappe concettuali in gruppi per presentarli poi alla classe. (→ *Strategia 2, pag. 278*)

E5 *Allora dove avete mangiato a mezzogiorno?*

La sera Caterina racconta in un'e-mail alla sua amica Laura della ricerca (difficile) di un supermercato. Secondo te, che cosa scrive?

E6 *Che cosa desidera?*

Mettete in ordine le frasi di questo dialogo tra un cameriere e un cliente.

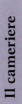

Il cameriere	Il cliente
Desidera?	No grazie. Rimango fuori.
E da bere?	C'è un tavolo libero per una persona?
Certo. Può accomodarsi qui.	Mi prepari il conto, per favore.
Vorrebbe accomodarsi dentro?	Vorrei un toast.
Con prosciutto cotto o crudo?	Crudo.
Subito.	Prendo un'acqua minerale.

E7 *Fare la spesa*

Dove si trovano i sei clienti?

E8 *Che cosa ne pensi? – Ci penso dopo!*

*Mettete la particella **ne** o **ci**.* **G** → 7.2/7.6

1. – Mi hanno detto che Venezia è una
   bellissima città.
   – Sì, è vero. Un giorno ▬▬ vorrei
   andare anch'io.
2. – Chi compra la frutta?
   – ▬▬ pensiamo noi.
3. – Vorrei delle pere.

– Quante ▬▬ vuole?
– ▬▬ prendo due chili.
4. – Quando pensate di tornare al mercato.
   – ▬▬ torniamo sabato prossimo.
5. – Ho tanta sete che comprerei una
   bottiglia grande d'acqua minerale

e ▪▪ berrei tutto il contenuto. Ma
bisogna trovare un supermercato.
– Sai che qui vicino c'è un *Eurospin*,
▪▪ trovi anche dell'acqua minerale.

6. – Hai sentito che Edoardo esce con
una ragazza inglese?
– Sì, certo! ▪▪ parla tutta la classe.

7. – Sei mai stato al bar *Da Carlo*?
Fanno un ottimo caffè. ▪▪ hai mai
sentito parlare?
– Sì, ▪▪ sono già stato alcune volte.

8. – Paola, quando prepari la pizza,
che cosa ▪▪ metti?
– ▪▪ metto solo dei pomodori e della
mozzarella.

E9   Preparare una festa

*L'ultimo giorno a Venezia i ragazzi fanno una piccola festa. Che cosa comprano? Mettete
l'articolo partitivo adatto.* **G** → 7.3

13. ▪▪ formaggio
12. ▪▪ olive
11. ▪▪ snack
10. ▪▪ salame
9. ▪▪ mortadella
8. ▪▪ spumante
7. ▪▪ dolci

delle
degli   della
dello   dell'
dei   del

1. ▪▪ pane
2. ▪▪ mozzarella
3. ▪▪ pomodori
4. ▪▪ uva
5. ▪▪ acqua minerale
6. ▪▪ pizzette

Info: Specialità veneziane

– **Risi e Bisi**: risotto ai piselli: era il
primo piatto del Doge di Venezia durante il pranzo di festeggiamento per
San Marco.
– **Fegato alla veneziana**: si prepara
con le cipolle, il burro e l'olio.

– **Poenta e schie**: piccoli gamberi di laguna, fritti e messi su un letto di polenta gialla.
– **Fritola**: è il dolce tipico del Carnevale
di Venezia, preparato con farina, uova,
latte e zucchero (e uvetta sultanina).
Parole difficili? Consulta il dizionario!

E10 Che cosa ti piace mangiare e bere?

*Presenta quello che il tuo compagno/la tua compagna di banco mangia volentieri. Fate
poi una lista delle preferenze di tutta la classe. Quanti sono i piatti italiani?*

E11 Progetto: In un ristorante italiano

*Andate in un ristorante italiano della vostra città, fate un'intervista al cameriere e presen-
tatela in classe. Ecco alcune idee per l'intervista:*
– piatti preferiti dei clienti tedeschi/italiani
– offerte speciali (p. es. per il pranzo)
– prodotti solamente italiani?

E12 *Gli spaghetti alla carbonara*

1. *Perché il ragazzo telefona a sua madre?*
2. *Che cosa ci vuole per fare gli spaghetti alla carbonara per quattro persone?*
3. *Come si prepara questo piatto? Metti in ordine questi disegni.*

scolare la pasta

mettere gli spaghetti nel piatto con le uova e il formaggio

salare e pepare

far rosolare i pezzetti di prosciutto

unire il prosciutto

aggiungere il formaggio

tagliare a pezzetti il prosciutto

sbattere le uova

far cuocere gli spaghetti

mescolare tutto

E13 *Come fare il tiramisù?*

Leggi la ricetta e trova la traduzione tedesca.

In un recipiente sbattere tre tuorli d'uovo e lo zucchero (4 cucchiai).

Aggiungere il mascarpone (500 g) e mescolare bene.

A parte montare tre albumi a neve.

Aggiungere gli albumi alla crema di mascarpone.

Cuocere un espresso non molto forte.

Fare uno strato di savoiardi in una teglia abbastanza larga.

Bagnare i savoiardi con l'espresso.

Coprire i savoiardi con la crema di mascarpone.

Formare un altro strato di savoiardi e procedere come per il primo.

Continuare così fino ad esaurimento degli ingredienti.

Cospargere l'ultimo strato di cacao.

Mettere in frigo per almeno due ore prima di servire.

Den Mascarpone hinzufügen und gut mischen.

Die letzte Schicht mit Kakao bestreuen.

Den Eischnee zur Mascarponecreme geben.

In einem Gefäß drei Eigelb mit dem Zucker (4 Esslöffel) schlagen.

Getrennt das Eiweiß zu Eischnee schlagen.

Einen nicht zu starken Espresso kochen.

Die Löffelbiscuits mit dem Kaffee tränken.

Vor dem Servieren wenigstens 2 Stunden in den Kühlschrank stellen.

Eine weitere Löffelbiscuitschicht erstellen wie beim ersten Mal.

So weitermachen bis die Zutaten aufgebraucht sind.

Eine Schicht Löffelbiscuits in einer ausreichend großen Form auslegen.

Die Löffelbiscuits mit der Mascarponecreme bedecken.

E14 *Dove vanno?*

1. *I turisti sono in campo San Bartolomeo. Dove vanno?*

2. *Dove vado? Lo indovina il tuo compagno di banco.*

Sono in campo San Bartolomeo. Prendo la via ..., vado dritto fino a ... giro a destra/a sinistra ... attraverso il campo ... Dove sono adesso?

Preparare T3

Ecco alcuni veneziani famosi:

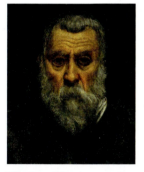

Tintoretto
(1518–1594): pittore (ha dipinto p. es. *Il Miracolo di San Marco*).

Carlo Goldoni
(1707–1793) è famoso per aver scritto commedie conosciute in tutto il mondo, p. es. *La Locandiera* o *Il Servitore di due Padroni*.

Giacomo Casanova
(1725–1798), scrittore, è famoso per aver conquistato molte donne.

Tobia Scarpa (1935) designer e architetto importante.

Peggy Guggenheim
(1898–1979): famosa collezionista americana che ha messo insieme molte opere d'arte nel suo palazzo a Venezia.

T3 *Veneziani famosi*

Oh, cara, sei bellissima, stasera. Sei la più elegante di tutte le donne della festa. Questo vestito rosso ti sta benissimo. I tuoi capelli sono più neri della notte, i tuoi occhi sono più blu del cielo e cammini leggera come una farfalla. Sei anche intelligente e furba come una volpe. Le altre donne sono meno interessanti e spiritose di te. Tutto l'universo è meno affascinante di te: le stelle meno lucenti e il mare meno misterioso di te. Sei dolce come il miele e profumata come una rosa. Quando sono con te, sono il più felice degli uomini e mi sento in paradiso. Carissima: sei meravigliosa. Sei un tesoro. Preferirei morire piuttosto che vivere senza di te. Non riesco a immaginare un inferno peggiore di quello di una vita senza il tuo amore. Aspetto con ansia la tua risposta. Perchè non ci diamo appuntamento in piazza San Bartolomeo domani sera alle otto?

Per sempre tuo,
??????

E1 *Quale personaggio famoso potrebbe essere l'autore di questa lettera?*

E2 **Chi è la donna descritta?**
Ecco tre donne diverse. Quale di queste è quella descritta nella lettera? Perché?

E3 *Dopo aver letto la lettera, la donna scrive subito una risposta. Che cosa potrebbe scrivere?*

E4 *Venezia e Genova: un confronto*

Metti il comparativo adatto e scegli di o che. **G** → 7.8

1. I ragazzi di Genova dicono: Venezia è – cara – Genova.
2. A Venezia ci sono – turisti – a Genova.
3. Genova è – famosa – Venezia.
4. Per i ragazzi genovesi è – facile perdersi a Venezia – nella loro città.
5. Per molti sarebbe – romantico andare in gondola a Venezia – camminare lungo il porto di Genova.
6. Mi piace di più camminare per le calli – ascoltare le presentazioni dei compagni.
7. Ancora oggi le commedie di Carlo Goldoni sono – divertenti – molti programmi in televisione.
8. Venezia è – conosciuta per le gondole – per i suoi musei.

INFO

Erst seit dem Jahr 1633 sind alle Gondeln schwarz. Die Regierung der Republik Venedig traf diese Entscheidung, um eine Konkurrenz unter den reichen Venezianern zu vermeiden, die ihre Gondeln zur Präsentation ihres Reichtums immer übertriebener geschmückt hatten.

E5 *L'Italia*

Paragonate i posti e i personaggi indicati. **G** → 7.8

1. Roma – Torino (grande)
2. Venezia – Bari (piccola)
3. Tintoretto – Mercier (conosciuto)
4. Il Gran Sasso – il Monte Bianco (alto)
5. Il Tevere – il Po (lungo)
6. In Sicilia – in Val d'Aosta (far caldo)

E6 *Venezia: una città al superlativo*

Metti "il/la … più/meno … di/in" oppure "-issimo" o "molto …" **G** → 7.8.3/7.8.4

1. Venezia è ▪▪ città ▪▪ (affascinante) ▪▪ mondo.
2. La gondola è ▪▪ simbolo di Venezia ▪▪ (conosciuto) ▪▪ mondo.
3. Il Ponte dell'Accademia è ▪▪ ponte ▪▪ (alto) ▪▪ Venezia.
4. I bàcari sono ▪▪ (famoso) ▪▪ ristoranti di Venezia.
5. La basilica di S. Marco è ▪▪ (bello).
6. Murano, Burano e Torcello sono ▪▪ isole ▪▪ (grande) ▪▪ laguna.
7. Al Festival del Cinema arrivano ▪▪ star ▪▪ (famoso) ▪▪ mondo.
8. Il Lido di Venezia è ▪▪ (bello).

E7 *Carlo Goldoni e le sue commedie*

Metti le forme regolari ed irregolari del comparativo e del superlativo.

1. Carlo Goldoni è uno dei ▪▪ (grande) e ▪▪ (conosciuto) scrittori italiani.
2. Non è di ▪▪ (piccolo) importanza in confronto agli altri autori italiani.
3. Per molti *La Locandiera*[1] è ▪▪ (divertente) di tutte le sue commedie.

[1] la locandiera: *Gastwirtin (uno degli ospiti della locandiera è il Cavaliere che dice di odiare tutte le donne)*

4. Il Cavaliere è ▪▪ (galante) degli altri personaggi di questa commedia perché dice che le donne sono ▪▪ (cattivo) degli uomini. Secondo lui, hanno un ▪▪ (cattivo) carattere.

5. Ma alla fine deve capire che gli uomini non sono ▪▪ (buono) e ▪▪ (intelligente) delle donne perché lui stesso fa quello che lui chiama la cosa ▪▪ (cattivo) del mondo: s'innamora della locandiera.

6. In tutto *La Locandiera* è una commedia ▪▪ (interessante) da leggere anche in classe.

E8 *La vita da studente*

Spesso gli studenti non hanno molti soldi. Cosa fanno per spendere meno? Fate una lista.

E9 *Al mercato: offerte speciali*

Dialogo A:	Dialogo B:	Dialogo C:
1. Come sono le pesche?	1. Come sono i pomodori?	1. Perché il signore non compra meloni?
2. Quante pesche prende il signore?	2. Quanti chili di pomodori prende il signore?	2. Quanto costano le ciliegie?
3. Quanto costano le pesche al chilo?	3. Prende anche mezzo chilo di ciliegie?	3. Sono buone le mele?
4. Quanto paga il signore?	4. Quanto paga il signore?	4. Che cosa compra il signore?

E10 *Personaggi famosi*

Quali sono i personaggi famosi della tua città o della tua regione? Quando sono nati? Hanno inventato qualcosa? Che cosa? Preparate una presentazione.

INFO

Pane e tulipani

Volete vedere un film ambientato a Venezia? La vicenda prende spunto da un fatto di cronaca che si può leggere sul giornale: moglie dimenticata all'autogrill – dal marito che non si accorge della sua assenza mentre il pullman continua il suo percorso in autostrada. Ma che cosa fa la moglie nel film? Prima decide di fare l'auto-stop per tornare a casa da sola. Quando però scopre che l'autista prosegue per Venezia, la tentazione è troppo grande, perché non ha mai visto la città di cui tutti parlano. Si prende allora una vacanza dalla vita di ogni giorno ... in una Venezia misteriosa, tranquilla e poco conosciuta dai turisti.

Se volete sapere come va avanti questa storia ... guardate il film di Silvio Soldini!

All'edicola la tua amica italiana vede un articolo su Venezia.
Ti chiede di riassumere il contenuto.

Fauler Zauber

Venedig verkommt zur Fassade. 22 Millionen Touristen pro Jahr vertreiben die Einwohner aus ihrer Stadt. Den Bürgermeister schert das wenig. Hilferuf einer Einheimischen.

VON PETRA RESKI

Reiseleiterin: Do you know Venice? Touristen (einstimmig): No. Reiseleiterin: Venice is an island. Touristen: Oh! Reiseleiterin: No cars. Touristen (erschrocken): No cars? Reiseleiterin: Only boats. Touristen: Only boats? Reiseleiterin: Just walking. Touristen: Oh God!
Wenn man in Venedig lebt, gibt es wenige Dinge, mit denen man sich unbeliebter machen
5 kann als damit, Touristen als Touristen zu schmähen. In Venedig zu wohnen wird als ein so unerhörtes Privileg betrachtet, dass sich jede Klage darüber verbietet.
Und in der Tat betrachte ich noch nach 20 Jahren das Leben hier mit Demut. So ging es mir auch heute früh, als ich schon um sieben Uhr das Haus verließ: Da gehörte die Stadt noch sich selbst, das Pflaster glänzte feucht, und die Tauben saßen im Gesims der Arkaden, wo
10 sie von der Wiedereinführung des Taubenfutters am Markusplatz träumten.
Unweit der Rialtobrücke, am Campo San Bartolomeo, blinken im Fenster der Apotheke Morelli Ziffern auf einer Anzeigetafel: 60.007. In Venedig zählt man die letzten Venezianer. Heute Morgen waren es noch 60.007. Während ich in meinen Reportagen das Verschwinden der Venezianer ebenso folgenlos wie starrköpfig beklagte, verdreifachte sich die Zahl
15 der Touristen. Im letzten Jahrzehnt stieg sie von sieben Millionen auf 22 Millionen. Die Bevölkerung der Stadt hat sich in den letzten 40 Jahren jedoch halbiert. Mein Käsehändler verkauft jetzt Eis, der Fleischer Muranoglas, der Buchhändler am Campo San Luca ist auf kunstgewerbliche Töpferwaren umgestiegen. Wir haben unsere Schlacht verloren.
Massimo Cacciari, der Bürgermeister von Venedig, hat für solche Empfindsamkeiten nichts
20 übrig. Stattdessen verkündet er, dass die Venezianer damit aufhören sollten, sich selbst zu beweinen. Vielmehr sollten sie versuchen, aus der touristischen Monokultur auszusteigen. Es liege in ihrer Hand, den Dienstleistungssektor nach eigenem Bedarf auszubauen. Der habe bisher leider nicht den Platz jener Unternehmen eingenommen, die Venedig verlassen haben. Ach, die Venezianer. Wenn man Massimo Cacciari nach dem Schicksal der Venezianer
25 fragt, dann muss man damit rechnen, dass er einen Wutanfall bekommt. Als ich beim letzten Besuch in seinem Büro wissen wollte, warum es nicht möglich sei, in jedem Stadtviertel eine gewisse Grundversorgung mit Lebensmittelläden zu garantieren, da war er kurz davor, einen Stuhl aus dem Fenster zu werfen. Der Philosoph Cacciari begreift die Welt als großes Ganzes. Die Antwort auf die kleinen Fragen, warum es zum Beispiel in Dorsoduro keine
30 Gemüseläden gibt, liefert er nicht. Er verweist auf die Marktwirtschaft und das freie Spiel der Kräfte. Angeblich sei anderen Innenstädten das gleiche Schicksal wie dem aussterbenden Venedig beschieden. Nur mit dem Unterschied, sage ich, dass man sich in Venedig, anders als in Florenz, nicht ins Auto setzen kann, um sich ein Brot oder einen Liter Milch zu kaufen ...

DIE ZEIT, 22.10.2009 Nr. 44 (abbreviato)

Espressioni utili: il sindaco: Bürgermeister; arrabbiarsi: sich aufregen; il mercato libero: freie Marktwirtschaft

Roma

Ingresso

Boom di turisti a Roma:
nel 2011 oltre 26 milioni di presenze

Piazza di Spagna: *in primavera, nel mese di aprile, la famosa scalinata è sempre piena di fior*

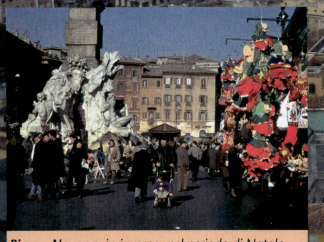

Piazza Navona: *in inverno, nel periodo di Natale, tra dicembre e gennaio c'è un mercato molto famoso.*

Terme di Caracalla: *in estate, in giugno e l ci sono molti concerti e spettacoli all'aperto.*

Am Ende der Lektion kannst du
· dich in Rom orientieren und eine Reise dorthin planen.
· deine eigene Stadt vorstellen.
· über deine Kindheit und Ereignisse in der Vergangenheit erzählen.
· dich mit italienischen Jugendlichen über Musik und Film austauschen.

Villa Borghese: in autunno, nei mesi di ottobre e novembre il parco diventa un tappeto di foglie gialle e marroni.

San Pietro: il 25 dicembre, giorno di Natale, il 1 gennaio, giorno di Capodanno e a Pasqua, il Papa dà la benedizione urbi et orbi.

E1 *Perché tanti turisti vanno a Roma?*

E2 *Quale foto ti attira di più? Perché?*

E3 *Quando ti piacerebbe andarci?*

E4 *Quali sono i mesi e le stagioni?*
  G → 8.1/8.2

febbraio

marzo

settembre

agosto

maggio

Preparare T1

E1 *Progetto*

A gruppi scegliete uno di questi posti da presentare alla classe. Fate poi una ricerca in Internet!

1. Il ghetto; 2. Il Colosseo; 3. Il Foro Romano; 4. Il Campidoglio con i Musei Capitolini; 5. Piazza Navona; 6. Il Pantheon; 7. La Fontana di Trevi; 8. Piazza di Spagna; 9. San Pietro

T1 Vivere a Roma

Cosa ti/ Le piace di Roma? Cosa non ti/ non Le piace di Roma?

Un reporter di radio "Roma Moderna" è in piazza Bologna e intervista alcune persone.

Mi chiamo Cristina. Vivere a Roma mi piace molto e non solo perché sono di qua e si sa che i romani criticano, ma amano anche molto la loro città. Qui ci sono molte cose da fare. Roma offre così tanto che anch'io noto sempre delle cose nuove. Per esempio quando sono venuti per lo scambio i ragazzi della scuola tedesca, ho visitato per la prima volta il ghetto. Siamo stati due volte a teatro, e naturalmente gli abbiamo anche fatto vedere il Colosseo, il Foro, Trastevere e la sera piazza di Spagna! Roma è bellissima: basta solo pensare ai grandi concerti d'estate all'aperto con Jovanotti, Zucchero, Ligabue ... E poi Roma è la città delle mille fontane! Gli svantaggi? Come in tutte le grandi città bisogna stare sempre molto attenti, soprattutto quando si scende dall'autobus, se no ti rubano il cellulare e il portafoglio.

Elisabeth

Ciao, sono Elisabeth. Sono inglese e lavoro all'università. Il mio rapporto con Roma? Non andrei mai più via. Questa città è meravigliosa. I romani sono molto simpatici. Siccome il tempo è quasi sempre bello, anche in inverno ci sono giornate di sole calde. Poi amo andare nei musei e guardare i quadri e le statue famosi. A Roma ci sono anche grandi mostre! Mi piacciono soprattutto il Campidoglio con i Musei Capitolini dove c'è per esempio lo spinario in bronzo, ma vado anche molto volentieri ai Musei Vaticani!

Una cosa che mi rimane difficile da accettare è il numero altissimo di turisti che c'è a Roma in tutte le stagioni. Sai, io abito vicino a San Pietro. Ti puoi immaginare? ... Per non parlare poi delle piazze famose! In piazza Navona, al Pantheon e soprattutto davanti alla Fontana di Trevi c'è ogni giorno tanta gente che non si può più camminare. Quasi tutti lanciano una monetina nella fontana, incredibile! E tutti questi volantini per terra! Allora faccio una gita nelle città vicino a Roma, per esempio ad Ostia, al mare.

Mario

Io vengo dal sud come molte altre persone che vivono a Roma. Sa, sono calabrese di provenienza. È da vent'anni che vivo qua, nella città eterna. I veri romani "de Roma", cioè i romani che sono nati qui, non sono poi così tanti! I romani mi piacciono perché sono simpatici. Io lavoro in un bar e tabacchi qui in piazza Bologna e di gente ne vedo tanta tutti i giorni! Comincia presto la mattina quando prendono il caffè prima di andare al lavoro. Poi durante la giornata vengono dei turisti a comprare

cartoline e francobolli. Alla pausa pranzo molti studenti universitari si danno appuntamento qui. Una cosa che non mi piace però è il traffico. Ma ho trovato la soluzione: ho venduto la macchina e mi sono preso una moto. Così ho molti vantaggi: faccio prima e trovo sempre un parcheggio.

E2 *Raccogliere informazioni*

Fate una tabella e raccogliete le informazioni su Cristina, Elisabeth e Mario. Poi presentate le persone.

	Cristina	**Elisabeth**	**Mario**
età			
provenienza			
lavoro			
vantaggi di Roma			
svantaggi di Roma			
altro?			

E3 *Spettacoli e mostre a Roma*

L'anno a Roma

febbraio
2   Inaugurazione della mostra sul Risorgimento italiano (la mostra è aperta fino al 30 aprile)

marzo
15 – 18   Giovani in concerto: incontro internazionale di giovani musicisti a Roma

giugno
13   Jovanotti in concerto
22 – 25   Fiera del libro usato: più di 20.000 libri in vendita!

luglio
5   prima serata: musica jazz in piazza (tutti i sabati sera di luglio e agosto)
7   "Gomorra" cinema all'aperto
10   "Cinema Paradiso" cinema all'aperto
27   "Tutta la vita davanti" cinema all'aperto

agosto
1, 2, 3   "Notte prima degli esami"; film di Fausto Brizzi cinema all'aperto.
14   "Il più bel giorno della mia vita" cinema all'aperto
15   Festa di Ferragosto in piazza: fuochi d'artificio e spettacoli

settembre
2   Inaugurazione della mostra fotografica "Il ghetto di Roma dal 1946 ai giorni nostri". La mostra sarà aperta fino a novembre.

ottobre
21   Notte in bianco: una notte piena di concerti in piazza, cinema, musica e ballo. Tutti i musei aperti! Entrata gratuita!

dicembre
23   Concerto di Tiziano Ferro

1. *Secondo voi, che cosa vanno a vedere questi ragazzi? E quando?*

1. A Paolo piace il rap.

6. Se uno incontra Davide, lo vede spesso con un libro in mano. Quando ha soldi, li spende subito in nuove letture.

2. Pia e Anna devono fare una ricerca sulla storia italiana tra il 1815 e il 1871.

7. A Federica e Giacomo piace molto la musica jazz, ma in piazza!

3. A Valentina e a Gregorio piace visitare i musei ... se è possibile senza pagare niente.

8. Silvia è innamorata di Tiziano Ferro.

4. Lucia ha appena letto il libro *Notte prima degli esami*.

9. Giulia e Angelica vorrebbero vedere un film italiano al cinema all'aperto.

5. A Edoardo piace la storia. La sua ragazza preferisce invece le mostre di fotografie in bianco e nero.

10. Francesco ha voglia di suonare in piazza con i suoi amici.

2. *E tu, che cosa preferisci? Dove ti piacerebbe andare?*

E4 *Sentire la radio italiana. C'è qualche programma su Roma?*
Quali sono i programmi del giorno di RAI Radio Uno, RAI Radio Due e di RAI Radio Tre?
Cercate su Internet.

E5 *Ripasso: In giro per Roma*

*Susanna sta facendo una gita scolastica
a Roma. Per non dimenticare i posti che
ha visto con i compagni li scrive ogni sera
nel suo diario. Metti i verbi al passato
prossimo.*

Occhio! il passato prossimo
Essere o avere ? E la forma del
participio?

Esempi: siamo arrivati/arrivate
abbiamo comprato
ci siamo divertiti/divertite

21 aprile – A mezzogiorno siamo arrivati a Roma; ▪▪ (riposarsi) un po' in albergo e
poi ▪▪ (andare) in autobus in centro, ma ▪▪ (tornare) presto. Che bella città!
Ma tanti turisti.
22 aprile – ▪▪ (visitare) il Colosseo, i Fori Imperiali, poi ▪▪ (andare) in piazza del
Campidoglio e i nostri professori ▪▪ (entrare) al Museo Capitolino. Noi invece ▪▪
(girare) per i negozi in via del Corso e ▪▪ (mangiare) i supplì. Che buoni!
23 aprile – ▪▪ (visitare) San Pietro e poi la Cupola di Michelangelo. ▪▪ (aspettare) due
ore per entrare ai Musei Vaticani. ▪▪ (entrare) anche nella Cappella Sistina e ▪▪
(ammirare) il "Giudizio Universale" di Michelangelo.
24 aprile – ▪▪ (visitare) Castel Sant'Angelo, poi ▪▪ (attraversare) il ponte Sant'Angelo
e ▪▪ (arrivare) a Campo de' Fiori dove ▪▪ (fare) le foto alla statua di Giordano Bruno.
Poi ▪▪ (continuare) a camminare e ▪▪ (arrivare) fino a Trastevere dove ▪▪ (rimanere)
a mangiare una pizza. Che bella zona!
25 aprile – Oggi ▪▪ (alzarsi) un po' più tardi e ▪▪ (vedere) il Pantheon. Da lì ▪▪
(andare) alla Fontana di Trevi e poi ▪▪ (andare) avanti per arrivare qui in piazza di
Spagna che è davvero meravigliosa.

INFO

La pizza e i supplì romani! Buonissimi!
Sei a Roma e vuoi mangiare qualcosa di
veramente tipico?
Bene, allora entra in una pizzeria a taglio
(eine Art Pizza-Schnellimbiss) e prendi
un pezzo di pizza bianca, o rossa, o con
le patate o … come vuoi tu e non
dimenticare di mangiare i famosi supplì.
Cosa sono? Piccole palle di riso (Reisbäll-
chen) al sugo di pomodoro e con tanta
mozzarella, il tutto fritto nell'olio.

E6 *Ospiti a Roma*

Tuo fratello Felix è ospite a casa della tua amica Antonella a Roma. Ti chiama su Skype per aiutarlo a parlare con Antonella.

Felix	Tu	Antonella
Hallo, wie geht's?	Hallo, gut, danke. Läuft alles gut in Rom?	Che cosa stai dicendo?
	Gli ho chiesto …	
Ja, klar. Heute habe ich viel gesehen, das Forum Romanum und das Kolosseum. Und Antonella ist supernett.		Che cosa state dicendo di me?
	…	Ah, meno male!
Was ist schlecht? „Male" habe ich verstanden?	…	Sai, tuo fratello è simpaticissimo!
Das habe ich verstanden! Sag Antonella mal, dass ich wiederkommen werde!	…	Siete sempre benvenuti, tu e tuo fratello. E un giorno vorrei anche venire a Kassel!
Kommt sie nach Kassel?	…	
Ok, sie kann zu mir kommen. Deine Wohnung ist zu klein!		Grazie, grazie! Allora, ci sentiamo presto! Adesso devo andare!

E7 *Roma – città d'arte*

A me piace girare per i musei e guardare le opere d'arte. Ogni opera racconta una sua storia e ti parla a modo suo. Ho due statue preferite che vi vorrei presentare:

Questa statua si trova nei Musei Capitolini. Ogni volta che ci vado mi fermo davanti a quel ragazzo.

Guardate che bei capelli! Sembra una persona reale. La statua è in bronzo ed è alta 73 centimetri.

Non si sa bene quando è stata fatta, ma vi dico la verità: l'anno non mi interessa tanto! Io ammiro tanto come l'artista abbia saputo rappresentare bene un momento tranquillo: è un ragazzo che si tiene in mano il piede sinistro e cerca di tirare fuori una spina. Per questo motivo la statua si chiama "lo spinario". Guardate come è concentrato: mi sembra non solo tranquillo, ma anche sicuro di sé. A che cosa sta pensando? Non lo so! Ma secondo me, questo ragazzo è felice. E allora mi fa piacere contemplarlo.

Inoltre mi piace molto il modo in cui si tiene il piede. Ogni volta che vedo questa statua, mi viene voglia di parlargli e di chiedergli come si è preso questa spina ...

Al centro di questa statua c'è Laocoonte, un gran sacerdote troiano. Durante la guerra tra i Greci e i Troiani, i Greci hanno regalato ai Troiani un enorme cavallo di legno. Laocoonte però capisce che non tutti i regali portano fortuna e dice ai Troiani di non accettarlo.

Poseidone, il dio del mare, che sta dalla parte dei Greci, punisce Laocoonte. Vedete come? Manda due serpenti marini che, usciti dall'acqua, uccidono lui insieme ai suoi due figli.

La statua mostra molto bene il dolore di Laocoonte: sa di aver detto la verità, ma non ha la forza di liberarsi dai serpenti. È una morte molto crudele, anche perché Laocoonte sacrifica non solo la verità, ma anche i suoi figli!

Sicuramente conoscete la fine della storia: nel cavallo ci sono tanti soldati greci che, dopo esserne usciti, uccidono tutti i Troiani e vincono così la lunga guerra! Ogni volta che vedo Laocoonte penso che le guerre sono inutili e fanno solo soffrire persone innocenti – come i figli di Laocoonte!

Volete vedere anche voi la statua? Andate ai Musei Vaticani!

Vero o falso? O non si sa?

1. A Elisabeth piace molto visitare i musei.
2. La statua di Laocoonte sta accanto a quella dello "spinario".
3. Lo spinario è una statua di bronzo.
4. La statua è stata fatta nel 5° secolo a. C.
5. Lo spinario cerca di togliersi qualcosa dal piede destro.
6. Tutte e due le statue rappresentano uomini in pericolo.
7. La statua di Laocoonte mostra uomini e animali.
8. Quando Elisabeth vede la statua di Laocoonte deve pensare alla guerra.
9. Quando vede la statua dello "spinario" Elisabetta si sente triste.
10. Di solito a Elisabeth viene voglia di parlare con le statue.

E8 *Il mio quadro preferito*

Hai anche tu una statua o un quadro che ti piace molto? Com'è? Che cosa si vede? Che cosa rappresenta? Scrivi un testo e presentalo poi ai compagni di classe.

E9 *Un lavoro ... ma fuori orario*

Paolo da un po' non è sempre presente a scuola come dovrebbe. Ascolta il dialogo tra lui e Maria per capire perché.

	vero	falso	non se ne parla
1. Paolo non va a scuola il mercoledì e il giovedì.			
2. Paolo lavora già da due mesi.			
3. Paolo dà i volantini ai turisti davanti al ristorante 'Da Meo Patacca' a Trastevere.			
4. Paolo lavora dalle 9 alle 14.			
5. Paolo ha bisogno di soldi per comprare un nuovo computer.			
6. Paolo guadagna 400 euro al mese.			
7. Paolo va al lavoro in bicicletta.			
8. A Paolo piace il lavoro anche perché può mangiare piatti tipici romani.			

Parte del menu del ristorante "Da Meo Patacca"

Preparare T2

Facevi uno sport?

A che ora andavi a letto di sera?

Dove andavate in vacanza?

Nonno, raccontami: com'era la tua vita da bambino?

Con chi giocavi?

Andavi all'asilo?

Credevi a Babbo Natale?

I tuoi genitori lavoravano tutti e due?

Quanti anni avevi quando ti sei innamorato la prima volta?

Avevi un telefonino?

E senza Internet, come facevi?

I tuoi amici dormivano qualche volta a casa tua?

Quando i tuoi genitori uscivano c'era la babysitter con te?

E1 *In queste domande si utilizza l'imperfetto. Che cosa esprime? Completa la tabella con i verbi all'imperfetto:* **G** → 8.3

essere: ero ▪▪ ▪▪ eravamo ▪▪ erano
avere: avevo ▪▪ ▪▪ avevamo ▪▪ ▪▪
giocare: giocavo ▪▪ giocava ▪▪ giocavate ▪▪
lavorare: ▪▪ ▪▪ lavorava ▪▪ ▪▪ ▪▪
fare: ▪▪ facevi ▪▪ ▪▪ ▪▪ ▪▪

andare: andavo ▪▪ ▪▪ andavamo ▪▪ ▪▪
credere: credevo ▪▪ ▪▪ ▪▪ credevate ▪▪
dormire: ▪▪ dormivi ▪▪ ▪▪ dormivate ▪▪
uscire: ▪▪ uscivi ▪▪ ▪▪ ▪▪ uscivano

E2 *Ecco le risposte del nonno. Mettete i verbi all'imperfetto.* **G** → 8.3

1. In estate ▪▪ (andare) a letto verso mezzanotte quando ▪▪ (fare) finalmente meno caldo.
2. No, non ▪▪ (fare) uno sport. Comunque mi ▪▪ (piacere) molto andare in bicicletta.
3. ▪▪ (avere) tanti compagni.
4. A quell'epoca non ▪▪ (farsi) delle vacanze. Noi ▪▪ (essere) piuttosto poveri.
5. Mia madre ▪▪ (occuparsi) della casa e della famiglia. ▪▪ (essere) sette figli. Mio padre ▪▪ (lavorare) nei campi.
6. No, io ▪▪ (stare) sempre con i miei fratelli. In più, non ▪▪ (esistere) un asilo nel mio paese.
7. ▪▪ (avere) 14 anni.
8. Certamente. Io ▪▪ (credere) a Babbo Natale come tutti gli altri bambini.

Continua le risposte del nonno. Che cosa risponde alle altre domande del nipotino?

2 *Un'infanzia a Roma*

allegato: canzone Venditti Giulio Cesare

Caro Simon,

come stai? Mi ero ammalata (solo un forte raffreddore, niente di grave), ma adesso sto molto meglio.

Se ricordo bene avevamo deciso di parlare di come passavamo il tempo libero da bambini.
Allora comincio io. Quando ero bambina dopo la scuola e dopo i compiti mia madre mi portava spesso a giocare a tennis. Mia sorella Giulia faceva spesso i compiti da un'amica. A lei non piaceva il tennis. La domenica normalmente andavamo a pranzo da mia nonna che cucinava sempre i miei piatti preferiti. Poi, quando avevo 11-12 anni i miei genitori la domenica pomeriggio hanno cominciato a portare me e mia sorella nei musei. Con loro abbiamo visto delle cose molto interessanti, ma a me non piaceva per niente stare chiusa per ore in un museo quando fuori c'era il sole e tutti andavano a giocare ai giardini! Una volta però ci hanno portato a Cinecittà. È stato così bello! Vedere dove registi importanti hanno fatto tanti film mi è piaciuto moltissimo! Se ti interessa puoi informarti in Internet. E da voi? C'è qualcosa così?
L'altra volta mi hai chiesto se mi piacciono cantanti romani. Certo! Uno molto famoso è Antonello Venditti. Pensa che lui frequentava il mio stesso liceo, il Giulio Cesare. Ha scritto anche una canzone su questa scuola. Una volta dopo tanti anni è tornato al Giulio Cesare proprio perché voleva scrivere questa canzone. Ti allego la canzone, vediamo se piace anche a te come piace a me!
Per oggi basta, devo ancora fare i compiti e poi mi incontro con un'amica.
A presto!

Cristina

E3 *L'infanzia di Cristina*
   Abbina.

1. Dopo i compiti	a. i suoi genitori la portavano spesso nei musei.
2. La domenica	b. avrebbe preferito giocare ai giardini.
3. Quando aveva 12 anni	c. ha visitato Cinecittà.
4. Invece di andare nei musei	d. era il Giulio Cesare.
5. Una volta	e. giocava a tennis.
6. Il suo liceo	f. la nonna le preparava i suoi piatti preferiti.

E4 Passato prossimo o imperfetto?

Rileggete T2 e compilate la tabella. Presentate la vostra soluzione con esempi del testo.

	Descrizioni, abitudini, spiegazioni, informazioni sul contesto (*Zustandsbeschreibungen; Gewohnheiten, Erklärungen, Hintergrundinformationen*) Risposta alla domanda: "Che cosa c'era (già)?" (*Antwort auf die Frage "Was war (schon)"?*)	Azione compiuta/sequenza di azioni (*abgeschlossene Handlung; Handlungskette*) Risposta alla domanda: "Che cosa è successo (dopo)?" (*Antwort auf die Frage "Was geschah (dann)?*)
il passato prossimo		esempi?
l'imperfetto	esempi?	

E5 Scarpe divine

Mettete i verbi seguenti al presente, al passato prossimo o all'imperfetto. **G** → 5.2/8.3

Ieri Cristina ▪▪ (incontrare) la sua amica Maria perché insieme ▪▪ (volere) andare a comprare le scarpe. Maria, infatti, ▪▪ (conoscere) un piccolo negozio a Trastevere dove di solito ▪▪ (comprare) a buon prezzo le sue. Prima ▪▪ (incontrarsi) in piazza, poi ▪▪ (andare) insieme alla fermata dell'autobus dove ▪▪ (aspettare) un po' prima di partire. L'autobus ▪▪ (essere) così pieno che non ▪▪ (riuscire) a trovare un posto. Dopo un po' le ragazze all'improvviso ▪▪ (vedere) che l'autobus non ▪▪ (fare) la solita strada. Allora un ragazzo vicino a loro gli ▪▪ (spiegare) che la strada normale non si ▪▪ (potere) fare a causa della visita del Papa a Santa Maria in Trastevere e che le vie per arrivarci ▪▪ (essere) chiuse al traffico. Un po' tristi, Cristina e Maria ▪▪ (scendere) vicino al Campidoglio ... e subito dopo Cristina ▪▪ (vedere) un negozio di scarpe. Incredibile! Ci ▪▪ (entrare), Cristina ▪▪ (vedere) un paio di stivali molto belli (purtroppo anche un po' cari) che ▪▪ (decidere) di comprare. E così ▪▪ (tornare) a casa tutte contente ... grazie a una visita del Papa a Trastevere.

E6 L'infanzia di Giulia

Com'era l'infanzia di Giulia, la sorella di Cristina, secondo voi?

E7 E la tua infanzia, com'era?

Racconta al tuo compagno di banco come ha fatto Cristina.

E8 Che cosa avevano fatto prima?

Ieri i turisti sono arrivati a Roma verso le 7 di sera. Che cosa avevano fatto prima? Completate con il trapassato prossimo. **G** → 8.4

1. Gina ▪▪ (prenotare) l'albergo.
2. Suo padre ▪▪ (comprare) un libro sulla città eterna.
3. Paolo che non ▪▪ (mai stare) a Roma ▪▪ (informarsi) in Internet.

4. La madre di Gina ▬▬ (chiamare) l'albergo per chiedere se c'è un parcheggio.

5. Gina ▬▬ (chiedere) alla sua amica se avrebbe dato da mangiare al gatto durante la sua assenza.

6. Paolo ▬▬ (incontrarsi) con un amico romano che gli ▬▬ (parlare) delle piazze dove s'incontrano i ragazzi.

7. Gina ▬▬ (sentire) l'ultimo concerto di Zucchero all'aperto.

8. I genitori di Gina e Paola ▬▬ (cominciare) a fare le valigie.

9. Il padre ▬▬ (comprarsi) un paio di occhiali da sole.

10. Gina ▬▬ (fare) una ricerca in Internet sui posti da visitare a Roma.

E9 *Che strana notte!*

Cristina ha dormito male l'altra notte. E perché? Leggi il suo racconto e completa con le forme del passato (passato prossimo, imperfetto, trapassato prossimo). **G** → 5.2/8.3/8.4

Cristina racconta a un'amica: Ascolta, Gina, mi ▬▬ (succedere) una cosa incredibile. Ieri notte, all'improvviso ▬▬ (svegliarsi). ▬▬ (essere) le tre. ▬▬ (alzarsi) e ▬▬ (andare) in cucina. ▬▬ (bere) qualcosa e ▬▬ (tornare) a letto. Poi, proprio quando ▬▬ (stare) per riaddormentarmi, ▬▬ (sentire) qualcosa. Forse qualcuno ▬▬ (entrare) in camera? ▬▬ (avere) tanta paura. Forse ▬▬ (dimenticare) di chiudere la porta? Forse ▬▬ (esserci) qualcuno? Forse ▬▬ (venire) per rubare qualcosa?

Alla fine ▬▬ (decidere) di andare a guardare perché non ▬▬ (riuscire) più ad addormentarmi. ▬▬ (aprire) la porta e ▬▬ (guardare) dappertutto. Non ▬▬ (esserci) nessuno. Tutte le cose ▬▬ (essere) al posto dove le ▬▬ (lasciare) la sera prima. Allora ▬▬ (aprire) la porta del bagno. «FFFFFF...!» ▬▬ (esserci) un gatto che forse ▬▬ (avere) più paura di me! Poi ▬▬ (capire) che cosa ▬▬ (succedere): ▬▬ (aprire) la finestra del bagno e così il gatto ▬▬ (entrare). Che paura! Allora ▬▬ (far uscire) il gatto, ▬▬ (tornare) a letto. ▬▬ (dormire) abbastanza bene per il resto della notte. Solo abbastanza bene, perché ▬▬ (dimenticare) di fare una cosa: ▬▬ (far uscire) il gatto, ma non ▬▬ (chiudere) la finestra del bagno ... E così il gatto ▬▬ (entrare) di nuovo e mi ▬▬ (svegliare) alle sei.

E10 *Ad ognuno piace un'altra cosa*

Metti il pronome tonico (me, te, lui/lei, noi/voi, loro) che conviene:

– Ascolta Paolo. Sai che mi piace tanto la musica di Jovanotti. Il 28 giugno fa un concerto all'aperto, ma purtroppo Luigi non può venire con ▬▬, perché deve lavorare. E andare senza di ▬▬ o da sola non ho voglia.

– Che peccato! Verrei volentieri con ▬▬, ma proprio il 28 vengono Gina e Marco a casa mia. Con ▬▬ devo preparare il programma dello scambio con Monaco.

– Ah, è vero, proprio ieri ho parlato con Gina al telefono e mi ha detto che dovevi incontrarti con ▬▬ e Marco a casa tua. Ma dimmi, che pensate di fare con i ragazzi tedeschi? Che cosa gli piace fare?

– Non è sempre facile trovare la cosa giusta per ▬▬. Soprattutto non vorrebbero camminare troppo e non vorrebbero visitare troppi musei ...

– Allora ho proprio la cosa giusta per ▬▬: vai con ▬▬ al "Parco della Musica", cioè all'Auditorium. Lì avete delle mostre, dei concerti, dei negozi e un bel parco ...

– Sì, grazie a ▬▬ ho trovato proprio la cosa giusta. Perché non vieni anche tu con ▬▬?

E11 *Le nozze d'argento*

Federica e Massimo si sono sposati 25 anni fa. Oggi è il giorno delle loro "nozze d'argento" e hanno deciso di tornare a Roma dove sono stati in viaggio di nozze 25 anni fa …
Ascoltate il dialogo e rispondete alle domande:

1. Quali negozi c'erano in questa piazza?
2. Quanto costava un caffé al bar?
3. Federica ha comprato qualcosa qui 25 anni fa. Cosa?

4. Perché Federica va in un bar e tabacchi?
5. Perché Massimo non vuole fare una passeggiata romantica?
6. Dove vanno alla fine e perché?

 E12 *Presentare una canzone*

A Cristina piace molto la canzone "Giulio Cesare" di Antonello Venditi? Perché? Di che cosa si parla? (→ Strategie 3.6, pag. 284 + 3.7, pag. 285)

Preparare T3

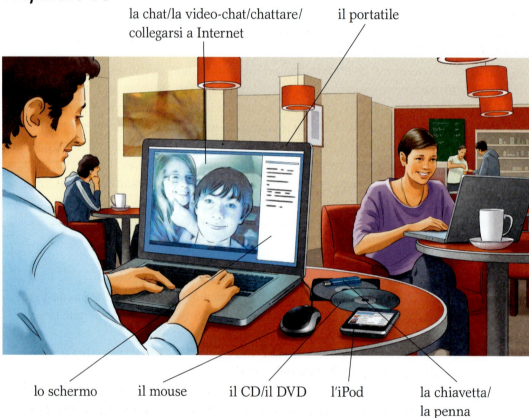

la chat/la video-chat/chattare/ collegarsi a Internet — il portatile

lo schermo — il mouse — il CD/il DVD — l'iPod — la chiavetta/ la penna

3 Qual è la piazza più bella?

Molly:	ciao! ki c'è in rete?
Pauli:	ci sono io! il grande Pauli! ;-)
MarinaMarco:	ehi! ci siamo anke noi!
Franzi&Verena:	e pure noiiiiiiii!!!!!!! :-)) siete tutti italiani? noi siamo tedeske e ci serve 1
5	aiuto.
Molly:	io sono inglese
Pauli:	Anke io sono tedesco!
MarinaMarco:	noi siamo italiani.
Franzi&Verena:	siamo a Roma in gita skolastica, dobbiamo vedere più piazze possibili e
10	conoscerne le storie più strane.
MarinaMarco:	e xké?
Pauli:	Nessun problema: io già ho visto tante piazze a Roma!
Franzi&Verena:	xké abbiamo deciso di fare una gara. ki trova la piazza + bella e ne co-
	nosce la storia + interessante vince un premio.
15 Molly:	xò! divertente da voi a scuola!
Pauli:	eh eh ... io il premio lo avrei già vinto ;-)
Franzi&Verena:	che ci consigliate?
MarinaMarco:	Aspetta un momento ...
Franzi&Verena:	piazza del Pantheon ke poi si kiama piazza della Rotonda, piazza Na-
20	vona, piazza S Pietro, la piazza dei cattolici, circondata da molte colonne,
	piazza Venezia con la "makkina da scrivere", piazza di Spagna con la
	bella scalinata ... le conoscono tutti!
MarinaMarco:	Eh sì ... kiaro! Dunque ... vicino a Largo Argentina, ke è anche una
	piazza molto grande, c'è piazza Mattei con la bellissima fontana delle
25	Tartarughe. Se non sbaglio ci hanno girato anche un film!
Pauli:	oh ... questa non la conosco ... ☹ È forse vicino al fiume?
Molly:	No, lascia stare!
Pauli:	☹
Franzi&Verena:	Ehi! Sembra proprio quello che cerkiamo! Poi? Altre idee?
30 MarinaMarco:	Vicino al Pantheon c'è piazza della Minerva. Al centro c'è un obelisco
	egiziano con un elefante. Dei nostri amici erano saliti una volta
	sull'elefante quando è arrivata la polizia!
Molly:	A me era piaciuta molto piazza del Quirinale! Ho visto anke il presi-
	dente della Repubblica una volta!
35 Pauli:	A me piace tanto la piazza della Bocca della Verità che si chiama così
	per la famosa bocca di marmo ... se ci mettete la mano dentro e avete
	detto delle bugie la bocca la mangia ...
Franzi&Verena:	wow! Bellissima!!!
Molly:	Con tutte le bugie ke dici, Pauli è meglio ke non ci metti dentro la mano
40	... hihihi
MarinaMarco:	Roma è piena di piazze! Chattiamo fino a domani se continuiamo così!
	Adesso salutiamoci! Ciaooo!!!!

Franzi&Verena: Grazie per le idee! Ciao!
Molly: bye bye!
45 Pauli: cc a tt!

E1 *Di quale piazza si parla?*

1. È una delle più belle piazze romane.
Passeggiare per questa piazza è uno
spettacolo non solo per le meravigliose fontane (per esempio la fontana dei quattro fiumi del Bernini),
ma anche per la gente che va in
questa piazza, per vendere e per fare
i ritratti. È la piazza degli artisti.

Piazza San Pietro

2. È Federico Fellini, un famoso regista a fare conoscere questa fontana in tutto il mondo con il suo
film "La dolce vita". Roma ti piace e
vuoi ritornare in questa città? Nessun problema! Chi lancia una moneta in questa fontana torna un'altra
volta nella "città eterna". Infatti,
ogni anno i turisti ci lanciano circa
500.000 € in monetine.

Piazza di Spagna

3. Questa piazza è del Bernini. Ci sono
i cattolici di tutto il mondo quando
il papa dà la benedizione *urbi et orbi*
a Natale e a Pasqua. I turisti ci vengono anche per ammirare le 287
colonne.

Piazza Navona

4. Anche in questa piazza c'è una fontana, che si chiama "la Barcaccia"
perché ha la forma di una barca.
Ma la piazza è famosa soprattutto
per la sua scalinata che porta alla
chiesa di Trinità dei Monti.

Piazza Minerva

Fontana di Trevi

5. In queste due piazze ci sono degli
animali: uno sulla fontana e un altro con un obelisco.

Fontana delle Tartarughe

E2 *Franzi e Verena in un'altra chat-room ... ma con qualche problema!*

Vero o falso?

1. Quando Franzi e Verena arrivano all'Internet Point trovano subito due computer liberi.
2. Il computer non si accende.
3. Allora le due ragazze devono cambiare computer.
4. Poi però devono aspettare tanto tempo prima di trovarne un altro libero.

5. C'è un ragazzo che sta chattando con la sua ragazza. Sembra molto innamorato perché la chiama sempre "amore".
6. Franzi e Verena finalmente possono collegarsi in Internet.
7. Alla fine Franzi decide di andare via perchè il sistema è andato in tilt.
8. Verena invece vuole restare per poter scrivere ai suoi amici.

E3 *Ripasso: Una serata al teatro "Sistina"*

In un' e-mail ai suoi genitori, Carla racconta quello che ha fatto la sera prima. Mettete i verbi al passato (passato prossimo, imperfetto, trapassato prossimo). **G** → 5.2/8.3/8.4

Cara mamma, caro papà,

non avete idea di quello che ▪▪ (succedere) ieri sera al nostro ultimo giorno qui a Roma. Siccome il giorno prima ▪▪ (vedere) tante chiese e tanti musei ▪▪ (volere) riposarci un po'. Per questo ▪▪ (decidere) di andare prima a piazza di Spagna e poi a vedere le belle vetrine di via Condotti. Ma ▪▪ (uscire) appena dall'albergo che ▪▪ (io) non ▪▪ (vedere) più gli altri. Loro non ▪▪ (notare) che io ▪▪ (entrare) in una tabaccheria per comprare dei francobolli e ▪▪ (loro; continuare). Con quel traffico non ▪▪ (vederli) da nessuna parte. Allora ▪▪ (io, prendere) l'autobus e ▪▪ (andare) da sola a piazza di Spagna. Quando ci ▪▪ (arrivare), ▪▪ (mettersi) a leggere il giornale che ▪▪ (comprare) prima. Forse 10 minuti dopo ▪▪ (sedersi) un ragazzo accanto a me e ▪▪ (noi, fare quattro chiacchiere). A un certo punto mi ▪▪ (chiedere) se ▪▪ (io, volere) accompagnarlo al teatro la sera, al Sistina. Sapete quanto mi piace il teatro. Mi ▪▪ (raccontare) che ▪▪ (avere) due biglietti per uno spettacolo e che la sua ragazza non ▪▪ (potere) venire perché ▪▪ (essersi) ammalata. Prima ▪▪ (io, sapere) cosa pensare. Ma siccome il ragazzo ▪▪ (essere) molto simpatico ▪▪ (accettare) e ▪▪ (prendere) appuntamento per le 8 davanti al teatro. E la sera, quando io ▪▪ (arrivare) lui già mi ▪▪ (aspettare). Davvero! ▪▪ (venire) un po' prima di me.

Lo spettacolo mi ▪▪ (piacere) moltissimo. Alla fine ▪▪ (noi, salutarsi) e io gli ▪▪ (dare) il mio indirizzo, così forse viene a trovarmi. Che ne pensate? Sono stata fortunata?

Vi abbraccio tutti

Carla

E4 *Progetto: ... e la vostra gita di classe?*

Immaginate una gita di una settimana a Roma con la vostra classe: fate il programma della settimana e presentatelo ai compagni (i posti che vorreste vedere, il periodo migliore per fare la gita ...) Con una votazione scegliete poi il programma più interessante.

✛ E5 *Lucio Dalla, Piazza Grande*

1. *Che vita fa il protagonista della canzone: quali sono per lui i vantaggi e gli svantaggi?*
2. *Ti sembra piuttosto contento o triste?*

Santi che pagano il mio pranzo non ce n'è
sulle panchine in Piazza Grande,
ma quando ho fame di mercanti come me qui non ce n'è.

Dormo sull'erba e ho molti amici intorno a me,
5 gli innamorati in Piazza Grande,
dei loro guai dei loro amori tutto so, sbagliati e no.

A modo mio avrei bisogno di carezze anch'io.
A modo mio avrei bisogno di sognare anch'io.

Una famiglia vera e propria non ce l'ho
10 e la mia casa è Piazza Grande,
a chi mi crede prendo amore e amore do, quanto ne ho.

Con me di donne generose non ce n'è,
rubo l'amore in Piazza Grande,
e meno male che briganti come me qui non ce n'è.

15 A modo mio avrei bisogno di carezze anch'io.
Avrei bisogno di pregare Dio.
Ma la mia vita non la cambierò mai mai,
a modo mio quel che sono l'ho voluto io.

Lenzuola bianche per coprirci non ne ho
20 sotto le stelle in Piazza Grande,
e se la vita non ha sogni io li ho e te li do.

E se non ci sarà più gente come me
voglio morire in Piazza Grande,
tra i gatti che non han padrone come me attorno a me.

Lucio Dalla

2 la panchina: *Sitzbank*

3 il mercante: *Händler*

4 l'erba: *Gras*

6 il guaio: *Unglück, Missgeschick*

7 le carezze: *Zärtlichkeiten*

9 vero e proprio: *wie es sein muss*

12 generoso, -a: *großzügig*

14 meno male: *zum Glück;* il brigante: *Räuber*

16 pregare Dio: *zu Gott beten*

17 cambierò: *werde ich nicht ändern*

19 le lenzuola bianche: *weiße Bettlaken;* coprire: *zudecken*

🇮🇹 **Fare bella figura: chi sono i cantanti italiani famosi?**

Zucchero

Jovanotti

Il duo "Zero Assoluto" con Nelly Furtado e il presentatore Pippo Baudo

Elisa

Gianna Nannini

Eros Ramazzotti

Giorgia

Luciano Ligabue

Max Pezzali

Laura Pausini

Tiziano Ferro

Vasco Rossi

Luca Carboni

Nek

1. *Quale cantante conoscete già? Sapete dire il titolo di una sua canzone?*
2. *Scegliete un cantante, fate una ricerca in Internet e presentatelo agli altri.*
   Potete anche far ascoltare una sua canzone!

E6 *Che musica (tedesca) ti piace?*

Il tuo compagno italiano ti chiede quale musica/quale cantante ti piace.
Scrivigli/scrivile una risposta. (→ Strategia 3.6, pag. 284)

Sport e turismo

Ingresso

Am Ende der Lektion kannst du
· über Aktivitäten sprechen, die in der Zukunft liegen.
· über Ferienpläne diskutieren.
· über das Wetter sprechen.
· dich mit anderen über Vor- und Nachteile verschiedener Sportarten austauschen (fakultativ).

E1 *Guardate queste foto: che cosa vi piacerebbe fare durante le vacanze. E perché?*
Potete utilizzare queste parole:
fare surf – andare in bici – emozionante – riposante – istruttivo – riposarsi – andare in spiaggia – fare delle camminate – faticoso

Preparare T1

- Cosa farai in estate?
- Andrò per tre settimane in Inghilterra, per fare un corso d'inglese.
- Che bello! E dove abiterai?
- Starò in famiglia. E tu?
- Io e i miei andremo a Laigueglia, in Liguria. Un posto bellissimo. Verranno anche le mie cugine. Ci divertiremo sicuramente molto.
- Che cosa farete?
- Andremo soprattutto in spiaggia. E la sera ci sarà tanto da fare ...
- Povera me. Preferirei venire con voi ...
- Ma no ...

E1 *Il tempo del futuro: ecco le forme*

1. Mettetele in ordine. **G** → 9.1

abiteremo – abiterà – abiteranno – abiterò – abiterai – abiterete – prenderanno – prenderai – prenderà – prenderete – prenderò – prenderemo – finirai – finirete – finirà – finiremo – finirò – finiranno – sarò – saranno – saremo – sarà – sarai – sarete

2. Confrontate la formazione del futuro con la formazione del condizionale (Lezione 7). Che cosa notate?

3. E tu, che cosa farai nelle vacanze?

1 *L'Italia – una vacanza per tutti i gusti*

SCI E SNOWBOARD PER TUTTO L'INVERNO

Non ti annoiare a casa. A soli 90 minuti da Roma ti aspettano le più belle piste dell'Abruzzo. Ottimi impianti a Roccaraso e a Monte Pratello. Avrai a disposizione i migliori istruttori. Informati, se ci sarà la neve.

Attraversare la Sardegna con la bicicletta in primavera e in autunno!

Cosa c'è di meglio della mountain bike per visitare la Sardegna? Una guida vi accompagnerà in gruppi di quattro o cinque persone nei posti più belli dell'isola. Non abbiamo paura né del sole, né della pioggia, né del freddo o del caldo: siamo sempre pronti a partire. Dillo pure ai tuoi amici sportivi! Ti daremo la bici e anche il casco. Chiamaci e ti manderemo il programma.

RIPOSO SPIRITUALE IN CONVENTO?

Le vacanze tradizionali una fonte di stress? Purtroppo è spesso così! Per riposarsi davvero e per ritrovare i ritmi di vita lenti, perché quest'anno non scegliete un convento? Troverete corsi per il corpo e per l'anima, un cibo sano e genuino, e il tutto, in un paesaggio splendido.

Una vacanza salutare in Emilia Romagna

Perché non andare a Salsomaggiore quest'anno? La città offre tutto per la salute e il benessere: piscine calde di acqua termale, idromassaggi agli oli essenziali esotici! Si informi sui pacchetti che offriamo.

Città d'arte e slow-food

Volete combinare una vacanza culturale con una vacanza di riposo? Siamo il posto ideale. Situati in una posizione splendida vicino a Trapani, potrete visitare tutta la Sicilia occidentale (Marsala, Trapani, Palermo, Segesta, le isole e tanti altri posti). Per il riposo troverete un ambiente incantevole, una piscina e un piccolo parco. Godrete di tutti i vantaggi della cucina slow-food.

Il dolce far-niente

Spiaggia, sole e … divertimento. Non andate in altri posti, venite direttamente a Rimini. Qui il giorno dura 24 ore …

E2 *Chi sceglierà quale posto?*

1. Ad Antonio e Piero, che vivono a Roma, piace molto sciare.
2. Marta e le sue amiche abitano in campagna, a loro piace molto ballare; purtroppo c'è poca offerta.
3. Enrico, Alfonso e Beatrice sono molto sportivi, hanno già attraversato l'isola d'Elba in bicicletta, e quest'anno vogliono scoprire un'isola più grande.
4. Ogni giorno quattro ore in macchina per andare al lavoro e tornarne; in banca otto ore davanti al computer: il signor Panducci è proprio stanchissimo.
5. Chiara e Gennaro hanno già visitato la Sicilia occidentale, e questa parte dell'isola, a loro, è piaciuta molto. In autunno vorrebbero vedere il capoluogo siciliano e soprattutto Erice.
6. Dopo l'incidente dell'anno scorso a Maria, quando cammina, fa male il piede. Il medico non può più aiutarla.

E3 *Quest'anno partirete in due in vacanza. Mettetevi d'accordo sui posti di cui parla T1. Dovete trovare un compromesso.*

Occhio! **l'imperativo:**	**dare del tu**	**dare del Lei**
verbi in -are:	guarda!	guardi!
verbi in -ere:	prendi!	prenda!
verbi in -ire:	senti!	senta!
	finisci!	finisca!

E4 *Ripasso: Dal tu al Lei ... al voi*

Trascrivi gli annunci cambiando persona! Dal tu al Lei, dal Lei al tu.

E5 *Con la mountain bike in Sardegna*

Ecco alcune proposte di una guida turistica per chi decide di fare mountain biking in Sardegna. Metti l'imperativo della forma di cortesia e anche il pronome dove serve.

Andare in bicicletta in Sardegna non è facile. E non è così romantico come può sembrare in un primo momento, perché le strade facili per le biciclette sono poche. Per questo, ▬▬ (prepararsi) bene prima di cominciare. Le strade sono molto strette: ▬▬ (fare) sempre attenzione al traffico, ▬▬ (seguire) la via del mare e non quella che va al centro dell'isola perché lì ci sono troppe montagne. ▬▬ (mettersi) il casco che Le serve non solo se cade, ma La protegge anche dal sole. Se va in estate non ▬▬ (dimenticare) di usare la crema solare, se invece parte in primavera o autunno ▬▬ (portare) con sé in valigia anche qualcosa contro la pioggia. ▬▬ (vestirsi) sempre in modo adatto a tutte le temperature. ▬▬ (rispettare) la natura, ▬▬ (salutare) sempre le persone che incontra. ▬▬ (stare) tranquillo però che non incontrerà molte altre persone in bicicletta come Lei e non ▬▬ (avere) paura se si sente un po' solo: nessun sardo penserebbe mai di attraversare la sua isola in bicicletta.

E6 *Che cosa faranno in estate?*

Metti i seguenti verbi al futuro!

G → 9.1

Giorgio quest'anno non ▬▬
(rimanere) a casa. ▬▬ (andare)
all'isola d'Elba, dove ▬▬ (fare)
un corso di vela. Lì ▬▬ (incontrare) suo cugino Giovanni.
Insieme ▬▬ (visitare) l'isola in
mountain bike. La sera ▬▬
(fermarsi) in un campeggio
dove ▬▬ (passare) la notte. I
loro genitori ▬▬ (incontrarsi)

in montagna in Abruzzo per fuggire un po' dal caldo. ▬▬ (passare) una settimana in
un albergo al lago di Bomba, dove ▬▬ (fare) delle passeggiate e, di sera, ▬▬ (mangiare)
nei ristoranti e nelle trattorie tipiche del posto.

E7 *Che tempo fa?*

Abbina.

piove – c'è il sole – fa caldo – c'è vento – ci sono tante nuvole – fa freddo –
c'è la nebbia – nevica – le temperature sono in aumento

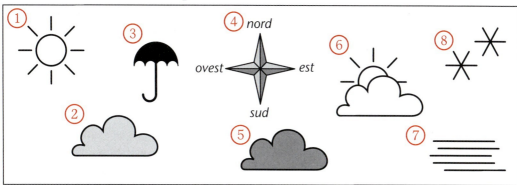

E8 *Il tempo di domani*

1. Che tempo farà domani in Italia?
2. Dove pioverà? Dove farà bel tempo?
3. Quali saranno le temperature a Milano, a Bologna, a Firenze, a Roma,
   a Napoli, a Bari, a Messina, a Palermo e a Cagliari?
4. E il mare come sarà?

E9 *Il turismo ci dà lavoro – un albergo a gestione familiare*

Primo ascolto:

1. Tutta la famiglia collabora in questo albergo: chi fa che cosa?

Secondo ascolto:

2. Metti insieme tutte le informazioni che riguardano Donatella. Che cosa pensi
   della sua situazione?
3. Quali sono i lati positivi e negativi di una pensione a gestione familiare?

E10 *Arte e storia*

Eltern und Freunden, die kein Italienisch verstehen, berichtest du nach der Lektüre des folgenden Artikels, weshalb Italien mit Blick auf die Kunstgeschichte „einmalig" ist.

Pisa: Piazza dei Miracoli

L'Italia, il paese dell'arte e della storia

L'Italia è sinonimo di arte e di storia. Le bellezze artistiche sono ovunque e ogni angolo del Paese riserva infinite e meravigliose sorprese. Il nostro è uno dei maggiori patrimoni artistico-culturali del mondo. L'Italia ha il maggior numero di beni artistici e documentali dichiarati Patrimonio dell'Umanità dall'UNESCO. Roma, Firenze, Assisi, Venezia, Siena, Pisa
5 o Napoli, sono solo le più note città d'arte del Paese, ma il territorio è disseminato di centri storici di incomparabile bellezza. I numeri lo confermano: 95.000 chiese monumentali, 40.000 fra rocche e castelli, 30.000 dimore storiche con 4.000 giardini, 36.000 fra archivi e biblioteche, 20.000 centri storici, 5.600 musei ed aree archeologiche, 1.500 conventi.
Si possono effettuare viaggi alla scoperta di residenze private di antiche e nobili famiglie,
10 visitare musei conosciuti a livello mondiale, come la Galleria degli Uffizi a Firenze, i Musei Capitolini a Roma, la Pinacoteca di Brera a Milano, scoprire eccezionali siti archeologici, come Pompei ed Ercolano, dove si può respirare la storia di un passato emozionante e grandioso. E non solo: numerose sono le manifestazioni culturali, artistiche, musicali che animano la vita italiana. L'Italia è un intreccio fittissimo di opere che vivono in una naturale
15 comunione tra paesaggio e cultura, storia e arte, architettura e urbanistica: un emozionante viaggio dai tempi degli antichi romani e greci fino ad arrivare ai giorni nostri, altrettanto ricchi di suggestioni artistiche e culturali.

(Ministero del turismo)

E11 *Progetto: Andare in Italia*

*Il sito ufficiale del Ministero del turismo offre 11 idee di viaggio in Italia.
Lavorate su queste idee e presentatele in classe.*

E12 *Progetto: La cucina slow food*

Fate una ricerca su questo tipo di cucina. Quali sono gli aspetti caratteristici? Presentate i risultati in classe.

Preparare T2

E1 *Descrivete le persone nel disegno. Di che cosa parlano, secondo voi?*
Come si sentono?

2 *Andare in vacanza: ma con chi?*

Padre: Non vedo l'ora di andare a Cavalese, anche quest'anno. Un posto ricco di tradizioni, il cui fascino mi colpisce sempre, e dove uno si può anche riposare.

Figlia: Un posto noioso vuoi dire ...

Madre: Come noioso? C'è sempre tanto da fare ... Le camminate in montagna, le gite
5   in bicicletta ... Ci siamo sempre divertiti. Anche tu!

Figlia: È vero! Ma da piccola era diverso. Quest'anno non ci vengo.

Padre: Non ci vieni? E che cosa vuoi fare? Vuoi stare qui in città ad agosto, un mese in cui non tira neanche vento? Ma fammi il piacere ...!

Figlia: Patrizia, Angela ed io abbiamo già deciso di partire in vacanza insieme ...
10 *Padre*: Roba da matti! Tre ragazze che vorrebbero partire in vacanza da sole!

Figlia: Sì, esatto! Patrizia e Angela, le conoscete bene, sono le amiche con cui esco tutti giorni.

Madre: Siete delle brave ragazze, le cui qualità sono indiscutibili. Ma dove volete andare?

15 *Figlia*: Ancora non lo sappiamo. A Rimini forse, o in Toscana al parco dell'Uccellina, o forse anche all'isola del Giglio.

Padre: È incredibile! Sono posti talmente diversi. Non sapete cosa volete.

Figlia: Di sicuro non andremo in montagna, ma al mare.

Padre: Che noia! Starete in spiaggia, sotto l'ombrellone, a sudare e a bruciarvi la
20   pelle mentre la sabbia va dappertutto ... Io non lo farei mai. Di sicuro non pagherò niente ...

Figlia: Non ti preoccupare. Certo che abbiamo pochi soldi. Ecco il motivo per cui andremo in campeggio. Il fratello di Patrizia ha una tenda in cui possiamo stare tutte.

25 *Madre*: Ma … non so! Chiamerò i genitori delle tue amiche perché ho i miei dubbi sulla vostra scelta.

Figlia: Come vuoi. Ma loro sono d'accordo. Dobbiamo solo decidere il posto dove andare …

E2 *Perché non vanno d'accordo?*

La figlia e i genitori non hanno le stesse idee su dove e con chi passare le vacanze. Fate una lista dei punti che lo dimostrano.

E3 *Tante idee per le vacanze*

Intervistate il vostro compagno di banco per sapere che tipo di vacanza gli/le piacerebbe fare e con chi ci vorrebbe andare.

E4 *Ripasso: Andare a Stromboli*

Mettete i verbi all'imperativo.

Sofia: Guarda, Lucia, ecco il sito Internet del "Villaggio Stromboli".

Lucia: L'hai trovato? ▪▪ (fare, mi) vedere!

5 *Sofia*: Eccolo. Ma hai già parlato con gli altri? ▪▪ (telefonare, gli), così possiamo organizzare tutto.

Lucia: ▪▪ (dare, mi) la mia borsa, per favore. Non mi ricordo il numero.

10 *Lucia telefona a Marco.*

Lucia: Pronto, Marco! ▪▪ (ascoltare, me), per Stromboli …

Marco: Ah, bene, senti, Nico e Paolo sono a casa mia. Allora, ▪▪ (dire, ci) tutto!

Lucia: Abbiamo trovato il sito Internet del "Villaggio Stromboli". ▪▪ (lasciare, ci) guardare un momento.

15 *Marco*: ▪▪ (dire, ci) quanto si paga a notte. ▪▪ (dire, mi), Lucia, ci sei ancora?

Lucia: Sì, Marco, non trovo i prezzi. Aspetta!

Marco: Ho un'idea migliore. Veniamo a casa tua e parliamo di tutto, va bene? ▪▪ (aspettare, ci).

Lucia: Va bene, ci vediamo. A presto!

E5 *Il pronome relativo "cui"*

Rileggete T2: quando e come si utilizza il pronome relativo "cui" invece del pronome relativo "che"? **G** → 9.3

E6 *Spiega in italiano:* (→ *Strategia 3.9, pag. 286*)

1. Löffel; 2. Schlüssel; 3. Bahnsteig; 4. Schuhgeschäft; 5. freundlich; 6. Wörter-buch; 7. köstlich; 8. Gewürze; 9. berühmt; 10. Fischer; 11. Briefmarke; 12. Zelt

E7 *Passare le vacanze in un convento?*

Mettete il pronome relativo corretto: **che** *o (di, a, con, in …)* **cui**. **G** → 9.3

Sabina: Ciao, Silvia, conosci Gino? Sai, il ragazzo ▬▬ ha parlato Simona cinque minuti fa!

Silvia: Stai parlando del ragazzo ▬▬ frequenta l'Istituto Amoretti d'Imperia?

Sabina: Sì, proprio lui. Suo fratello, ▬▬ si chiama Mario, andrà in un convento quest'estate per riposarsi, ha detto.

5 *Silvia*: Davvero? Anche il mio amico Davide, ▬▬ ti ho parlato spesso, l'ha gia fatto. A lui è piaciuto molto fare quest'esperienza. Ma perché me lo dici?

Sabina: Piacerebbe quasi anche a me, ma non ne sono sicura …

Silvia: Senti, la vacanza in un convento, è una vacanza ▬▬ non fa per me. Ma perché non chiedi a Davide?

10 *Sabina*: Ma non lo conosco!

Silvia: Telefonagli e digli che sei una ragazza ▬▬ conosce suo fratello. Dai, coraggio!

Occhio! I tempi del passato

azioni nel passato:	Che cosa è successo? E poi?	passato prossimo
situazioni nel passato:	Che cosa c'era (già)? Perché?	imperfetto
azioni successe prima:	Che cosa aveva fatto/era successo prima?	trapassato prossimo

Esempio: Siccome faceva bel tempo ho deciso di trascorrere il giorno al mare. Pietro però non è venuto con me perché aveva altre cose da fare. Il giorno prima era venuta sua cugina, e allora è uscito con lei.

E8 *Ripasso: Ma che serata!*

Carla sta passando una settimana di vacanza a Roma. In un'e-mail a casa sua scrive quello che le è successo la sera prima. Mettete i verbi al passato (passato prossimo, imperfetto, trapassato prossimo).

Cara mamma, caro papà,

non avete idea di quello che mi ▬▬ (succedere) ieri sera. Siccome il giorno prima ▬▬ (ve-dere, noi) tante chiese e tanti musei ▬▬ (volere) riposarci un po'. Per questo ▬▬ (decidere, noi) di andare prima in piazza di Spagna e poi di vedere i bei negozi in via Condotti. Ma appena ▬▬ (uscire, noi) dall'albergo, non ▬▬ (vedere, io) più gli altri. Loro non ▬▬ (no-tare) che io ▬▬ (entrare) da un tabaccaio per comprare dei francobolli e ▬▬ (continuare, loro). Con tutto quel traffico ▬▬ (essere) impossibile ritrovarli. Allora ▬▬ (prendere, io) l'autobus e ▬▬ (andare) da sola in piazza di Spagna. Quando ci ▬▬ (arrivare), ▬▬ (met-tersi) a leggere il giornale che ▬▬ (comprare, io) prima. Circa dieci minuti dopo un ragazzo ▪▪ (sedersi) accanto a me e ▪▪ (chiacchierare, noi) un po'. A un certo punto mi ▪▪ (chiedere, lui) se io ▪▪ (volere) accompagnarlo a teatro la sera, cioè al Sistina. Sapete quanto mi piace il teatro. Mi ▪▪ (raccontare, lui) che ▪▪ (avere) due biglietti per uno spettacolo e che la sua ragazza non ▪▪ (potere) venire perché ▪▪ (essersi) ammalata. All'inizio non ▪▪ (sapere, io) cosa pensare. Ma siccome il ragazzo ▪▪ (essere) molto simpatico ▪▪ (accettare, io) l'invito. E la sera, davvero, quando ▪▪ (arrivare, io) a teatro lui mi ▪▪ (aspettare) già. ▪▪ (arrivare, lui) un po' prima di me. Lo spettacolo mi ▪▪ (piacere) moltissimo. Alla fine ▪▪ (salutarsi, noi) e gli ▪▪ (dare, io) il mio indirizzo, così forse verrà a trovarmi. Che cosa ne pensate?

Vi abbraccio tutti

Carla

E9 *Lunapop, 50 special*

    1. Una pubblicità della Vespa: che cosa esprime questo poster?

Vespe truccate, anni '60, girano in centro sfiorando i 90,
rosse di fuoco, comincia la danza di frecce
con dietro attaccata una targa.
Dammi una Special, l'estate che avanza,
5 Dammi una Vespa e ti porto in vacanza!

Ma quanto è bello andare in giro con le ali sotto ai piedi
se hai una Vespa Special che ti toglie i problemi
Ma quanto è bello andare in giro per i colli bolognesi
se hai una Vespa Special che ti toglie i problemi ...

10 La scuola non va ... ma ho una Vespa
una donna non ho ... ma ho una Vespa
domenica è già ... e una Vespa mi porterà ...
fuori città! ... fuori città!

Esco di fretta, dalla mia stanza, a marce ingranate
15 dalla prima alla quarta,
devo fare in fretta, devo andare a una festa,
fammi fare un giro prima sulla mia Vespa
dammi una Special, l'estate che avanza,
dammi una Vespa e ti porto in vacanza!

20 Ma quanto è bello andare in giro con le ali sotto ai piedi
se hai una Vespa Special che ti toglie i problemi ...
Ma quanto è bello andare in giro per i colli bolognesi
se hai una Vespa Special che ti toglie i problemi ...

La scuola non va ... ma ho una Vespa
25 Una donna non ho ... ma ho una Vespa
Domenica è già ... e una Vespa mi porterà ...
fuori città! ... fuori città!

1 truccato, -a: *hier: frisiert*; sfiorare: *streifen*; 2 la freccia: *Blinker*; 3 attaccato, -a: *befestigt*; la targa: *Nummernschild*; 4 avanzare: *vorrücken, vorankommen*; 6 le ali: *Flügel*; 8 i colli: *Hügel*; 14 ingranare le marce: *den Gang/die Gänge einlegen*

2. Vero o falso?

1. Il ragazzo abita in città.
2. Incontrare i suoi amici è il suo passatempo preferito.
3. Il ragazzo è bravo a scuola.
4. Il ragazzo gira insieme alla sua ragazza.
5. Il ragazzo preferisce fare un giro per i colli invece di girare in centro.
6. Quando il ragazzo va in Vespa dimentica i suoi problemi.

3. Discussione:

1. Che cosa hanno in comune la pubblicità della Vespa e il contenuto di questa canzone?
2. Com'è la musica? *(→ Strategia 3.6, pag. 284)*
3. Sottolinea il messaggio della canzone? Perché sì? – Perché no?

Fare bella figura

Avere un motorino o uno scooter per molti ragazzi italiani è normale come avere il letto o il telefonino. Ma anche gli adulti usano volentieri una "due ruote" per potersi muovere meglio nel traffico caotico delle città italiane. La Vespa viene prodotta dal 1946. Ci sono più di 100 modelli e fino ad ora si contano circa 16 milioni di Vespe. Perché non vi fate "pungere" anche voi?

E10 *Andare in Italia. Ma dove?*

Tu e il tuo amico/e la tua amica avete deciso di passare due settimane di vacanze in Italia.
Tu vorresti andare a Rimini, il tuo amico/la tua amica preferisce andare in un posto tranquillo in Sardegna.
Prima fase: ognuno prepara una lista di motivi.
Seconda fase: discutete e trovate un compromesso.

Preparare T3

◯◯ **E1** *Lo sport*

1. Quali sono gli sport che conoscete? Fate una lista e confrontatela con il partner.
2. Quale sport vi interessa particolarmente?

T3 Gli italiani – un popolo di sportivi?

L'Italia è generalmente vista come un paese molto sportivo i cui eroi hanno grandi successi a livello internazionale. Come tutti sanno, gli italiani adorano il
5 calcio e l'intera nazione è orgogliosa della "squadra azzurra" che ha vinto il Campionato mondiale di calcio ben quattro volte (e naturalmente i tifosi sognano di vedere presto l'Italia vincere il
10 quinto titolo). Ma anche in altri sport piovono spesso medaglie per gli atleti italiani: l'Italia del nuoto, per esempio, ha vinto in totale 17 medaglie ai Campionati europei del 2010 a Budapest, il che
15 significa la quinta posizione nella classifica per nazioni. E ai Campionati europei di scherma dello stesso anno che si sono tenuti a Lipsia, l'Italia è perfino stata la prima del medagliere. Da non dimenticare Francesca Schiavone il cui trionfo al torneo di tennis Roland Garros a Parigi nel 2010 è stato la prima vittoria di una tennista italiana in una prova del Grande Slam.

20 L'immagine dell'Italia sportiva cambia però se si guardano i dati dell'indagine 'Sport' di Eurobarometro. Per saperne di più sul ruolo dello sport all'interno degli Stati membri dell'Unione europea, verso la fine del 2009 sono stati intervistati oltre 26 mila europei nei 27 paesi membri. I risultati sono molto interessanti, anche se piuttosto pessimistici per l'Italia. In sette stati dell'Ue la maggioranza dei cittadini pratica regolarmente uno sport, ma negli
25 altri 20 sono di più quelli che non fanno attività fisica o praticano un qualsiasi sport molto raramente. Secondo l'indagine, i cittadini dei paesi dell'Europa del Nord sono più sportivi rispetto alla media europea: le persone che praticano sport "regolarmente" o "con una certa regolarità" sono il 72 % in Finlandia e in Svezia, il 64 % in Danimarca, contro il 40 % della media europea. Al contrario, i cittadini dei paesi dell'Europa del Sud praticano poca attività
30 fisica e agli ultimi posti ci sono Bulgaria, Grecia e Italia, dove i cittadini che praticano sport regolarmente sono solo il 3 %. È difficile dire perché gli italiani sono così pigri. La scusa che gli antisportivi usano è quella relativa alla mancanza di tempo, ma spesso si tratta solo di un alibi. Forse pensano troppo agli infortuni nello sport e ai 300mila italiani che cadono, si feriscono o si fratturano ogni anno ...
35 Naturalmente tutti gli sport comportano rischi, ci sono però delle differenze notevoli. Men-

tre la maggior parte degli infortuni non professionali che si verificano durante un'attività sportiva sono attribuibili agli sport che prevedono l'uso di una palla (per esempio la pallamano e il calcio), gli sport acquatici e il jogging sono sport con un rischio d'infortunio relativamente basso. Quelle, inoltre, sono attività che fanno molto bene alla salute.

E2 *Dove e come dice il testo ...*

1. ... che nessun altro paese ha vinto più medaglie dell'Italia ai Campionati europei di scherma del 2010?
2. ... che praticare uno sport significa sempre correre il rischio di un eventuale infortunio?
3. ... che gli abitanti dei paesi nordeuropei si distinguono dagli altri europei per quel che riguarda le attività sportive?
4. ... che nella maggioranza dei paesi membri dell'UE meno del 50% della popolazione pratica uno sport regolarmente?
5. ... che prima del 2010 nessuna giocatrice di tennis italiana aveva vinto un torneo del Grande Slam?
6. ... che molti italiani dicono di essere troppo impegnati per praticare uno sport?
7. ... che i risultati dell'indagine Eurobarometro non corrispondono alla reputazione dell'Italia sportiva?

E3 *In altre parole*
Usa le espressioni del testo per le parole in grassetto.
1. Gli atleti italiani **vincono molte medaglie**.
2. Negli sport con la palla e sulla neve **capitano spesso degli infortuni**.
3. **Non si sa esattamente perché** gli italiani fanno poco sport.
4. Molte persone che non praticano uno sport **dicono di avere troppi impegni**.

E4 *I pronomi relativi che e cui (articolo + cui oppure preposizione + cui)*
*Completa le frasi seguenti con **che** o **cui** preceduto da una preposizione o da un articolo.*
1. Lo sport ▬ i giovani si infortunano di più è il calcio.
2. Il rugby, ▬ per definizione è "uno sport di contatto", non è molto popolare in Italia.
3. L'allenatore ▬ squadra ha perso 2:1 si è arrabbiato tantissimo.
4. Un tennista ▬ non ricordo il nome ha vinto il torneo di Roma.
5. L'edizione dei Giochi Olimpici ▬ si è svolta a Torino nel 2006 è stata la terza manifestazione olimpica in Italia.
6. *La Gazzetta dello Sport* esce il lunedì e il venerdì poiché i giorni ▬ si svolgono la maggior parte delle gare sportive sono sabato/domenica e mercoledì/giovedì.
7. La pallavolo è uno sport di squadra ▬ si gioca su un terreno diviso da una rete.
8. Dopo il Brasile, la Nazionale di calcio italiana è la nazionale di calcio ▬ ha vinto più campionati mondiali (1934, 1938, 1982, 2006).
9. I giocatori ▬ squadre hanno perso due partite non hanno più chance di entrare in finale.

E5 *Completate la tabella con gli sport menzionati nel testo e negli esercizi. Cercate poi su Internet altri sport.*

Sport individuali	Sport di coppia	Sport di squadra

 E6 *Che ruolo gioca lo sport nella tua vita? Sei un tipo piuttosto attivo per cui è importante muoversi o vivi secondo il motto "Lo sport non fa per me"? Scrivi un testo di circa 100 parole.*

 E7 *Quale sport fa per te?*

Primo ascolto:

1. Ascoltate il dialogo e concentratevi sugli sport. Quali sport sono menzionati?

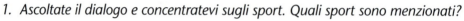

2. Decidete se le affermazioni seguenti sono vere o false.

1. Elena vuole iscriversi a un corso di pallacanestro.
2. Elena pratica lo stesso sport da quattro anni.
3. La madre di Elena propone a sua figlia il tennis.
4. Secondo Elena, è importante sentire lo stress della sfida quando si pratica uno sport.
5. Alla madre lo sport non importa molto.
6. Secondo la madre, praticare uno sport significa anche vivere delle fasi difficili.
7. La madre è pronta a pagare il corso di pallavolo per sua figlia.

Secondo ascolto:

3. Prima di ascoltare il dialogo ancora una volta leggi le domande seguenti per rispondere dopo il secondo ascolto.

1. Quante persone giocano in una squadra di pallavolo?
2. Chi ha pagato le lezioni di tennis per Elena?
3. Perché la ginnastica artistica non piace a Elena?
4. Quanto costa il corso di pallavolo a cui vuole iscriversi Elena?
5. Quale consiglio generale che riguarda il praticare uno sport dà la madre di Elena a sua figlia?

4. Discussione:

Che cosa consiglieresti a una tua amica/un tuo amico che non sa quale sport praticare, né come scegliere lo sport adatto a se stessa/stesso?

Competenze *Livello A2*

A2

Comprensione orale

E1 *Dove hanno luogo le seguenti conversazioni?*

1. ▪▪ 2. ▪▪ 3. ▪▪ 4. ▪▪

E2 *Che tempo farà domani?*

1. Per quale giorno si fanno le previsioni del tempo?
2. Per alcune zone d'Italia del nord si annunciano temporali. Indicatene due.
3. I venti sono meridionali, cioè: vengono dal sud. Quale sarà la conseguenza?
4. Di notte, in quasi tutta Italia, la temperatura non scenderà sotto i ... gradi.
5. Quanti gradi ci saranno nel sud d'Italia?
6. Dove farà più caldo in assoluto? Indicate tre regioni.

Comprensione scritta

E3 *Un articolo di giornale*

Quattro arresti fra gli incaricati di ritirare le monete: bottino da 2.000 euro alla settimana

Quattro addetti alle pulizie[1] del monumento settecentesco avevano creato un bel sistema per arrotondare lo stipendio: un paio dei sacchi che ogni lunedì e martedì venivano
5 riempiti con le monetine gettate dai turisti nella Fontana, come buon auspicio[2] per tornare nella capitale, non venivano caricati sul furgone della Caritas, per aiutare poveri e bisognosi, ma venivano nascosti tra detersivi
10 nei furgoni della ditta di pulizie "Sagad". Per finire poi nelle tasche di chi li aveva raccolti.
Le indagini sono scattate un anno fa, quando l'organizzazione cattolica ha scoperto che gli
15 incassi della fontana erano diventati molto meno. Il fatto è sembrato subito anomalo, specialmente se si considera che l'afflusso di turisti nei mesi estivi permette di raggiungere il picco annuale degli incassi.

20 A maggio gli agenti della polizia municipale hanno ottenuto un primo risultato: hanno arrestato un uomo che per conto della Caritas avrebbe dovuto vigilare sulla raccolta e il trasferimento dei fondi. Dopo mesi di indagini e
25 di filmati registrati di nascosto, i vigili urbani ieri mattina hanno colto in flagrante quattro uomini, di età compresa tra i 18 ed i 50 anni, già noti alle forze dell'ordine: nelle loro tasche c'erano i soldi rubati dalla fontana.
30 500.000 euro è il totale delle monetine lanciate ogni anno dai turisti nella Fontana di Trevi. Una ditta pulisce il monumento per conto del comune e trasferisce i soldi alla Caritas. 110.000 euro è la stima dei fondi sottratti
35 in un anno alla Caritas dai quattro operai addetti alle pulizie della Fontana di Trevi. I quattro sono stati arrestati ieri mattina dai vigili urbani.

Corriere della Sera, 15 novembre 2005, testo leggermente adattato

[1] l'addetto alle pulizie: *die Reinigungskraft* [2] l'auspicio (*m.*): *das Vorzeichen, der Wunsch*

1. Di quale fontana si parla nel testo?
2. Perché i turisti ci lanciano le monetine?
3. I ladri erano
   - ▪▪ turisti.
   - ▪▪ impiegati comunali che puliscono la fontana.
   - ▪▪ vigili urbani.
4. I ladri hanno rubato i soldi
   - ▪▪ per arrichire se stessi.
   - ▪▪ per aiutare i poveri.
   - ▪▪ per pagare la "Sagad".
5. Quanti soldi finiscono in questa fontana ogni anno? E quanti ne hanno rubati i ladri in un anno?
6. A chi vanno i soldi che i turisti gettano in questa fontana? Perché?

 Produzione scritta

E4 *Una prenotazione*

Ecco un'e-mail che conferma una prenotazione:

Qual è stata la prenotazione? Scrivila.

Gent.ma sig.ra Maria,

confermo la seguente prenotazione a suo nome:
– N° 5 camere matrimoniali (€ 70,00 l'una)
– N° 1 camera tripla (€ 80 l'una)
I prezzi sopraindicati includono la prima colazione a buffet.
Avrei bisogno di sapere se la camera tripla è matrimoniale più letto o se Le servono tre letti separati. Non c'è bisogno di inviare alcuna caparra. Mi basterebbe avere un suo recapito telefonico.

Nell'attesa di ricevere Sue notizie porgo cordiali saluti
Hotel Garden
Antonietta

E5 *Una vacanza indimenticabile*
Raccontala (se l'hai già vissuta!) oppure inventala!

 Produzione orale

E6 *Che tipo di vacanza hai fatto l'estate scorsa?*

E7 *Vuoi andare a Roma con un tuo amico/una tua amica durante le vacanze per una settimana. Presenta il progetto ai tuoi genitori. La professoressa/il professore prende il ruolo di tuo padre/tua madre.*

E8 *Racconta quale sport pratichi/quale sport vorresti practicare.*

:» *Mediazione*

E9 *Racconta al tuo amico italiano del tuo nuovo sport: Crossboccia! Il seguente articolo ti aiuterà:*

Neuer Sport-Trend: Crossboccia
Nach dem langen Winter ist es Zeit, endlich wieder mehr Sport im Freien zu treiben. Dabei hat sich in den vergangenen Monaten einiges getan – neuere Sportarten wurden bekannter und sind nun immer häufiger in Parks und auf den Straßen zu sehen.

5 ### Beim Crossboccia geht es quer durch die Stadt
Bislang konnte man vor allem ältere Damen und Herren in mediterranen Ländern beim Bocciaspiel beobachten. Auf klar definierten Spielfeldern warfen sie ihre Kugeln möglichst nah an die Zielkugel heran. Das war Timo Beelow aber zu wenig. Der Student wollte nicht

nur auf geraden Ebenen spielen, sondern 10 überall da, wo er gerade Lust dazu hatte: im Treppenhaus, Vorlesungssaal oder vom Balkon aus in den Hinterhof. Also entwickelte er einen neuen Ball, der robust genug ist, um durch die Gegend geworfen zu werden 15 – und der nicht wie die traditionellen Bälle aus Holz, Metall oder Plastik bei einer Schräge ewig weiterrollt, sondern dort liegen bleibt, wo man ihn hinwirft.

«Die Grundidee des Boccia ist geblieben», 20 sagt Beelow, der in Wuppertal lebt. Das bedeutet: Jeder Spieler bekommt drei Bälle und muss versuchen, sie möglichst nah an den zuerst geworfenen Zielball heranzuwerfen. Neu ist beim Crossboccia, dass es deutlich 25 weniger Regeln gibt als beim traditionellen Boccia und dass der Spielort frei gewählt werden kann. «Man kann sich beispielsweise quer durch die Stadt spielen oder versuchen, dem Zielball auf einer Bank in mehreren Metern Entfernung nahezukom-30 men.» Die weiteren Vorteile: Außer den Bällen braucht man nichts, man muss nur Bälle werfen können, und Verletzungen sind selten.

http://www.berlin.de/special/sport-und-fitness/freizeitsport/funsport/
1110309-56918-neuesporttrendsstreetsurfinghockerncross.html

Rapporti umani

Ingresso

Am Ende der Lektion kannst du
· über Beziehungen zwischen Menschen sprechen.
· Personen beschreiben.
· einen italienischen Film vorstellen (fakultativ).

L'amicizia non è una cosa che si compra o si vende, l'amicizia va coltivata altrimenti se ne scappa via.

Un amico è come una stella – anche quando non lo vedi è sempre presente.

L'amico non giudica – comprende.

L'amicizia è un sentimento unico che rende la vita degna di essere vissuta.

Da soli si cammina veloci, ma insieme si va lontano...

Chi trova un amico trova un tesoro.

Un amico lontano è a volte più vicino di qualcuno a portata di mano.

E1 *Leggi o ascolta gli aforismi e scegline uno che ti piace. Spiega la tua scelta al tuo vicino/alla tua vicina.*

Preparare T1

E1 *La parola "amore" mi fa pensare a ...*
Lavorate in due: uno compila il campo semantico della parola "amore", l'altro quello della parola "amicizia". Poi scambiate i fogli e completate le idee del partner.

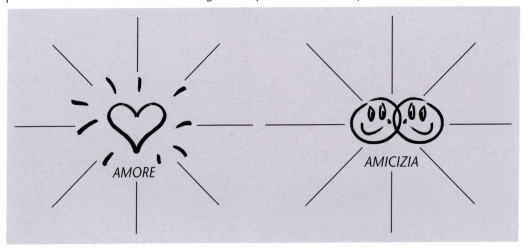

E2 Leggete il seguente testo e cercate di spiegare il suo significato con parole vostre. Che cosa ne pensate?

Un giorno l'amore chiede all'amicizia: "Ma tu, a che cosa servi?" E l'amicizia risponde: "A consolare le persone che tu fai soffrire!"

1 Il prezzo di un nuovo amore?

MILANO – Sembra un luogo comune, adatto soprattutto ai teenagers, eppure accade veramente, sempre più spesso e senza alcuna distinzione di genere: all'inizio di una relazione amorosa si perdono normalmente alcuni tra i migliori amici.

LO STUDIO – Lo sostiene una ricerca guidata da Robin Dunbar, a capo dell'Istituto di Antropologia Cognitiva ed Evoluzionista della Oxford University, finalizzata a contabilizzare l'impatto di una *love story* al debutto sui rapporti con famigliari e amici: in media, a fronte di un nuovo amore si perdono due amici. Alla base dello studio c'era un questionario che ha coinvolto 428 donne e 112 uomini: 363 di loro stavano vivendo una nuova relazione sentimentale. Ciascuno si è espresso dettagliatamente sul proprio parco-amici prima e dopo l'entrata nella vita del nuovo partner. I ricercatori hanno poi contabilizzato il costo dell'amore, arrivando alla conclusione che in media ciascuno di noi può contare su cinque cari amici/amiche nella vita. Ma all'inizio di una relazione si registra l'addio a due dei più intimi confidenti, compensato generalmente da una *new entry*, l'innamorato/a.

I MOTIVI – Tra le cause di questo cambiamento si riscontrano la minor disponibilità di tempo e di energie, ma anche un cambiamento interiore che porta lentamente a un graduale deterioramento di alcuni rapporti, come ha spiegato Dunbar nel corso del British Science Festival. [...] Le risorse e il tempo non sono infiniti e di fronte alla scelta gli esseri umani tendono a preferire la persona amata. Perdono molto probabilmente i due meno importanti o forse meno tolleranti o ancora i meno graditi all'attuale partner amoroso.

Emanuela Di Pasqua, www.corriere.it,
16 settembre 2010.

E3 *Cercate di spiegare il significato delle parole seguenti con l'aiuto di altre lingue.*
(→ Strategia 1.1, pag. 279)

impatto	relazione	distinzione	questionario
conclusione	confidenti	interiore	tendono
probabilmente			

E4 *Analizzare il testo*

1. Descrivete con parole vostre lo studio del professor Dunbar: che cosa ha fatto il professore, come, perché, qual è il risultato?
2. Quali sono, secondo lo studio, le principali ragioni del cambiamento nel parco-amici di una persona che vive una nuova relazione sentimentale?
3. Esponete le vostre riflessioni sul testo. Avete fatto esperienze che confermano il risultato della ricerca del professor Dunbar?

E5 *Problemi con l'amico/l'amica*

La tua migliore amica/il tuo migliore amico ha un nuovo ragazzo/una nuova ragazza da tre settimane. Prima eravate inseparabili e passavate molto tempo insieme, soprattutto il fine settimana, ora però vuole spendere quanto più tempo possibile con il suo nuovo amore. Da una parte puoi capire che vuole spesso vedere il suo ragazzo/la sua ragazza, dall'altra sei anche deluso/delusa perché non fate più niente insieme. Scegli fra 1. e 2.

1. *Scrivi una lettera alla tua amica/al tuo amico nella quale parli francamente dei tuoi sentimenti. (→ Strategia 4.1, pag. 290)*
2. *Scrivi un dialogo fra te e la tua amica/il tuo amico nel quale le/gli spieghi come ti senti.*

 E6 *Laura Pausini: Un amico è così*
Come viene descritto l'amico (ideale) da parte di Laura Pausini?

Laura Pausini

È facile allontanarsi sai
Se come te anche lui ha i suoi guai
Ma quando avrai bisogno sarà qui
Un amico è così.

5 Non chiederà né il come né il perché
Ti ascolterà e si batterà per te
E poi tranquillo ti sorriderà
Un amico è così.

E ricordati che finché tu vivrai
10 Se un amico è con te non ti perderai
In strade sbagliate percorse da chi
Non ha nella vita un amico così.

Non ha bisogno di parole mai
Con uno sguardo solo capirai
15 Che dopo un no lui ti dirà di sì
Un amico è così.

E ricordati che finché tu vorrai
Per sempre al tuo fianco lo troverai
Vicino a te mai stanco perché
20 Un amico è la cosa più bella che c'è.

È come un grande amore, solo mascherato un po'
Ma che si sente che c'è
Nascosto tra le pieghe di un cuore che si dà
E non si chiede perché.

2 i guai: *i problemi*
6 battersi per qn: *für jdn. kämpfen/eintreten*
9 finché: *solange*
11 percorrere una strada: *fare una strada*

23 la piega: *die Falte*

25 Ma ricordati che finché tu vivrai
Se un amico è con te non tradirlo mai
Solo così scoprirai che
Un amico è la cosa più bella che c'è.

E ricordati che finché tu vivrai
30 Un amico è la cosa più vera che hai
È il compagno del viaggio più grande che fai
Un amico è qualcosa che non muore mai.

32 morire: *sterben*

E7 *La nostra canzone*
Ispirandovi alla canzone di Laura Pausini, scrivete una vostra poesia/canzone sull'amicizia.

E8 *Dall'aggettivo all'avverbio: come si formano gli avverbi con -mente?* **G** → 10.1

E9 *Aggettivo o avverbio?*
Completate con le forme adatte dell'aggettivo o dell'avverbio.
Ciao a tutti! Sono Marianna (16), ho un grande problema e avrei ▪▪ (urgente) bisogno dei vostri consigli. Da alcuni mesi la mia ▪▪ (buono, comparativo) amica Laura esce con un ragazzo abbastanza ▪▪ (vivace), Marco, che anch'io trovo molto ▪▪ (gentile) e ▪▪ (carino). ▪▪ (naturale) non ne ho mai parlato né a Laura né a Marco perché non vorrei distruggere la loro relazione e perché vedo che i due sono ▪▪ (vero) ▪▪ (felice) insieme. La settimana scorsa, però, sono stata ad una festa di un compagno di classe dove c'era anche Marco. Siccome Laura era malata, non è venuta alla festa. A un certo punto Marco si è seduto accanto a me e ha cominciato a farmi dei complimenti. Mi ha detto che mi trova molto ▪▪ (bello) e gli piacerebbe uscire con me.
Io sono stata ▪▪ (imbarazzato), ho avuto gli occhi ▪▪ (luminoso) e gli ho sorriso ▪▪ (timido). ▪▪ (ovvio) non sapevo cosa rispondergli: d'una parte Marco è un tipo ▪▪ (sportivo) che mi piace molto, d'altra parte è il ragazzo di Laura! Così, sono andata via ▪▪ (veloce). Ho passato delle ore a riflettere sulla nostra situazione e ho cercato di capire cosa voglio io. Due giorni dopo quando Laura ed io aspettavamo ▪▪ (tranquillo) l'autobus è arrivato Marco. Laura e lui si sono abbracciati ▪▪ (intenso), poi Marco si è rivolto verso di me e mi ha salutato ▪▪ (freddo). Ora sono ▪▪ (completo) confusa e non so cosa fare. Telefonare a Marco e dirgli ▪▪ (chiaro) che voglio stare con lui oppure cercare di dimenticarlo ▪▪ (veloce)?

E10 *Una risposta per Marianna*
Hai letto quello che è successo a Marianna. Scrivi un commento sul suo blog, usando almeno cinque aggettivi e cinque avverbi.

E11 *Chi suona meglio di chi? E chi corre più velocemente di chi?*

Guardate i disegni e fate il paragone utilizzando queste espressioni:
suonare il flauto meglio/peggio di – correre più/meno velocemente di – essere il
migliore/peggiore amico dell'uomo – essere vissuta più/meno a lungo di – andare
in palestra più/meno regolarmente di – scendere dal cielo più/meno lentamente di
– parlare il tedesco più/meno correntemente di ...

⭘ **E12** *Fare complimenti all'amico*

Guardate il vostro vicino di banco. Ci saranno tante cose che sa fare bene, forse anche meglio di voi! Fategli almeno cinque complimenti, usando i comparativi con gli aggettivi, con gli avverbi e/o con i sostantivi.

Modello:
- Tu sai correre più velocemente di me! Insomma, sei più sportivo/sportiva di tanti amici della classe!
- Grazie! Ma tu, in tante situazioni, hai meno paura di me!

Preparare T2

E1 *Guardate le foto.*
1. *Che cosa vedete sui cinque lucchetti?*
2. *Chi ha fatto questi disegni secondo voi? Per quale motivo?*
3. *Avete già visto lucchetti così in Italia o in Germania? Dove?*

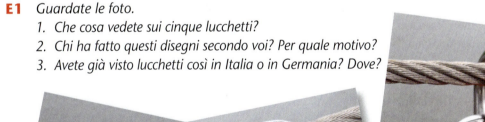

T2 *Martina e Fabrizio*

Da qualche giorno Martina non mangia più, non dorme più, non studia più e parla ore ed ore al telefono. Ma con chi? Naturalmente con Francesca, l'amica del cuore. Oggi, dopo la scuola, s'incontrano a casa di Martina.

5 *Francesca:* Che bella collana che hai! E il ciondolo? Sono due delfini?

Martina: Sì! Ti piacciono? Me li ha regalati Fabrizio. Sai che i miei genitori vogliono conoscerlo?

Francesca: Ebbè, che problema c'è? Perché non glielo presenti?

10 *Martina:* Non so, sai, i miei sono un po' all'antica, ci sarà subito un problema: chi spiega a mia madre che vogliamo andare insieme in vacanza?

Francesca: Ma questo glielo devi spiegare tu.

Martina: Sì, hai ragione. Senti, vuoi vedere la sua foto?

Francesca: Sì, fammela vedere!

15 *Martina:* Eccola!

Francesca: Che carino! Voi due insieme col tramonto! Quando te l'ha data?

Martina: Me l'ha data ieri sera. Sai, abbiamo festeggiato un po' perché stiamo insieme da un mese. E alla fine abbiamo preso il treno fino a Riomaggiore e abbiamo fatto la ...

20 *Francesca:* Ma dai! Non vuoi dirmi che avete fatto la "Via dell'Amore"? Ma il tuo Fabrizio è proprio un tipo romantico, vero???

Martina: Sì, è così, ti dico! E non ho finito: tutto è stato una sorpresa, Fabrizio non me ne aveva parlato prima! Poi ha tirato fuori un lucchetto. Abbiamo scritto la data e i nostri nomi ...

25 *Francesca:* E la chiave?

Martina: L'abbiamo buttata nel mare. Guarda qua, ti faccio vedere un'altra foto.

Francesca: Ma ... qual è il vostro luc-
30 chetto? Ce ne sono così tanti!

Martina: Uffa, non te lo so dire. E poi non è importante sapere qual è. Conta il gesto, no?

E2 *Tutto chiaro?*

1. *Che cosa hanno fatto esattamente Martina e Fabrizio sulla "Via dell'Amore"?*
2. *Per quale motivo?*
3. *Che cosa ne pensate voi?*

Volete fare la "Via dell'Amore"? Andate in Liguria! Troverete anche voi tanti lucchetti!

La **Via dell'Amore** (*Via de l'Amùu* nel dialetto locale della lingua ligure) è una strada pedonale a picco sul mare che, con un percorso di poco più di un chilometro, congiunge i borghi di Riomaggiore e Manarola, nelle Cinque Terre, in Liguria.

Famosa in tutto il mondo per la sua bellezza e i suoi panorami mozzafiato, costituisce una delle più importanti attrazioni turistiche della zona ed è parte integrante del Parco Nazionale delle Cinque Terre e dell'area dichiarata dall'UNESCO Patrimonio mondiale dell'umanità.

www.wikipedia.it

E3 *Nel T2 ci sono esempi di pronomi doppi. Quali sono? E qual è la loro posizione?*

E4 *Martina e Fabrizio*

Rispondete alle domande. Usate i pronomi doppi. **G** → 10.2

1. Fabrizio ha regalato i due delfini a Martina? – Sì, ▪▪.
2. Martina chiede a Francesca se le piacciono i delfini? – Sì, ▪▪.
3. Martina fa vedere la foto di Fabrizio a Francesca?
4. Martina presenta Fabrizio a Francesca?
5. Martina racconta a Francesca cosa hanno fatto sulla "Via dell'Amore"?

E secondo voi ...

6. Martina presenterà Fabrizio ai genitori?
7. Francesco porterà dei fiori alla madre di Martina?
8. Fabrizio parlerà ai genitori di Martina di quello che sente per lei?
9. Martina dirà ai genitori che vuole andare in vacanza con Fabrizio?
10. I genitori pagheranno le vacanze a Martina?

E5 *E come finisce la storia di Fabrizio e Martina?*

Immaginate il momento in cui Martina presenta il suo ragazzo ai genitori. E come reagiscono loro quando Martina gli parla dei progetti per le vacanze?
Presentate la scenetta.

 E6 *È bello avere tanti amici!*

Che cosa fanno i tuoi amici per te? Utilizza il verbo tra parentesi con i pronomi doppi.
1. Non hai capito i compiti. (spiegare)
2. Gli chiedi un favore. (fare)
3. Vorresti conoscere i loro amici. (presentare)
4. Hai bisogno di un cellulare. (prestare)
5. Non hai tempo di comprare un regalo per il compleanno di una compagna di scuola. (comprare)
6. Non sai usare Internet. (insegnare)

 E7 *Però è anche bello essere amici!*

Che cosa faresti tu per i tuoi amici? Utilizza il verbo tra parentesi al condizionale con i pronomi doppi e scegli tu se rispondere con "sì" o con "no"!
1. Hanno bisogno di soldi. (prestare)
2. Si è rotto il loro computer. (riparare)
3. Sono in vacanza e hanno dimenticato l'indirizzo e-mail di un vostro amico. (mandare)
4. Si è rotto il loro cellulare. (prestare)
5. Vedi che fumano troppo. (dire)
6. Cercano da molto tempo il libro *In piazza*. (regalare)

 E8 *Alcuni consigli a un amico un po' timido*

Metti il verbo all'imperativo. Nell'ultima frase decidi tu quale verbo usare.
Modello: Ascolta! Se lei vuole fumare una sigaretta ▪▪ (accendere) tu! – Accendigliela tu!

1. Se lei è stanca e ha bisogno di un caffè ▪▪ (preparare) uno.
2. Se vuole usare il tuo cellulare ▪▪ (permettere).
3. Se vuole conoscere i tuoi amici ▪▪ (presentare).
4. Se porta una borsa pesante ▪▪ (portare) tu.
5. Se le piacciono i fiori ▪▪ (comprare).
6. Se conosci una bella poesia ▪▪ (recitare).
7. Se lei non ha capito le parole della tua canzone preferita ▪▪ (spiegare).
8. Se lei ha bisogno di soldi: ▪▪ (dare).
9. Però, se lei non è gentile con te ▪▪ (???)!

E9 *Il nuovo ragazzo?*

Cerca di scoprire chi sono Roberto, Paola e Elena. Metti insieme tutte le informazioni su questi ragazzi e sul rapporto tra di loro.

Preparare T 3

E1 Presentate le persone che vedete nelle foto, descrivendo il loro aspetto e facendo delle ipotesi sul loro carattere e sulle loro abitudini. Il partner indovina chi è. (→ *Strategia 4.4, pag. 294*)

Potete cominciare così:

- La mia persona ha il viso ovale e gli occhi blu.
- È giovane. Forse avrà 16 anni.

- Secondo me, questa persona è abbastanza timida perché ...
- Le piacerà leggere molto, credo.

E2 *Ritratto di una persona importante per me*

Descrivi una tua amica/un tuo amico tenendo conto del suo aspetto fisico, del suo carattere e delle sue abitudini.

T3 *Giulia Carcasi: Ma le stelle quante sono*

parte 1

La conosco quella voce, l'ho odiata tante volte.
Mi giro dall'altra parte.
"Alice!"
E il sangue mi si gela, fa i grumi.
5 Mi giro piano piano.
"Giorgio!"
Gli faccio un sorriso di plastica.
Lui mi racconta il suo entusiasmo.
"Sai, all'inizio non ero sicuro che eri tu ... Sarà stato il taglio dei capelli ... il vestito ..."
10 Già, i miei capelli. Li ho lasciati crescere fino alle spalle e li tengo raccolti sulla nuca. A
Carlo piace scioglierli ...
Ho una minigonna jeans e una giacca nera corta e un po' aderente, scarpe scollate col tacco.
Giorgio mi guarda dalla testa ai piedi.
"Sei cambiata."
15 Sorrido, contenta della mia metamorfosi: il bruco è diventato farfalla, aveva bisogno di qual-
cuno che le mostrasse le ali, però la farfalla era già lì, nel bruco. E lui, Giorgio, non l'aveva
vista, non se n'era accorto.

Giulia Carcasi: Ma le stelle quante sono. Milano (Feltrinelli) 2006, p. 131.

E3 Comprensione del testo

1. *Di quante persone parla il testo? Come si chiamano?*
2. *Che cosa venite a sapere su queste persone?*
3. *Quale sarà il rapporto tra di loro?*

parte 2

"Anche tu sei cambiato."
"Sì, sono cresciuto."
Ha i capelli più corti, più ordinati, il corpo è più muscoloso e maturo. Ma i suoi occhi di pece
sono ancora lì.
5 Giorgio mi parla della sua università.
E penso che Legge è proprio la facoltà che fa per lui, che le parole le sa manipolare bene,
come un giocoliere.
Parliamo di tutto e di niente.
E facciamo finta di esserci dimenticati di quel primo bacio in piazza di Trevi, del secondo al
10 Colosseo Quadrato, del terzo, del quarto, del quinto ...
Facciamo finta, in realtà i ricordi dormono dentro di noi. Preferiamo non svegliarli: i ricordi
sono come bambini, bisogna fare piano ... quando si svegliano è difficile farli riaddormentare. Shh ... meglio far piano.
Poi i sorrisi e la sua domanda.
15 "Stai con qualcuno adesso?"

Guardo i suoi occhi color pece.

"No!" rispondo e mi vergogno di quella bugia. "Tu?"

"Io no, ho avuto una storia ma è finita da poco."

Già, le sue storie finiscono sempre da poco ...

20 "Però, stavamo bene insieme, eh?" chiede.

E io faccio una smorfia.

"Non mi ricordo neanche perché è finita" ripete.

Io sì, io ce l'ho vivo in mente.

"Sono stato proprio uno stupido a lasciarti andare via."

25 "Già, sei stato proprio uno stupido ..."

La lezione sta per cominciare.

"Adesso devo andare" gli dico.

Mi lascia un bacio all'angolo della bocca.

Scrive il suo numero di telefono su un tovagliolo del bar.

30 "Se ti va, mi chiami, ci vediamo ... Ti dimostrerò che non sono più quel cretino che hai conosciuto."

Lui resta lì, davanti al suo cappuccino.

Io esco dal bar e vado in aula.

Prendo il suo numero e lo faccio in mille pezzetti.

35 Non mi guardo indietro.

"Non voltarti, non voltarti ..." ripeto tra me e me.

Perché vivere è come scalare le montagne: non devi guardarti alle spalle, altrimenti rischi le vertigini.

Devi andare avanti, avanti, avanti ... senza rimpiangere quello che ti sei lasciato dietro,

40 perché, se è rimasto dietro, significa che non voleva accompagnarti nel tuo viaggio. [...]

Il telefonino mi squilla nella borsa, rispondo senza esitare.

"Carlo! Com'è andata?"

"28!" e la sua voce saltella al telefono.

Sorrido.

45 "Allora sono servite le ripetizioni di anatomia che ti ho dato ..." scherzo a bassa voce.

"Sono state molto utili, però stasera avrò bisogno di un ripasso ... Non mi è tanto chiaro il cuore ..." dice ammiccando.

"Ok, allora stasera te lo rispiego."

Passerà a prendermi alle otto.

50 Ma non potrò spiegargli nulla, neanche a me il cuore è tanto chiaro oggi. Perché, per un attimo, il mio cuore si voleva voltare e riabbracciare il passato.

"Ti amo!" gli dico tutto d'un fiato. [...]

"Anch'io," risponde subito e sorride, "ma perché me lo dici ora?" chiede.

Non lo so, Carlo.

55 Il mio cuore, ogni tanto, si ammala: è la malattia dei ricordi. E solo tu puoi aiutarmi a guarire. È una terapia lunga e difficile ... Si cura vivendo.

Giulia Carcasi: Ma le stelle quante sono. Milano (Feltrinelli) 2006, p. 131-133.

E4 *Carlo, Alice e Giorgio*

Dopo aver letto anche la seconda parte del testo, controllate se la vostra risposta alla terza domanda di E3 era giusta.

E5 *Di chi stiamo parlando? Di Alice o di Giorgio?*

Giustifica la tua risposta con una citazione del testo.

1. Dice di essere felice di incontrare l'ex partner.
2. Ha i capelli più corti adesso.
3. Studia giurisprudenza.
4. Mente quando dice che in questo momento non ha una relazione amorosa.
5. Sa benissimo perché la loro storia è finita.
6. Dà il suo numero di telefono all'ex partner.
7. Vuole mostrare all'ex partner che non è più la stessa persona.

E6 *Cercate di spiegare il significato delle citazioni seguenti con parole vostre.*

1. "I ricordi dormono dentro di noi. Preferiamo non svegliarli: i ricordi sono come bambini, bisogna fare piano ... quando si svegliano è difficile farli riaddormentare." (r. 11 – 13)
2. "Neanche a me il cuore è tanto chiaro oggi. Perché, per un attimo, il mio cuore si voleva voltare e riabbracciare il passato." (r. 50 – 51)
3. "Il mio cuore, ogni tanto, si ammala: è la malattia dei ricordi. E solo tu puoi aiutarmi a guarire. È una terapia lunga e difficile ... Si cura vivendo." (r. 55 – 56)

E7 *Il comportamento di Alice*

1. Secondo voi, perché Alice non dice la verità quando Giorgio le chiede se ha un nuovo ragazzo?
2. Perché Alice fa in mille pezzetti il tovagliolo con il numero di telefono di Giorgio?
3. Che cosa fareste al posto di Alice: Raccontereste a Carlo dell'incontro con Giorgio o non gli direste niente?

E8 *Il ritratto di Alice*

Fate il ritratto di Alice considerando tutte le informazioni esplicite e implicite che vi dà il testo letterario. (→ Strategia 4.4, pag. 294)

E9 *Incontrare il suo ex ...*

Ti è già capitato di incontrare il tuo ex/la tua ex e di chiederti se provi ancora qualcosa per lui/lei? Come ti sei sentito/a allora? Cosa hai fatto per chiarirti le idee? Con chi ne hai parlato?

E10 *Secondo voi, sarebbe bello avere un pulsante "Cancellare Ricordo" nella vita?*

E11 *Giulia Carcasi*

*Ein deutscher Freund fragt dich, ob du ihm einen ita-
lienischen Jugendbuchautor vorschlagen kannst, dessen Bücher auch ins Deutsche übersetzt worden sind.
Du erzählst ihm von Giulia Carcasi. Die Informationen
aus dem folgenden Text helfen dir dabei:*

Giulia Carcasi, nata nel 1984, è una scrittrice italiana che vive a Roma dove studia medicina. Nel 2005
è uscito il suo primo romanzo, *Ma le stelle quante sono.*
La struttura di questo romanzo è insolita perché in
una parte del libro si narra la storia dal punto di vista
della protagonista femminile, Alice; in un'altra parte,
invece, la stessa storia è narrata dalla prospettiva del
protagonista maschile, Carlo. I protagonisti sono ragazzi sui 18 anni, perciò il romanzo piace molto ai
giovani. Anche il secondo romanzo di Giulia Carcasi
Io sono di legno (2007) e il suo terzo libro *Tutto torna*
(2010) sono dei grandi successi in Italia. *Io sono di
legno*, che è stato tradotto in tedesco, ha per protagonista una madre che vorrebbe avere un buon
rapporto con la figlia diciottenne ma non ci riesce;
così legge il suo diario e, sulla base di ciò che
legge, le scrive, rivelandole anche i suoi più intimi
segreti. *Tutto torna*, l'ultimo libro della giovanis-
sima scrittrice romana, è una storia d'amore dei
nostri giorni.

E12 *Leggere libri ... è passato di moda??*

Completate le frasi con i pronomi e gli aggettivi indefiniti:
tutto – molto (2x) – qualsiasi (2x) – nessuno – tanto (2x) – tutto – alcuni – ogni –
ognuno

Nel ventunesimo secolo, quasi ▄▄ hanno un computer a casa, ▄▄ possiedono perfino
uno smartphone che gli permette l'accesso in Internet a ▄▄ ora e in ▄▄ posto. Insomma, ▄▄ può immaginarsi una vita senza Internet!
Però, c'è sempre ▄▄ gente che non può fare a meno di libri. Perché? Se ▄▄ è disponi-
bile in Internet, perché andare a cercare un libro da leggere?
Le risposte sono ▄▄. ▄▄ dicono che gli piace sentire le pagine tra le mani quando
leggono. ▄▄ sostengono che il computer non si porta a letto, mentre una lettura sì!
Ad ▄▄ modo, il libro continuerà a esistere anche nell'epoca di Internet. E così va
bene: ▄▄ può scegliere se leggere guardando le pagine di un libro oppure uno
schermo.

E1 *"Mine vaganti" di Ferzan Özpetek*

Guardate su Internet il trailer originale del film "Mine vaganti" del regista Ferzan Özpetek e esprimete poi la vostra opinione.

1. Le immagini sono
   - ☐ belle.
   - ☐ divertenti.
   - ☐ tristi.
   - ☐ noiose.
   - ☐ violenti.
   - ☐ scioccanti.

2. La musica (è)
   - ☐ lenta.
   - ☐ triste.
   - ☐ contrasta con le immagini.
   - ☐ inquietante.
   - ☐ malinconica.
   - ☐ sottolinea le immagini.
   - ☐ allegra.
   - ☐ rilassante.

3. Le frasi/I dialoghi (sono)
   - ☐ facili da capire.
   - ☐ difficili da capire.
   - ☐ raccontano bene la storia.
   - ☐ noiosi/e.

4. Il film potrebbe appartenere al seguente genere:
   - ☐ avventura
   - ☐ commedia
   - ☐ storico
   - ☐ documentario
   - ☐ drammatico
   - ☐ fantascienza

5. Secondo me, il tema di questo film è ...

E2 *Guardate il trailer della versione tedesca del film e descrivete le differenze fra questo trailer e quello originale. Che informazioni supplementari sul film vi dà il trailer tedesco? Quale trailer vi piace di più? Perché?*
(→ Strategia 3.12, pag. 287)

Andiamo al cinema: Mine vaganti

Mine vaganti è ambientato in un paesino della Puglia, nel Salento. Il film racconta la vita e i valori di una ricca famiglia alto-borghese dalla mentalità conservatrice, i Cantone, proprietaria da generazioni di un pastificio, i cui prodotti sono esportati in tutto il mondo. Molti anni fa la nonna ha aperto l'azienda. Poi, l'impresa è stata gui-
5 data per molto tempo da Vincenzo Cantone, suo figlio, che a sua volta desidera mettere la guida del pastificio nelle mani dei suoi figli Tommaso e Antonio. Quest'ultimo lavora già da molti anni nell'impresa familiare e sembra essere l'impeccabile successore del padre.
La storia di Tommaso, il protagonista sulla trentina, comincia con il suo ritorno a
10 casa. Suo padre ha già pronto per lui un posto dirigenziale nel pastificio di famiglia e l'ha richiamato a Lecce per fargli firmare delle carte relative all'azienda di famiglia. Ma Tommaso ha altre idee: vive a Roma da parecchi anni e torna a casa solo per svelare ai suoi genitori tre importantissimi segreti. Il primo: non ha mai studiato Economia e Commercio come credono in famiglia e si è, invece, da poco laureato in
15 Lettere. Il secondo: vuole diventare uno scrittore e non guidare l'impresa familiare. La terza "sconvolgente" rivelazione è la sua omosessualità. Per farsi cacciare ufficialmente da casa e poter vivere liberamente i propri desideri con il suo compagno Marco, Tommaso decide di rivelare tutto alla famiglia in un modo molto provocatorio, cioè durante una cena con il socio del padre. Ma un'imprevedibile sorpresa gli
20 impedirà di fare il suo *coming out* ...

E3 *Vero o falso?*

1. La trama si svolge nell'Italia del Nord.
2. Il padre ha fondato l'azienda familiare insieme alla nonna.
3. Alcuni anni fa Tommaso si è trasferito a Roma per studiare Economia e Commercio.
4. La vera vita romana di Tommaso non corrisponde a quella che immaginano i suoi genitori.
5. Tommaso torna a casa con la seria intenzione di dire ai suoi genitori che è omosessuale.
6. Tommaso vuole vivere a Roma, con il suo fidanzato, e coltivare le proprie ambizioni letterarie.

E4 *Tommaso e suo padre*

Guardate la foto di Tommaso e suo padre Vincenzo. Provate a farne il ritratto, tenendo anche conto della trama e delle informazioni del testo.

E5 *Come continua la storia?*

Perché Tommaso non può dire ai genitori che è omosessuale?
Fate delle proposte sul seguito del film.
Guardate poi in classe tutto il film "Mine vaganti" e confrontate il seguito con le vostre idee.

E6 *Momenti del film*

Guardate la foto e presentate i personaggi che vedete.
Quali momenti del film vi vengono in mente?

E7 *Citazioni*

Scegliete una delle due citazioni e commentatela.

– "Dietro il sorriso che ci procurano certe scene e certe battute, ci rendiamo conto
che nel 2010 nel sud d'Italia e non solo, l'omosessualità è ancora un tabù, una
cosa di cui non si deve nemmeno parlare, è considerata una grave malattia da cui
non si può guarire."

http://www.revistamilmesetas.com/mine-vaganti-il-film-gay-di-ferzan-ozpetek-
peligros-ambulantes-la-pelicula-gay-de-ferzan-ozpetek (3. 1. 2011)

– "Prendere in mano la propria vita significa anche rischiare di far soffrire gli altri,
ci vuole coraggio per farlo."

http://www.film.it/festival/berlino-2010/recensione-mine-vaganti

E8 *Che film hai visto?*

Raccontatevi un film (i personaggi; le azioni ...) che avete visto, ma senza dire il titolo.
L'altro deve indovinare come si chiama il film.
(→ *Strategia 3.12, pag. 287*)

Per esempio:

Impegnarsi ...
anche per gli altri?
Ingresso

Am Ende der Lektion kannst du

· eine Umfrage durchführen und auswerten.

· persönliche Bewertungen abgeben.

· von Möglichkeiten berichten, sich sozial zu engagieren.

· Vergleiche zwischen unterschiedlichen Lebensentwürfen anstellen und diese bewerten.

E1 *Un sondaggio in classe*

1. Durante l'anno scorso, vi è capitato di fare una o più di queste attività sociali?

	sì	no
partecipare a una manifestazione		
iscriversi ad una associazione		
pubblicare un articolo su un giornale/su Internet		
iscriversi ad un partito politico		
aiutare una persona/un gruppo di persone in difficoltà		
andare a votare		
dare soldi (a una associazione; alla Chiesa)		
utilizzare il proprio potere di consumatore		

2. Quali di queste attività vi sembrano difficili/facili da realizzare?
3. Quali vi sembrano particolarmente importanti per promuovere un cambiamento nella società?

Preparare T1

Per una città senza macchine

- – Ma che cosa vogliono davvero?
- – Vogliono che chiudano la città al traffico e che ci passino solo i mezzi pubblici.
- – È davvero importante che la situazione cambi. Bisogna che i politici capiscano i nostri problemi.

E1 *Il congiuntivo presente*

1. Quali espressioni richiedono il congiuntivo? Fate una prima lista.

2. Quali sono le forme? Ritrovate l'ordine giusto. **G** → 11.2

- – verbi in – are: parlare: parliate – parli – parliamo – parli – parlino – parli
- – verbi in – ere: prendere: prenda – prendiate – prendano – prenda – prendiamo – prenda
- – verbi in – ire: capire: capisca – capiamo – capisca – capiate – capisca – capiscano

e due verbi irregolari:

- – essere: sia – siate – sia – siamo – siano – sia
- – avere: abbia – abbiate – abbia – abbiamo – abbia – abbiano

1 *Impegnarsi? Come no!*

Marco (Manitese):
Sono convinto che dobbiamo fare in modo che l'Europa paghi ai paesi del Terzo Mondo il prezzo giusto per i loro prodotti affinché questi possano diventare indipendenti dal Nord ricco e producano di più. È ora che si metta fine al loro sfruttamento.

Elisabetta (Legambiente):
Bisogna vietare il traffico nel centro delle città affinché l'aria diventi respirabile e finisca il degrado dei monumenti. È necessario che le città abbiano più zone pedonali e che si costruiscano più piste ciclabili.

Elisa (Telefono azzurro):
È importante che i bambini che soffrono a causa della violenza e dello sfruttamento non si sentano soli e ricevano aiuti concreti.

Gianni (Caritas):

Bisogna che i poveri della nostra società abbiano il minimo per vivere e per questo vogliamo che trovino almeno qualcosa da mangiare qui da noi tutti i giorni.

Federica (Pubblica Assistenza):

Anche le persone anziane possono avere una vita migliore a condizione che si offrano loro incontri con altre persone e diverse attività culturali a cui possono partecipare.

Carlo (LIPU):

Pensiamo che sia importante far conoscere la natura e proteggere in particolare gli uccelli, molto importanti per l'ecosistema.

E2 *Tutto chiaro?*

1. Quali persone hanno bisogno d'aiuto? Perché?
2. Che aiuto offrono le organizzazioni di cui parlano i ragazzi?

 E3 *Il congiuntivo presente*

1. *Nel T1 ci sono espressioni che esprimono un desiderio (Wunsch), un parere (Ansicht), un'affermazione (Behauptung) e diverse congiunzioni che vogliono il congiuntivo nella frase subordinata: quali sono?*
2. *Completate la vostra lista.* **G** → 11.3

E4 *Dal programma di Manitese*

Metti i verbi al congiuntivo. **G** → 11.2

Bisogna che i paesi del terzo mondo ▄▄ (produrre) abbastanza per non soffrire di fame. È importante che ▄▄ (venire) aperte scuole per i bambini e che gli adulti ▄▄ (imparare) un lavoro.
Bisogna anche proteggere la natura e quindi è necessario che si ▄▄ (vietare) il suo sfruttamento. Dobbiamo aiutare anche le zone più povere. Crediamo che, se produce di più, la gente del posto ▄▄ (potere) liberarsi dal sottosviluppo.

E5 *Dal programma di Legambiente. Per una città senza macchine*

Completa con un'espressione che vuole il congiuntivo. **G** → 11.3

▪▪ si vieti il traffico in città. ▪▪ ci siano più zone pedonali. ▪▪ la gente ▪▪ lasci la macchina a casa e prenda la bicicletta o l'autobus, ▪▪ il prezzo per il biglietto non diventi più caro. ▪▪ l'aria sia respirabile. ▪▪ si costruiscano più piste ciclabili. Ci impegniamo ▪▪ ci siano più zone verdi ▪▪ tutti si sentano bene in una città per tutti. Nel rispetto della natura ▪▪ che gli adulti diano un buon esempio ai figli.

E6 *Quale delle sei organizzazioni ti sembra particolarmente importante?* (→ *Strategia 3.10, pag. 286*)

E7 *Dimmi quanto costa*

1. Perché Silvio è così contento?
2. Perché molti prodotti costano così poco?
3. Cosa può fare il cliente?

E8 *Progetto: SOS-Kinderdorf*

Presentate quest'organizzazione ai vostri amici italiani. Dopo esservi informati dividetevi in gruppi. Ognuno presenterà una parte del tema.

E9 *Visitare Bologna in macchina*

Deine Eltern möchten mit dem Auto in das Stadtzentrum von Bologna fahren. Was solltest du ihnen sagen, nachdem du die folgende Notiz gelesen hast?

Gran parte del centro storico di Bologna è Zona a Traffico Limitato (ZTL): dalle 7.00 alle 20.00, tutti i giorni eccetto il sabato vi possono accedere solo i veicoli autorizzati. La zona è sorvegliata dal vigile elettronico SIRIO.

Accesso e sosta per i clienti degli alberghi nel centro storico:

5 Per consentire l'accesso alle strutture alberghiere (compresi i bed & breakfast) del centro storico, i gestori provvedono a comunicare al Comune di Bologna, tramite procedure concordate con gli uffici preposti, le targhe dei propri clienti. In questo modo le targhe risultano inserite nella lista degli autorizzati all'ingresso nella ZTL e non verranno multate.

10 Per la sosta su strada dei veicoli dei clienti degli alberghi esiste un comodo abbonamento giornaliero, reperibile presso le strutture ricettive, comprensivo di abbonamento giornaliero ATC e del costo di 7 euro. Deve essere esposto in maniera ben visibile sul parabrezza.

E10 *Ripasso: Ma dove sono?*

Due amici aspettano le loro ragazze davanti al cinema. Mettete il congiuntivo presente.

G → 11.2

– È ora che Pia e Chiara ▪▪ (arrivare).
– Può darsi che non ▪▪ (trovare) la strada.
– È anche possibile che la macchina non ▪▪ (funzionare).
– Forse è meglio che noi intanto ▪▪ (comprare) i biglietti.

Venti minuti dopo ...

– Mi sembra che non ▪▪ (avere) voglia di venire.
– Non trovo giusto però che non ci ▪▪ (chiamare).
– Ma sai, credo che loro ▪▪ (preferire) uscire con Alfonso e Paolo.
– Davvero? Dici?

Preparare T2

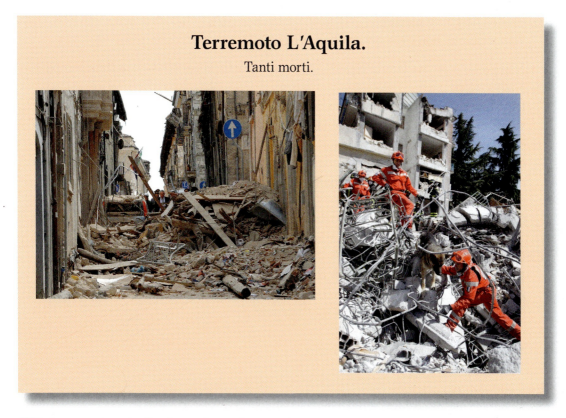

Terremoto L'Aquila.
Tanti morti.

E1 *Informatevi su quello che vedete. Che cosa è successo esattamente? E quando?*

2 L'Aquila: il blog di Chiara

Non si può dire che i cittadini dell'Aquila vivano una situazione felice. Anche se ormai il peggio per loro è passato, c'è ancora tanto bisogno di aiuto e di nuovi volontari. Gli abitanti, infatti, benché abbiano a disposizione delle case nuove, vivono ancora in modo precario e poco confortevole e gli anziani e i disabili rischiano
5 l'isolamento. Mi sembra che questo sia il problema più grande.

Ho letto, per caso, un articolo in cui si parlava della Caritas e del suo progetto di aiuto agli abitanti dell'Aquila, ho deciso anch'io di diventare una volontaria durante le mie vacanze estive. Finita la scuola sono allora partita da casa mia (abito a Taranto) per venire qua.

10 Sto prestando servizio a Onna e Paganica, due piccoli paesi, non molto distanti dall'Aquila, a rischio di abbandono. Ci sto per 15 giorni, dal 15 al 30 di luglio. Dormo in una tenda della Caritas a Paganica. Il mio compito principale è quello di ascoltare le famiglie più in difficoltà. Ogni giorno faccio visita a 3-4 famiglie, parlo con loro, ascolto quello che vogliono dirmi. Di sera, poi, gioco con i bambini e li faccio diver-

¹⁵ tire con giochi che invento io stessa. L'altro sabato, io e gli altri volontari abbiamo organizzato per i bambini del paese (22 in tutto) una caccia al tesoro.
Credo che gli sia piaciuta. Mi dispiace solo che i ragazzi di Onna non siano potuti venire perché non c'era un autobus per portarli.

Non posso dire che la mia esperienza come volontaria fin adesso sia stata semplice, ²⁰ anzi!
La prima settimana è stata molto dura per me perché ho visto tanta miseria. Nonostante ciò, credo di essere cresciuta molto perché ho imparato ad apprezzare quello che ho e ho capito quanto sono fortunata. Insieme al dolore, inoltre, ho provato anche molta gioia. Ad esempio quando una donna anziana mi ha dimostrato la sua ²⁵ riconoscenza per averle fatto compagnia nella sua casa nuova. Questa donna ha perso tutto, anche le fotografie!!
Che ne pensate? Non vi viene voglia di passare le vostre vacanze diversamente?

E2 Capire il testo

1. Quali sono le attività di Chiara?
2. Perché gli abitanti del posto sono contenti della presenza dei volontari?

E3 Commentare il testo

Scrivi un commento nel blog di Chiara.

 ### E4 Il congiuntivo passato

Trovate le forme nel testo e spiegate l'uso di questo modo. **G** → 11.4

E5 Dopo la caccia al tesoro

Mettete i verbi al congiuntivo passato. **G** → 11.4

1. Chiara è contenta che ▦▦ (venire) tanti bambini e che ▦▦ (divertirsi). Crede che ▦▦ (essere) una buona decisione dividere i bambini in cinque gruppi per fare la caccia.
2. Il piccolo Piero è un po' triste che il suo gruppo non ▦▦ (aver) trovato per primo il tesoro. Comunque gli è piaciuto che alla fine ▦▦ (mangiare) la pizza insieme.
3. Per la madre di Piero è importante che i bambini ▦▦ (dimenticare) un po' i problemi. Spera che non ▦▦ (essere) l'ultima volta che i volontari organizzino una caccia al tesoro.

E6 Un aiuto non sempre facile

Antonio, il responsabile della Caritas e Chiara in una conversazione. Mettete il congiuntivo presente o passato. **G** → 11.1; 11.4

– Eccoti Chiara. Tutto bene? Spero che la caccia al tesoro di oggi ▦▦ (essere) bella!
– Sì, Antonio, molto! I bambini si sono proprio divertiti!
– È venuto anche Andrea, il bambino di cui mi hai parlato ieri?

– No purtroppo no, credo che ▪▪ (rimanere) a casa con la nonna.

– Perché?

– Sembra che la nonna di Andrea non ▪▪ (riuscire) proprio a riprendersi dopo il ter-remoto, come tanti, del resto! È molto depressa e credo che ▪▪ (rifiutarsi) anche di mangiare. E purtroppo non penso che il problema ▪▪ (potersi) risolvere con una casa nuova.

– È molto difficile certo! Forse è il caso che tu ▪▪ (andare) a trovarla più spesso.

– Sì, lo farò, da lei non sono andata spesso ultimamente, e sembra che questa non ▪▪ (essere) una buona idea! Ma sai noi volontari siamo in pochi e c'è sempre molto da fare, molta gente da vedere …

E7 *Con chi passare il tempo libero?*

1. Dopo il primo ascolto: Qualcosa non va tra Guido e Laura. Che cos'è?
2. Dopo il secondo ascolto:
   – Metti insieme tutte le attività di Guido.
   – Qual è la risposta finale di Laura?
3. Immagina una risposta di Guido. Che cosa dice a Laura?

E8 *Dall'oculista*

1. *Descrivi la vignetta.* (→ *Strategia 3.11, pag. 287*)
   Parole utili: un oculista; essere leggibile/illeggibile
2. *Qual è secondo te il messaggio della vignetta? Che cosa ne pensi?*
3. *La vignetta critica la situazione della società attuale. Secondo te, come si potrebbe migliorare questa situazione?*

E9 *Un anno in Italia*

Per imparare l'italiano tua cugina vuole vivere un anno in Italia dopo la maturità.
Ti fa vedere questo annuncio. Tu lo leggi e le fai un riassunto in tedesco.

E10 *L'invito dal sindaco*

Maurizio partecipa a un progetto internazionale che Legambiente organizza al Parco Nazionale delle Cinque Terre in Liguria. Con altri ragazzi italiani e stranieri ripara antiche stradine della zona che collegano i cinque paesi fra di loro. Ogni sera Maurizio scrive i suoi pensieri sul quaderno. Metti i verbi al modo (indicativo o congiuntivo presente o passato) e al tempo giusti.

LUNEDÌ, 2 SETTEMBRE

Stasera ▆▆ (essere) stanco, ma adesso mi riposo un po' prima di andare con i compagni dal sindaco di Vernazza! Penso che ▆▆ (essere) gentile ad invitarci a prendere un bicchiere di vino insieme. Però il sindaco può anche essere contento che noi ▆▆ (fare) questo lavoro. Così più turisti a piedi possono arrivare nel suo paese ed è possibile che ▆▆ (fermarsi) in un ristorante o ▆▆ (comprare) qualcosa. Per fortuna non ▆▆ (andare) in vacanza con i miei come tutti gli anni. Non so quale ▆▆ (essere) la cosa più bella: il lavoro in un posto così bello o i compagni ... o tutt'e due. Certo il lavoro non è sempre facile, ma quanto è stato bello quando ▆▆ (finire) il piccolo ponte. E i compagni inglesi, francesi, svedesi e tedeschi? Andiamo molto d'accordo. Credo anche che adesso io ▆▆ (sapere) parlare l'inglese molto meglio.

3 Due canzoni – due atteggiamenti

1. Lorenzo Cherubini – in arte Jovanotti – è nato nel 1966 a Roma. È il cantante più famoso del rap italiano.

2. Vasco Rossi, nato nel 1952 vicino a Modena. Lo chiamano "uno dei pochi del rock italiano", "il re dei drogati", "uno che dà voce a chi non vive secondo le regole della morale borghese". Le sue canzoni provocano spesso commenti molto negativi ma anche grandi consensi.

Jovanotti, Penso positivo
(1994)

Io penso positivo perché son vivo
perché son vivo, perché son vivo
...
Niente e nessuno al mondo
5 potrà fermarmi dal ragionare
...
Io penso positivo
Ma non vuol dire che non ci vedo
Io penso positivo
10 In quanto credo
Non credo nelle divise
Né tanto meno negli abiti sacri
...
Io credo soltanto che
15 Tra il male e il bene

È più forte il bene
...
Uscire dal metro quadro
Dove ogni cosa sembra dovuta
20 Guardare dentro alle cose
C'è una realtà sconosciuta
Che chiede soltanto un modo
Per venir fuori a veder le stelle
E vivere l'esperienza sulla mia pelle
25 Sulla mia pelle
...
io penso positivo
perché son vivo e finché son vivo
niente e nessuno al mondo potrà fermarmi
30 ...

Vasco Rossi, Siamo solo noi
(1982)

Siamo solo noi
che andiamo a letto la mattina presto
...
e ci svegliamo con il mal di testa

5 che non abbiamo vita regolare
che non ci sappiamo limitare
siamo solo noi
che non abbiamo rispetto per niente

neanche per la mente

10 ...

Siamo solo noi

che non abbiamo più niente da dire

dobbiamo solo vomitare

...

15 Siamo solo noi

Quelli che non han più rispetto per niente

Neanche per la gente

Siamo solo noi

Quelli che ormai non credono più a niente

20 E vi fregano sempre

Siamo solo noi

Che tra demonio e santità è lo stesso

...

Siamo solo noi

25 Quelli che non han voglia di far niente

Rubano solamente

Siamo solo noi

Generazione di sconvolti

Che non han più santi né eroi

30 Siamo solo noi

Siamo solo noi

 E1 *Mettete a confronto le due canzoni*

Trovate i testi completi su Internet.

1. Cercate le informazioni che vi permettono di fare il ritratto delle persone rappresentate nelle due canzoni. Che cosa fanno? Come si comportano? Cosa pensano?

2. Cercate di spiegare le righe 15–20 della canzone di Jovanotti. Cosa significa "il metro quadro", "una realtà sconosciuta", "venir fuori a veder le stelle"?

3. "Non abbiamo vita regolare". Secondo te, chi può dire una frase del genere? Qual è la vita quotidiana di queste persone? Qual è il loro rapporto con gli altri?

 E2 *Io e il resto del mondo: in che senso queste due canzoni esprimono due atteggiamenti opposti?*

 E3 *Quale canzone descrive meglio secondo voi la realtà della vostra generazione?*

 E4 *Che cosa significa questo proverbio italiano?*

fare

„Tra il dire e il fare c'è di mezzo il mare."

dire

E5 *Farsi volontario*

Ecco una pubblicità dell'Associazione di volontariato della Pubblica Assistenza a Firenze:

1. Racconta la storia rappresentata dai disegni.
2. Che cosa rappresenta la finestra?
3. Secondo te, qual è il messaggio della pubblicità?
4. Come potrebbe andare avanti la storia? Fate un altro disegno.

E6 *Ripasso: Valeria e Bruno*

Mettete l'indicativo o il congiuntivo presente o passato.

Valeria è molto contenta che Bruno ▪▪ (passare) ogni sera da lei. Lei crede che lui ▪▪ (venire) volentieri. Benché i due ▪▪ (conoscersi) da tanto tempo non ▪▪ (decidersi) a sposarsi. Quando sono insieme ▪▪ (parlare) o ▪▪ (giocare). Ogni tanto Bruno ▪▪ (parlare) dei suoi amici, con cui vorrebbe uscire. Sembra che lui ▪▪ (preferire) andare con loro a vedere la partita invece che stare con Valeria. Allora Valeria gli ▪▪ (dire) che lei va con le sue amiche in una discoteca. Perché questi due ▪▪ (rimanere) insieme non lo ▪▪ (capire) quasi nessuno.

Made in Italy

Ingresso

Scooter: siamo tra i maggiori produttori di motori

Aeroplano: dall'Italia arrivano componenti dei velivoli Boeing e parti di Airbus

Pattini in linea (60 % del mercato mondiale)

Gioielli: il 90 % dell'oro lavorato è italiano

Cuore artificiale: quelli da usare in attesa di trapianto li produce un'azienda italiana

Cabina telefonica: molte di quelle presenti sulle strade di tutto il mondo sono italiane

"Pezzi" d'Italia si trovano in tutto il mondo, più di quanto possiate immaginare.
Prendiamo ad esempio la sala d'aspetto di un aeroporto internazionale ...

Am Ende der Lektion kannst du
· *das Phänomen des "Made in Italy" beschreiben.*
· *den Einfluss italienischer Produkte in deinem Alltag verdeutlichen.*
· *dich zu italienischer Modeindustrie und Architektur äußern.*

Collant: l'Italia controlla il 36% del mercato mondiale

E1 *Abbinate le descrizioni alle foto. Vi può essere utile il dizionario.*

Lampada: il design italiano è tra i più apprezzati al mondo

Poltrone, divani e sedie (50% del mercato)

Montature per occhiali (30% del mercato)

Macchina per il caffè

Vermouth e aperitivi

Orologio da parete

Scarpe: è italiana la fabbrica più grande del mondo

Abbigliamento: la moda italiana è leader nel mondo

Sanitari e piastrelle: l'Italia produce più di metà delle piastrelle vendute nel mondo

Pistola: italiane, fra le altre, sono quelle di polizia e marines Usa

Preparare T1

○○ **E1** *La vostra giornata all'italiana*

Immaginate di aver fatto una scommessa: volete trascorrere una giornata con il massimo di prodotti italiani. Possono essere cibi e bevande, ma anche prodotti di cultura, sport ecc. Descrivete in due la vostra giornata all'italiana e presentatela in classe. Chi trova più prodotti?

1 L'Italia in Germania

Da secoli i tedeschi vanno in Italia in cerca delle radici della cultura europea ed anche dello stile di vita mediterraneo; ma, dato che in Germania vivono più di 600.000 italiani e che i contatti all'interno dell'Unione europea sono sempre più stretti, si vede che l'Italia è arrivata in Germania.

5 Sebbene molti dicano che la nostra vita sia sempre più americanizzata, l'Italia è presente in quasi tutti i campi della nostra vita quotidiana.

Dopo che ci siamo alzati la mattina, prendiamo l'espresso o il cappuccino, preparati con la caffettiera o con la macchina da caffè sicuramente prodotte in Italia. O, se preferiamo il tè, riscaldiamo l'acqua con un bollitore della Alessi. Poi facciamo la doccia in un bagno arre-
10 dato con stile: anche se non c'è il marmo di Carrara, abbiamo scelto quasi sicuramente delle belle piastrelle fabbricate dall'industria di ceramica italiana. Andiamo al lavoro e quando fa bel tempo prendiamo la bicicletta o il motorino; talvolta però abbiamo bisogno della macchina, non necessariamente italiana, ma almeno in parte disegnata da designer italiani come Pininfarina o Bertone. Alla radio non ci sono solo canzoni americane o inglesi, ma
15 anche di cantanti italiani come Zucchero, Laura Pausini, Elisa, Vasco Rossi o Max Pezzali.

Quando si fa la pausa a mezzogiorno, molti di noi preferiscono mangiare qualcosa di sano e leggero, affinché non siano troppo stanchi per il pomeriggio. E siccome è così ricca di frutta, verdura fresca e olio di oliva, la cucina italiana è ideale per la gente che ritornerà al lavoro subito dopo pranzo. Basta pensare all'insalata caprese o un piccolo primo come le lasagne al
20 pesto oppure una macedonia di frutta fresca per far venire l'acquolina in bocca.

Dopo il lavoro, mentre facciamo un giro in città, possiamo ammirare nelle vetrine di tanti negozi d'abbigliamento i vestiti di Giorgio Armani, Versace, Dolce & Gabbana e Valentino, che ci piacciono tanto benché siano così cari. Se cerchiamo qualcosa di casual, diamo un'occhiata alla nuova collezione della Benetton.

25 Ci interessa anche il cinema: dunque usciamo spesso di sera per guardare gli ultimi film di Nanni Moretti, Fausto Brizzi, Giuseppe Tornatore, Cristina Comencini, Roberto Benigni e di altri registi italiani.

Prima però andiamo a prendere un aperitivo in qualche bar. Oppure, se abbiamo voglia di andare al ristorante, c'è in ogni città una vasta scelta di pizzerie e trattorie italiane. E per chi
30 non vuole uscire, c'è sempre la soluzione di prepararsi la pasta a casa o di farsi portare la pizza a domicilio.

E magari la notte, dopo aver controllato le e-mail e navigato un po' in Internet dov'è possibile trovare le notizie sull'ultimo incontro di politici europei, accompagnate da foto, andiamo finalmente a letto. Purché non sia troppo tardi, leggiamo un libro di Roberto Saviano o
35 cerchiamo di scoprire chi è l'assassino nell'ultimo giallo di Andrea Camilleri o di Fruttero & Lucentini.

Quindi l'Italia accompagna tanti tedeschi per l'intera giornata senza che loro se ne accorgano.

E2 *Prodotti italiani*

Confrontate le informazioni del testo con la vostra lista. Ci sono prodotti italiani presenti in T1 che voi non avevate menzionati? Aggiungeteli alla vostra lista.
Raggruppate poi tutti i prodotti secondo la loro funzione.

E3 *Progetto: personaggi famosi*

Il testo parla di tanti personaggi della moda, del cinema, della cultura ecc. Sceglietene uno e cercate informazioni in Internet. Poi presentate il vostro personaggio agli altri.

E4 *In T1 ci sono tante congiunzioni. Cercatele e raggruppatele. Quali richiedono il congiuntivo?* **G** → 12.1

E5 *Il festival delle congiunzioni*

Combina le frasi. Ci sono spesso più possibilità. **G** → 12.1

1. A Claudia piace vivere all'italiana. La mattina prende sempre un espresso.

2. Mi piacciono le canzoni americane. Adesso preferisco ascoltare Laura Pausini.

3. Danno un nuovo film di Roberto Benigni. Stasera vorrei andare al cinema.

4. Silvia sta facendo un giro in città per ammirare le vetrine dei negozi d'abbigliamento. Chiama il suo ragazzo sul cellulare.

5. Non ho più soldi. Spendo troppo per comprare i vestiti di Versace.

6. Siamo arrivati al cinema in orario. Abbiamo preso un aperitivo al bar.

7. Avevo proprio voglia di finire il nuovo libro di Roberto Saviano. Mi sono addormentata.

8. Vengo al bar con voi. Non partiamo troppo tardi però!

9. A mezzogiorno mi preparo sempre una porzione di pasta. Ho una fame da lupi!

10. Non c'è più pasta in casa. Non vado al supermercato.

E6 *Ripasso: il congiuntivo presente*

Voglio che ...

1. ▪▪ (cominciare) le vacanze. 2. ▪▪ (farmi) un bel regalo per il compleanno. 3. ▪▪ l'insegnante di matematica (darmi) un voto migliore. 4. ▪▪ mamma e papà (permettere) di dormire da Antonio stanotte.
5. ▪▪ (finire) di piovere per poter uscire.
6. ▪▪ i miei amici (venire) a trovarmi.
7. ▪▪ (esserci) più giochi sul mio computer ...

E7 *Progetto: prodotti italiani*

Progetto n° 1: cinema italiano

In gruppi, preparate presentazioni su cinque film famosi italiani. Non dimenticare di far vedere alcune scene in classe!
(→ Strategia 3.12, pag. 287)

Progetto n° 2: l'Italia nel nostro supermercato

Andate in un supermercato vicino e fate un elenco delle cose italiane che trovate. Presentate il vostro risultato in classe.

Progetto n° 3: italiani nella nostra città

Conoscete italiani che vivono nella vostra città? Intervistateli e chiedete
- da dove vengono e perché sono venuti in Germania.
- che lavoro fanno.
- come vedono la vita in Germania in confronto a quella in Italia.
- se comprano soprattutto prodotti italiani.

... e tutto quello che vi interessa. Poi presentate le vostre interviste agli altri.

E8 *Immagini del "made in Italy"*

Ecco alcune foto del "made in Italy". Sceglietene una, descrivetela bene e dite perché la trovate interessante.

E9 *Ascoltate il testo e rispondete alle seguenti domande.*

1. Perché i prodotti italiani piacciono così tanto ai consumatori tedeschi?
2. Quali sono i prodotti più venduti?
3. Chi sono i fornitori?
4. Che cosa dice la persona intervistata sulle sue prospettive per il futuro?

INFO

Germania e Italia: due partner economici

Ci sono tanti motivi per studiare l'italiano. Quelli più conosciuti sono la cultura italiana, la storia del Paese come centro dell'antichità, del Cristianesimo, ma anche dell'arte rinascimentale. Tutti sanno che tra il 50 e il 60% dei beni culturali mondiali dichiarati patrimonio dell'umanità dall' UNESCO si trovano in Italia.

Eppure, non va dimenticato l'aspetto economico: i rapporti commerciali tra i due Paesi sono molto intensi, sia per quanto riguarda l'esportazione che l'importazione di merce. La statistica del commercio tedesco con l'estero fa vedere che l'Italia si trova al quinto posto dopo la Francia, i Paesi Bassi, la Cina e gli Stati Uniti. Per l'Italia, la Germania è perfino il partner econo-

Außenhandel (Ausfuhr + Einfuhr) der Bundesrepublik Deutschland 2010

Rang	Land	Mio. Euro
1	Frankreich	152 445,6
2	Niederlande	132 002,4
3	VR China	130 164,8
4	USA	110 633,2
5	Italien	102 143,5
6	Vereinigtes Königreich	98 080,9
7	Österreich	88 036,2
8	Belgien	80 106,2
9	Schweiz	74 196,5
10	Polen	66 469,8
11	Russische Förderation	58 141,1
12	Spanien	56 639,3

Daten: Statistisches Bundesamt, Wiesbaden (10.03.2011)

mico più importante in assoluto. Dunque: studiare l'italiano non è solo bello, ma addirittura utile!

Preparare T2

E1 *Fate il campo semantico della moda. Potete utilizzare un dizionario!*

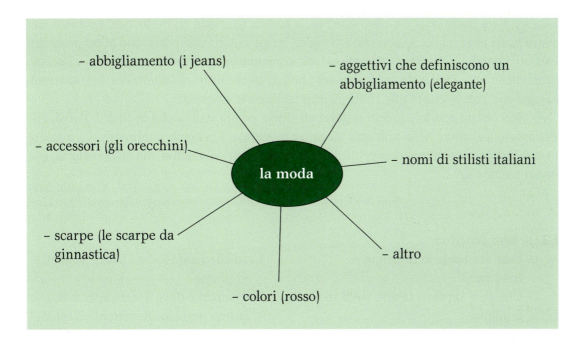

- abbigliamento (i jeans)
- aggettivi che definiscono un abbigliamento (elegante)
- accessori (gli orecchini)
- nomi di stilisti italiani

la moda

- scarpe (le scarpe da ginnastica)
- altro
- colori (rosso)

2 *Quarant'anni di Benetton: "Così ho colorato il mondo"*

Luciano Benetton

CORTINA – L'azienda che ha colorato il mondo compie quarant'anni (...). Agli inizi dell'avventura Luciano Benetton aveva trent'anni, era un giovanotto dall'aria severa e forse un po' triste, capelli neri lisci, occhiali da
5 vista scuri come li portano i timidi. (...)
Il franchising, il negozio di proprietà di altri cui affidare il marchio e vendere il prodotto, è stato inventato da Luciano Benetton, ed è stato questo l'inizio del successo. Lui è forse uno degli ultimi imprenditori di grande for-
10 tuna che hanno cominciato dal nulla: la sua leggenda
dice che, nato a Treviso nel 1935, primogenito di Leone che mantiene la famiglia noleggiando automobili e biciclette, resta orfano di padre a quattordici anni e per questo lascia la scuola.
Va a lavorare, commesso in un negozio di tessuti, e qui comincia a innervosirsi perché nella
15 povertà dell'economia di quegli anni, sente che c'è bisogno di qualcosa di nuovo. "C'è stato un fatto determinante per me, e sono state le Olimpiadi del 1960 a Roma. Venivo dalla provincia di allora, chiusa e ancora arretrata, e lì in mezzo a quella folla immensa sono venuto

a contatto col mondo, con gente di ogni razza e colore, tra le bandiere di decine di nazioni.

20 Avevo venticinque anni e sono stato preso da una grande voglia di far parte di quei colori, di quelle bandiere, di quella moltitudine, del mondo. Era tutto da conquistare, bastava farsi venire un'idea, sperare nella fortuna, non temere nulla".

L'idea è stata ispirata da un maglione che la sorella Giuliana gli aveva confezionato: non aveva nulla di speciale, se non che era giallo, e i giovanotti non portavano allora maglioni colorati. Quindi lui suscitava curiosità, e tutti lo guardavano. Gli amici chiedevano a Luciano 25 di fargliene uno simile: "In quel momento ho capito che attirare l'attenzione (...), suscitare discussioni, poteva essere una strategia imprenditoriale vincente".

"Nel 1969 è stato aperto il primo negozio all'estero, ed era stata scelta la città di Parigi, rue Bonaparte, nel cuore della massima eleganza mondiale. Era come sottomettersi a un duro esame con professori molto esigenti. Eravamo coscienti del rischio, ma se non rischi, che 30 divertimento c'è?".

adattato da: Natalia Aspesi, La Repubblica.it, 27 agosto 2006.
http://www.repubblica.it/2006/08/sezioni/persone/benetton/benetton/benetton.html

E2 *Luciano Benetton*

1. Com'era Luciano Benetton a trent'anni?
2. Che cosa venite a sapere sulla sua famiglia?
3. In che senso le Olimpiadi del 1960 a Roma sono state decisive per Luciano Benetton e il suo successo sul mercato?
4. In che modo lo ha aiutato la sorella Giuliana?
5. Quando è dove è stato aperto il primo negozio "Benetton" all'estero?
6. Che cosa significa "franchising"? Conoscete altri esempi di questo tipo imprenditoriale?

E3 *Non solo abbigliamento*

In due, scegliete una delle pubblicità:

1. Raccontate cosa si vede.
2. Spiegate l'effetto che ha sul consumatore medio.
3. Ipotizzate sul motivo per cui la Benetton fa delle pubblicità così secondo voi.
4. Pensate che la pubblicità della Benetton "funzioni". Perché (no)?

E4 *Come si forma il passivo in italiano?*

Qual è la differenza tra

1. i vestiti vengono fatti dagli stilisti
2. i vestiti sono fatti dagli stilisti
3. i vestiti vanno fatti dagli stilisti? **G** → 12.3

E5 *C'era una volta una minigonna ...*

Completate con il passivo. **G** → 12.3

C'era una volta una minigonna rossa nella vetrina di un bel negozio di moda.
▬▬ (ammirare) da tutta la gente che passava, ma siccome era molto corta, nessuno la comprava. Ogni giorno tanti altri vestiti ▬▬ (vendere).
Così la minigonna cominciava a sentirsi molto sola. Ma un bel giorno le ▬▬ (venire) un'idea ...
Come sempre, la minigonna rossa ▬▬ (esporre) in vetrina. Davanti alla gonna però, ▬▬ (esserci) scritto "Non voglio più ▬▬ (lasciare) in vetrina. Voglio ▬▬ (portare) in giro come le altre gonne che ▬▬ (ammirare) da tutta la gente. Per questo oggi voglio ▬▬ (regalare) alla persona che prometterà di portarmi almeno una volta la settimana!"
Non vi so dire da chi ▬▬ (scrivere) il cartello; una cosa però è sicura: ▬▬ (trovare) subito qualcuno che ha preso la gonna e siccome l'ha portata molto spesso, il rosso ▬▬ (scegliere) come "colore del mese" dagli stilisti italiani.

E6 *Le proposte degli stilisti*

Mettete al passivo. Attenzione a scegliere la forma con "venire", con "essere" oppure con "andare". **G** → 12.3

I grandi maestri del design italiano hanno presentato la nuova moda femminile per la stagione primavera-estate.
A Milano, come sempre, hanno organizzato diverse sfilate. Che cosa bisogna indossare, dunque, nella bella stagione? Diversi stilisti propongono abiti dai colori chiari: usano molto il rosa, un colore antico che bisogna portare con gli accessori giusti, tono su tono, e amano molto anche i colori della natura. Per le donne alte e snelle hanno creato abiti stretti che bisogna indossare senza problemi in ogni occasione, anche al lavoro. Ma non hanno dimenticato neanche la minigonna, che soprattutto le più giovani portano molto volenticri. E per che tipo di donna disegnano questi vestiti i nostri stilisti? Per tutte le donne! Bisogna soprattutto ammirare i particolari, dato che i designer curano moltissimo i nuovi modelli. In certi casi possiamo dire che creano delle vere opere d'arte.

E7 *Invenzioni italiane*

Mettete la forma giusta del passivo. **G** → 12.3

1. Il cannocchiale ▪▪ (inventare) da Galileo Galilei.
2. Il paracadute ▪▪ (ideare) da Leonardo da Vinci.
3. Il nome 'Volt' ▪▪ (scegliere) come misura elettrica a causa del fisico Alessandro Volta.
4. L'intensità di un terremoto si misurava con la scala Mercalli, scala che poi ▪▪ (modificare e perfezionare) da Charles Richter.
5. A Guglielmo Marconi, inventore della radio, ▪▪ (consegnare) il premio Nobel per la fisica nel 1909.
6. La Vespa ▪▪ (creare) nel dopoguerra da Enrico Piaggio.
7. Il primo personal computer del mondo ▪▪ (introdurre) sul mercato della Olivetti nel 1965.

Alessandro Volta

Guglielmo Marconi

E8 *Parla una ex-modella italiana*

Ascoltate il testo e provate a rispondere alle seguenti domande:

1. Di che tipo di testo si tratta?
2. Che cosa è successo quando Erica aveva 16 anni?
3. Perché non ha firmato subito il contratto con l'agenzia "Elite"?
4. Che cosa le ha insegnato Gianni Versace?
5. Di dov'è Erica?
6. Perché il lavoro di modella piace a molte ragazze?
7. Perché Erica ha lasciato questo lavoro?
8. Che cosa sogna Erica?

E9 *Sfilata di moda a Milano*

Immaginate di essere il presentatore/la presentatrice delle modelle che sfilano a Milano. Scrivete i vostri commenti sui vestiti e presentateli in classe.

E10 *La moda del 3000*

Che cosa sarà di moda nell'anno 3000? Immagina di essere uno/una stilista e presenta la tua collezione.

E11 *Italian Style, che spettacolo*

Im Internet findest du folgenden Artikel zur italienischen Mode. Deine Freundin bittet dich, ihn kurz auf Deutsch zusammenzufassen.

È negli anni Cinquanta che (ri)sorge l'alta moda italiana. Le case di moda (Maison, o Fashion House) italiane cominciano a imporsi in Europa e nel mondo, restaurando la luminosa tradizione rinascimentale. Complici Hollywood e Cinecittà, col loro scintillante firmamento di star, già nel primo dopoguerra l'Italia recupera la
5 sua eterna immagine di Patria del bello, dell'arte e dello stile: tra dolce vita, vacanze romane e souvenir d'Italie. Così, già in quei difficili anni, si prepara la grande affermazione internazionale con cui l'Italian Style si sarebbe imposto nei decenni successivi, diffondendo anche in patria occupazione, benessere e buon gusto.
10 C'è una data che è una pietra miliare: il 12 febbraio 1951 le più rinomate sartorie del momento organizzano a Firenze, nella bella casa del conte Gian Battista Giorgini, tra sfarzo e paparazzi, il primo vero défilé dell'epoca.

Da allora è tutto un fiorire di tessuti, lavorazioni e modelli di lusso: da pomeriggio, da cocktail, da sera, da gran sera. Anche se Audrey Hepburn, bella e semplicis-
15 sima in camicetta e jeans, ricorda a tutti che l'eleganza non è necessariamente sinonimo di lusso costoso.

Eppure, si sa, la moda (modus, cioè maniera) è un universo di segnali che riconduce sempre a uno status sociale, ovvero a un'idea di benessere e più spesso di opulenza. L'Italia della ricostruzione postbellica vede una borghesia rinascente che
20 non aspetta di meglio. Serpeggia una certa voglia di esagerare.

Col pret-à-porter dei Sessanta il fenomeno si allarga e in qualche modo si democratizza. Grazie anche a più sobri e sportivi chemisier la li-
25 nea italiana, finalmente, non è più monopolio ristretto di pochi eletti. Forme sempre eleganti, certo, ma più sciolte e praticabili.

Oggi i più rinomati stilisti italiani imperversano nel mondo, con sgargianti passerelle e una
30 rete imperiale di boutique, dal Medio Oriente al centro di Mosca. Dove un tempo scorrevano in parata carri armati, missili e cupe grisaglie di gerarchi, oggi lo spazio urbano è (pacificamente) presidiato dalle più scintillanti griffe del
35 Bel Paese. C'è sfilata e sfilata.

http://www.madeinitaly.tv/category/menu_top/moda/

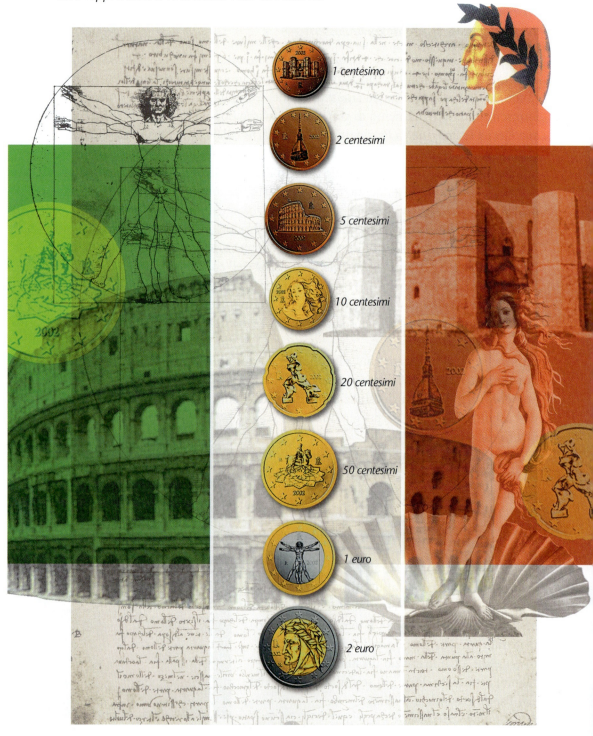

Preparare T3

E1 *Arte e architettura in Italia*

Sulle monete italiane si trovano famose opere d'arte dall'antichità all'epoca moderna. Che cosa rappresentano le monete? Fate una ricerca.

1 centesimo

2 centesimi

5 centesimi

10 centesimi

20 centesimi

50 centesimi

1 euro

2 euro

3 *Renzo Piano: un architetto per il mondo*

Berlino: Potsdamer Platz, 1992–1996

"La campagna mi annoia. Io guardo alle città, che per me rimangono il motore della civiltà europea. L'Italia ha inventato la città europea, luogo di contatto fisico."

"Il Centre Pompidou è il sogno di un rapporto liberissimo tra la cultura e la gente dove, entrando, si vede l'arte e si respira la città. Insomma, una costruzione culturale che non fa paura, ma che invece attira il pubblico ad entrare al suo interno."

Broad contemporary art museum, Los Angeles, 2008

Parigi: Centre Pompidou, 1977

"La sede del New York Times avrà 40 piani e sorgerà nell'Ottava Avenue. Avendo facciate in vetro dovrà dare l'idea di sconfiggere la gravità, in qualche modo evocando l'immaterialità dell'informazione."

"A Berlino c'era bisogno di utopia per riempire il buco nero della Potsdamer Platz. E questa utopia io l'ho cercata nella leggerezza: l'aria, il vetro e soprattutto l'acqua che è fonte di vita, non sta ferma ... Elementi di trasparenza, leggerezza appunto, da collegare alla natura pesante di Berlino, monumentale."

"Per secoli abbiamo costruito città felici ... come Siena, un capolavoro. Ingegneri, politici, cittadini dovevano capire la bellezza. Pur avendo tanti splendidi modelli in Italia adesso invece vengono costruiti ovunque orrori costosissimi, monumenti ai soldi ... Oggi la qualità da noi è snob. Il contrario della tradizione umanistica, che è qualità diffusa."

Renzo Piano

"L'italiano a cui mi sono sentito più vicino è uno scrittore, Italo Calvino. Da Calvino ho rubato quell'ideale di leggerezza che ho cercato di tradurre in palazzi, aeroporti, piazze, strade usando anche l'acciaio o il cemento."

Piano è stato paragonato a tanti maestri del passato. Dandogli quest'anno alla Casa Bianca il premio Pritzker, il Nobel dell'architettura, la giuria ha ricordato addirittura il Brunelleschi.

Ristrutturazione del porto antico di Genova, anni 1990–2001

E2 *Tutto chiaro?*

1. Chi è Renzo Piano? Che cosa ha costruito? A chi viene paragonato?
2. Chi lo ha ispirato? Che cosa vuole esprimere attraverso le sue costruzioni?
3. Quali idee voleva realizzare a Parigi e a Berlino? Che cosa pensa di fare a New York?
4. Secondo Piano quale importanza assume la città? Quale ruolo investe l'architettura?

E3 *Come dovrebbe essere secondo voi la città ideale?*

E4 *Renzo Piano usa spesso forme del gerundio, ma senza il verbo stare. Che cosa sostituisce questa struttura?* **G** → 12.4

E5 *Per una settimana Franca lascia il suo appartamento alla sua amica Chiara. Quando Chiara arriva nell'appartamento trova in cucina un messaggio. Leggilo usando il gerundio.* **G** → 12.4

1. Per favore, dà l'acqua alle piante! Usa la piccola bottiglia verde in cucina.
2. Quando esci di casa, non dimenticare di chiudere bene.
3. I biglietti per l'autobus li trovi all'edicola. Se vai in via Trento, la seconda strada a sinistra.
4. Se vuoi, puoi prendere la mia bicicletta che sta sotto le scale.
5. Mentre guardi la TV non accendere il computer, altrimenti va via la corrente.
6. Se non vai in centro, puoi benissimo fare la spesa al negozio sotto casa che ha tutto.
7. Se hai bisogno di qualcosa, chiamami la sera da mia sorella.
8. Ti auguro una buona settimana e spero che la mia città ti piaccia.

E6 *Consigli per avere un lavoro*

Daniele vorrebbe lavorare da un architetto. Domani incontrerà il direttore, il signor Benedetti. Il suo amico Rocco gli dà dei consigli. Metti il gerundio dov'è possibile. **G** → 12.4

1. Senti, Daniele. Siccome hai già preparato molti progetti, non devi essere nervoso.
2. Quando parli al sig. Benedetti mostragli rispetto, ma anche coraggio.
3. Se dici che sai bene l'inglese, potrebbe mandarti a lavorare in America.
4. Se gli rispondi sempre con sicurezza, fai vedere di essere molto maturo.
5. Farai certamente bella figura, se metti la tua camicia blu.
6. Devi essere sicuro di te, anche quando parlate di soldi.
7. Siccome al sig. Benedetti piacciono le costruzioni in vetro, parlagliene molto.
8. Se non segui i miei consigli, potresti essere mandato via.
9. Siccome mi sono già presentato molte volte per avere un lavoro, ti posso garantire che i miei consigli sono tutti molto utili.

E7 *Riscrivi quello che dice Renzo Piano e trasforma i gerundi in frasi subordinate; ricorda le congiunzioni che hai imparato dopo T1.*

E8 *Design e creatività: prodotti della ditta "Alessi"*

La ditta "Alessi" è una delle più importanti "fabbriche del design italiano". Si è specializzata nella lavorazione di prodotti casalinghi, soprattutto per la cucina. Hanno spesso un design molto interessante e particolare.

A che cosa servono i prodotti che vedete? Inventate poi un vostro oggetto di design "personale"!

E9 *Costruzioni e architetti italiani di tutti i secoli*

Abbina i nomi degli architetti alle opere servendoti di Internet o di libri se non conosci la risposta.

1. *Palazzo Vecchio, Firenze*

2. *La Cupola di S. Maria del Fiore, Firenze*

3. *Piazza del Campidoglio, Roma*

Arnolfo di Cambio,
1240–1302

Filippo Brunelleschi,
1377–1446

Michelangelo Buonarroti,
1475–1564

Andrea Palladio,
1508–1580

Gian Lorenzo Bernini,
1598–1680

Pierluigi Nervi, 1891–1979

Giò Ponti, 1897–1979

22 settembre 1786
«Oggi ho visitato una splendida villa detta la Rotonda ... forse mai l'arte architettonica ha raggiunto un tal grado di magnificenza».
GOETHE
(Viaggio in Italia)

4. La Rotonda a Vicenza

INGRESSO L. 5.000   N⁰ 2664

5. Piazza San Pietro, Vaticano

6. La Cupola di San Pietro, Vaticano

7. Grattacielo Pirelli, Milano 1959

Competenze <small>Livello A2 – B1</small>

A2 ———————————————————→ **B1**

Comprensione orale

E1 *Rapporti umani ... stop alla donna oggetto!*

Il 13 febbraio 2011, tante donne italiane sono scese in piazza per manifestare contro l'immagine della donna, spesso ridotta al suo corpo. Ecco l'intervento della scrittrice e regista Cristina Comencini.

1. La scrittrice appartiene a un gruppo di donne
   - ▬▬ del campo artistico come lei.
   - ▬▬ di diverse opinioni politiche.
   - ▬▬ dell'età adulta.
2. Perché, secondo Cristina Comencini, le donne dovrebbero scendere in piazza il 13 febbraio?
3. Secondo lei, la questione femminile non ha solo un'importanza politica, ma anche
   - ▬▬ artistica.
   - ▬▬ economica.
   - ▬▬ sociale.
4. Qual è lo slogan della manifestazione?
5. Cristina Comencini ha anche un messaggio per gli uomini. Quale sarebbe?
6. La scrittrice si preoccupa per le nuove generazioni. Che cosa potrebbero pensare le giovani donne, guardando la TV di oggi?

E2 *Renzo Piano: che cosa significa il verbo "fare" per me?*

Nella trasmissione "Vieni via con me", il famoso architetto Renzo Piano dice in sette modi diversi cosa significa "fare" per lui.

Primo ascolto: Quali sono i sette significati diversi del verbo "fare" secondo Piano?
Secondo ascolto: Qual è il consiglio di Renzo Piano per i giovani di oggi? Che cosa devono fare?

Comprensione scritta

E3 *I rapporti umani cambiati dal cellulare...*

Mentre stavo uscendo, vicino all'ingresso, dove c'era il guardaroba, ho conosciuto Sabrina. Lei non aveva notato la mia giacca, forse perché era completamente ubriaca; fatto sta che dopo due minuti siamo finiti in una stanza a baciarci. Dopo dieci secondi ovviamente ero già innamorato. Sono andato via dalla festa euforico. [...]

5 Ai tempi non c'era il cellulare. Il numero di casa voleva dire che quando chiamavi non era detto che rispondesse la persona che cercavi. Poteva rispondere il fratello, la madre o, peggio di tutti, il padre. Quel giorno non sapevo ancora che i suoi genitori erano separati e che il padre non abitava più con lei.

Ho telefonato e ha risposto la madre. "Buongiorno, sono Lorenzo. Posso parlare con Sa-
10 brina?"

"Un attimo. Sabrinaaaa ... una telefonata per te, Lorenzo."

Poi mi ha detto: "In questo momento non può, sta facendo la doccia. Lasciami il tuo numero, che ti richiama lei."

Una volta, quando non c'erano ancora i cellulari, se chiamavi qualcuno ed era in bagno, spesso si diceva che stava facendo la doccia per non dire cose meno eleganti. Invece adesso uno risponde anche se è seduto sulla tazza[1] e se dall'altra parte ti chiedono che stai facendo puoi dire: "Sono in cucina che sistemo delle cose." Anche quando aspettavi una telefonata non è come adesso che con il telefonino in tasca te ne puoi andare anche fuori a cena. Prima, ai tempi in cui non c'era nemmeno il cordless, se quella telefonata la desideravi tanto, praticamente ti accampavi[2] davanti al telefono di casa. Non andavi nemmeno in bagno per paura che chiamassero proprio in quei due minuti. Perché, se chiamava qualcuno, non è che poi potevi recuperare il numero della telefonata persa. Quando era persa era persa e iniziavi una serie di chiamate: "Scusa, eri tu al telefono?". E dire quella frase a una persona che ti piaceva sembrava subito una scusa. [...]

Ho aspettato la telefonata di Sabrina con la paura che non richiamasse. Appena mi sono allontanato dal telefono, lei ha chiamato. Ha risposto mia madre, che mi ha subito avvisato: "C'è una persona per te". La salivazione[3] era a zero. La frase da dire l'avevo preparata prima e ripetuta almeno venti volte per impararla a memoria. Al "pronto" mi sono scordato tutto. Anche perché lei mi aveva richiamato senza sapere chi fossi, visto che la prima cosa che mi ha detto è stata: "Chi sei?"

"Sono ... Lorenzo. Non so se ti ricordi di me, ci siamo incontrati alla festa di Alberto. Cioè ... ci siamo anche baciati."

"Certo che mi ricordo."

"Volevo chiederti se ti andava di vedermi ... cioè, di vederci ancora."

"Certo. Più tardi se vuoi vado in centro e ci vediamo davanti al teatro verso le quattro, va bene?"

"Sì, sì ..."

Non mi sembrava possibile. Ho spiegato a mio padre che quel pomeriggio dovevo andare via alle tre e mezzo e alle quattro in punto ero davanti al teatro.

Con Sabrina mi sono fidanzato. Siamo stati insieme quasi due settimane. [...]

Poi, un giorno, io e il mio amico Alessandro ci siamo accorti di una strana coincidenza.

"Ciao Ale, come va?"

"Bene e tu?"

"Mi sono fidanzato."

"Cazzo, ce l'hai fatta ... Con chi?"

"Si chiama Sabrina."

"Anche la mia ragazza si chiama Sabrina."

"Abita al poggio."

"Ah ... anche la ... mia!"

Quando mi ha detto il cognome non ci volevo credere. Eravamo fidanzati con la stessa ragazza. Siamo andati subito a una cabina telefonica e l'abbiamo chiamata.

"Ciao Sabri, sono qui con Alessandro e mi ha detto che stai anche con lui."

Due secondi di silenzio, poi tu-tu-tu-tu-tu-tu-tu-tu-tu. Aveva messo giù.

Fabio Volo: Il tempo che vorrei. Milano (Mondadori) 2009, p. 74-78.

1 la tazza: *hier: die Toilettenschüssel*
2 accamparsi: *sein Lager aufschlagen*

3 la salivazione: *der Speichelfluss*

1. Il narratore racconta
   - ▦ dell'epoca in cui il cellulare non esisteva ancora.
   - ▦ dell'epoca in cui lui non aveva il cellulare, gli altri invece sì.
   - ▦ di un momento in cui aveva perso il cellulare.
2. Di che cosa ha paura Lorenzo quando chiama in casa di Sabrina?
3. Quali sono i vantaggi del cellulare quando uno s'innamora? Indicane tre contenuti nel testo.
4. Perché Lorenzo e Sabrina stanno insieme solo per due settimane?

 Produzione scritta

E4 *Poco tempo fa hai partecipato a uno scambio con una scuola italiana. Ti chiedono adesso se puoi scrivere un articolo per il loro sito Internet in cui parli dell'importanza dell'Italia e dei suoi prodotti per la Germania. Scrivi l'articolo.*

 Produzione orale

E5 *Descrivere le persone: ecco alcuni ragazzi della mia classe!*
Guarda la foto e immagina che questa sia la tua classe. Presenta i tuoi compagni, descrivendo l'aspetto fisico, il carattere e le abitudini. Scegli poi chi è il tuo migliore amico/la tua migliore amica, e perché?

E6 *Una discussione in due. Scambiate le vostre opinioni su tre dei seguenti argomenti:*
- Ognuno di noi dovrebbe fare il servizio civile per aiutare gli altri?
- Può esistere l'amicizia tra un ragazzo e una ragazza?
- La gelosia fa bene all'amore?
- È utile sapere tante lingue oltre all'inglese?
- Meglio single che stare con qualcuno che non si ama?
- Siamo veramente liberi di fare tante scelte personali nella nostra vita?
- È passato di moda sposarsi per avere figli?

 Mediazione
E7 *tedesco ↔ italiano*
Il tuo amico italiano deve fare una ricerca su progetti internazionali di architetti italiani. Ha trovato questo articolo e ti chiede di dirgli i punti più importanti in italiano.
Ti può essere utile il dizionario.

Architektur
Italiener siegt im Wettbewerb um Berlins Stadtschloss

Ein in Deutschland nahezu Unbekannter
baut das Berliner Stadtschloss wieder
auf: Der italienische Architekt Franco
Stella hat den Wettbewerb um die Neuer-
5 richtung des Barockbaus gewonnen.

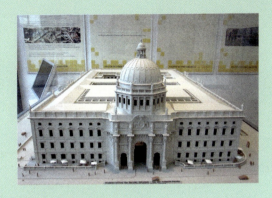

Die Jury aus Architekten und Politikern hat sich einstimmig für den Architekten
Francesco Stella aus Vicenza (Italien) entschieden und ihm das Jahrhundertprojekt
in der deutschen Hauptstadt anvertraut, teilten Kulturstaatsminister Bernd Neumann (CDU) und Bundesbauminister Wolfgang Tiefensee (SPD) mit. [...]
10 Neumann würdigte den Siegerentwurf als „schlüssiges und tragfähiges Gesamtkon-
zept". Er besteche durch „eine kluge architektonische Verknüpfung von Alt und Neu,
von moderner Nutzung und der Rekonstruktion des ehemaligen Schlosses". Der erste
Preis werde in optimaler Weise dem Beschluss des Deutschen Bundestages gerecht,
der die Wiedererrichtung der barocken Fassaden der Nord-, West- und Südseite so-
15 wie von drei Fassaden innerhalb des Schlüterhofes und eine Rekonstruktion der his-
torischen Kuppel vorsehe.

Moderne an der Ostseite
Dort, wo jetzt noch der Palast der Republik abgerissen wird, soll nun also ein Gebäude entstehen, das als Humboldt-Forum drei der vier Barockfassaden des einstigen
20 Hohenzollern-Schlosses erhalten wird. Das um 1700 von Andreas Schlüter erbaute
Stadtschloss war über Jahrhunderte Residenz der Preußen-Könige. 1950 wurde die
im Krieg schwer beschädigte Ruine vom SED-Regime gesprengt.
Mit dem Neubau erhält die Berliner Mitte nach jahrelangen Debatten und nach dem
Abriss des Palastes der Republik wieder ihr städtebauliches Herzstück zurück. Für
25 die letzte Runde des Wettbewerbs hatten sich 30 Architekturbüros qualifiziert. Der
Bundestag hatte bereits 2002 den Wiederaufbau des Schlosses mit den Originalfassa-
den beschlossen. Lediglich an der Ostseite ist eine freie Gestaltung möglich.

24.000 Quadratmeter Platz
In dem Schlossgebäude mit 40.000 Quadratmetern Nutzfläche wird das Humboldt-
30 Forum als ein Schaufenster für Kultur und Wissenschaft errichtet. Größter Nutzer
wird die Stiftung Preußischer Kulturbesitz sein. Sie will auf 24.000 Quadratmetern
die außereuropäischen Sammlungen des Ethnologischen Museums und des Museums für asiatische Kunst zeigen. Die Zentral- und Landesbibliothek stellt dazu die
passenden Bücher und andere Medien zur Verfügung. Auf 1.000 Quadratmetern
35 wird die Humboldt-Universität ihre wissenschaftsgeschichtlichen Sammlungen zeigen. Der 9.500 Quadratmeter große Eingangs- und Veranstaltungsbereich soll
„Agora" heißen.

http://www.morgenpost.de/berlin/article988409/Italiener_siegt_im_Wettbewerb_um_Berlins_Stadtschloss.html
(Freitag, 28. November 2008 20:58)

Il mondo del lavoro

Ingresso

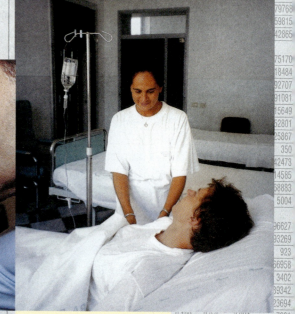

il programmatore/la programmatrice

il dottore/la dottoressa/ l'infermiere/ l'infermiera

il cuoco/la cuoca

il/la giornalista

Am Ende der Lektion kannst du
· über deine Berufswünsche berichten.
· dich auf eine Stelle bewerben.
· Lebens- und Arbeitsbedingungen beschreiben und kommentieren.

il/la poliziotto/a

il/la pilota

l'ingegnere

l'architetto

l'avvocato/l'avvocatessa

il professore/la professoressa

E1 *Quale mestiere ti piacerebbe fare in futuro? Intervista il tuo partner.*

Preparare T1

- Da un po' di tempo mia madre vuole che io vada al nord per trovare un lavoro.
- Davvvero? Non voleva che restassi a Palermo?
- Credeva come tanti che fosse abbastanza facile trovare un posto. Sperava che noi tutti potessimo stare insieme, e che non finissimo in una città lontano. Purtroppo non è possibile.
- E dove andresti?
- A Verona, penso. Lì, mio cugino ha trovato un posto.

E1 *Quali sono le forme del congiuntivo imperfetto? Spiega il suo uso.* **G** → 13.1/13.2/13.3
Ecco tutte le forme del congiuntivo imperfetto, ma in ordine sbagliato: quale è quello giusto?

→ -are: restassi – restassimo – restasse – restassero – restassi – restaste

→ -ere: prendessi – prendessimo – prendessi – prendessero – prendesse – prendeste

→ -ire: finisse – finissimo – finissi – finissero – finissi – finiste

→ essere: foste – fossi – fosse – fossero – fossi – fossimo

Persone diverse – mestieri diversi

Mi chiamo Donatella, ho 25 anni, lavoro all'ospedale di Terni come infermiera professionale al centro dialisi. È un lavoro di grande responsabilità, interessante, molto spesso faticoso, ma anche molto bello perché posso essere utile a tante persone.
Il corso di specializzazione per diventare infermiera professionale mi è piaciuto molto. Ho sempre pensato che fosse difficile conciliare lo studio, la frequenza alle lezioni e il lavoro in ospedale, ma con un po' di sacrificio ci sono riuscita.

maturità + corso universitario + concorso all'ospedale + corsi di specializzazione

Mi chiamo Gabriele e sono ispettore di polizia ad Assisi. Sono entrato in polizia perché i miei genitori desideravano che io avessi un posto sicuro. Per diversi anni sono stato semplice agente di polizia. Era un lavoro molto pesante perché avevo i turni di notte, lavoravo spesso il fine settimana e durante le feste, a Natale e soprattutto a Pasqua, periodi in cui nella nostra città arrivano tanti turisti. Ora che lavoro in ufficio mi trovo meglio perché ho anche più tempo per la famiglia e per gli amici.

maturità + concorso + scuola di polizia + corso di specializzazione
(sei mesi) + concorso interno per passaggio di grado

Mi chiamo Saverio e sono esportatore e commerciante di frutta e verdura. Ho una piccola impresa con quattro impiegati fissi e quattro autisti. I nostri camion vanno nel Nord Europa a vendere i nostri prodotti sempre freschi. La mia famiglia preferiva che io continuassi a lavorare nell'azienda agricola di nostra proprietà, ma non immaginava certo che io avessi già preso la decisione di mettermi nel commercio. Adesso ho molti clienti, ma ho dovuto lavorare duro per arrivare a questo risultato. Ancora oggi a 53 anni mi alzo ogni mattina alle cinque e le vacanze non so nemmeno cosa siano.

licenza di scuola media

Sono Silvia di Senigallia. Sono laureata in inglese e spagnolo, ma purtroppo non ho un lavoro a tempo pieno. Ho fatto il concorso per diventare guida turistica e ho presentato domanda all'Ente per il Turismo di Ancona che mi ha assunto come guida turistica della città e della regione nei mesi estivi. Sebbene all'inizio fossi convinta che il lavoro di guida turistica non mi sarebbe piaciuto, ho scoperto, invece, diversi lati positivi. Siccome non guadagno molto, mi arrangio come tanti altri disoccupati facendo lavori occasionali: do ripetizioni di inglese e lavoro in un centro per anziani.

maturità + laurea

E2 *Di chi si tratta?*

1. Ha seguito il consiglio dei genitori.
2. Non deve fare errori per non mettere in pericolo altra gente.
3. Lavora soprattutto d'estate.
4. Non è impiegato ma indipendente.
5. Va anche all'estero per motivi di lavoro.
6. Fa più lavori per poter mantenersi.
7. Per andare avanti, bisogna fare ogni tanto dei sacrifici.
8. Adesso riesce meglio a conciliare il suo lavoro con la famiglia.

E3 *Oltre il testo*

1. Lavoro e famiglia: che problemi ci possono essere?
2. Secondo te, che cosa rende un mestiere interessante?
3. Tanta gente come Silvia deve "arrangiarsi". Che cosa significa?

E4 *Desideri e paure dei genitori*

1. Metti il congiuntivo imperfetto. **G** → 13.2

Il padre di Gabriele desiderava tanto che suo figlio ▪▪ (laurearsi) in medicina e ▪▪ (diventare) presto un medico ricco e famoso. La madre, invece, non voleva che il figlio ▪▪ (dovere) studiare per tanti anni, senza una prospettiva concreta. Aveva, inoltre, paura che il figlio ▪▪ (andare) via di casa, magari in un'altra regione, per studiare, lontano da lei. Pensava che per Gabriele ▪▪ (essere) meglio cercare un lavoro piuttosto che studiare. Secondo lei era meglio che Gabriele ▪▪ (scegliere) un lavoro sicuro, forse in banca come le sue sorelle, in città.

2. Ma che cosa desiderava fare Gabriele? Rispondi tu.

E5 *Dopo la prova di concorso*

Metti il congiuntivo trapassato. **G** → 13.4
Anche i genitori di Anna hanno tante speranze, ma anche tante paure, per la figlia. Dopo la prova erano preoccupati che Anna …

1. (non rispondere) bene.
2. (non capire) bene le domande.
3. (scrivere) troppo poco.
4. le sue conoscenze (non bastare).
5. (non concentrarsi) abbastanza.
6. (tradurre) male il testo tedesco.

INFO

In Italia, per lavorare nella pubblica amministrazione, è necessario superare un concorso, durante il quale i candidati sostengono esami scritti e orali per dimostrare le proprie capacità. In base al punteggio ottenuto i vincitori del concorso vengono inseriti in una graduatoria (dal migliore al peggiore), dalla quale l'amministrazione attinge per assegnare i posti.

E6 *Ripasso: l'imperfetto*
Quando eri piccola, che mestiere volevi fare?

Quando ▪▪ (essere) piccola, tutti,
cioè mio fratello, mia sorella, i miei
genitori e le mie bambole ▪▪ (avere)
una fasciatura. I miei genitori ▪▪
(farsi) curare volentieri, mio fratello
invece ▪▪ (cercare) spesso di scappare .... Un giorno, i miei genitori
mi hanno regalato un astuccio con
dentro degli strumenti.
▪▪ (essere) il mio giocattolo preferito. ▪▪ (volere) assolutamente diventare dottore. Oggi sono ingegnere.

Mi ricordo che io ▪▪ (volere) diventare commessa. ▪▪ (prendere) per
esempio tutte le scarpe che ▪▪ (trovare) a casa nostra e le ▪▪ (portare)
in camera mia. Le ▪▪ (mettere) in
una fila, ▪▪ (scrivere) biglietti con il
prezzo e ▪▪ (aspettare) i miei clienti.
Non ▪▪ (durare) mai molto, fino a
quando i miei fratelli e i miei genitori ▪▪ (venire) da me perché ▪▪
(cercare) le loro scarpe. Io gliele ▪▪
(vendere) chiedendo come prezzo
una caramella, un cioccolatino ...
Oggi non vendo scarpe, ma libri.
Sono libraio.

E7 *A te, che cosa piaceva fare da piccolo/da piccola? Raccontatevelo a vicenda.*

Lezione 13

E8 *Studiare o lavorare subito?*

Tre amici, Mario, Domenico e Marco discutono su quello che faranno dopo la maturità.

Primo ascolto:

Di chi si tratta?
1. Non sa di preciso cosa farà.
2. È sicuro di non studiare.
3. Vuole diventare medico.
4. Sembra avere problemi con i voti a suola.
5. Parla dei suoi genitori.

Secondo ascolto:
1. Che cosa propone Domenico a Marco? E perché?
2. Perché Marco non vuole diventare insegnante?
3. Su che cosa sono d'accordo i tre amici?

E9 *Un sondaggio in classe*

E voi? Che cosa vorreste fare dopo la scuola?

E10 *Cominciare subito lo studio o viaggiare per il mondo?*

Tu e il tuo amico/la tua amica non siete d'accordo su quello che farete dopo la maturità.
Tu vorresti cominciare subito a studiare. Il tuo amico/la tua amica invece, prima di studiare, vorrebbe fare un giro del mondo che dura almeno sei mesi.
Prima fase: ognuno prepara una lista di motivi.
Seconda fase: discutete e trovate un compromesso

Preparare T2

E1 *Descrivete questa vignetta. Che cosa esprime, secondo voi? Di che cosa parlerà il testo che segue?*

2 Il lavoro precario:
l'esperienza in un call-center

Lavoravo per meno di cinque euro l'ora. Io studio e vivo con i miei, quindi ancora mi poteva andare bene. Ma le storie che vedevo in quel call-center erano paurose. Studenti ma anche laureati, operatori turistici, ingegneri, gente in gamba, con famiglia, che conosceva cinque lingue, costretti a sottostare a contratti che cambiavano (in peggio) ogni mese a piacimento
5 senza preavviso. Tutto ciò fino a quando un giorno siamo stati avvisati che dal giorno dopo non ci saremmo più dovuti presentare al lavoro perché il call-center sarebbe stato chiuso. Brevemente ci hanno detto che le nostre vendite erano scese, che altri call-center erano più competitivi per via degli stipendi più bassi. Hanno aggiunto di essere dispiaciuti perché non erano riusciti a mantenere i posti di lavoro. Fine del gioco, tutti a casa e non importa se
10 senza preavviso. Magari non hai un'altra offerta pronta sottomano e devi trovarti un modo per mangiare e pagare le bollette. Vorrei andarmene da questo paese.

Francesca Pallotti, Roma

E2 *Tutto chiaro?*
1. *Quali sono i problemi che deve affrontare Francesca?*
2. *Che informazione ci dà la testimonianza di Francesca sulla situazione economica di tanti giovani in Italia?*

INFO

Il precariato

In Italia ci sono molte persone senza un posto di lavoro stabile. Soprattutto tra i giovani laureati è cresciuto il numero dei precari che si vedono costretti ad accettare degli impieghi che non sono solo mal pagati e di incerta durata, ma non sempre corrispondono alla loro formazione universitaria. Il contratto cosiddetto flessibile non garantisce un reddito fisso.

E3 *Ripasso: La protesta dei precari*
Utilizzate il congiuntivo presente.

È ora che … – Bisogna che … – Vogliamo che … – È una vergogna che …
Completa queste frasi.

1. ▪▪ i call-center ▪▪ non (pagare) così poco. 2. ▪▪ (dare) un contratto come si deve.
3. ▪▪ con la laurea ▪▪ (trovarsi) un posto di lavoro. 4. ▪▪ si ▪▪ (avere) più sicurezza
per il futuro. 5. ▪▪ gli impiegati ▪▪ (venire) informati sulla situazione economica del
call-center. 6. ▪▪ il governo ▪▪ (diventare) attivo per combattere il precariato. 7. ▪▪ il
sindacato ▪▪ (difendere) i nostri interessi. 8. ▪▪ tanti ▪▪ (lavorare) più di otto ore al
giorno.

E4 *Commentare la protesta*
Mettete il congiuntivo imperfetto o il congiuntivo trapassato. **G** → 13.2/13.4

Era ora che ▪▪ (farsi) una protesta del genere. Bisognava che anche gli studenti ▪▪
(mobilitarsi). Volevano che ▪▪ (presentarsi) un politico affinché il governo ▪▪
(diventare) più attivo. Secondo loro era necessario anche che il sindacato ▪▪ (difendere) meglio i loro interessi. Gli organizzatori non si aspettavano che i partecipanti
▪▪ (essere) tanti. Benché si ▪▪ (avere) un po' paura che ▪▪ (venire) solo i giovani precari, ci si augurava che anche genitori, nonni e amici ▪▪ (prendere) parte alla manifestazione. Così i responsabili erano felici che tanta gente ▪▪ (avere) dimostrato solidarietà con i precari.

E5 *La concordanza dei tempi*

Francesca Pallotti (in T 2) riferisce quello che il capo gli ha detto nel call-center trasformando il discorso diretto del capo in un discorso indiretto. **G** → 13.6

Ecco il discorso diretto:

"Da domani non vi dovrete più presentare perché il call-center sarà chiuso. Le vostre vendite sono scese, gli altri call-center sono più competitivi. Ci dispiace che non siamo riusciti a mantenere i posti di lavoro."

1. Rileggi T 2 per scoprire i cambiamenti dei tempi passando dal discorso diretto al discorso indiretto.

discorso diretto	Ha detto che ...	discorso indiretto
presente	→	
passato prossimo	→	
futuro	→	

2. Che altri cambiamenti ci sono?

E6 *Il commento di Anna*

Ecco come Anna, un'amica di Francesca ha commentato la chiusura del call-center parlando con il suo ragazzo Antonio.

"È una cosa incredibile. Lavoro qui da due anni, dalla mattina alla sera, non guadagno neanche 500 € al mese e adesso mi dicono che devono chiudere perché guadagno troppo. È una vergogna. Un mese fa mi hanno dato addirittura un premio perché avevo venduto più di tutti con la promessa che mi avrebbero aumentato anche lo stipendio. Non so proprio cosa farò. Come farò a pagare l'affitto?"

La sera Antonio riferisce al suo compagno Marco quello che gli ha detto Anna. Trasforma il suo discorso diretto in un discorso indiretto. **G** → 13.6

E7 *Esiste un lavoro ideale?*

Nel suo programma radiofonico sulle condizioni di lavoro, RAI III intervista delle persone per far conoscere meglio quello "che va" e quello "che non va". Completa questa tabella.

nome			
mestiere			
aspetti positivi			
aspetti negativi			

E8 Rispondere a un annuncio di lavoro

Hai letto questo annuncio che ti interessa. Scrivi un CV e una lettera di motivazione.
(→ Strategia 4.2, pag. 290)

---

100 animatori per bambini nei centri estivi di Roma e provincia

Tempo felice, leader nel settore dell'animazione da ormai 20 anni, cerca 100 animatori per bambini disposti a lavorare da giugno a settembre in centri estivi diurni nella provincia di Roma. Si cercano responsabili per i centri, responsabili di settore, animatori, istruttori sportivi. La ricerca è indirizzata a persone tra i 18 ed i 30 anni che siano predisposte al contatto con i bambini. Si offre uno stipendio base di 800 euro al mese. Gli interessati possono inviare entro il 20 maggio il proprio CV con foto all'indirizzo e-mail tempofelice@tiscali.it oppure tramite fax al numero 06/79350716

E9 Progetto: posti di lavoro in Italia e nel Tessino (Svizzera)

Mettete insieme su un grande cartello – servendovi di Internet – i posti di lavoro che potrebbero interessarvi dopo la maturità. Quali sono per voi i posti più interessanti?

E10 Cervelli in fuga: gli italiani nel mondo

La tua amica tedesca, che non parla l'italiano, vede questa illustrazione che le interessa. Ti chiede di che cosa parla il testo e tu lo riassumi brevemente. In base alle informazioni ricevute, lei può fare altre domande.

L'Italia sforna più di 4.000 dottori di ricerca all'anno. In genere laureati brillanti che hanno vinto un concorso ed una borsa di studio almeno triennale. Si sono formati attraverso anni di lavoro di studio e di ricerca ed hanno conseguito il più alto titolo
5 di studio conferito dallo stato italiano presentando una tesi di fronte ad una commissione che spesso vede presenti scienziati di livello internazionale.
Dove vanno? Alcuni, pochi, diventano ricercatori a mille euro al mese. Altri abbandonano la ricerca e cambiano lavoro. Molti scappano: di fronte alle porte chiuse di casa propria voltano le spalle e si recano all'estero, dove le porte invece sono
10 aperte e le prospettive ben diverse.

Si tratta di persone formate in Italia, in possesso di curriculum accademici adeguati. Persone che a volte raggiungono importanti risultati scientifici. Ma che, molto più spesso, lavorano silenziosamente e contribuiscono ad innalzare il livello culturale, scientifico, tecnologico e, in definitiva, il benessere, del paese ospitante. Cultura, scienza, tecnologia e benessere che poi l'Italia importa. E paga. Nell'era della globalizzazione e della new-economy, la competenza e l'innovazione scientifica e tecnologica sono tutto. L'Italia li regala.

abbreviato da: http://www.cervelliinfuga.it/

E11 *Progetto: capire e commentare un film*

1. *Ecco il riassunto della prima parte del film "Tutta la vita davanti". L'inizio presenta tre "errori". Guardate il film, trovate gli "errori" e scrivete il riassunto della seconda parte.*

Marta, ventiquattro anni, da poco laureata in lingue straniere con il massimo dei voti, si mette alla ricerca di un lavoro. Nonostante i numerosi colloqui, soprattutto presso case editrici e redazioni giornalistiche, la neo laureata non riesce a farsi assumere. Una prima possibilità che viene offerta alla ragazza è quella di lavorare in un call-center come telefonista per la ditta *Multiple*. Il suo compito è quello di fissare il numero maggiore di appuntamenti per la dimostrazione di un apparecchio domestico. Inizialmente il lavoro sembra divertente: la giornata si apre con balli e canti che hanno lo scopo di mettere di buon umore i dipendenti allo scopo di motivarli. I dipendenti vengono incitati, inoltre, con l'assegnazione di premi per i più bravi e con il licenziamento di chi, invece non ha mostrato delle belle prestazioni. Dopo una telefonata però ad un signore anziano, Marta comincia a rendersi conto che qualcosa non va ...

2. *Spunti per la riflessione e la discussione:*
   - C'è una forte contrapposizione tra apparenza e realtà. Individuate questi contrasti.
   - Secondo voi, perché nel film si fa riferimento al mito della caverna di Platone (scena 7)?
   - Sapreste indicare dei riferimenti nel film alla situazione politica italiana?
   - Secondo voi, la scena finale del film può essere considerata un lieto fine?

Am Ende der Lektion kannst du
· dich zur italienischen Einigungsbewegung und zu den wichtigsten politischen Parteien Italiens äußern.
· das Nord-Süd-Gefälle im aktuellen Italien erläutern und über Vorurteile und Stereotypen sprechen.
· Hypothesen in Bezug auf die Gegenwart und die Vergangenheit äußern.

LA NOSTRA STORIA INSIEME COMPIE 150 ANNI.

1861
2011
150°

E1 *Che cosa ci dicono queste vignette sull'Italia?*
E2 *Perché il 2011 è stato un anno particolare per l'Italia?*

Preparare T1

E1 *In quanti stati l'Italia era divisa prima dell'unificazione nel 1861 e prima che Roma ne diventasse la capitale nel 1871?*

T1 Il Risorgimento – L'Italia dal 1815 al 1871

a. Nel 1859, Camillo Benso Conte di Cavour, primo ministro del Regno di Sardegna, stringe un'alleanza con la Francia per combattere contro l'Austria. In questa guerra, chiamata la II guerra d'indipendenza, l'Austria perde la Lombardia. Subito dopo, le popolazioni del Centro Italia (la Toscana, l'Emilia) votano per l'unione al Regno di Sardegna.

b. Il 2 luglio 1871 l'Italia è fatta e Roma ne è capitale.

c. Il 17 marzo 1861 viene proclamato il Regno d'Italia, il cui primo Re è Vittorio Emanuele II, Re del Regno di Sardegna.

d. L'Ottocento è il secolo in cui si realizza l'unità d'Italia. Il movimento, che nasce alla fine del '700 e che va fino al 1870, viene chiamato "Il Risorgimento" per sottolineare l'idea che 'risorge', tra gli italiani, il desiderio di creare, come hanno fatto gli antichi romani, uno Stato con un solo centro politico, cioè un solo governo.

e. Per capire questo movimento bisogna sapere che fin dal '500, l'Italia soffre della presenza di potenze straniere (Francia, Spagna, Austria). Questa situazione non cambia neanche con il Congresso di Vienna (1814/1815): dopo la fine dell'epoca di Napoleone i vecchi signori tornano al potere e l'Italia viene divisa e governata da stranieri (p. es. gli Asburgo al Nord, i Borboni al Sud). Tra gli italiani nasce così la volontà di liberarsi e di creare uno Stato nazionale.

f. Un anno dopo, nel 1860, Giuseppe Garibaldi parte con circa 1000 volontari per liberare il Sud Italia dai Borboni. Il suo viaggio da Genova in Sicilia viene chiamato "la spedizione dei Mille". In solo cinque mesi ha il controllo di tutto lo stivale, e così finisce il potere della dinastia dei Borboni nella penisola. Il Regno di Sardegna cede Nizza e la Savoia alla Francia, in cambio dell'aiuto ricevuto in guerra.

g. Nella III guerra d'indipendenza, nel 1866, il Regno d'Italia acquista il Veneto con la Pace di Praga.

h. Dopo il Congresso di Vienna vengono fondate società segrete, come p. es. la Giovine Italia di Mazzini, nata per combattere per un'Italia unita e repubblicana.

i. Il 1848 è l'anno delle rivoluzioni non solo in Italia, ma anche in altri paesi europei. Per l'Italia, si parla della I guerra d'indipendenza che però non ha avuto successo. I patrioti volevano liberare Milano dagli austriaci, ci sono però riusciti solo per cinque giorni.

l. Il 20 settembre 1870, le truppe del Re arrivano a Roma e sconfiggono le truppe del Papa a Porta Pia. Nasce un grave conflitto tra lo Stato italiano e il Papa.

m. Manca ancora Roma, sede del Papa e protetta dai francesi. Solo quando la Francia perde la guerra contro i tedeschi nel 1871, la situazione cambia.

n. Ancora oggi Vittorio Emanuele, Mazzini, Garibaldi e Cavour vengono chiamati i quattro padri della patria.

E2 *Storia attiva*
Ritrovate l'ordine giusto dei 12 paragrafi.

Incontro tra Garibaldi e Vittorio Emanuele II a Teano (vicino a Caserta): Garibaldi "regala" il Sud al re (1860).

⚪⚪ E3 *La presenza del Risorgimento*

Passando per le piazze e le vie di un paese o di una città italiana vedete questi cartelli. Ad un amico tedesco/un'amica tedesca, che non conosce la storia del Risorgimento spiegate che cosa significano.

E4 *Parole*

Le parole che usiamo per parlare di storia sono simili in molte lingue europee. Completate la lista seguente sul vostro quaderno:

D	E	F	It
Proklamation	proclamation	proclamation	
Dynastie	dynasty	dynastie	
	independence	indépendance	
Plebiszit			
Erklärung	declaration	déclaration	
Annektion			
Exil	exile	exil	
Territorium	territory	territoire	
	foundation	fondation	
	capital	capitale	
	conquest	conquête	

E5 *Di chi si tratta?*

Garibaldi

?

Partecipa da giovane ai moti dei Carbonari. Mandato in esilio in Francia, fonda la Giovine Italia. Ha idee repubblicane. Passa la vita quasi sempre in esilio (Svizzera, Francia, Inghilterra), scrive libri, discorsi, articoli di giornale per diffondere le sue idee. Desidera che il popolo partecipi alle lotte per l'indipendenza. Muore a Pisa nel 1872 sotto falso nome.

Cavour

?

Nel 1834, dopo aver partecipato ad un'insurrezione in Piemonte, va in America del Sud dove partecipa ai movimenti per l'indipendenza dell'Uruguay. Conosce Anita Ribereias e la sposa. Torna in Italia verso la fine della prima Guerra di indipendenza, ma fa in tempo soltanto a partecipare alla Repubblica Romana. Deve scappare e durante la fuga muore la moglie. Alla fine della seconda Guerra d'indipendenza organizza, nel 1860, con mille uomini, la liberazione del Regno delle Due Sicilie. Dopo aver sconfitto i Borboni consegna a Vittorio Emanuele II il regno e si ritira a Caprera. Nel 1866 fa due tentativi per assaltare Roma, ma deve ritirarsi.

Mazzini

?

Fa tanti viaggi in Europa e nota i progressi nei paesi che visita. A partire dal momento in cui diventa ministro dell'agricoltura cerca di applicare le sue idee per rendere più moderno il suo paese. Diventato primo ministro del Regno di Piemonte-Sardegna, tenta di trovare un alleato politico per il suo paese. Nel 1859 Napoleone III promette aiuto al Piemonte nel caso in cui sia attaccato dall'Austria. Così nel 1859 inizia la seconda Guerra d'indipendenza. Muore nel 1861.

Chi viene chiamato:
- "l'intellettuale"?
- "eroe dei due mondi"?
- "il politico"? *E perché?*

E6 Ripasso: Garibaldi – Cavour – Mazzini

Chi voleva che cosa? Di che cosa avevano paura? Mettete il congiuntivo imperfetto.
Modello: Mazzini voleva che l'Italia diventasse una repubblica.

l'Italia (diventare) una repubblica – la Sicilia (fare) parte del Regno unito – il Sud Italia (essere) liberato – il Piemonte (trovare) alleati per combattere gli austriaci – il papa (lasciare) Roma – il popolo (partecipare) alla lotta – l'Austria (essere) più forte – la Francia (aiutare) i patrioti – Roma (diventare) la capitale dell'Italia unita – Garibaldi (essere) troppo forte e (arrivare) fino a Roma – l'Italia (essere) unita in una monarchia.

E7 Giuseppe Verdi e l'unità italiana

Va, pensiero, sull'ali dorate *è uno dei cori più noti della storia dell'opera lirica. Si trova nella terza parte del* **Nabucco** *(1842), dove viene cantato dagli Ebrei prigionieri in Babilonia.*

1. Leggete il testo del coro.
2. Ritrovate la traduzione delle strofe.
3. Com'è, secondo voi, la traduzione? È fedele all'originale?
4. Che rapporto c'è tra questo coro e il Risorgimento?

Va', pensiero, sull'ali dorate; va', ti posa sui clivi, sui colli, ove olezzano tepide e molli l'aure dolci del suolo natal!	*„Zieht, Gedanken, auf goldenen Flügeln,* *Zieht, Gedanken, ihr dürft nicht verweilen!* *Lasst euch nieder auf sonnigen Hügeln,* *Dort, wo Zions Türme blicken ins Tal!*
5 Del Giordano le rive saluta, di Sionne le torri atterrate ... Oh mia patria sì bella e perduta! Oh membranza sì cara e fatal!	*Um die Ufer des Jordan zu grüßen,* *Zu den teuren Gestaden zu eilen,* *Zur verlorenen Heimat, der süßen,* *Zieht Gedanken, lindert der Knechtschaft Qual!*
Arpa d'or dei fatidici vati, 10 perché muta dal salice pendi? Le memorie nel petto raccendi, ci favella del tempo che fu!	*Warum hängst du so stumm an der Weide,* *Goldene Harfe der göttlichen Seher?* *Spende Trost, süßen Trost uns im Leide* *und erzähle von glorreicher Zeit.*
O simile di Sòlima ai fati traggi un suono di crudo lamento, 15 o t'ispiri il Signore un concento che ne infonda al patire virtù.	*Singe, Harfe, in Tönen der Klage* *Von dem Schicksal geschlag'ner Hebräer.* *Als Verkünd'rin des Ew'gen uns sage:* *Bald wird Juda vom Joch des Tyrannen befreit"*

E8 Goffredo Mameli "Fratelli d'Italia" (1847) – Hoffmann von Fallersleben, "Das Deutschlandlied" (1841)

Presentate l'inno nazionale italiano e tedesco. Che cosa hanno in comune? Quali sono le differenze?

INFO

E9 *Inni e bandiere: hanno ancora una funzione nell'Europa unita?*

Che cosa ne pensate voi?

In un referendum nel 1946 la maggioranza degli italiani si esprime per la Repubblica, cioè per l'abolizione della monarchia che, secondo molti, si era troppo compromessa durante la seconda guerra mondiale sostenendo Benito Mussolini e il fascismo. Con il boom economico degli anni sessanta dell'ultimo secolo l'Italia diventa il sesto fra i paesi più industrializzati del mondo. Sul piano politico fino al 1992 cambiano tanti governi sempre sotto la guida della Democrazia cristiana. In quell'anno però molti personaggi politici vengono accusati di corruzione, escono di scena e con loro anche i loro partiti.

Ecco le istituzioni politiche più importanti della Repubblica Italiana

1. Il Capo dello Stato: Il Presidente della Repubblica
   Sede: Il Palazzo del Quirinale
2. Il Capo del Governo: Il Presidente del Consiglio (anche: Il Primo Ministro, il Premier)
   Sede: Il Palazzo Chigi
3. Il Parlamento: consiste di due Camere
   La Camera dei (630) Deputati
   (sede: Palazzo Montecitorio)
   Il Senato (315 senatori) (sede: Palazzo Madama)
4. La Corte Costituzionale: il supremo organo giudiziario del paese

Palazzo Madama

Palazzo del Quirinale

Palazzo Montecitorio

Palazzo Chigi

E10 *Chi sono al momento …*
  – il Presidente della Repubblica?
  – il Presidente del Consiglio?

E11 *Ripasso: Meno male!*

Metti il condizionale presente.

Nel 1946 il popolo ha detto di no alla monarchia in Italia, altrimenti ci ▪▪ (essere) ancora oggi. Poi si sono dati la costituzione democratica, altrimenti oggi noi non ▪▪ (votare). Per fortuna nel 1957 è nata l'Unione europea, altrimenti oggi non ▪▪ (potere) andare a vivere e lavorare anche negli altri paesi europei e gli stati non (fare) una politica comune. Poi hanno creato l'euro altrimenti ▪▪ (dovere) sempre cambiare le monete quando si va all'estero. Meno male che non c'è più la pena di morte, altrimenti oggi ▪▪ (morire) forse altri innocenti in Italia. Meno male che non è passata la legge sul nucleare, altrimenti anche in Italia ▪▪ (costruire) le centrali.

INFO

I partiti politici italiani:

1. Il PDL (Popolo della Libertà), fondato da Berlusconi (destra). Nasce dalla fusione di AN (Alleanza Nazionale) e Forza Italia.
2. PD (Partito Democratico): con Bersani (sinistra), nasce dalla fusione di Ulivo, Margherita
3. Lega Nord: fondato da Bossi (destra)
4. Italia dei Valori con Di Pietro (tende a sinistra)
5. Unione di Centro, con Casini, centro destra
6. Futuro e Libertà, centro destra con Fini, ex leader di AN che era confluito nel PDL con Berlusconi, ma poi, sempre nel 2011 ha fondato questo partito.

Poi, tra i partiti minori, ci sono, per esempio,

1. I Verdi
2. Italia per il Sud

E12 *Quali partiti governano il paese al momento, quali sono all'opposizione?*

Fate una ricerca in Internet.

 E13 *L'unità d'Italia: a cosa serve?*

Ecco una discussione tra Sonia e Beatrice. Quali sono le due posizioni diverse per quanto riguarda l'unità d'Italia?

	Sonia	Beatrice
la posizione		
gli argomenti		

Preparare T2

Se non avessimo tanti amici italiani qui a Colonia, la vita qui sarebbe più difficile. Quando mio marito andrà in pensione, torneremo in Italia.

Se mio padre nel 1970 fosse rimasto in Sicilia, non avrebbe mai trovato un lavoro ed io non abiterei in Germania, penso.

Aprirò una pizzeria se non mi piace fare il meccanico.

Quando avrò finito la scuola, rimarrò in Germania. Qui ho tutti i miei amici.

Se non avessi tre fratelli, sarei più felice, o forse no.

Se sono bravo a scuola, posso fare il mestiere che mi piace.

E1 *Come si forma il periodo ipotetico?* **G** → 14.1
Riempite questa tabella mettendo il tempo e modo giusti:

	frase subordinata con «se»	frase principale
1		
2		
3		

E2 *Qual è la differenza tra* **se** *e* **quando***?* **G** → 14.1.4

T2 L'Italia – la mia nuova patria

Per incontrare Alina, bisogna andare nella biblioteca dell'università. Studia, come tutti i giorni, per avere un futuro migliore. È venuta in Italia quattro anni prima, nel 2002, lasciandosi alle spalle la Romania

5 per fare la baby-sitter a Roma, al posto della zia che doveva tornare nel suo paese d'origine (in Romania). L'italiano, Alina l'ha imparato con le favole, leggendo *Biancaneve e i sette nani* o *Cappuccetto Rosso* a Ferdinando e a Cecilia, che all'epoca avevano tre e cinque anni. "Quando dormivano o non avevo niente da fare, facevo degli esercizi di grammatica, uno dopo l'altro." È venuta in Italia perché, a 18 anni, non

10 voleva rimanere in Romania. "Chiaramente, se in Romania avessi avuto delle prospettive, non sarei partita." Col contratto che la famiglia italiana le aveva dato prendeva il permesso di soggiorno. "Mi sono sempre detta: se studio bene l'italiano, un giorno potrò iscrivermi all'università." E così è andata. Dopo il trasferimento a Verona, dove lo zio aveva trovato un altro lavoro, fa di nuovo la baby-sitter. E la sera frequenta una scuola serale per perfezionare

15 l'italiano. "Sono stata fortunata. Se non avessi avuto una professoressa così brava, non avrei fatto tanti progressi in poco tempo." Comunque i problemi non mancano. "Per pagarmi la vita ho fatto più lavori, spesso mal pagati. Mi dicevano: Se non accetti lo stipendio, diamo il lavoro a qualcun altro." Allora fa la cameriera per tre euro all'ora, pulisce per pochi soldi, non ha ferie … Comunque esclude il ritorno in Romania anche grazie a Alessandra che,

20 come lei, frequenta un corso di tedesco. "Se non avessi incontrato Alessandra non so come sarebbero andate le cose. Con lei ho conosciuto altri ragazzi e ragazze, e per farla breve, da allora, mi sento integrata."

○○ E3 *Il ritratto di Alina*

Presentate Alina con queste categorie:
paese d'origine – lavori in Italia – conoscenza dell'italiano

L'Italia: da paese d'emigrazione a paese d'immigrazione

Si stima che fuori d'Italia ci siano circa altri 60 milioni di italiani. In passato, infatti, molti italiani hanno cercato fortuna in altri continenti (America del Nord e del Sud, Australia) o in altri Paesi europei (Germania, Belgio, Francia). Sicuramente tanti, tantissimi, forse troppi. Oggi si registrano numerose comunità italiane, sparse per tutto il mondo, in parte formate dai discendenti dei primi emigranti.

In questi ultimi anni però l'Italia è diventata per molti extracomunitari il Paese dove poter realizzare i loro sogni. In effetti, molte cose sono migliorate in Italia, la disoccupazione è diminuita e per certi lavori spesso manca addirittura la manodopera.

Per avere dati attuali sulla situazione dell'immigrazione italiana, consulta Internet.

E4 *Se non avesse incontrato Alessandra …*

Come sarebbe allora la vita di Alina? Metti il condizionale presente o passato. **G** → 13.5

1. sentirsi meno integrata
2. non conoscere altri giovani
3. rimanere sola a casa
4. non uscire
5. non sapere a chi chiedere un consiglio
6. forse tornare in Romania
7. parlare l'italiano meno bene

E5 *I pensieri di Alina*

Completa la frase subordinata con **se** *con il tempo e il modo giusto.*

1. Dirò alle mie cugine di venire in Italia se me lo (chiedere).
2. Probabilmente io non sarei venuta in Italia, se la zia non (dover) tornare in Romania.
3. Non avrei letto sempre le stesse favole se Ferdinando e Cecilia non (amare) così tanto.
4. Non accetterei uno stipendio di tre euro all'ora se (poter) scegliere.
5. Non avrei imparato così velocemente l'italiano se non (avere) una professoressa così brava.
6. Stasera esco con Alessandra se mi (chiamare) prima delle sette.
7. Andremo anche al lago di Garda se i miei mi (venire) a trovare qui a Verona.
8. Prossima domenica faccio una gita in montagna se (fare) bel tempo.

E6 *Mobili nuovi*

Per il suo nuovo appartamento Alina deve comprare dei mobili. Alessandra le dà dei consigli. Metti **se** *o* **quando**. **G** → 14.1.4

1. ▬ hai tempo possiamo andare insieme a guardare i negozi.
2. ▬ passi in via Dante, da Carli, puoi vedere un bellissimo divano della Artiflex di Roma.
3. ▬ vuoi, fai lo 069961241, così puoi direttamente metterti in contatto con questa ditta.
4. ▬ telefoni, prima delle 9 non trovi nessuno.
5. ▬ ti avranno mandato il catalogo potrai subito scegliere con comodo.
6. ▬ i prezzi ti sembrano troppo alti, dovresti vedere quello che offre la Formentini a Perugia.
7. ▬ ti sei decisa, dimmelo subito così possiamo vedere come faremo per il trasporto.
8. ▬ hai finito tutto puoi aiutare me a trovare delle sedie per la mia cucina.

E7 *Italiani in Germania*

Ascolta il testo e rispondi alle seguenti domande:

1. Quale lingua parlano i figli e i genitori fra di loro?
2. Chi sono gli amici di Pia?
3. Che cosa piace loro dell'Italia? E della Germania?
4. Perché i De Luca sono venuti a vivere in Germania?
5. Vorrebbero tornare in Italia?
6. Che cos'è diverso in Germania secondo la signora De Luca?

E8 *Se io vivessi in Italia …*

Come sarebbe la tua vita? Che cosa sarebbe diverso? Inventati una biografia e leggila ai tuoi compagni.

E9 *A che condizioni?*

Completate le frasi seguenti.

1. Sarei contento/contenta se ▪▪.
2. Uscirei stasera se ▪▪.
3. Mi sarebbe piaciuto andare in vacanza se ▪▪.

4. Partecipo allo scambio se ▪▪.
5. Ti perdonerei se ▪▪.
6. Fai un buon esame se ▪▪.
7. Vengo con te al cinema se ▪▪.
8. Ti avrei aiutato se ▪▪.

Preparare T3

Che cosa esprimono queste vignette?

Giuseppe Garibaldi e il Risorgimento

3 *Italia: paese ricco di contraddizioni*

L'Italia è un paese fortemente centralizzato per la sua amministrazione statale ma molto eterogeneo sotto l'aspetto sociale, economico e culturale. I fenomeni che nascono da questa situazione fanno della penisola un paese particolare rispetto al resto del vecchio continente. Anche se fenomeni di forti disuguaglianze regionali si riscontrano in Gran Bretagna con il
5 Galles, in Spagna con l'Andalusia e in Germania con il Meclemburgo e la Pomerania Occidentale. Paese che vai, regioni che trovi.

In Italia depresso è un po' tutto il cosiddetto Mezzogiorno: circa un terzo del paese, un'area che conta 20 milioni di abitanti. Eventi storici, certe decisioni politiche e la situazione climatica sono alla base del grande divario tra Nord e Sud Italia. I dati parlano chiaro: il tasso di
10 disoccupazione è tre volte più grande rispetto alle regioni del Nord, tra i giovani il 45 per cento è alla ricerca di un lavoro. Non è quindi un caso che su ogni tre persone che emigrano in cerca di lavoro, due sono meridionali. Il divario Nord-Sud, nonostante anni di sforzi notevoli, non sembra diminuire. E non aiutano certamente le forti richieste separatiste dalla Lega Nord. Il leader carismatico del partito leghista, Umberto Bossi[1], vuole che il Nord di-
15 venti una regione autonoma chiamata "Padania". Il Sud del paese, a suo modo richiede una certa indipendenza dal Settentrione. Sono questi gli aspetti che più si notano rispetto al problematico rapporto e al difficile equilibrio tra il Nord e il Sud dell'Italia.

Uno degli aspetti più vistosi della contraddizione riguarda il mercato del lavoro: al Nord ad esempio nel Trentino-Alto Adige, dicono le statistiche, l'occupazione è quasi al 100 per cento.
20 Infatti, solo meno del tre per cento della popolazione è senza lavoro, mentre nel Sud ogni terzo adulto è senza occupazione. Ma non è l'unico dato che mostra il divario tra il nord-sud della penisola. A Milano il reddito pro capite risulta due volte e mezzo maggiore che a Napoli. Ed ancora: solo il 12 per cento dell'export *made in Italy* parte dal Sud dove vive il 37 per cento della popolazione italiana che contribuisce solo per il 25 per cento al PIL (prodotto
25 interno lordo).

Il divario tra Nord e Sud, anche se è alimentato da motivi politici e da interessi economici diversi, si esprime ancor oggi attraverso pregiudizi secondo i quali il Nord sarebbe "produttivo" e il Sud "assistito". Per alcuni il Nord sfrutterebbe il Sud, per altri invece sarebbe il Sud la causa dei mali d'Italia. Difficile trovare la ricetta per uscire dal mare di contraddizioni e
30 superare l'enorme crisi Nord-Sud. Economisti e sociologi vedono una possibile soluzione nella formazione scolastica di alto livello e nell'eliminazione dei fenomeni mafiosi che hanno condizionato e condizionano da decenni la società meridionale. Il Mezzogiorno può trovare attraverso l'autosviluppo la giusta via per uscire da una crisi che dura ormai da più di cento anni?

Michael Pohle, radioWissen; Heft 2 - ott. 2003

E1 *Un articolo per il sito Internet della scuola*
Volete informare gli alunni della vostra scuola sul "divario Nord-Sud" che esiste in Italia. Scrivete dunque un articolo in lingua tedesca nel quale riassumete i fatti più importanti contenuti in T3.

[1] Umberto Bossi, leader della Lega Nord fino ad aprile 2012

E2 *Soluzioni per il mezzogiorno?*

Combina le frasi. **G** → 14.1

1. Se il clima fosse diverso ...
2. Se ci fossero più industrie ...
3. Se si eliminasse la mafia ...
4. L'export dal Sud sarebbe più alto ...
5. Se tutti i politici si mettessero d'accordo invece di alimentare dei pregiudizi ...
6. Se i giovani del Sud avessero una formazione scolastica migliore ...
7. Se si promuovesse l'autosviluppo ...

a. ... la situazione economica e sociale sarebbe migliore per tutti.
b. ... il Sud riuscirebbe a riprendersi dalla crisi.
c. ... gli imprenditori non avrebbero paura e si vivrebbe meglio.
d. ... la gente lavorerebbe di più.
e. ... se ci fossero delle industrie competitive.
f. ... i giovani avrebbero più possibilità di trovare un lavoro.
g. ... potrebbero cercare sul mercato del lavoro dei posti più importanti e anche le industrie si trasferirebbero più volentieri al Sud.

E3 *Pregiudizi o realtà? Il film "Benvenuti al Sud" (Italia, 2010)*

Il film "Benvenuti al Sud" è un remake del film francese "Bienvenue chez les Ch'tis", ma a sua volta sugli stereotipi italiani:

Alberto è responsabile dell'ufficio postale di una piccola città della Brianza (in Lombardia). A causa delle richieste di sua moglie Silvia è disposto a tutto per ottenere il trasferimento a Milano.

Così fa finta di essere invalido per salire in graduatoria. Ma la sua idea non funziona e per punizione viene trasferito in un paesino della Campania, vicino a Napoli, il che per un abitante del Nord è un vero e proprio incubo.

Pieno di pregiudizi, Alberto parte da solo a scoprire la regione che per lui è la terra della mafia, dove tutto è sporco e dove la gente ha poca voglia di lavorare ...

Chiaramente, il film fa vedere i pregiudizi in modo ironico e comico. Però, non prende in giro solo il Sud ...

Guardate il film e rispondete alle seguenti domande:

1. Dove inizia il film?
2. La vita al Nord: come vive la gente? E che cosa pensa del Sud?
3. Per "proteggersi", Alberto porta alcune cose con sé durante il viaggio. Quali sono?
4. La vita al Sud: Quali pregiudizi corrispondono alla verità secondo l'esperienza che fa Alberto? Quali invece no?
5. Secondo voi, il film può aiutare a ridurre gli stereotipi degli italiani del Nord verso quelli del Sud?

E4 *Pregiudizi tra tedeschi e tedeschi ...*

Secondo voi, esistono dei pregiudizi tra tedeschi del nord e quelli del sud? Oppure tra quelli dell'est e dell'ovest? Quali sono?

Nel 2011, il Goethe-Institut ha invitato vignettisti satirici italiani e tedeschi a riflettere sul complesso rapporto tra i due paesi. Ecco alcuni risultati.

1. Scegliete la vignetta che vi piace di più e motivate la vostra scelta!
2. Come vengono presentati i tedeschi/gli italiani? Corrisponde alla realtà secondo voi?

dò la tovaglia sporca, gli avanzi della frit-

Il piacere della lettura

vigilie di Na-

Ingresso

zo. Gl... ...madre e suo padre.

D'improvv... ...ale del 1944: quello lo avev... a, dentro una tana da bestie, ... ammazzato a raffiche di mit... l'altro ed era stato un Natal... angoscioso di questo perché ... mente ai dolci ...

ù tran... sicuri, ...rta del... ro: m... pensav... ata la ... qui" c... i bico... torrone e di agnolotti."

Tanto più che neppure la lettura e la poesia del piccolino erano faccende mangerecce.

Albeggiava e Peppone, avvoltosi nel tabarro,

Am Ende der Lektion kannst du
· dich mit anderen über Lesegewohnheiten austauschen.
· die literarische Produktion einiger italienischer Autoren vorstellen.
· zwei Texte eines klassischen und eines modernen Autors verstehen und interpretieren.
· das Verhalten von Personen erkennen und bewerten.
· Vorlieben zur Lektüre italienischer Texte äußern.

delle adunanze; venne ad aprire a Peppone che si stupì:

④

— ...? ...iegò il Lungo. — Nei ...alle otto ma oggi è un ...ogna incominciare pri-

⑤

ufficio: doveva guarda... prima e si mise subito ... diecina di lettere di n... pochi minuti dopo, Pep... ne di ogni cosa.

⑥

...pone. — Sbrigale tu. ...ere e se ne andò ma, ...to eccitato con un fo-

⑦

importante. Ti deve ess...

Peppone, presa la l... geva, le diede una occhi...

— L'avevo vista — ... dinario.

— Ma parla di tesseramento e bisogna che tu

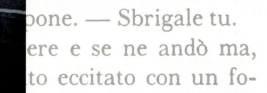

E1 1. Dove si trovano le persone sulle foto?
   2. Che cosa leggono secondo voi?
   3. E voi? Dove vi piace leggere? Che libro state leggendo attualmente?
      Scambiate le vostre idee.

...pone non piacque il fatto di essere guardato a quel modo.

T1 *20 scrittori italiani molto famosi*

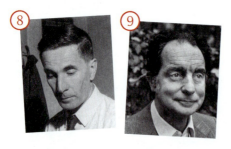

Questi tre scrittori del Trecento vengono chiamati "Le Tre Corone" della letteratura italiana. Si tratta di **Dante Alighieri** (la sua *Divina Commedia* è un viaggio del poeta attraverso l'Inferno, il Purgatorio e il Paradiso), **Francesco Petrarca** (la sua opera più importante si chiama *Il Canzoniere*) e **Giovanni Boccaccio** (famoso per aver scritto il *Decameron*, un'opera di 100 novelle).

Alessandro Manzoni e **Giovanni Verga** sono due scrittori dell'Ottocento. Mentre nelle opere di Manzoni si riflette il romanticismo italiano, Verga è considerato uno dei "veristi" più famosi. Con il termine "verista" vengono definiti gli scrittori che cercano di descrivere solo "la verità" nelle loro opere, cioè di documentare la realtà sociale soprattutto della gente semplice e povera.

Carlo Goldoni (Venezia 1707 – Parigi 1793) è il più grande commediografo italiano. Nelle prime opere si serve ancora molto della tecnica della Commedia dell'Arte con le sue maschere e i ruoli fissi dei personaggi. In seguito riesce a rinnovare il teatro mettendo in risalto la realtà quotidiana e il carattere degli uomini. Uno dei suoi capolavori è *Il servitore di due padroni*, scritto nel 1745. Goldoni ha influenzato molto la produzione teatrale in Europa, soprattutto in Francia dove si era trasferito prima della morte.

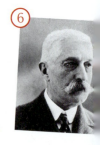

Luigi Pirandello viene considerato il più innovativo drammaturgo europeo del primo Novecento (1922: *Sei personaggi in cerca d'autore*). Ma ha scritto anche molte novelle. Nel 1934 riceve il Premio Nobel per la letteratura.

Dino Buzzati (1906 – 1972). Le opere di questo autore (*Il deserto dei Tartari, I sette messaggeri, Sessanta racconti*) sono ricchi di una suggestiva atmosfera fantastica e irreale, dominata dal senso angoscioso del destino.

Italo Calvino (1923 – 1985) è uno degli scrittori italiani più noti della seconda metà del Novecento, la cui produzione letteraria è ricca di immaginazione. I suoi racconti assomigliano a delle favole. (*Fiabe italiane; I nostri antenati*). Per i ragazzi ha scritto *Marcovaldo* (1963).

Stefano Benni, nato a Bologna nel 1947, è noto soprattutto per i suoi racconti tragicomici sull'Italia d'oggi (p. es. *L'ultima lacrima*, 1994).

Dario Fo – autore, regista e attore – è uno dei più importanti protagonisti del teatro contemporaneo. Gli è stato assegnato il premio Nobel per la letteratura nel 1997.

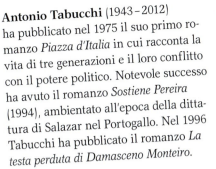

Antonio Tabucchi (1943–2012) ha pubblicato nel 1975 il suo primo romanzo *Piazza d'Italia* in cui racconta la vita di tre generazioni e il loro conflitto con il potere politico. Notevole successo ha avuto il romanzo *Sostiene Pereira* (1994), ambientato all'epoca della dittatura di Salazar nel Portogallo. Nel 1996 Tabucchi ha pubblicato il romanzo *La testa perduta di Damasceno Monteiro*.

Leonardo Sciascia (1921–1989) è uno scrittore siciliano noto per i suoi romanzi incentrati sul tema della mafia. Alcuni racconti e romanzi, tra cui *Il giorno della civetta* e *Una storia semplice*, sono stati tradotti in molte lingue.

Alessandro Baricco è nato a Torino nel 1958. Ha una vivace vena inventiva che si esprime in personaggi originali. Notevole successo hanno avuto *Oceano mare* (1993) e *Seta* (1996).
Con *Novecento*, la storia di un pianista che passa tutta la sua vita su un transatlantico tra l'Europa e l'America, Baricco diventa popolarissimo. Da questo racconto è stato realizzato il film di grande successo *La leggenda del pianista sull'Oceano* di Giuseppe Tornatore.

Niccolò Ammaniti è nato a Roma nel 1966. Ha fatto scalpore con il romanzo *Ti prendo e ti porto via*, pubblicato nel 1999 e tradotto in sei lingue. Per ringraziarlo di aver scritto il romanzo, il famoso cantante Vasco Rossi ha chiamato una sua canzone con lo stesso nome. Nel 2001 è stato pubblicato *Io non ho paura*, altro romanzo che il lettore non abbandonerà senza averlo letto fino alla fine, tant'è avvincente.

Federico Moccia, nato a Roma nel 1963, è uno degli autori più letti dai giovani. Basta vedere i titoli dei suoi romanzi (*Tre metri sopra il cielo*, (2002), *Ho voglia di te* (2006), *Scusa ma ti chiamo amore* (2007), *Cercasi Niki disperatamente* (2007), *Amore 14* (2008), *Scusa ma ti voglio sposare* (2009) per capire qual è il tema centrale dei suoi romanzi, tutti ambientati a Roma: l'amore. La moda dei lucchetti appesi a fili sospesi sopra i fiumi viene proprio da uno dei suoi romanzi.

Nel 2008 il romanzo di **Paolo Giordano** (1982, Torino), *La solitudine dei numeri primi* (Premio Strega 2008) è stato il libro più venduto dell'anno, con più di un milione di copie. È la storia di Alice e Mattia, due personaggi che l'autore accompagna dall'infanzia all'età adulta e che sembrano essere attratti da un destino comune. Un romanzo avvincente che tratta con profondità il tema della crescita.

Temi come i conflitti tra madre e figlia (*Io sono di legno*, 2007) o tra fidanzato e fidanzata (*Ma le stelle quante sono*, 2005) si trovano nei romanzi di **Giulia Carcasi**, una giovane scrittrice (nata nel 1984) e studentessa di medicina a Roma.

Nelle sue poesie **Giacomo Leopardi** (1798–1837), uno dei maggiori poeti della letteratura italiana e mondiale, esprime una concezione dolorosa e pessimista dell'uomo, combattuto tra le illusioni della gioventù e la desolante aridità della realtà e della ragione. Così facendo, Leopardi tratta temi sempre attuali.

Niccolò Machiavelli, scrittore, storico e filosofo, descrive nella sua opera *Il Principe* (scritta nel 1513) il profilo del sovrano ideale.

E1 *Che autore scegliete se vi piace …*

1. … il teatro?
2. … conoscere *La Divina Commedia,*
   Il Decameron e *Il Canzoniere?*
3. … conoscere due autori di successo
   per i giovani.
4. … leggere romanzi in cui si
   rispecchia la società italiana
   dell'Ottocento?
5. … leggere gialli?
6. … incontrare un mondo puramente
   immaginario e fantastico?
7. … conoscere un personaggio che ha
   passato tutta la vita su una nave?
8. … capire meglio come funziona la
   criminalità organizzata in Sicilia e
   altrove?

9. … leggere un romanzo in cui tutti gli avvenimenti importanti si svolgono in una
   piazza?
10. … leggere racconti satirici?
11. … la poesia?
12. … leggere romanzi che trattano soprattutto temi che riguardano i giovani?

 E2 *Dimmi cosa stai leggendo!*

Fabio, Antonia e Domenico parlano dei libri che stanno leggendo o che hanno letto.

1. Fate la lista dei loro scrittori preferiti e di quelli che non apprezzano.
2. Dite quali sono le ragioni delle loro scelte.

 E3 *Progetto letteratura italiana*

Ognuno di voi sceglie uno scrittore/una scrittrice. Fate delle ricerche in Internet e presentate
il personaggio raccontando la sua vita e presentando un brano della sua opera. Leggete
questo brano insieme alla classe.

 E4 *Ultimamente, ho letto …*

1. Qual è il libro che ti è piaciuto di più leggere negli ultimi tempi?
2. Come si chiama lo scrittore? È italiano/tedesco/inglese/americano/francese …?
3. Di che cosa parla?
4. Presenta il libro e scrivi a chi consiglieresti di leggerlo.

(→ *Strategia 3.13, pag. 288*)

Preparare T2

E1 *"Io non ho paura" di Niccolò Ammaniti*

In quale situazione voi avete già avuto paura? Quando, nella vostra vita, vi siete detti "No, io non ho paura!", magari per farvi coraggio?

E2 *Descrivete il ragazzo sulla foto.*
1. Quanti anni avrà?
2. Dove sta?
3. In quale stagione è stata fatta la foto?
4. Che cosa fa il ragazzo, e perché?

2 *Io non ho paura*

Nella caldissima estate del 1978, Michele Amitrano, un ragazzo di nove anni, gioca insieme agli altri bambini di Acqua Traverse, un paesino piccolo del Sud Italia. Essendo arrivato ultimo in una gara, deve scontare una penitenza pericolosa, che consiste nell'attraversare una vecchia casa abbandonata e saltare giù dal terrazzo. Come per miracolo, Michele non si fa male perché cade su un materasso posato sopra un ondulato verde ... in mezzo alla campagna.

la gara: *Wettkampf*; scontare una penitenza: *eine Strafe verbüßen*; saltare: *springen*; giù: *herunter*; il miracolo: *Wunder*; il materasso: *Matratze*; l'ondulato: *Wellblech*

Ho mosso i piedi e ho scoperto che sotto le foglie, i rametti e la terra c'era un ondulato verde, una tettoia di plastica trasparente. Era stata ricoperta come per nasconderla. E quel vecchio materasso ci era stato poggiato sopra.

1 il rameto: *kleiner Zweig*; 2 la tettoia: *Dach*; trasparente: *durchsichtig*; 3 ricoperto, -a: *bedeckt*; 4 poggiare: *mettere*

5 Era stato l'ondulato a salvarmi. Si era piegato assorbendo la caduta.

Quindi, sotto, doveva essere vuoto.

Poteva esserci un nascondiglio segreto o un cunicolo che portava in una caverna piena d'oro e pietre preziose.

5 assorbire: *hier: auffangen*; 8 il nascondiglio: *Versteck*; il cunicolo: *Stollen*; 9 l'oro *m*: *Gold*; la pietra preziosa: *Edelstein*

10 Mi sono messo carponi e ho spinto in avanti la lastra.

Pesava, ma, piano piano, l'ho spostata un poco. Si è sprigionato un tanfo terribile di merda.

Ho vacillato, mi sono messo una mano sulla bocca e ho spinto ancora.

10 carponi: *auf allen vieren*; spingere: *schieben, drücken*; la lastra: *Platte*; 11 sprigionarsi: *ausströmen*; 12 il tanfo: *la puzza*; la merda (*volg.*): *Scheiße*; 13 vacillare: *taumeln*; 15 cascare: *fallen*

15 Ero cascato sopra un buco.

Era buio. Ma più spostavo la lastra e più rischiarava.

Le pareti erano fatte di terra, scavate a colpi di vanga.

Le radici della quercia erano state tagliate.

Sono riuscito a spingerla ancora un po'. Il buco era largo un

20 paio di metri e profondo due metri, due metri e mezzo.

Era vuoto.

No, c'era qualcosa.

Un mucchio di stracci appallottolati?

No ...

25 Un animale? Un cane? No ...

Cos'era?

Era senza peli ...

bianco ...

una gamba ...

30 Una gamba!

Ho fatto un salto indietro e per poco non sono inciampato.

Una gamba?

Ho preso fiato e mi sono affacciato un istante.

Era una gamba.

35 Ho sentito le orecchie bollenti, la testa e le braccia che mi pesa-
vano.

Stavo per svenire.

Mi sono seduto, ho chiuso gli occhi, ho poggiato la fronte su
una mano, ho respirato. Avevo la tentazione di scappare, di cor-

40 rere dagli altri. Ma non potevo. Dovevo prima guardare un'altra
volta.

Mi sono avvicinato e ho sporto la testa.

Era la gamba di un bambino. E un gomito spuntava dagli
stracci.

45 In fondo a quel buco c'era un bambino.

Niccolò Ammaniti, Io non ho paura. Torino (Einaudi) 2001, p. 31 – 33.

16 buio, -a: *dunkel*; spostare: *beiseite stellen, schieben*; rischiarare: *hell werden*; **17** la parete: *Wand*; scavare: *graben*; il colpo: *Schlag*; la vanga: *Spaten*; **18** la quercia: *Eiche*

23 il mucchio: *Haufen*; gli stracci appallottolati: *zusammengeknüllte Lumpen*; **27** il pelo: *(Körper-)Haar*

31 inciampare: *stolpern*; **33** affacciarsi: *kommen, sich zeigen*; l'istante *m*: *Augenblick*

35 bollente: *kochend heiß*; le braccia: *Arme*; **37** svenire: *ohnmächtig werden*; **39** la tentazione: *Versuchung*

42 sporgere: *vorstrecken*; **43** il gomito: *Ellbogen*; spuntare: *herausragen*

○○ **E3** *Michele Amitrano*

Raccogliete le informazioni del testo:
1. Chi è Michele?
2. In quale situazione si trova?
3. Che cosa scopre e come reagisce?

E4 *Ti devo dire una cosa!*

Lavorate in due: uno di voi è Michele. A chi racconterà quello che è successo? L'altro immagina di essere questa persona. Naturalmente farà delle domande perché vorrebbe sapere di più ... Presentate il vostro dialogo in classe.

E5 *Ho scoperto qualcosa ...*

Forse anche voi avete già fatto una scoperta inaspettata/triste/bella/drammatica nella vostra vita. Raccontate la vostra storia!

Se non vi ricordate di aver vissuto una situazione così, inventate la storia di una persona che scopre qualcosa. Che cosa? Dipende dalla vostra fantasia!

E6 *Michele e suo padre*

1. Che cosa vuole sapere il padre all'inizio della conversazione?
2. Quali sono le risposte di Michele?
3. Che cosa chiede di fare il padre a Michele?
4. Che cosa succede se Michele non ubbidisce al padre?
5. Avete un'idea su cosa è successo tra il primo brano che avete letto e il momento del dialogo tra Michele e suo padre, tratto dal film?

E7 *Progetto: Come continua la storia?*

La scoperta del bambino nel buco sarà per Michele l'inizio di un lungo processo che lo porterà a conoscere meglio i suoi amici, i propri genitori, ma anche se stesso.

Se volete sapere cosa succede nel corso del romanzo, leggete il libro "Io non ho paura" e/o guardate l'omonimo film di Gabriele Salvatores!

E8 *Siete d'accordo?*

Ecco una citazione sul libro "Io non ho paura". Siete d'accordo? Giustificate la vostra opinione.

Io non ho paura può essere visto come il "romanzo di formazione" di Michele, cioè il romanzo in cui il protagonista, attraverso una serie di tappe e di vicende, acquista una personalità più ricca e matura di quella che possedeva all'inizio della narrazione.

V. Viola, in: Ammaniti, N.: Io non ho paura, ed. scolastica, Torino 2004.

T3 *Giovanni Boccaccio*

La sua vita ...

Nacque a Firenze nel 1313. Si trasferì a Napoli nel 1327 con il padre. Nel 1333 incontrò Maria dei Conti d'Aquino nella chiesa di San Lorenzo, donna che in seguito diventò la sua amante. Ritornò a Fi-
5 renze nel 1340. Perse i genitori durante la terribile peste, l'epidemia che nel 1348 raggiunse Firenze. Iniziò il *Decameron*, l'opera in cui dieci fiorentini, fuggiti dalla città per la peste, si raccontano 100 novelle.
10 Si incontrò con Petrarca, poeta molto famoso, a Firenze nel 1350. Tra il 1350 e il 1370 scrisse tante opere in italiano e anche in latino. Anche negli ultimi anni della sua vita lavorò con intensità. Morì a Certaldo, un paese vicino a Firenze, nel 1375.
15 Subito dopo la sua morte diventò il punto di riferimento per i più importanti letterati del tempo.

4 in seguito: *später*   l'amante: *Liebhaber/in*
ritornare: *wiederkommen, zurückkehren*
5 terribile: *schrecklich, furchtbar*   6 la
peste: *Pest*   l'epidemia: *Epidemie, Seuche*
7 iniziare: *beginnen*   il fiorentino: *Florentiner*   8 fuggire: *fliehen, flüchten*   9 la novella: *Novelle*   10 il poeta: *Dichter*   15 il
punto di riferimento: *Bezugspunkt, Anhaltspunkt*   16 il letterato: *Literat*

E1 *Rileggi il testo mettendo al posto del passato remoto il passato prossimo.*
Per avere più informazioni sul passato remoto guarda **G** → 15.1.

... e la sua arte di raccontare

Madonna Filippa, Novella VI, 7 del Decameron in italiano moderno, prima parte

Nella città di Prato esisteva una legge, in verità ingiusta e dura, che puniva con il rogo ogni donna che commettesse adulterio, senza distinguere se questa lo facesse per denari o per amore.
5 Accadde che mentre questa norma era in vigore, una donna nobile, bella e molto innamorata, di nome madonna Filippa, fu sorpresa dal marito Rinaldo de' Pugliesi di notte in camera sua, tra le braccia dell'amante. Questi, Lazzarino de' Guazza-
10 gliotri, era un giovane di Prato, nobile e bello che madonna Filippa amava quanto se stessa. Il marito rimase sconvolto a quella vista e, se avesse seguito il suo impulso, li avrebbe uccisi tutti e due immediatamente, ma temeva per se stesso le conseguenze
15 del suo gesto. Per questo riuscì a frenare la collera e

1 la verità: *Wahrheit*   ingiusto, -a: *ungerecht*   2 punire: *bestrafen*   il rogo: *Tod auf dem Scheiterhaufen*   3 commettere: *begehen*   l'adulterio (m.): *Ehebruch*   5 accadere: *succedere*   essere in vigore: *in Kraft sein*   6 nobile: *edel, Edel-*   7 la madonna: *Madonna (Maria), hier: Dame*   12 sconvolto, -a: *erschüttert*   la vista: *Anblick*   13 l'impulso: *Impuls, Eingabe*   immediatamente: *unmittelbar, sofort*   14 temere: *(be-)fürchten*   la conseguenza: *Folge, Konsequenz*   15 il gesto: *Gebärde, Geste*   la collera: *la rabbia*

16 esigere: *fordern, verlangen* lecito: permesso 17 la condanna: *Verurteilung, Strafe* 18 senza pensarvi oltre: *senza ripensarci* in abbondanza: *im Überfluss* 19 recarsi a: *andare a* denunciare: *anzeigen* il fallo: *l'errore* 20 il tribunale: *Gericht* coraggioso, -a: *mutig* 21 di solito: *gewöhnlich* rifiutare: *ablehnen* 22 la raccomandazione: *Empfehlung, guter Rat* comparire in tribunale: *vor Gericht erscheinen* 24 confessare: *beichten, zugeben* darsi vilmente alla fuga: *feige die Flucht ergreifen* 25 condannare qn in contumacia: *jdn in Abwesenheit verurteilen* 26 indegno, -a: *unwürdig* 28 negare: *dire che non è vero* ogni addebito: *jede Beschuldigung* giungere: *erreichen* 29 il podestà: qui: *il giudice* il volto: *Gesicht, Antlitz* la voce: *Stimme* 30 tradire (-isc-): *verraten, betrügen* la convocazione: *Einberufung* 31 avvertire: *rendersi conto di* il fascino: *Zauber* 33 l'animo: *Gemüt, Herz, Mut* 34 non comune: *nicht gewöhnlich* 35 la colpa: *Schuld* essere costretto, -a: *gezwungen sein* 36 il magistrato: *il giudice* 37 su quanto le veniva attribuito: *bezüglich der Sache, die man ihr vorwarf* 39 accusare: *anklagen* 40 l'applicazione: *Anwendung* lo statuto: *Satzung, Statut* vigente: *in vigore* prevedere: *vor(her)sehen* 42 emettere una condanna: *condannare qn* 43 badate (badare): *state attenta*

pensò di esigere dalla legge ciò che non era lecito a lui, cioè la condanna a morte della donna.

Al mattino, senza pensarvi oltre, avendo prove in abbondanza, si recò a denunciare il fallo di sua moglie e
20 la fece chiamare in tribunale. La donna, molto coraggiosa, come sono di solito le vere innamorate, rifiutò le raccomandazioni di amici e parenti e decise di comparire in tribunale, perché preferiva morire con coraggio confessando la verità, piuttosto che darsi vilmente alla
25 fuga, essere condannata in contumacia, vivere in esilio, rendendosi indegna dell'uomo che amava.

Accompagnata in tribunale da molti amici e amiche che la invitavano a negare ogni addebito, giunta dinanzi al podestà, chiese con il volto e la voce che non
30 tradivano l'emozione il motivo della convocazione.

Il podestà avvertì subito il fascino della bellezza e dei modi di madonna Filippa perché, da come si esprimeva, era chiaro che si trattava di una donna di animo non comune. Cominciò per questo a temere per lei e
35 sperava che non confessasse colpe per cui lui fosse costretto, come magistrato, a condannarla a morte. Non potendo evitare una domanda precisa su quanto le veniva attribuito, le disse: «Madonna, Rinaldo, vostro marito qui presente, vi accusa di adulterio e chiede
40 l'applicazione dello statuto vigente che prevede per questa colpa la pena di morte, ma io non potrò emettere una condanna se voi non confesserete; per cui badate a ciò che risponderete e ditemi se è vero quello di cui vostro marito vi accusa.» …

(da: Claudio Bura; M. Antonietta Morettini: Dieci novelle dal Decameron di Giovanni Boccaccio, "tradotte" e commentate con testo originale a fronte. Perugia: Guerra Edizioni 1997)

E2 Domande sul testo

1. Riassumi l'inizio della novella: dove e in quale epoca si svolge l'azione?
2. In che cosa consiste la legge "in verità ingiusta e dura" (r. 1–2)?
3. Che cosa sai dell'amore di madonna Filippa per Lazzarino de' Guazzagliotri?
4. Perché il marito di madonna Filippa la fa chiamare in tribunale?
   Come giudichi la reazione della donna?
5. Come reagiscono gli amici e i parenti di madonna Filippa?
6. Come si comporta il giudice nei confronti della donna?

E3 *Il ritratto di madonna Filippa*

Provate a fare un ritratto della protagonista della novella cercando nel testo le informazioni riguardanti

1. l'aspetto esteriore,
2. il comportamento,
3. lo stato d'animo.

Per quanto riguarda la descrizione dello stato d'animo di una persona, consultate ancora una volta la lista presentata nella Strategia 4.4 (→ pag. 294).

E4 *E adesso … tocca a voi! Che cosa potrebbe dire madonna Filippa per difendersi? Mettetevi nei panni di madonna Filippa: scrivete il discorso che lei potrebbe fare in tribunale. Poi pensate a come potrebbero reagire il giudice e le persone che la stanno ascoltando. Presentate il vostro discorso in una scenetta dove si confrontano madonna Filippa, il giudice e gli abitanti di Prato.*

Seconda parte della novella

45 turbarsi: *erschüttern* armonioso, -a: *harmonisch* 46 Messere: *mein Herr* 47 egli: *lui* 51 la volontà: *Wille* 52 coloro: *diejenigen* debbono: *devono* 53 la base: *Basis, Grundlage* 54 la punizione: *Strafe* 55 assai meglio: *viel besser* 57 approvare una legge: *accettare una legge, votare a favore di una legge* la formulazione: *Formulierung, Vorbringung* 58 senz'altro: *ohne weiteres, ganz sicher* definire: *festlegen, bestimmen, definieren* 59 malvagia: *cattiva* eseguire: *aus-/durchführen* provocare: *verursachen, hervorrufen* 60 il danno: *Schaden* la coscienza: *Bewusstsein, Gewissen* 61 emettere una sentenza: *ein Urteil fällen* 62 chiedere la grazia: *um einen Gefallen bitten* 63 concedere: *dare* 64 senza riserve: *ohne Vorbehalt* 66 attendere: *warten, jdn/etw. erwarten* 68 la richiesta: *Bitte, Forderung, Wunsch* 72 quello che gli avanza: *von dem, was übrigbleibt* gettare via: *wegwerfen*

45 La donna, senza turbarsi minimamente, con voce armoniosa rispose: «Messere, è vero che Rinaldo è mio marito e che egli mi ha trovato la notte scorsa tra le braccia di Lazzarino che io amo molto e non è la prima volta che lo incontro; e questo io non lo neghe-
50 rei mai. Ritengo però che voi sappiate che le leggi debbono essere uguali per tutti ed espresse dalla volontà di coloro che le debbono rispettare; ma queste condizioni non sono alla base della legge vigente nella nostra città, perché prevede punizioni soltanto per le po-
55 vere donne che per di più, assai meglio degli uomini, possono offrire molto amore. Inoltre nessuna donna l'ha mai approvata, né ha partecipato alla sua formulazione, e per questo può senz'altro essere definita una legge malvagia. Se voi volete eseguirla, provo-
60 cando un danno al mio corpo e alla vostra coscienza, siete libero di farlo, ma prima che voi emettiate la sentenza vi chiedo una piccola grazia e cioè che domandiate a mio marito se io gli ho sempre concesso il mio corpo senza riserve, senza mai negarmi tutte le volte
65 che a lui piaceva.»
A questo punto Rinaldo, senza attendere la domanda dal podestà, rispose immediatamente che era vero che la moglie aveva sempre corrisposto alle sue richieste.
«Dunque» continuò prontamente la donna, «chiedo a
70 voi, signor podestà, se egli ha sempre avuto tutto con piena soddisfazione, che cosa dovevo o debbo fare di quello che gli avanza? Debbo forse gettarlo via ai cani?

74 sciupare una cosa: *rovinare* 77 tale: *solcher, derartig* accorrere: *correre a vedere che cosa succede* 78 accogliere: *accettare* le risa (il riso): *Gelächter* provocatorio, -a: *provokant, herausfordernd* 80 allontanarsi: *sich entfernen* 81 modificare: *cambiare* crudele: *grausam* lasciando inalterata: *lasciando com'era* 84 una decisione di questo genere: *eine solche Entscheidung* 85 avvilito: *erniedrigt, niedergeschlagen* sfuggire: *entgehen, entrinnen* 86 miracolosamente: *auf wundersame Art* 87 vittorioso, -a: *siegreich, Sieger-*

O non è più giusto offrirlo ad un uomo nobile che mi ama più di se stesso piuttosto che sciuparlo o rovi-
75 narlo?»
Quasi tutti gli abitanti di Prato, che conoscevano la qualità di tale donna, erano accorsi al processo e questi accolsero con molte risa una domanda così provocatoria e immediatamente gridarono tutti insieme che la
80 donna aveva ragione. Prima di allontanarsi, insieme al podestà, modificarono il crudele statuto, lasciando inalterata la pena solo per quelle donne che tradivano il marito per denaro. Rinaldo, che non si aspettava una decisione di questo genere, si allontanò dal tribunale
85 assai avvilito, mentre la moglie felice e libera, sfuggita miracolosamente alla pena del rogo, se ne tornò a casa vittoriosa.

Un'illustrazione medievale del Decameron

E5 *Tutto chiaro?*

1. Quali sono gli argomenti con i quali si difende madonna Filippa?
2. Come reagiscono gli abitanti di Prato? Perché?
3. In che senso viene cambiato "lo statuto crudele"?
4. Come si sente il marito alla fine e perché?
5. Qual è, secondo voi, il messaggio della novella?

E6 *Lingua e stile*

1. "Nella città di Prato esisteva una legge, in verità ingiusta e dura ..." (r. 1–2). In che senso il narratore – fin dall'inizio – prende posizione per madonna Filippa? Raccogliete citazioni dal testo facendo attenzione soprattutto agli aggettivi che vengono usati.

2. Qual è secondo voi l'effetto dell'uso del discorso diretto?

3. La storia di madonna Filippa è una delle più brevi tra le cento novelle che contiene il *Decameron*. In che senso la brevità della novella contribuisce al messaggio/all'effetto della storia?

E7 *Spunti per la discussione*

1. Il comportamento di madonna Filippa
   • Perché tradisce suo marito?
   • Come giudicate questo comportamento? La fedeltà è importante per voi?

2. Gli argomenti con i quali si difende la donna
   • Quali degli argomenti espressi da madonna Filippa condividete, quali no?
   • Sarebbero accettabili oggi i suoi motivi?

3. La fine della novella
   • Alla fine gli abitanti di Prato cambiano la legge nel senso che a partire da quel momento solo le donne che tradiscono il marito "per denaro" vengono punite con il rogo. Come giudicate questa decisione?

4. La modernità della novella
   • Boccaccio ha scritto la novella nel '300. Secondo voi, il contenuto e le idee dello scrittore sono ancora attuali?

5. La parola come strumento di difesa
   • Il *Decameron* contiene 100 novelle raccontate in dieci giorni. Ogni giornata affronta una tematica diversa. Il tema della giornata, durante la quale viene raccontata la storia di madonna Filippa, è il seguente: una "pronta risposta" può salvare da un pericolo. Perché la capacità di parlare bene ha un'importanza decisiva nella novella?
   • Saper usare bene la parola può essere decisivo anche nella nostra società?

E8 *Immagina di essere un giornalista che ha il compito di presentare la novella di Giovanni Boccaccio ai lettori del giornale "**Lettura oggi**". Scrivi un articolo tenendo presente i seguenti punti:*

– il contenuto della novella   – il tuo giudizio personale
– il messaggio   – l'attualità del messaggio

Utilizza anche le espressioni per l'analisi letteraria che trovi alla pagina 295.

E9 *L'uso del passato remoto e dell'imperfetto*

Spiega perché lo scrittore usa il passato remoto oppure l'imperfetto:

1. "Accadde che mentre questa norma era in vigore, una donna nobile [...] fu sorpresa dal marito [...]" (r. 5–7).

2. "Questi, Lazzarino de' Guazzagliotri, era un giovane di Prato" (r. 9–10).

3. "Il marito rimase sconvolto a quella vista e [...] li avrebbe uccisi tutti e due immediatamente, ma temeva per se stesso le conseguenze del suo gesto" (r. 11–15).

4. "Per questo riuscì a frenare la collera e pensò di esigere dalla legge ciò che non era lecito a lui" (r. 15–16).

5. "Al mattino [...] si recò a denunciare il fallo" (r. 18–19).

6. "La donna [...] rifiutò le raccomandazioni di amici e parenti e decise di comparire in tribunale, perché preferiva morire con coraggio confessando la verità, piuttosto che [...] rendendosi indegna dell'uomo che amava" (r. 20–26).

7. "[...] chiese con il volto e la voce che non tradivano l'emozione, il motivo della convocazione" (r. 29–30).

8. "Il podestà avvertì subito il fascino della bellezza e dei modi di madonna Filippa perché, da come si esprimeva, era chiaro che si trattava di una donna di animo non comune" (r. 31–34).

9. "Cominciò per questo a temere per lei e sperava che non confessasse colpe" (r. 34–35).

E10 *Immagina di essere Rinaldo, il marito di madonna Filippa, che sta tornando a casa dopo aver assistito al discorso che la moglie ha fatto in tribunale. Come ti senti? E come ti immagini la vita tra te e tua moglie? Per strada incontri un amico che non sa ancora cosa è successo. Gli racconti tutto! Scrivi il dialogo tra te e l'amico.*

E11 *Imperfetto o passato remoto?*

1. Scegli il tempo giusto e completa con la forma verbale giusta.

Quel giorno il tempo ▦ (essere) bello. E così, il signor Ricca ▦ (decidere) di andare a trovare alcuni amici al bar. Arrivato in centro, ▦ (parcheggiare) la macchina e ▦ (andare) al bar dove lo ▦ (aspettare) gli amici. Di solito il signor Ricca ▦ (tornare) a casa alle sei di sera. Quella volta, invece ▦ (essere) già le otto passate quando ▦ (arrivare) davanti a casa sua. ▦ (entrare) in casa. Lì, però, ▦ (trovare) uno sconosciuto che ▦ (stare) seduto in una poltrona e ▦ (fumare) la pipa. Allora il signor Ricca ▦ (mettersi) a gridare e poi ▦ (uscire) di corsa.

2. E poi che cosa è successo? Racconta la fine della storia!

E12 *... e per voi che cosa significa leggere?*

Leggere

Leggendo non cerchiamo idee nuove, ma pensieri già da noi pensati, che acquistano[1] sulla pagina un suggello[2] di conferma[3]. Ci colpiscono[4] degli altri le parole che risuonano[5] in una zona già nostra – che già viviamo – e facendola vibrare[6] ci permettono di cogliere nuovi spunti[7] dentro di noi.

Cesare Pavese

---

1 acquistare: *kaufen, erwerben, gewinnen* 2 il suggello: *Siegel, Besiegelung* 3 la conferma: *Bestätigung*
4 colpire: *treffen* 5 risuonare: *(wieder) erklingen, ertönen* 6 vibrare: *vibrieren, schwingen* 7 lo spunto: *Anregung, Stichwort*

Competenze

Livello B1
Valutazione finale

A1   A2   **B1**

Complimenti! Jetzt bist du am Ende des Buches angekommen und kannst deine persönliche Niveaustufe (A1, A2, B1) in allen fünf Kompetenzbereichen ermitteln. Es kann durchaus sein, dass du nicht in allen Bereichen das gleiche Niveau hast – è normale! Jeder hat Stärken und Schwächen. So schließt sich hier der Kreis – im Übrigen auch thematisch. Denn es geht mal wieder um die Piazza, il centro della vita italiana.

A messa nella basilica
Don Ulisse Bresciani, parroco della basilica di S. Andrea, mentre celebra la prima messa del mattino.

7.00

10.00

Tra lettere, cartoline e telegrammi
Nel corso della mattinata avviene anche la distribuzione della posta. Ecco il postino Gianni Anselmi.

11.30

Un chilo di mandarini …
La proprietaria di una delle tante bancarelle di frutta e verdura del mercato mentre serve una cliente.

6:00 *Una piazza lunga un giorno*

6.00

8.00

11.00

Arrivano i giornali
Aldo Tosi, titolare dell'edicola sotto i portici della piazza, riceve i giornali.

Aprono i negozi
Roberta Manzoli alla cassa del tabaccaio vicino alla basilica.

Un mazzo di gladioli a mercato
Piazza delle Erbe è sede del mercato settimanale. Tra le bancarelle, quella del fioraio Luca Cattafes

Perché una piazza?

La piazza ha sempre avuto un ruolo fondamentale nella vita degli italiani, a cominciare dal foro, perno della vita pubblica nella città romana. Ma la piazza moderna ha origine nel medioevo: è monofunzionale (c'è la piazza della basilica per le funzioni religiose, quella del palazzo comunale per quelle politiche …). Nel rinascimento e nel periodo barocco diventa elemento di abbellimento della città: è progettata mirando a un modello ideale. Nel XIX-XX sec. la piazza diventa punto di arrivo del traffico. Poi, per reazione al caos urbano, si realizzano le gallerie coperte e le aree pedonali.

da: Focus Extra n° 2, primavera 2000, p. 144

...'ora dell'aperitivo al bar
...gi Grassi, uno dei gestori
... bar-pasticceria, ed Elisa
...ccari prendono un aperitivo.

Il balcone più bello
Franca Gorni, che ha un negozio sulla piazza, mentre annaffia le piante sul suo balcone.

In visita alla mostra
Il Palazzo della Ragione è usato come sede di esposizioni. Al momento della fotografia presentava una mostra intitolata "L'Italia in moto".

Lezioni di musica serali
Cinzia e Daria, due studentesse al conservatorio di Mantova.

...iazza delle Erbe a Mantova 22:00

...puntino a base di ...esce di lago
...ngelo Buniotti, titolare ...ella pescheria sotto i ...ortici del Palazzo della ...agione.

L'uscita dall'asilo
Una madre riporta a casa da scuola i figli e alcuni loro compagni di classe.

Andiamo tutti a cena fuori?
Elisa Pavesi, proprietaria del ristorante Pavesi, seduta a un tavolo del locale.

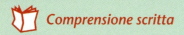 **Comprensione scritta**

E1 *A che ora ... (A1–A2)*

1. cominciano le messe in chiesa?
2. apre il negozio in cui si possono comprare francobolli?
3. si vede una signora che si occupa delle sue piante?
4. delle persone suonano uno strumento musicale?
5. alcuni curiosi vanno a vedere le motociclette di una volta?
6. i bambini lasciano i loro compagni di gioco e tornano a casa?

E2 *Vero/falso (A2)*

Trova una frase nel testo che conferma la tua risposta.

1. Il postino si ferma davanti al bar di Roberta Manzoli.
2. A mezzogiorno Luigi Grassi e Elisa Beccari si incontrano.
3. Franca Gorni ha una bella vista sulla piazza.
4. Da Angelo Buniotti si mangia il pesce.
5. Per vedere delle mostre bisogna andare nella Basilica di S. Andrea.
6. Il mercato di piazza delle Erbe è un mercato giornaliero.

E3 *Chi fa che cosa? (A2)*

Raggruppa tutte le persone che ...
1. vendono qualcosa.
2. rendono un servizio.

E4 *La Piazza delle Lingue (B1)*

Leggi il testo e rispondi alle domande.

Dal 27 al 31 maggio 2010 si è svolto, sotto l'alto patronato del Presidente della Repubblica, la quarta edizione della *Piazza delle Lingue*. Nelle scorse edizioni i temi sono stati: *Le lingue d'Europa patrimonio comune dei Cittadini europei* (2007), *Per il multilinguismo nell'Unione Europea. A 50 anni dal Regolamento n.1/1958* (2008), *Esperienze di multilinguismo in atto* (2009). Il tema specifico del 2010 è stato *L'italiano degli altri*. Ecco la presentazione del progetto:

LA PIAZZA DELLE LINGUE intende essere un momento non solo di riflessione scientifica, ma anche di divulgazione, con tavole rotonde, letture e veri e propri momenti di spettacolo, sui temi dell'incontro delle lingue e del multilinguismo. Il tema di quest'anno è **L'italiano degli altri**.

5 *L'italiano degli altri* è certamente quello di chi vive fuori d'Italia e parla italiano perché è la lingua nazionale del proprio Paese o di una parte del proprio Paese (Svizzera, San Marino, Città del Vaticano), o perché egli stesso è di origine italiana (emigrato o figlio o nipote di emigrati). La definizione vale anche per chi, per libera scelta e, vorremmo dire, "per amore" si è fatto, attraverso lo studio o l'esperienza di 10 vita, tramite appassionato all'estero della lingua e della cultura italiana: insegnante o "facilitatore" di contatti.

L'italiano degli altri è anche quello di chi, nato altrove, oggi sempre con maggiore frequenza e intensità è spinto dalle necessità della vita a migrare in Italia ed è costretto a confrontarsi – lui e i propri figli – con una nuova lingua (che è anche una 15 diversa cultura). Pensiamo soprattutto alla complessa realtà scolastica di oggi e alle nuove prospettive che si aprono e, insieme, alla crescente presenza di scrittori di altra lingua materna che scelgono l'italiano, senza passare attraverso una traduzione.

http://www.accademiadellacrusca.it/piazza_lingue_2010.shtml

1. La Piazza delle Lingue è
   - un sito Internet che si occupa di interesse linguistico e sociale.
   - un libro a più volumi pubblicato dall'Accademia della Crusca di Firenze.
   - un incontro di scienziati e altri per discutere della lingua italiana sotto diversi aspetti.
2. A quali gruppi di persone si riferisce l'espressione "l'italiano degli altri"? Indicatene quattro.
3. Quali sono le iniziative dell'incontro? Indicane tre.
4. In che modo la realtà scolastica è diventata più complessa secondo gli autori del testo?
5. Perché gli organizzatori dell'evento hanno scelto il nome "Piazza delle Lingue"? Scegli due su quattro risposte.
   - È una metafora che mette in rilievo il concetto di multiculturalità.
   - Il nome si riferisce al sito Internet: gli organizzatori hanno creato una "piazza virtuale" per parlare di multiculturalità.
   - La piazza ha il valore del punto d'incontro e dello scambio, anche quello linguistico.
   - Durante la settimana, tante iniziative hanno luogo proprio in piazza.

Comprensione orale

E5 *Dove si svolgono i seguenti sei dialoghi? (A1–A2)*

E6 *La piazza – luogo di manifestazioni politiche*
Ascolta il testo e rispondi alle seguenti domande:
1. Chi scende in piazza per protestare?
2. In quali città si manifesta?
3. Come vengono considerati di solito quelli che manifestano oggi?
4. Indica due problemi (oltre a quello del precariato) con cui si deve confrontare la generazione dei giovani italiani.
5. Che cosa dice la studentessa intervistata? (più soluzioni possibili).
   I giovani vogliono
   - più diritti.
   - più soldi dalle loro famiglie.
   - essere indipendenti dalle famiglie.
   - più possibilità di andare all'estero e fare nuove esperienze.
6. Che cosa chiede la signora intervistata al governo italiano?
7. Che cosa è successo con i precari durante l'ultima crisi economica?

8. Quali sono i grandi temi del momento, di cui il governo attuale si dovrebbe occupare? Indicane due.

 Produzione scritta

E7 *(A1–A2)*

Sono le ore 13 e ti trovi in piazza delle Erbe. Dal bar scrivi una cartolina alla tua corrispondente/al tuo corrispondente. Racconta dove sei in questo momento e che cosa vedi.

E8 *(A2)*

Ieri sera sei stato/stata in piazza delle Erbe con dei ragazzi conosciuti a Mantova. In una e-mail a casa scrivi che cosa hai visto in piazza e che cosa hai fatto dalle 18.00 fino a mezzanotte.

E9 *(A2/B1)*

Per il tuo partner (che hai conosciuto a Mantova in piazze delle Erbe) fai un programma di visita nella tua città che poi mandi via e-mail. Che cosa potreste fare? Che cosa sarebbe interessante?

E10 *(B1)*

Lo scrittore Alessandro Baricco parla della piazza ... e di se stesso.
Commenta questa citazione.

1 inculcare: *dire ininterrottamente (einschärfen, eintrichtern)*
2 un crocicchio: *un incrocio (Wegkreuzung)*

Sarebbe tutto più semplice se non ti avessero inculcato[1] questa storia del finire da qualche parte, se solo ti avessero insegnato, piuttosto, a essere felice rimanendo immobile. Tutte quelle storie sulla tua strada. Trovare la tua strada. Andare per la tua strada. Magari invece siamo fatti per vivere in una piazza, o in un giardino pubblico, fermi lì, a far passare la vita, magari siamo un crocicchio[2], il mondo ha bisogno che stiamo fermi, sarebbe un disastro se solo ce ne andassimo, a un certo punto, per la nostra strada, quale strada? Sono gli altri le strade, io sono una piazza, non porto in nessun posto, io sono un posto.

http://www.frasiaforismi.com/cat/aforismi-d-autore/alessandro-baricco/

E11 *(B1+)*

La piazza – luogo comune o elemento essenziale della cultura italiana? Scrivi un commento.

 Produzione orale

E12 *(A2)*

Immagina di essere al ristorante. Dopo aver letto la lista del menu ordini un primo e un secondo per te e per i tuoi genitori e anche da bere.

E13 *(A2)*

Mentre sei al bar per prendere un aperitivo, cominci a parlare con un ragazzo mantovano. Gli racconti perché sei a Mantova e di dove sei. Gli descrivi la tua città/il tuo paese, rac-

conti anche se ti piace viverci o dove vorresti vivere. Poi il ragazzo ti fa i complimenti per il tuo italiano. Allora tu gli racconti da quando studi questa lingua. Gli presenti anche la tua scuola e le materie che ti piacciono di più o di meno. Infine ti chiede se conosci un po' l'Italia. Che cosa gli puoi dire?

E14 *In gruppo (B1)*

Sei in piazza con i giovani che protestano contro il precariato. Arriva una troupe della televisione italiana che vuole sapere perché sei venuto/venuta anche tu e cosa pensi della situazione dei giovani in Italia. Naturalmente, ti chiedono anche di presentare la situazione in Germania. Scegli tra i compagni di classe chi ti potrà intervistare!

E15 *(B1) Un discorso per salvare la piazza*

Da due anni vivi in una cittadina italiana con una graziosa piazza al centro. Ti piace molto andare lì a qualsiasi ora della giornata. Oggi leggi sul giornale che proprio in piazza verrà costruito un centro commerciale enorme. Cominci ad arrabbiarti, quando vedi sul giornale che i cittadini sono chiamati a dire la loro opinione alle quattro del pomeriggio, al bar in piazza. Sono le quattro meno 10. Allora ci vai ... e fai il tuo discorso!

E16 *(B1)*

I tedeschi s'incontrano spesso a casa, mentre gli italiani vanno in piazza. Sembra un dettaglio, invece c'è una grande differenza: per stare a casa di qualcuno, bisogna invitare le persone, cioè bisogna organizzare l'incontro.
In Italia vai fuori quando hai voglia, senza dare appuntamento. Magari fai uno squillo al tuo amico per fargli sapere dove sei. E poi, in piazza, vedi tanta gente, anche quella che forse ti saresti dimenticato di invitare. È più aperto, più libero. Ecco, gli italiani riescono ad incontrarsi senza darsi appuntamento prima.
Commenti questa opinione.

E17 *(B1)*

Il tuo amico italiano ti ha dato appuntamento in piazza alle cinque di sera. Tu sei appena arrivato, sono le cinque, ma l'amico non si fa vedere. Alle cinque e un quarto provi a chiamarlo, ma la linea è sempre occupata. Ti cominci a chiedere se hai sbagliato tu, avendo capito male l'ora o il luogo dell'incontro. Invece, proprio quando decidi di andartene, ecco chi arriva: il tuo amico ...
Che cosa gli dici? E come risponde lui? Presenti la scenetta insieme a un compagno di classe.

Mediazione

E18 *In giro per piazza delle Erbe (italiano → tedesco, A1–A2)*

Du hörst zu, was die Fremdenführerin über die Piazza delle Erbe berichtet. Für deine Eltern, die kein Italienisch verstehen, fasst du die Informationen auf Deutsch zusammen.

E19 *(italiano → tedesco, A2)*

Fasse auf Deutsch zusammen, welche verschiedenen Funktionen die italienische Piazza im Laufe der Jahrhunderte gehabt hat (→ *Perché una piazza*, pag. 271).

E20 *(tedesco → italiano, B1)*

Con la tua amica italiana hai visitato anche la città di Freiburg, che le è piaciuta molto, soprattutto le piazze e le piazzette tranquille. Avendo letto l'articolo sottostante, le scrivi in un'e-mail quali sono i problemi delle piazze della città, secondo alcuni abitanti.

Step-Frauen stellen die Platzfrage

Diskussion zu Freiburgs Plätzen

Während draußen auf den Plätzen Freiburgs die Menschen den ersten wirklichen Frühlingsabend genossen, drängten sich am Donnerstag die Besucher ins Unterge-schoss des BZ-Hauses – um genau darüber zu diskutieren: Wie die Menschen in der
5 Stadt den öffentlichen Raum nutzen, „den Raum, in dem wir alle leben – und der uns allen gehört", wie es Rita Stoephasius von der veranstaltenden Initiative „Frauen Step Freiburg" zur Begrüßung formulierte.

Step steht für Stadt-Entwicklungs-Planung – Ziel der überparteilichen Frauengruppe ist, sich aktiv an der Gestaltung ihrer Stadt zu beteiligen. Freiburgs Plätze dienen als
10 Treffpunkte und Orte für Kundgebungen, sie bieten Raum für Märkte, für Gastrono-mie und Feste, aber auch für Ruhe und Ausruhen in der Stadt. Die unterschiedlichen Nutzungen räumlich und zeitlich so zu differenzieren, dass sie alle möglich sind – das ist ein Ziel der Step-Initiative.

Die Freiburger Plätze seien aber durch eine zunehmende Kommerzialisierung be-
15 droht, die Stadt betrachte den öffentlichen Raum zu sehr als Einnahmequelle. Besonders argwöhnisch beobachten die Step-Frauen die Ausweitung der Außengas-tronomie, die den Aufenthalt ohne Konsumzwang einschränke und der Wirkung der Plätze schade.

So verengten zum Beispiel Stühle und Bambuspflanzen den oberen Zugang zum Au-
20 gustinerplatz und den Standort der Steinstele; die umstrittenen Sitzflächen auf dem Adelhauserplatz hätten dessen „verwunschene Stimmung" zerstört. Die Initiative for-dert die Beschränkung der Sondernutzungen und mehr öffentliche Sitzgelegenheiten auf den Plätzen. Raum für unterschiedliche Nutzungen durch die Bürger – in diese Richtung könne auch der Siegerentwurf für den Platz der Alten Synagoge noch wei-
25 ter entwickelt werden. „Konflikte um die Nutzung des öffentlichen Raums gehören seit dem Mittelalter zum städtischen Leben", erläuterte die Stadtplanerin Kerstin Go-the von der Universität Karlsruhe. Sie plädierte für Gelassenheit und das Aushan-deln von Regeln für die einzelnen Plätze.

Dabei möglichst große Freiräume zu schaffen, forderte Angeli Janhsen, Professorin
30 für Kunstgeschichte an der Freiburger Uni. „Wir sind hier ein sehr homogener Hau-fen – es sind zum Beispiel weder Obdachlose noch Kinder da." Es gehe darum, in der Stadt „Leben zu ermöglichen", dafür müsse nicht alles aus einem Guss sein: „Ich hätte auch nichts gegen eine Pommesbude auf dem Münsterplatz."

Thomas Goebel, Badische Zeitung, 4.4.2009
http://www.badische-zeitung.de/freiburg/step-frauen-stellen-die-platzfrage

Lernstrategien

1. Imparare a studiare – Lernen lernen: Und welcher Lerntyp bist du?

Erfahrung im Fremdsprachenlernen hast du ja bereits. Und sicherlich ist es dir auch schon oft so gegangen, dass du manche Phänomene ganz schnell behalten hast, dir andere aber nur mit großen Schwierigkeiten einprägen konntest. Vielleicht lag dieser Unterschied in der Behaltensfähigkeit nicht (nur) am Inhalt des zu erlernenden Stoffes, sondern auch an der Art und Weise des Lernens. Denn es gibt unterschiedliche Möglichkeiten, sich etwas einzuprägen – und jeder von uns spricht auf bestimmte Lernstrategien besser an als auf andere. Daher gilt: Entdecke deinen Lerntyp – und das Lernen fällt dir leichter!

Der folgende Test soll dir dabei helfen. Im ersten Teil findest du heraus, durch welche Kanäle (d. h. mit welchen Sinnen) du am schnellsten Wortschatz aufnimmst. Der zweite Teil macht dir bewusst, auf welche Weise du neue Informationen im Gehirn abspeicherst und strukturierst. Wenn du diese „Vorlieben" deines Gehirns kennst, kannst du sie für ein effektives Erlernen der Fremdsprache nutzen.

1. Mit welchen Sinnen lerne ich?
oder: Die Aufnahme von neuem Vokabular

Jeder von euch zeichnet drei senkrechte Spalten auf ein Blatt und füllt sie nach dem untenstehenden Schema aus. Nun liest Partner A die abgedruckten Begriffe langsam nacheinander vor, B überlegt sich, ob seine spontane Assoziation die des Sehens, Hörens oder des Riechens/Spürens/Schmeckens ist. In die entsprechende Spalte setzt er ein Kreuz. Daraufhin liest Partner B die in seiner Tabelle stehenden Begriffe vor.

Partner A			Partner B		
ich sehe	ich höre	ich rieche/ spüre/ schmecke	ich sehe	ich höre	ich rieche/ spüre/ schmecke
???	???	???	???	???	???
Tee, Wecker, Katze, Seide, Rose, Autobahn, Spaghetti, Ferien, Gewitter, Garage, Füße, Schule, Mozart, Sonnenuntergang, Schnecke, Italien, rot, Ferrari, Regen, Vokabelheft			Kaffee, Telefon, Hund, Jeans, Tulpe, Straßenkreuzung, Käseplatte, Meer, Regen, Tankstelle, Sportverein, Kino, Frühlingsmorgen, Frosch, Griechenland, lila, Geige, Wasserfall, Klassenbuch		

Addiere nun die Kreuze, die du pro Spalte gesetzt hast. Die Spalte mit den meisten Kreuzen gibt dir Aufschluss darüber, welcher Lerntyp du bist. Die Auflösung findest du auf unserer Homepage (www.ccbuchner.de/medien) unter Eingabe des Codes 4970-01 in das Suchfeld.

2. Und wie speichere ich das Neugelernte?

oder: Das Behalten von neuen Phänomenen

Du weißt jetzt, dass das einzelne Wort auf verschiedenen Kanälen ins Gehirn gelangen kann. Doch wie verbindest du Neues mit bereits Bekanntem? Nach welchen Kriterien speicherst du nicht nur einzelne Wörter, sondern z. B. auch Grammatikphänomene ab? Vielleicht kann dir der folgende Ansatz bei der Beantwortung dieser Fragen helfen:

Das Erlernen einer fremden Sprache ist wie die Einladung zu einem Fest, auf dem man – bis auf den Gastgeber – niemanden kennt. Wie verhältst du dich in dieser Situation? Wähle aus.

A	B
Du versuchst, dir im Laufe des Abends die Namen aller Gäste einzuprägen, damit du sie auch ansprechen kannst, falls du sie bei anderer Gelegenheit noch einmal triffst.	Dir ist es wichtig, die Beziehungen zwischen den Gästen zu verstehen: Wer gehört zu wem? Und wer könnte sich für wen interessieren?
C	D
Du siehst eine dir interessant scheinende Person, gehst sofort auf sie zu und unterhältst dich (vielleicht auch den ganzen Abend lang) mit ihr. Ihr erlebt das Fest gemeinsam und stellt auch Ähnlichkeiten zwischen euch fest.	Du bist verwundert, weil du plötzlich den Eindruck hast, einer der eingeladenen Personen schon einmal irgendwo begegnet zu sein. Du beginnst nachzudenken, in welcher Situation dies so gewesen sein könnte, weit zurückliegende Ereignisse kommen dir in den Sinn, und du fängst an zu träumen – bis dir irgendwann bewusst wird, dass du dich doch auf dem Fest befindest.

→ Die Auflösung findest du auf unserer Homepage (www.ccbuchner.de/medien) unter Eingabe des Codes 4970-01 in das Suchfeld.

Wir hoffen, dass dir der kleine Test eine Hilfe dabei sein wird, aus den unterschiedlichen Lernstrategien, die im Laufe des Buches präsentiert werden, die für deinen Lerntyp passenden Techniken herauszufinden. Und wenn du dir nicht sicher bist – Ausprobieren ist sicherlich nie verkehrt!

2. *Fare una mappa concettuale – Wörter lernen mithilfe einer Mindmap*

Man kann sich Wörter besser merken, wenn man sie thematisch sichtbar ordnet, wie z. B. in der folgenden Mindmap zum Thema **l'appartamento** (die Wohnung):

3. Usare il dizionario online – Mit einem Online-Wörterbuch arbeiten

Wörterbücher gibt es mittlerweile viele im Internet. Sie haben den großen Vorteil, dass man nicht umständlich viele Seiten umblättern muss, bevor man den gesuchten Begriff findet. Doch eine Recherche im Internet hat auch Tücken. Hier ein paar Hilfestellungen:

- Überlege vorher, was genau du suchst: Soll es ein zweisprachiges Wörterbuch sein? Oder hättest du gerne eine Definition auf Italienisch? Dann wäre ein einsprachiges angemessen. Außerdem gibt es auch Synonym- und Antonymwörterbücher, die oftmals helfen können, wenn man den gleichen Ausdruck nicht ständig wiederholen möchte.
- Bleibe nie beim ersten Vorschlag für eine Übersetzung/Erläuterung stehen! Lies immer alle Übersetzungsvorschläge durch, denn fast jedes Wort hat mehrere Bedeutungen, von denen nur eine oder wenige der von dir gesuchten entspricht.
- Vergleiche unterschiedliche Wörterbücher im Internet. Du findest sie, wenn du in einer Suchmaschine „Wörterbücher online" oder auch „dizionari online" eingibst. So bleibst du immer auf dem neuesten Stand, was die Entwicklung von Online-Wörterbüchern betrifft. Bedenke aber, dass nicht alle Wörterbücher von Verlagen kontrolliert werden. Sie sind also tendenziell fehleranfällig! Es gilt: besser mehrfach überprüfen, damit kein fehlerhafter Text entsteht.

Kommunikative Strategien

1. Leggere – Lesen

1.1 Per capire parole nuove – Unbekanntes Vokabular erschließen

Das Italienische gehört zu den romanischen Sprachen. Entsprechend könnt ihr sehr viele Wörter aus dem Lateinischen, dem Französischen oder anderen romanischen Sprachen erschließen. Aber auch über das Englische und natürlich auch das Deutsche kann man viele Wörter verstehen.

	Italienisch	Latein	Französisch	Spanisch	Englisch	Deutsch
Subst.	zucchero		sucre	azúcar	sugar	Zucker
Subst.	amico	amicus	ami	amigo		
Verb	abitare	habitare	habiter	habitar		
Adj.	importante		important	importante	important	
Adj.	lungo	longus	long		long	lang
Adj.	onesto	honestus	honnête	honesto	honest	

1.2 Leggere una pagella italiana – Ein italienisches Zeugnis lesen

	i voti in Germania		i voti in Italia
	1 ottimo/molto buono	10 ottimo	
	2 buono	9 distinto	
	3 soddisfacente	8 buono	
	4 sufficiente	7 discreto	
	5 insufficiente	6 sufficiente	
	6 gravemente insufficiente	5 insufficiente	
		4 gravemente insufficiente	

distinto = gut (2+); discreto (2-); sufficiente = ausreichend (+)

1.3 Capire un testo – Einen (unbekannten) Text verstehen

Wenn du den Text „Sei il cocco/la cocca degli insegnanti?" auf S. 107 durchliest, stellst du fest, dass du nicht jedes Wort auf Anhieb verstehst. Du könntest natürlich gleich im Wörterbuch nachsehen – doch das ist oft nicht notwendig! Wie kannst du am besten vorgehen?

Das 1. Lesen: Schau den Text nicht im Hinblick auf die unbekannten Vokabeln an, sondern versuche, so viel wie möglich zu verstehen.

Das 2. Lesen: Versuche nun, die Bedeutung der unbekannten Vokabeln mit folgenden Hilfsmitteln zu erschließen:

1. Die deutsche Sprache

Es gibt viele italienische Wörter, die im Deutschen ähnlich klingen. Zwar haben sie deshalb nicht automatisch die gleiche Bedeutung, doch dies kann man oft durch den Kontext herausfinden. → bei Frage 3: il banco; bei Frage 3 (b., d.): la cattedra, copiare

2. Andere Fremdsprachen

Kennst du ein ähnliches Wort z. B. im Englischen oder Französischen? → bei Frage 1: il messaggio (engl.: the message, frz.: le message); bei Frage 2: le interrogazioni (frz.: les interrogations); bei Frage 3: il tuo miglior amico (ton meilleur ami); bei Frage 4: pazienza (engl.: the patience, frz.: la patience)

3. Bisher gelernte italienische Wörter

Oft entpuppen sich unbekannte Vokabeln als Zusammensetzungen bzw. Ableitungen aus bereits gelernten Formen. Es ist also ratsam, nach Wörtern derselben Wortfamilie zu suchen. → bei Frage 1: l'anno scolastico (Substantiv: la scuola); bei Frage 5: il cantante (Verb: cantare)

4. Erkennen der Wortarten

Oft hilft beispielsweise die Stellung des unbekannten Wortes im Satz, um herauszufinden, ob die Vokabel z. B. ein Verb, ein Adjektiv oder auch ein Substantiv sein muss. Dies wiederum hilft beim Erschließen des Sinns.

→ bei Frage 3: In quale banco ti siedi (*siedi* muss ein Verb sein, da im Satz kein anderes Verb vorkommt)

5. Der Kontext

Ihn sollte man nie aus den Augen verlieren! Denn die bereits bekannten Wörter helfen bei dem Versuch, den unbekannten Vokabeln einen Sinn zu geben und sind eine gute Kontrolle. Jetzt bist du sicher imstande, den Text größtenteils zu verstehen. Wenn du nun den Text im Detail lesen willst, bleibt noch das Nachschlagen im einsprachigen bzw. zweisprachigen Wörterbuch.

2. Ascoltare – Hören

2.1 Capire un documento audio – Einen Hörtext verstehen

Um mit einem Italiener sprechen zu können, musst du natürlich erst einmal verstehen, was er zu dir sagt. Wenn du die sprechende Person gleichzeitig siehst, verstehst du sie leichter, denn ihre Mimik und Gestik unterstreichen die Aussage. Bei einem reinen Hörtext aber gibt es diese Hilfe nicht. Daher ist es ganz normal, wenn man nicht jedes Wort sofort verstehen kann, insbesondere wenn die Sprechgeschwindigkeit sehr hoch ist. Dennoch wird es dir durch regelmäßiges Üben gelingen, Hörtexte ganz oder zum größten Teil zu verstehen. Folgende Strategien können dabei helfen:

1. Vor dem ersten Zuhören
- Versuche, dich auf den Inhalt bzw. das Thema des Hörtextes einzustellen. Wenn du weißt, was du heraushören willst, gelingt dir das Verstehen besser. Bei Hörtexten aus dem Lehrbuch kannst du dir für ein geleitetes Hörverstehen zuerst die Aufgabenstellung ansehen. Erste Orientierung gibt häufig auch die Überschrift.

2. Während des ersten Zuhörens
- Konzentriere dich vor allem auf das Heraushören allgemeiner Informationen:
  - Wie viele Personen sprechen?/Von wie vielen Personen ist die Rede?
  - Wie heißen sie?
  - Wo und wann findet das Gespräch statt?
  - Worüber wird – ganz generell – gesprochen?
  - Können Stimmlage, Tonhöhe und Lautstärke des Gesprächs, aber auch Hintergrundgeräusche etwas über die Thematik/den Anlass/die Sprechsituation aussagen?
- Versuche auch schon Details zu verstehen. Achte jedoch nur auf das, was du verstehst, nicht aber auf das, was du nicht verstehst!
- Bei einem längeren Hörtext kann es nützlich sein, stichwortartig Notizen zu machen.

3. Nach dem ersten Zuhören
- Tausche deine Beobachtungen mit deinen Mitschülern aus, wenn ihr gemeinsam einen Text gehört habt. Überlegt, zu welchen übergeordneten Themen die herausgehörten Details passen.
- Überlege dir das Ziel des zweiten Zuhörens: Welche Informationen möchtest du genauer herausarbeiten? Was gilt es zu ergänzen?

4. Während des zweiten Zuhörens

- Konzentriere dich auf die Stellen, die du nach dem ersten Hören ergänzen möchtest.
- Versuche, unbekannte Wörter aus dem Zusammenhang heraus zu verstehen.

5. Nach dem zweiten Zuhören

- Vervollständige deine Notizen und tausche dich anschließend mit deinem Nachbarn aus.

3. Parlare – Sprechen

3.1 La pronuncia della "r" italiana – Und was mache ich, wenn ich das „r" nicht aussprechen kann?

Hier unser Tipp: Der Artikulationsort des italienischen "r" ist dort, wo wir im Deutschen das "d" sprechen, nämlich im Vordergaumen, direkt hinter den Schneidezähnen. Wenn du z. B. die Wörter *Gedanke, Adler, Abend* laut vor dich hinsagst, kannst du den Ort ermitteln. Das italienische "r" wird gebildet, indem an dieser Stelle die Zunge beim Ausatmen gewissermaßen "flattert". Die Zungenspitze berührt dabei immer wieder den Vordergaumen.
Trainiere nun anhand der folgenden Wörter. Denke aber bei jedem "r" daran, es als ganz weiches "d" zu sprechen:
Leggere [legge-d-e], stare [sta-d-e], fare [fa-d-e], mare [ma-d-e], essere [esse-d-e], Perugia [Pe-d-ugia], gelateria [gelate-d-ia], Sara [Sa-d-a], Mara [Ma-d-a], prendere [p-d-ende-d-e], primo [p-d-imo], Praga [P-d-aga]
Am schwierigsten ist die Aussprache von "tr":
"Trentatré Trentini entrarono a Trento tutti i trentatré trotterellando."

Coraggio! Auch wenn dein "r" noch kein wirklich rollendes ist, da die Zunge nur einmal gegen den Gaumen schlägt, so hört sich deine Aussprache jetzt schon viel italienischer an. Und sicherlich wird bald niemand erkennen, dass du eigentlich gar kein "r", sondern ein "d" sprichst.
Wenn du das eine Weile durchhältst, wirst du eines Tages den Eindruck haben, dass deine Zunge sich bei der Aussprache des "r" (= d) nicht nur einmal, sondern – ganz von selbst – mehrere Male auf und ab bewegt. Dann hast du es geschafft und gehörst zu denen, die tatsächlich das "r" rollen können. Bravo!

Und sollte es dennoch nicht klappen, dann kannst du dich schließlich damit trösten, dass bei weitem nicht alle Italiener in der Lage sind, ein rollendes "r" auszusprechen! Also: Forza, coraggio!

3.2 Parlare davanti agli altri – Erstes freies Sprechen

Einen zusammenhängenden Text mit etwa zehn Sätzen vortragen zu können, ist schon eine besondere Leistung. Mit ein wenig Übung gelingt es dir aber bald, die scheinbar unüberwindliche „Satzgrenze" zu überwinden. Da es am einfachsten ist, über sich selbst (Name, Adresse, Familie, Vorlieben ...) zu berichten, solltest du damit anfangen und es immer wieder wiederholen, vielleicht mit anderen Schwerpunkten. Zur Vorbereitung eines Kurzvortrags kannst du einen Stichwortzettel erstellen, den du aber beim Vortrag aus der Hand legen solltest. Es ist normal, dass man beim Vortrag auch ins Stocken gerät. Die folgenden Ausdrücke können dir dann helfen, Zeit zu gewinnen:

Per cominciare, vorrei dire che ...	– Zu Beginn möchte ich sagen, dass ...
Allora ...	– Also ...
Un attimo ... ho perso il filo, scusate!	– Ein Moment ... ich habe gerade den Faden verloren, entschuldigt!
Allora, continuo ...	– Also, ich mache jetzt weiter ...
Dunque ...	– Nun, folglich ...
Per finire, voglio dire che ...	– Zum Abschluss will ich sagen, dass ...

3.3 Descrivere una persona – Eine Person beschreiben

Il suo fisico – Ihr Äußeres

È	una ragazza *Mädchen*	giovane *jung*
	un ragazzo *Junge*	abbastanza giovane *ziemlich jung*
	una donna *Frau*	anziana *alt*
	un uomo *Mann*	di circa ... anni *ungefähr ... Jahre alt*

È	alto, -a *groß*; basso, -a *klein*; magro, -a *dünn*; grasso, -a *dick*; di circa un metro e settanta *ungefähr einen Meter siebzig groß*

> → Ha una faccia (*Gesicht*) rotonda (*rund*)/ovale (*oval*).
> → Ha i capelli (*Haare*) castani (*braun*)/biondi (*blond*) neri (*schwarz*)/rossi (*rot*)/lunghi (*lang*)/ corti (*kurz*) lisci (*glatt*)/ricci (*gelockt*).
> → Ha gli occhi (*Augen*) castani (*braun*)/blu (*blau*)/verdi (*grün*).
> → Ha il naso (*Nase*) piccolo/grande.
> → Ha la bocca (*Mund*) piccola/grande.
> → La fronte è ... (*seine/ihre Stirn ist ...*)
> → Ha la pelle chiara/scura. *Er/Sie hat eine helle/dunkle Haut.*

I suoi attributi – Ihre Attribute

> → Porta la barba (*Bart*)/i baffi (*Schnurrbart*)/gli occhiali (*Brille*)/gli occhiali da sole (*Sonnenbrille*)/un cappello (*Hut*)/un berretto (*Stirnmütze*)/un foulard (*Schal*).
> → Porta uno zaino (*Rucksack*)/una borsetta (*Handtasche*)/una borsa (*Tasche*)/dei gioielli (*Schmuck*)/un anello ad ogni dito (*einen Ring an jedem Finger*).
> → Ha un tatuaggio (*Tätowierung*) sul braccio destro (*rechter Arm*)/sulla gamba sinistra (*linkes Bein*)/ sulla schiena (*Rücken*).
> → Ha un piercing sul naso (*Nase*)/sull'orecchio (*Ohr*)/sul ciglio (*Augenbraue*)/sulla lingua (*Zunge*).
> → Porta vestiti eleganti (*elegant*)/ alla moda (*modisch*)/fuori moda (*unmodern*) come per esempio ...

L'impressione che dà – Diesen Eindruck vermittelt die Person

→ È una bella donna (*schöne Frau*)/bell'uomo (*schöner Mann*).
→ È attraente (*attraktiv*)/brutto, -a (*hässlich*).
→ Sembra sportivo, -a (*sportlich*)/serio, -a (*ernst*)/rigido, -a (*steif*)/ansioso, -a (*besorgt*)/ dinamico, -a (*dynamisch*)/povero, -a (*arm*)/ricco, -a (*reich*).

3.4 Parlare della scuola – Über die Schule sprechen

... (non) mi/gli/le piace ...	... gefällt mir/ihm/ihr (nicht)
Sono/È bravo, -a in ...	Ich bin/Er/Sie ist gut in ...
Sono/È portato, -a per ...	Ich bin/Er/Sie ist begabt für ...
... è la mia/la sua materia preferita.	... ist mein/sein/ihr Lieblingsfach.
Sono/È un disastro in ...	Ich bin/Er/Sie ist schlecht (eine Null) in ...
... non è il mio/il suo forte.	... ist nicht meine/seine/ihre Stärke.
... per me/lui/lei, è un incubo.	... ist für mich/ihn/sie ein Alptraum.

3.5 Commentare – Kommentieren

1. Per dire che sei d'accordo:	**1. Um Einverständnis auszudrücken**
È vero/esatto/giusto (quello che dice).	Es ist wahr/exakt/richtig (was er/sie sagt).
Sono d'accordo con ... quando dice che ...	Ich bin mit ... einverstanden, wenn er/sie sagt, dass ...
...ha ragione quando dice che ..	... hat Recht, wenn er/sie sagt, dass ...
2. Per dire che non sei d'accordo	**2. Um auszudrücken, dass man nicht einverstanden ist**
Non è vero/esatto/giusto (quello che dice) ...	Es ist nicht wahr/exakt/richtig (was er/sie) sagt.
Non sono d'accordo con ... quando dice ...	Ich bin mit ... nicht einverstanden, wenn er/sie sagt, ...
... si sbaglia quando dice che ...	... irrt sich, wenn er/sie sagt, dass ...
3. Per dire che sei in parte d'accordo	**3. Um auszudrücken, dass man nur in Teilen einverstanden ist**
Da un lato è vero che (+ ind.) ... dall'altro non è vero che (+ cong.)	Einerseits ist es wahr, dass ...; ... andererseits ist es nicht wahr, dass ...
È vero che (+ ind.) ..., ma bisogna dire/notare che ...	Es ist wahr, dass ... , aber man muss doch sagen/feststellen, dass ...

3.6 Parlare di musica – Über Musik sprechen

Mi piace molto ...
È un cantante .../una cantante ... conosciuto, -a; noto, -a (*bekannt*)
È un gruppo musicale/una band ...innovativo, -a
Fanno una musica rock/metal/pop/hip-hop/rap, ...

Mi piacciono anche i testi ...
Sono critici/ironici/poetici/melancolici/impegnati (*engagiert*)/allegri/divertenti, ...
Li ho già visti in concerto.
Ascolto volentieri i loro CD.

3.7 Parlare di una canzone – Über ein Lied sprechen

1. Il tono – Der Ton, der Gesamteindruck

appassionato, violento	calmo, indifferente, neutrale
allegro	triste, malinconico
solenne	semplice
aggressivo	dolce, sottomesso

2. La voce – Die Stimme

limpida, chiara	rauca
vellutata	metallica
espressiva, appassionata	timida, fredda
dolce, tenera	stridente
alta	bassa

3. La melodia – Die Melodie

armonica	disarmonica
dinamica	sognatrice, romantica
dolce, semplice	complicata
fredda	emozionante, toccante

4. Il ritmo – Der Rhythmus

regolare	irregolare
monotono	vario, allegro
rapido	lento

3.8 Telefonare – Telefonieren

Telefonare a un amico/un'amica *einen Freund/eine Freundin anrufen*

- – Pronto!
- – Ciao, Luisa! Sono io, Maria.
- – Ah Maria! Come stai?
- – Bene, grazie! E tu? Senti, ti va di vederci in centro verso le quattro?
- – Volentieri. Alle quattro in piazza De Ferrari?
- – Benissimo. A presto allora. Ciao!
- – Ciao!

Telefonare a uno sconosciuto *eine unbekannte Person anrufen*
– Pronto! – Pronto, buongiorno! Sono Maria Rossi. Chiamo perché vorrei parlare con il signor Verrucci. È possibile? – Purtroppo no. Oggi è fuori casa. – Potrei lasciare un messaggio? – Forse è meglio se richiama. Trova il signor Verrucci di sicuro domani mattina alle dieci. – Allora faccio così. Grazie tanto! – ArrivederLa signora. – Arrivederci e grazie.

3.9 Esprimersi senza conoscere la parola esatta – Umschreiben

Relativpronomen können sehr nützlich sein, weil man mit ihrer Hilfe unbekannte Wörter leicht umschreiben kann:

persone/mestieri	oggetti	luoghi	stati
È una persona che … È qualcuno che …	1. È una cosa che/ quello che serve per … 2. Una cosa che/ quello che si usa per/di cui hai bisogno per …	1. È il posto in cui/da cui … 2. È lì dove …	1. È il contrario di … 2. È quando (una persona/una cosa …)
Beispiel: Koch È una persona che prepara da mangiare/che cucina in un ristorante.	*Beispiel*: Korkenzieher È una cosa che serve per aprire una bottiglia di vino.	*Beispiel*: Flughafen È il posto dove arrivano/da cui partono gli aerei.	*Beispiel*: krank sein È quando uno/una persona non sta bene (e deve rimanere a letto).

3.10 Esprimere il proprio parere – Die eigene Meinung äußern

Meinung allgemein	Zweifel	Wunsch, Verlangen
Credo che … + cong.	Può darsi che … + cong.	È meglio che … + cong.
Penso che … + cong.	Non sono sicuro, -a che + cong.	È ora che … + cong.
		Spero che … + cong.
Secondo me … + ind.		Bisogna che … + cong.
	Bewertung	
	È bene che … + cong.	
	È male che … + cong.	

3.11 Descrivere una foto/un disegno/un quadro/un'immagine – Ein Foto/eine Zeichnung/ein Gemälde/ein Bild beschreiben

1. Tipo di immagine

Si tratta di .../ Vedo ...	– una foto – un quadro – un affresco (*Fresko*) – un disegno/un'illustrazione – una vignetta (*Comiczeichnung*)/caricatura – (dei) fumetti	– a colori – in bianco e nero

2. Descrivere

La foto/L'immagine/ Il quadro ...	– mostra – fa vedere – illustra ...
La scena	– si svolge in/a (*spielt in*)
In centro/Al centro In primo piano In fondo Sopra/In alto Sotto/In basso A destra A sinistra	– si trova/trovano – si vede/vedono – si riconosce/riconoscono (*erkennt man*) – c'è/ci sono

3. Commentare

La foto/L'immagine/ Il quadro ...	– esprime che – mette in rilievo che – critica – mi fa pensare a/riflettere su – mi ricorda (*erinnert mich an*) – suscita (un sentimento di ...) (*ruft ... hervor*) – si riferisce a (*bezieht sich auf*)
Trovo che .../Mi sembra/È strano che (+ congiuntivo) ...	

3.12 Parlare di un film – Über einen Film sprechen

Il tipo di film	Il film è Si tratta di	una commedia. una tragedia. un documentario. un giallo. un film d'azione.

Il luogo, l'azione, l'epoca	Il film	è ambientato si svolge	a Roma in Italia	negli anni 50. nel XXI secolo.
	La scena	fa vedere illustra approfondisce	il rapporto tra padre e figlio.	

I personaggi	Il protagonista del film Uno dei personaggi meno importanti	si chiama Mario. è il padre. ha un carattere molto difficile. ha cinquant'anni.

L'opinione personale	Il film	è		interessante. divertente. romantico. critico. violento. noioso.
	Il film	mi è piaciuto non mi è piaciuto tanto	perché …	

3.13 Presentare un libro in classe – Eine Buchvorstellung durchführen

1. Ho letto …

un testo *einen Text* una novella *eine Novelle* un romanzo *einen Roman* un racconto *eine Erzählung* un giallo *einen Krimi*	di (nome dell'autore)

2. Vi presento prima i personaggi di questa storia.

Il protagonista *Hauptperson* La protagonista I protagonisti Le protagoniste	è/sono	(nome/cognome) (età) (sesso *Geschlecht*) (professione) (stato sociale) ecc.

3. Poi riassumo brevemente – la storia
– lo svolgimento dell'azione *den Handlungsverlauf*

La storia	si svolge in/a *spielt*	(luogo dell'azione)	nell'anno …/nel secolo … durante il/la … nel periodo …

All'inizio	vediamo/si vede ...
La storia comincia con	+ sostantivo
Poi In seguito *in der Folge* Più tardi In un secondo momento	
Alla fine si scopre che *entdeckt man* Si viene a sapere che *erfährt man* La storia finisce che	

4. Secondo me ...

... il punto culminante è ... *der Höhepunkt* ... il momento cruciale è ... *der entscheidende Moment*	quando ...

5. Per finire, esporrò il mio giudizio personale e vi presenterò un brano della storia.

Personalmente ho trovato	questa storia questo racconto	abbastanza	interessante avvincente *spannend* appassionante *mitreißend* sorprendente *überraschend* noioso/a lungo/a stupido/a

Ho trovato che l'azione è ...
Quello che mi è piaciuto di più/non mi è piaciuto è ...
Ve lo/la consiglio/Non ve lo/la consiglio perché ...
Bisogna leggerlo/leggerla/Non bisogna leggerlo/leggerla

C'è una cosa che	non ho capito. non sono riuscito a capire. trovo strana.	È quando ...

Secondo me	il testo è	facile abbastanza facile difficile molto difficile	da leggere.

Ho scelto un piccolo brano per darvi un'idea più precisa del testo.
Lo leggeremo insieme e poi vi farò delle domande.

4. Scrivere – Schreiben

4.1 Scrivere una lettera/un'e-mail – Einen Brief/eine E-Mail schreiben (Anrede und Schlussformel)

Anrede

1. Für einen Freund/ eine Freundin:

> Caro/Carissimo (Giorgio), Cara/Carissima (Elena)
> *Lieber/Liebster Giorgio, Liebe/Liebste Elena*
> Ciao (Paolo/Silvia)! *Hallo Paolo/Silvia!*

2. Für eine Person, die man siezt:

> Gentile Signor Botto, Gentile Signora Pescatori,
> Egregio Dottor Olivieri,
> *Sehr geehrter Herr Botto, Sehr geehrte Frau Pescatori,*
> *Sehr geehrter Herr Dr. Olivieri, ...*

Schlussformel

1. Freund/Freundin:

> Ti abbraccio/Un abbraccio *Ich umarme dich/Eine Umarmung*
> Tanti saluti *Viele Grüße*
> Ciao! *Tschüss!*
> Un bacione/Baci *Ein (dicker) Kuss/Küsse*

2. Person, die man siezt:

> Cordialmente *Mit freundlichen Grüßen*
> Distinti saluti *Hochachtungsvoll*

4.2 Scrivere una lettera di motivazione – Eine Bewerbung schreiben

Beispiel 1:

Peter Steiner
Kantweg 75
01069 Dresda
Germania

> Italia stage
> Via dei Gigli, 10
> 20100 Milano
> Italia

Spettabile Direzione del Personale,

in riferimento al Vostro annuncio pubblicato su "Repubblica lavoro", sarei molto interessato a svolgere uno stage presso la Vostra azienda.
Sono al primo anno di Economia e Commercio e ritengo un'esperienza lavorativa all'estero di fondamentale importanza.

Ho trascorso spesso con la mia famiglia le vacanze in Italia: è il paese in cui vorrei vivere una volta laureato. Per questo motivo, spero in una Vostra risposta positiva.

Vi ringrazio fin d'ora per la disponibilità che vorrete accordarmi e porgo i miei più cordiali saluti

Dresda, 06/04/2014   Peter Steiner

Beispiel 2:

Inès Perrault
15, rue Verrier
34103 Montpellier
Francia

                                                    Club Vacanze Mediterranee
                                                    Via Appia nuova
                                                    00183 Roma

Italia

Spettabile Club Vacanze Mediterranee,

mi chiamo Inès Perrault, ho 22 anni e abito a Montpellier in Francia.
Mi piacerebbe molto partecipare al provino che proponete. So bene l'italiano e ho già insegnato in una scuola di windsurf vicino a casa mia. Trovate tutte le informazioni sulla mia formazione scolastica e professionale nel curriculum allegato.

Cordiali saluti

Montpellier, 06/04/2014   Inès Perrault

CURRICULUM VITAE

Dati personali:
Nome e cognome: Inès Perrault
Luogo e data di nascita: Montpellier il 25/06/1991
Nazionalità: francese
Stato civile: nubile
Residenza: 15, rue Verrier; F- 34034 Montpellier
Telefono: +33 4 67879541
E-mail: inesp@yahoo.fr

Titoli di studio: Diploma di maturità linguistica conseguito nell'anno scolastico 2009/2010 presso il Liceo "Jeanne d'Arc" di Montpellier, Francia

Lingue conosciute: Inglese: ottima conoscenza scritta e parlata (C1), italiano: buona conoscenza scritta e parlata (B1)

Conoscenze informatiche: Ottima conoscenza di Winword, Excel, Windows ME XP

Soggiorni all'estero: Nel 2008 vacanza-studio EF della durata di un mese a Bath (Inghilterra)

Esperienze di lavoro: Istruttrice nella scuola di windsurf "Le surf libre" a Marseillan nelle stagioni estive 2010 - 2013

Montpellier, 06. 04. 2014

4.3 Fare una prenotazione ... in un albergo, in un ostello della gioventù – Eine (mündliche/schriftliche) Reservierungsanfrage an ein Hotel, eine Jugendherberge richten

apertura/saluti iniziali *Eröffnung, Begrüßung*	(lettera/e-mail) Gentile signora/e *Sehr geehrte Dame, sehr geehrter Herr* (telefono) Pronto! Buongiorno. Sono (Monika Liebig). La chiamo perché ...
tipo di camera *Zimmertyp*	Vorrei prenotare una camera – singola *Einzelzimmer* – matrimoniale *Zimmer mit Ehebett* – doppia (a due letti) *Doppelzimmer* – da tre/quattro letti *mit drei/vier Betten* con bagno e doccia in camera *mit Bad und Dusche im Zimmer* È possibile prenotare una camera con vista (*mit Blick*) – sul mare? *auf das Meer* – sul lago? *auf den See* – sulla piazza? *auf den Platz*
il periodo, le date *der Zeitraum, die Daten*	Arrivo giovedì 23 febbraio e riparto domenica 26. *Ich komme am Donnerstag, den 23. Februar an und reise am Sonntag, den 26. Februar ab.* Vorrei prenotare una camera singola dal 23 al 26 febbraio. *Ich möchte ein Einzelzimmer vom 23. bis zum 26. Februar buchen.* C'è posto dal 23 al 26 febbraio? *Ist in der Zeit vom 23. bis zum 26. Februar noch etwas frei?* C'è una camera libera/ci sono due camere libere dal ... al ...? *Gibt es ein freies/zwei freie Zimmer vom ... bis ...?*
il prezzo *der Preis*	Quanto costa la camera per una notte? E per tre notti? *Was kostet das Zimmer für eine Nacht? Und für drei Nächte?* La prima colazione è inclusa nel prezzo? *Ist das Frühstück im Preis inbegriffen?* Offrite la mezza pensione/la pensione completa? *Bieten Sie Halb-/Vollpension an?*

	Quanto costerebbe? *Wie viel würde das kosten?*
gli extra *Zusatzwünsche*	C'è la connessione a Internet/la connessione wifi? *Gibt es einen Internetanschluss? Wlan?* Ci sono la piscina e la sauna? *Gibt es ein Schwimmbad und eine Sauna?* C'è l'aria condizionata in camera? *Gibt es im Zimmer eine Klimaanlage?* C'è un parcheggio? *Gibt es einen Parkplatz?* È possibile portare animali? *Kann man Tiere mitbringen?*
itinerario *Weg*	Mi potrebbe spiegare come raggiungere l'albergo? *Könnten Sie mir erklären, wie man das Hotel erreicht?* A quale fermata dell'autobus devo scendere? *An welcher Bushaltestelle muss ich aussteigen?* C'è una fermata della metropolitana vicino all'albergo? *Gibt es eine U-Bahnstation in der Nähe des Hotels?*
saluti finali *Schlussformel*	(lettera/e-mail) Cordialmente/Cordiali saluti *Mit freundlichen Grüßen* (telefono) Grazie tante, signora/signore. La saluto. Arrivederci.

4.4 Caratterizzare una persona – Eine Person charakterisieren

Qualcuno è

ottimista	*optimistisch*	**pessimista**	*pessimistisch*
attivo/a	*aktiv*	**passivo/a**	*passiv*
riflessivo/a	*nachdenklich*	**vivace, spontaneo/a**	*lebendig, spontan*
calmo/a, tranquillo/a	*ruhig*	**nervoso/a, impulsivo/a**	*nervös, impulsiv*
gentile (con gli altri)	*nett zu anderen*	**sgarbato/a con gli altri**	*unfreundlich*
egoista	*egoistisch*	**altruista**	*altruistisch*
fiducioso/a	*vertrauensselig*	**diffidente**	*misstrauisch*
sicuro/a di sé	*selbstsicher*	**insicuro/a**	*unsicher*
autoritario/a	*autoritär*	**indulgente**	*nachgiebig*
allegro/a	*fröhlich*	**triste**	*traurig*
buono/a, bravo/a	*gut*	**cattivo/a**	*schlecht, böse*
coraggioso/a	*mutig*	**timido/a, pauroso/a**	*ängstlich*
fedele	*treu*	**infedele**	*untreu*
curioso/a	*neugierig*	**indifferente**	*gleichgültig*
duro/a con	*hart*	**dolce, fine**	*weich, zart, sanft*
onesto/a, sincero/a	*ehrlich, aufrichtig*	**disonesto/a, falso/a**	*unehrlich, falsch*
simpatico/a	*sympathisch*	**antipatico/a**	*unsympathisch*
paziente	*geduldig*	**impaziente**	*ungeduldig*
tollerante	*tolerant*	**intollerante**	*intolerant*
contento/a soddisfatto/a	*zufrieden*	**scontento/a, insoddisfatto geloso/a, invidioso/a**	*unzufrieden, eifersüchtig, neidisch*
ironico/a, cinico/a	*ironisch, zynisch*	**ingenuo/a**	*naiv*
estroverso/a	*extrovertiert*	**introverso/a**	*introvertiert*

Abitudini:

Cosa fa regolarmente? Cosa gli/le piace fare?

4.5 Espressioni utili per l'analisi letteraria – Nützliche Ausdrücke für die literarische Textinterpretation

Il testo

Il racconto La poesia Il brano La canzone	si divide in consiste in è composto/a da	due tre	parti strofe	diverse. contrastanti. identiche. simili.
	parla di	un evento storico. una donna infelice.		

La prima parte La parte centrale	comincia con comprende	la prima riga	e va e prosegue	fino alla ... riga.

Il titolo/l'introduzione

Nel titolo Nell'introduzione Nel prologo	lo scrittore, la scrittrice il narratore, la narratrice il poeta, la poetessa l'autore, l'autrice	annuncia introduce presenta	il tema. l'argomento. il contenuto.

L'azione

L'azione	si svolge	in Italia in campagna in città a Roma	nel 1980. all'inizio del secolo. la mattina presto. nel Medioevo.

In questa parte All'inizio Nella parte centrale Nel testo In questo paragrafo	il narratore, la narratrice lo scrittore, la scrittrice l'autore, l'autrice il poeta, la poetessa	inventa immagina descrive	una situazione un mondo una società un'azione	reale. irreale. fittizio/a.

Il racconto La canzone La poesia	procede in non rispetta l'	ordine cronologico.

I personaggi

Il personaggio L'io narrante	osserva riflette su	la scena l'azione l'accaduto	e reagisce	sorpreso. deluso. divertito. arrabbiato.

Il/la protagonista	è di carattere	nervoso. ottimista. pessimista. riflessivo.
	rappresenta	l'uomo moderno. un certo tipo.

Lo sviluppo di un personaggio

Il carattere Un personaggio Un uomo Una donna Una persona	può	rimanere restare	coerente. uguale.
		cambiare	d'un tratto. di colpo.
		svilupparsi	lentamente. rapidamente.

Il lettore/la lettrice

Attraverso	i personaggi l'azione gli avvenimenti	il lettore	scopre viene a conoscere	una situazione a lui sconosciuta.
			si accorge	di essere coinvolto direttamente. di dover prendere posizione. di avere compassione.

Alla fine Dopo questo capitolo	il lettore la lettrice	rimane	un po' confuso/a. rilassato/a.	
		comincia a	riflettere	sul mondo moderno. su se stesso/a.
			capire	il messaggio del narratore.

Il narratore/la narratrice

Il narratore La narratrice	vuol	far capire far vedere esprimere	la sua visione del mondo.
		criticare	la società attuale.

l'autore

L'autore	scrive secondo la prospettiva di ... introduce come narratore ...	
	racconta in un modo	neutro/impersonale/personale.
	prende posizione per ... parla in prima/terza persona. suscita/crea stupore/meraviglia nel lettore.	
	dà l'impressione di essere	neutro. immerso/coinvolto nella storia.

Il linguaggio

L'autore Lo scrittore ...	utilizza usa si serve di	parole immagini espressioni	chiare oscure ambigue immaginarie	che rendono bene	il suo stato d'animo. l'atmosfera. la realtà. la condizione dell'uomo d'oggi.

Il testo comprende elementi di lingua	parlata. scritta.

5. Mediazione – Sprachmittlung

5.1 Cos'è una mediazione? – Sprachmittlung: was ist das?

Manchmal begegnen sich Menschen, die zwar miteinander reden möchten, aber **keine gemeinsame** Sprache sprechen. Dann brauchen sie einen **Sprachmittler**, der ihnen bei der Kommunikation hilft.

Stell dir vor, in einem Hotel gibt es Gesprächsbedarf zwischen dem italienischen Gast und dem deutschen Rezeptionisten. Sie brauchen jemanden, der beide Sprachen spricht und ihre Redebeiträge wiedergibt. Diese dritte Person, die sprachmittelnd zur Seite steht, könntest du sein.

Sprachmitteln kann auch schriftlich erfolgen. Stelle dir z. B. vor, dass in der Schülerzeitung deiner Schule ein Bericht über die Partnerstadt in Italien erscheinen soll, und es steht nur italienischsprachiges Material zur Verfügung. Eine genaue Übersetzung der vorliegenden Texte ist gar nicht erwünscht. Es reicht, wenn du ihnen wesentliche Informationen entnimmst und sie ins Deutsche überträgst.

Welche Informationen allerdings wesentlich sind, hängt vom Empfänger deiner Nachricht ab: Wenn der italienische Hotelgast mit seinem Zimmer unzufrieden ist, so solltest du an der Rezeption möglichst knapp die Mängel auf Deutsch wiedergeben, die er dir (evtl. wortreich) beschreibt. Geht es aber um die Darstellung der italienischen Partnerstadt auf der Schulhomepage, so solltest du dich fragen, welche Fakten die Leser der Internetseite besonders interessieren (z. B. Freizeitaktivitäten für Jugendliche in der Partnerstadt).
Schließlich ist die Kommunikationssituation selbst nicht unwichtig: Im Gespräch mit dem Rezeptionisten, den du nicht näher kennst, trittst du höflich auf und wählst eher eine formelle Sprachebene. Im Artikel für die Schulhomepage macht sich dagegen auch ein informeller Sprachgebrauch gut, weil du dich an ein vorwiegend jugendliches Publikum wendest.

Um dich Schritt für Schritt auf deine Rolle als Sprachmittler vorzubereiten, gibt es die Mediationsaufgaben. Durch regelmäßiges Üben wirst du Schritt für Schritt zum Mediationsprofi!

Folgende Tipps können dir dabei helfen:
1. Bevor es losgeht: Mache dir bewusst, worum es in der **Situation** geht (Wer sind die Gesprächspartner?) und auf welche Inhalte es besonders ankommt (Welche kommunikative Absicht besteht?).
2. Beim Sprachmitteln geht es darum, den **Inhalt** und die **Intention** des Sprechers möglichst **objektiv**, d. h. unkommentiert an den Gesprächspartner zu vermitteln bzw. schriftlich wesentliche Informationen wiederzugeben. Weniger wichtige Informationen sollten **weggelassen** werden. (Der gemittelte Text sollte höchstens zwei Drittel des Originaltextes umfassen.)
3. Bei der Mediation muss die Kommunikationssituation respektiert werden (Anrede in einer E-Mail, einleitender Satz bei einem Gespräch); außerdem sollte sich das Sprachniveau entsprechend anpassen.
4. Viele Wege führen nach Rom. Wenn dir bestimmte Vokabeln oder Wörter nicht einfallen, **umschreibe** oder beschreibe, was du sagen möchtest.

Vocabolario

Im folgenden Vokabelverzeichnis findet ihr die neuen Wörter jeder Lektion aufgeführt. Die **fettgedruckten** Wörter sind Lernwortschatz und werden in der Folge als bekannt vorausgesetzt. Die übrigen Einträge gehören zum Verständniswortschatz. Sie werden in den folgenden Lektionen nicht als bekannt vorausgesetzt, sondern bei jedem weiteren Vorkommen angegeben.

In der ersten Spalte findet ihr das neue italienische Wort oder einen neuen italienischen Ausdruck, die deutsche Entsprechung dazu in der zweiten Spalte. In der dritten Spalte schließlich stehen Beispielsätze, Lerntipps und Verweise auf andere Sprachen, also alles, was euch dabei hilft, die neuen Wörter leichter zu behalten.

In Lektion 1 werden Verben in der Form aufgelistet, in der sie zum ersten Mal erscheinen, also z. B. in der 1. Person Singular: **parlo**. Der Infinitiv ist dahinter angegeben (*inf.* **parlare**), und das komplette Paradigma des Verbs findet ihr in der dritten Spalte. Die später im Text auftretenden Formen dieses Verbs werden nicht mehr im Wörterverzeichnis aufgeführt.

Ab der zweiten Lektion erscheint nur noch der Infinitiv eines Verbs, und bei unregelmäßigen Verben findet ihr die konjugierten Formen in der dritten Spalte.

Am Ende des Buchs befindet sich ein Register mit einer alphabetischen Auflistung des gesamten Wortschatzes von *In piazza*. Hinter jedem Eintrag wird auf die Lektion verwiesen, in der das Wort/der Ausdruck erstmals vorkommt.

Außerdem befinden sich in einigen Lektionen so genannte *campi semantici*, die bestimmte Wörter in Wortfelder zusammenfassen, so zum Beispiel das Wortfeld zum Thema Eissorten in Lektion 1 oder die Jahreszeiten und Monatsnamen in Lektion 8. Auch hier gehören **fettgedruckte** Wörter zum Lernwortschatz.

Im Anschluss folgen Listen mit Redewendungen für den Unterricht, Arbeitsanweisungen und eine Übersicht über die grammatischen Begriffe und ihre Abkürzungen, die in Lektions- und Vokabelteil verwendet werden – auf Italienisch und Deutsch!

Per parlare della lingua

la (prima, seconda, ...) persona		die (erste, zweite, ...) Person	
l'aggettivo	*agg.*	das Adjektiv	*Adj.*
l'antonimo	*ant.*	das Antonym, Gegenwort	
l'articolo; l'articolo partitivo	*art.*	der Artikel; der Teilungsartikel	
l'avverbio	*avv.*	das Adverb	*Adv.*
il comparativo	*comp.*	der Komparativ	
il condizionale	*cond.*	das Konditional	
il congiuntivo	*cong.*	der Konjunktiv	*Konj.*
la congiunzione	*congz.*	die Konjunktion	
il discorso diretto		die direkte Rede	
il discorso indiretto		die indirekte Rede	
l'espressione di luogo/di quantità/ di tempo		die Orts-, Mengen-, Zeitangabe	
femminile	*f*	feminin, weiblich	*f*
la forma (del verbo, della preposizione, ...)		die Form (des Verbs, der Präposition, ...)	

la forma di cortesia		die Höflichkeitsform	
la formazione		die Bildung	
la frase		der Satz	
il futuro	*fut.*	das Futur	
il gerundio	*ger.*	das Gerund	
l'imperativo	*imp.*	der Imperativ, die Befehlsform	
l'imperfetto	*impf.*	das Imperfekt	
(in)definito		(un)bestimmt	
l'indicativo	*ind.*	der Indikativ	
l'infinito	*inf.*	der Infinitiv	*Inf.*
l'interiezione	*inter.*	die Interjektion	
invariabile	*inv.*	unveränderlich	
maschile	*m*	maskulin, männlich	*m*
l'ordine della frase		die Satzstellung	
la parola		das Wort	
il participio (presente/passato)	*part. (pres./pass.)*	das Partizip (Präsens/Perfekt)	
il passato prossimo	*pass. pross.*	das Perfekt	
il passato remoto	*pass. rem.*	das Passato remoto	
il periodo ipotetico		das Bedingungsgefüge	
il plurale	*pl.*	der Plural	*Pl.*
popolare	*pop.*	umgangssprachlich	*ugs.*
la preposizione	*prep.*	die Präposition	
il presente	*pres.*	das Präsens	
il pronome (personale, possessivo, relativo, …)	*pron. (pers., poss., rel., …)*	das (Personal-, Possessiv-, Relativ-) Pronomen	
il pronome oggetto diretto/indiretto		das Akkusativ-/Dativpronomen	
qualcosa	*qc*	etwas	
qualcuno/a qualcuno	*qn/a qn*	jemanden (Akkusativ)/jemandem (Dativ)	*jdn/ jdm*
il singolare	*sg.*	der Singular	*Sg.*
il sinonimo	*sin.*	das Synonym	
il sostantivo	*sost.*	das Substantiv	
il superlativo (relativo/assoluto)	*sup.*	der (relative/absolute) Superlativ	
il testo		der Text	
il testo adattato		der adaptierte Text	
il trapassato prossimo	*trapass.*	das Plusquamperfekt	
l'uso		der Gebrauch	
il verbo	*vb.*	das Verb	*V.*
la voce passiva		das Passiv	
in inglese		Englische Entsprechung	*E*
in francese		Französische Entsprechung	*F*
in latino		Lateinische Entsprechung	*L*

Per parlare italiano in classe – Italienisch im Unterricht

Per parlare al professore/alla professoressa

Scusi, può ripetere?	Entschuldigen Sie bitte. Können Sie wiederholen?
Non ho capito.	Ich habe nicht verstanden.
Non capisco la parola ..., la frase ...	Ich verstehe das Wort ..., den Satz ... nicht.
Che significa la parola ... ?	Was bedeutet das Wort ...?
Non lo so.	Ich weiß es nicht.
Può parlare più lentamente?	Können Sie langsamer sprechen?
Come si dice ... in italiano?	Wie sagt man ... auf Italienisch?
Come si pronuncia ...?	Wie spricht man ... aus?
Può tradurre questa parola, per piacere?	Können Sie dieses Wort bitte übersetzen?
Che cosa dobbiamo fare per casa?	Was müssen wir zuhause machen?
Scusi, ho una domanda.	Entschuldigen Sie. Ich habe eine Frage.
Scusi il ritardo.	Entschuldigen Sie die Verspätung.
Posso andare al bagno?	Darf ich/Kann ich zur Toilette gehen?
Posso aprire /chiudere la finestra?	Darf ich/Kann ich das Fenster öffnen/schließen?
Posso cambiare posto?	Darf ich mich umsetzen?
Chi deve pulire la lavagna?	Wer muss die Tafel putzen?
Non ho fatto i compiti.	Ich habe die Hausaufgaben nicht gemacht.
Ho dimenticato il libro/il quaderno d'italiano a casa.	Ich habe mein Buch/mein Italienischheft zuhause vergessen.

Per parlare ai compagni di classe

A che lezione/paragrafo/pagina/riga siamo?	Bei welcher Lektion/welchem Abschnitt/welcher Seite/ welcher Zeile sind wir?
Che lezione/che pagina è?	Welche Lektion/welche Seite ist das?
Mi dai una mano?	Kannst du mir helfen?
Mi puoi prestare la matita/la penna/la gomma/ il temperamatite/ il libro?	Kannst du mir den Bleistift/den Kuli/den Radiergummi/den Spitzer/das Buch leihen?
Mi puoi dare un foglio, per favore?	Kannst du mir bitte ein Blatt geben?
Come si fa questo esercizio?	Wie macht man diese Übung?
Chi comincia?	Wer fängt an?
Comincia tu!	Fang du an!
Tocca a me/a te.	Ich bin dran/Du bist dran.
E poi tocca a ...	Und dann ist ... dran.
Quest'esercizio non mi piace.	Diese Übung gefällt mir nicht.

Per fare gli esercizi del libro – Arbeitsanweisungen zu den Übungen im Buch	
Abbina.	Ordne zu.
Ascolta i due dialoghi.	Höre dir die beiden Dialoge an.
Che cosa significano queste parole?	Was bedeuten diese Wörter?
Collegate le frasi.	Verbindet die Sätze.
Completa il numero di telefono.	Ergänze die Telefonnummer.
Completa con le forme adatte.	Ergänze mit den passenden Formen.
Completa il testo con queste parole.	Ergänze den Text mit diesen Wörtern.
Completa le frasi con i seguenti verbi.	Ergänze die Sätze mit den folgenden Verben.
Completa questa tabella.	Ergänze/vervollständige diese Tabelle.
Dove si svolgono i seguenti sei dialoghi?	Wo finden die folgenden sechs Dialoge statt?
Fate un dialogo.	Führt einen Dialog.
Fate una lista degli aggettivi possessivi.	Erstellt eine Liste mit den Possessivbegleitern.
Forma delle frasi.	Bilde Sätze.
Intervistatevi.	Interviewt euch.
Lega le frasi con "poi" e "dopo".	Verbinde die Sätze mit "poi" und "dopo".
Metti l'articolo determinativo e quello indeterminativo.	Setzte den bestimmten und den unbestimmten Artikel ein.
Metti al plurale.	Setze in den Plural.
Metti la crocetta al punto giusto.	Kreuze richtig an.
Metti nell'ordine giusto …	Bringe … in die richtige Reihenfolge.
Prepara la lettura/l'ascolto.	Bereite die Lektüre/den Hörtext vor.
Preparate una scenetta.	Bereitet ein Rollenspiel vor.
Presentate il vostro partner alla classe.	Stellt euren Interviewpartner der Klasse vor.
Ritrova i numeri.	Finde die Zahlen wieder.
Rispondi alle domande.	Beantworte die Fragen.
Ritrova l'ordine cronologico.	Finde die chronologische Reihenfolge wieder.
Scopri la regola.	Entdecke die Regel.
Spiega perché.	Erkläre, warum …
Ti presenti, ma in italiano.	Du stellst dich vor, aber auf Italienisch.
Trovate gli errori e scrivete le frasi corrette sul vostro quaderno.	Findet die Fehler und schreibt die richtigen Sätze in euer Heft.
Vero o falso?	Richtig oder falsch?

Lezione 1

Ingresso

la lezione	die Unterrichtsstunde, das Unterrichtskapitel	**L** lectio **E** lesson **F** la leçon ▶ la lezione di italiano
l'ingresso	der Eingang, Eintritt, Zutritt	**L** ingredi ▶ l'ingresso di casa
ciao	hallo (*Begrüßung unter Freunden und Bekannten, die man duzt*)	
sono *inf.* **essere**	ich bin; sein	sono, sei, è, siamo, siete, sono **L** esse **F** être ▶ Io sono Paola./Tu sei italiano/a.
e *congz.*	und	**L** et
io, tu, lui, lei	ich, du, er/sie/Sie	**L** ego, tu ▶ Tu e lei siete italiani.
mi chiamo *inf.* **chiamarsi**	ich heiße (*wörtl.* ich rufe mich); heißen	mi chiamo, ti chiami, si chiama, ci chiamiamo, vi chiamate, si chiamano ▶ Si chiama Mario. *auch in der Bed. jdn rufen:* chiamare qn: Io chiamo Paola: "Paolaaa!!!"
Buongiorno.	Guten Morgen. Guten Tag.	**F** Bonjour.
il signore, la signora, la signorina	der Herr, die Dame/Frau, das Fräulein	**L** senior ▶ Buongiorno signora!
Piacere.	Angenehm (*bei Begrüßung*). Es ist mir ein Vergnügen.	**L** placere ▶ Piacere! Sono Mario.
Ciao ragazzi!	Hallo Leute!	▶ Ciao a tutti!
il ragazzo, la ragazza; i ragazzi; le ragazze	der Junge/das Mädchen; (junge) Leute, Jugendliche; Mädchen	▶ I ragazzi sono a lezione.
Come ti chiami?	Wie heißt du?	▶ Io mi chiamo Cristina, lui si chiama Davide.

nuovo, -a *agg.*	neu	**L** novus **F** nouveau, nouvelle
l'amico *m,* **l'amica** *f;* **gli amici, le amiche**	der Freund, die Freundin; die Freunde, Freundinnen	**L** amicus **F** un ami/une amie ▶ l'amico/l'amica del cuore (*der Busenfreund/die Busenfreundin*)
Oddio!	Oh Gott!	**L** deus **F** dieu
adesso	jetzt, nun	▶ E adesso che facciamo? (*Was tun wir jetzt?*)
dove; dov'è ...?	wo, wohin; wo ist ...?	▶ Dove andiamo? (*wohin?*)/Dov(e)'è la chiesa? (*wo ist?*)
uffa	*Ausdruck der Erschöpfung*	▶ Uffa! Non ce la faccio più! (*Ich kann nicht mehr!*)
ma *congz.*	aber	▶ Ma dove sei?
c'è; ci sono	es gibt; hier ist; hier sind	**F** il y a ▶ C'è un ragazzo. Ci sono un ragazzo e una ragazza.
il problema *m* **pl. i problemi**	das Problem	**E** problem **F** un problème ▶ Carla ha un problema.
sì	ja	**L** sic
non	nicht	**L** non

non so	ich weiß nicht	▶ – Dov'è Marina? – Non (lo) so.
cerco *inf.* **cercare**	ich suche; suchen	cerco, cer**ch**i, cerca, cer**ch**iamo, cercate, cercano; **F** chercher ▶ Cerco qc.
il ci**nema**	das Kino	**E** cinema ▶ il cinema italiano
un momento, per favore	einen Augenblick, bitte	
noi/voi/loro	wir/ihr/sie	**L** nos, vos
qui	hier in der Nähe	qui = qua (*hier*); lì = là (*dort*) ▶ – Dove siete? – Siamo qui.
la piazza	der (Stadt-/Dorf-)Platz	**E** place **F** une place ▶ Piazza Navona è a Roma.
lì	da, dort	▶ – Dove sono i ragazzi? – Sono lì.
gra**zie**	danke	**L** gratia ▶ Grazie di tutto!/Grazie mille!
a prop**o**sito	übrigens	
Di dove sei?	Woher bist du?	▶ Di dov'è Marc?
tedesco, -a *agg.*; **il tedesco/la tedesca**	deutsch; der/die Deutsche	▶ Marc è tedesco. Lei, Anna è la ragazza tedesca di Berlino.
interessante *m/f agg.*	interessant	**L** interesse **E** interesting **F** intéressant, -e ▶ una lezione/una persona interessante
di (Amburgo, Francoforte, Monaco, Berlino)	von, aus (Hamburg, Frankfurt, München, Berlin)	**L** de ▶ la ragazza tedesca di Berlino
no	nein	▶ No, grazie!
a**bito;** *inf.* **abitare**	ich wohne; wohnen	a**bito, a**biti, a**bita, abiti**amo, abit**a**te, a**bitano **L** habitare **F** habiter **E** to inhabit ▶ Abitiamo a Roma.
da (cinque anni)	seit (fünf Jahren)	da + Zeitangabe = seit ▶ Sono in Germania da cinque anni.
l'anno *m*	das Jahr	**L** annus ▶ Abito qui da un anno.
bello, -a *agg.*	schön	**F** beau, belle
molto *avv.*	sehr	**L** multum ▶ una piazza molto bella
anche	auch	▶ Anche Paola è qui!
un po'	ein wenig	**L** pauci **F** un peu
ca**o**tico, -a *agg.*	chaotisch	▶ Maria è un po' caotica.
scusa (*Imp.* 2. *Pers. Sg.*); *inf.* **scusare**	entschuldige!; entschuldigen	**E** to excuse **F** excuse-moi, excusez-moi ▶ Scusa, dove sei?
pronto, -a; Pronto?	fertig, bereit, etw. zu tun; Hallo! (*am Telefon*)	▶ La pizza è pronta./Pronto? Sono Paola! (*Al telefono*)
E4 **Chi?**	Wer?	**L** quis ▶ Chi sei?
il nome *m*	der (Vor-)Name	**L** nomen **F** un nom ▶ Antonio è un nome italiano.
italiano, -a *agg.*; **l'italiano/l'italiana**	italienisch; der/die Italiener/in	

Preparare T2

preparare	vor-, zubereiten	**L** praeparare **E** to prepare **F** préparer ▶ preparare il pranzo (*das Mittagessen zubereiten*)
E1 **l'ed**i**cola** *f*	der Zeitungsstand, Kiosk	▶ L'ed**i**cola ha i biglietti dell'autobus (*Bustickets*).
il Palazzo Ducale	der herzogliche Palast	

la chiesa	die Kirche	▶ Santa Maria Novella è una chiesa di Firenze.
la via	die Straße	**L** via ▶ Questa è via Garibaldi.
il duomo	der Dom	**L** domus ▶ Il duomo di Milano è molto famoso. (*Der Mailänder Dom ist sehr berühmt.*)
il bar	das Café, die (*ital.*) Bar	
la gelateria	die Eisdiele	▶ La gelateria Capolea ha il gelato buono.
2 il centro; in centro	das Zentrum, die Innenstadt; im Zentrum	**F** le centre ▶ Abito in centro.
allora	dann, also; damals	▶ Allora? (*Also?*) Chi è questa ragazza?/ Paolo è un amico di allora. (*von damals*)
presto; a presto	schnell, bald, früh; bis bald	▶ Fate presto ragazzi!
niente	nichts; kein; *hier:* macht nichts	▶ Oggi non mangio niente./Non me ne importa niente! (*Es ist mir ganz egal!*)
questo, questa; questi, queste	dieser, diese; diese	**L** ecce istum
guarda; *inf.* **guardare**	schau (her); sehen, (an)schauen, betrachten	guardo, guardi, guarda, guardiamo, guardate, guardano **F** regarder ▶ Guardo la televisione.
poi	dann	**F** puis ▶ Prima (*zuerst*) preparo il caffè, poi guardo la TV.
con	mit	**L** cum ▶ Guardo la TV con Paolo.
bellissimo, -a	sehr schön	▶ Paolo è un ragazzo bellissimo./Roma è una città bellissima.
senti (*Imp. 2. Pers. Sg.*); *inf.* **sentire**	hör mal!; hören	**L** sentire ▶ Senti, dov'è Marina?
Hai voglia di … ?	Hast du Lust auf ..?	▶ Hai voglia di un gelato?
avere	haben	ho, hai, ha, abbiamo, avete, hanno **L** habere **F** avoir ▶ avere interesse
prendere	nehmen	prendo, prendi, prende, prendiamo, prendete, prendono **L** prehendere **F** prendre
il gelato	das (Speise-)Eis	▶ Prendo un gelato al cioccolato con panna.
fa caldo	es ist warm/heiß	**L** calidus ▶ Fa caldo qui!
così	so	**L** sic ▶ Fa così caldo!
volentieri *avv.*	gern, gerne	**L** voluntas **E** voluntary **F** volontiers ▶ Prendo volentieri un gelato.
vieni con me; venire	komm' mit mir (mit); kommen	vengo, vieni, viene, veniamo, venite, vengono **L** venire ▶ Vieni con me./ Vieni a casa.
ottimo, -a *agg.*	ausgezeichnet, hervorragend	**L** optimus ▶ Ottimo il gelato qui!
la cremeria	das Eiscafé (*regional*)	
lontano	weit, weit entfernt	**F** loin ▶ Paola abita lontano.
qua vicino	hier in der Nähe	**L** vicinus **E** vicinity ▶ Prendiamo un gelato qua vicino?
ecco!	schau(t)! Hier ist/sind …!	**L** ecce **F** voilà!

	proprio *avv.*	genau, in der Tat, gerade	▶ Proprio così!
	lo scooter *inv. m*	der Roller, Motorroller	*auch:* il motorino
	il liceo	das Gymnasium	**F** un lycée ▶ liceo classico/scientifico/ linguistico (*humanistisches/mathe- matisch-naturwissenschaftliches/ sprachliches Gymnasium*)
	vado; *inf.* **andare**	ich gehe; gehen	vado, vai, va, andiamo, andate, vanno **L** vadere ▶ Vado a casa./Vado al liceo classico.
	per	für	**L** per **F** pour ▶ Prendo un gelato per Paolo.
	il mese *m*	der Monat	**L** mensis **F** un mois ▶ Abitiamo a Roma da un mese. (*seit einem Monat*)
	bene *avv.*	gut	**L** bene **F** bien ▶ mangiare bene (*gut essen*)
E2	**in Italia**	in Italien	▶ andare in Italia
E4	**la città**	die Stadt	**L** civitas **E** city ▶ una città – due città
	Che cosa c'è ...?	Was gibt es ...?	▶ Che cosa c'è di buono da mangiare? (*Was gibt es Gutes zu essen?*)
E5	**il teatro**	das Theater	▶ andare a teatro
	la fontana	der Brunnen	**L** fons **E** fountain **F** une fontaine ▶ La fontana di Trevi a Roma è famosa.
	l'ufficio postale *m*	das Postamt	**E** post office ▶ andare alla posta
	la farmacia	die Apotheke	**E** pharmacy **F** la pharmacie ▶ andare in farmacia
E6	**il museo**	das Museum	▶ il museo di Picasso
	la pasticceria	die Konditorei	▶ andare in pasticceria
	il ristorante	das Restaurant	▶ Il ristorante "Fonte allo Spino" è famoso (*berühmt*).
E7	**o**	oder	▶ o tu o io (*entweder du oder ich*)

Preparare T3

E1	**Come stai?**	Wie geht es dir?	▶ Come stai oggi?
	come	wie	▶ Come ti chiami?
	stare	stehen, bleiben, sich befinden, wohnen	sto, stai, sta, stiamo, state, stanno **L** stare ▶ Sto bene, grazie!
	abbastanza *avv.*	genügend	▶ – Come stai? – Sto abbastanza bene, grazie!
	male; malissimo	schlecht; sehr schlecht	**L** male ▶ Sto male oggi!
E2	**ti piace ...?;** *inf.* **piacere**	gefällt dir/magst du ...?; gefallen, mögen	**L** placere **F** plaire ▶ Sì, mi piace!/ No, non mi piace!

il gusto	der Geschmack, die Geschmacksrichtung (*für Eissorten, Bonbons etc.*)	
il cioccolato	Schokolade	▶ il gelato al gusto di cioccolato
la nocciola	Nusseis	
lo yogurt *m*	Joghurt	

la stracciatella	Stracciatella	
la vaniglia	Vanille	▶ Prendo un gelato alla nocciola, yoghurt e vaniglia.
il limone	Zitrone	
il caffè	Kaffee	
l'amarena *f*	Sauerkirsche	**L** amarus
la banana	Banane	
la fragola	Erdbeere	

3

mangiamo; *inf.* **mangiare**	wir essen; essen	mangio, mangi, mangia, mangiamo, mangiate, mangiano **F** manger ▶ mangiare molto/poco
quanto, -a	wie viel, so viel; was für ein	**L** quantus ▶ Quanta gente!
la gente	die Leute	**L** gens (!) ▶ La gente in Italia mangia spaghetti.
facciamo; *inf.* **fare**	wir machen; machen	faccio, fai, fa, facciamo, fate, fanno **L** facere **F** faire ▶ Facciamo una passeggiata (*Spaziergang*).
aspettiamo; *inf.* **aspettare**	wir (er)warten; (er)warten	aspetto, aspetti, aspetta, aspettiamo, aspettate, aspettano **L** exspectare ▶ Aspettiamo Mauro a casa.
davvero *avv.*	wirklich, echt	▶ Davvero buono questo gelato!
buono, -a *agg.*	gut	**L** bonus **F** bon, bonne ▶ Il gelato è buono./La pasta è buona.
soprattutto *avv.*	vor allem, besonders	**L** super + totus ▶ Soprattutto il cioccolato è buono!
a me/a te	mir/dir	**L** me/te
arrivano; *inf.* **arrivare**	sie kommen (an); (an)kommen	arrivo, arrivi, arriva, arriviamo, arrivate, arrivano **E** to arrive **F** arriver ▶ arrivare a casa
da circa cinque minuti	seit etwa fünf Minuten	▶ Aspetto Michela da circa cinque minuti.
ti presento ...; *inf.* **presentare**	ich stelle dir ... vor; vorstellen, präsentieren	**E** to present **F** présenter ▶ Papà, ti presento Fabio, è un amico.
parli; *inf.* **parlare** (di qc)	du sprichst; sprechen (über)	parlo, parli, parla, parliamo, parlate, parlano **F** parler ▶ parlare bene/male di qualcuno; parlare con qualcuno di qc; parlare le lingue straniere (*Fremdsprachen*)
solo *avv.*; **solo, -a** *agg.*	nur (Adv.); allein, einzig (Adj.)	**L** solum **E** solely **F** seulement/seul, -e
inglese *agg.*; **l'inglese**	englisch; der/die Engländer/in; Englisch	▶ Parlo solo l'inglese.
il padre; **mio padre, tuo padre, suo padre**	der Vater; mein/dein/sein/ihr Vater	**L** pater **F** un père ▶ Mio padre si chiama Gabriele.
Perché?; **perché ...**	Warum?; weil ...	▶ – Perché vai a teatro? – Perché mi piace!
visitare	besichtigen; untersuchen (*Arzt*)	**L** visitare **E** to visit **F** visiter ▶ Visitiamo un museo./Il medico visita il paziente.
imparare	lernen, erlernen	▶ Imparare le lingue è bello!

la scuola	die Schule	E school F une école ▶ Vado a scuola.
incontrare	treffen	E to encounter F rencontrer ▶ Marina incontra l'amica a scuola.
simpatico, -a *agg.*	sympathisch	▶ Tu sei una persona simpatica.
il vicolo	die Gasse	L vicus ▶ vicolo cieco (*Sackgasse*)
il negozio *pl.* i negozi	der Laden, das Geschäft	L negotium ▶ il negozio di abbigliamento (*Kleidung*)
vero, -a; vero?	wahr, richtig; nicht wahr?	L verus F vrai, -e ▶ Andreas è tedesco, vero?
tocca a te; toccare a	Du bist dran!; an der Reihe sein	▶ (*z. B. bei einem Spiel*): – A chi tocca? – Tocca a Paolo!
dai!	Mach schon; Auf!, Los!	▶ Dai! Sbrigati! (*Auf! Beeile dich!*)
il peperoncino	(scharfe) Paprika; Chilischote	▶ Il peperoncino è piccante (*scharf*).
divino, -a *agg.*	göttlich, hervorragend	▶ Questo gelato è divino!
vorrei	ich möchte	▶ Vorrei un gelato.
il cono	die Eistüte, Eiswaffel	L conus ▶ Prendo un cono al cioccolato e nocciola.
senza	ohne	L sine F sans ▶ senza niente (*ohne alles*)
la panna	die Sahne	▶ un gelato senza panna
il gelataio	der Eisverkäufer	
ecco a Lei, ...	hier bitte	L ecce ▶ Ecco a Lei, prego!
Quanto pago?	Wie viel kostet es? *wörtl.:* Wie viel bezahle ich?	▶ *auch*: Quant'è?
pago, *inf.* pagare	ich bezahle; bezahlen	pago, paghi, paga, paghiamo, pagate, pagano E to pay F payer ▶ pagare in contanti (*bar*)/con la carta di credito
oggi *avv.*	heute	
l'euro *inv.*	der Euro	▶ un euro, due euro
gentile *agg.*	nett, freundlich	L gens E gentle F gentil, gentille ▶ una persona gentile
E5 in Germania	in Deutschland	▶ Abito in Germania.
E8 dare	geben	do, dai, dà, diamo, date, danno
E9 la casa	das Haus	▶ essere a casa (*zuhause sein*)/Vado a casa di Paolo.

Lezione 2

Ingresso

E1 ballare	tanzen	▶ ballare in discoteca/ballare il tango
il cane	der Hund	L canis F le chien ▶ Il cane e il gatto sono degli animali.
giocare	spielen	
avere ... anni	... Jahre alt sein	▶ Quanti anni hai?
sempre *avv.*	immer	L semper ▶ Vai sempre a scuola in autobus?
suonare	klingeln, klingen, spielen (*ein Instrument*)	L sonare E to sound ▶ giocare a tennis ↔ suonare il pianoforte/suonare il campanello
la chitarra	die Gitarre	▶ suonare la chitarra

amare fare qc	lieben (etw. zu tun)	**L** amare **F** aimer faire qc ▶ Amo ballare!
chattare	chatten	**E** chat ▶ Noi chattiamo sempre su skype.

Preparare T1

1 **la bicicletta** | das Fahrrad | **E** bicycle **F** la bicyclette ▶ la bicicletta da corsa (*das Rennrad*)

andare in bicicletta	Fahrrad fahren	▶ andare in bicicletta sulla corsia preferenziale (*auf dem Fahrradweg*)
giocare a tennis	Tennis spielen	▶ Oggi gioco a tennis con Paolo.
telefonare	telefonieren	▶ telefonare a qn (*jdn anrufen*)
guardare la TV	fernsehen	▶ guardare la partita (*Fußballspiel*) in TV
ascoltare	zuhören, anhören, hören	▶ ascoltare la radio/il CD
la musica	die Musik	▶ ascoltare la musica
navigare in Internet	im Internet surfen	**L** navigare
studiare	studieren; lernen	**L** studere **E** to study ▶ studio per domani (*ich mache die Hausaufgaben/ ich lerne für morgen*)/Marina studia matematica all'università.
la lingua	die Sprache; die Zunge	**L** lingua **E** language **F** une langue ▶ imparare le lingue/Paola ha la lingua lunga! (*Paola ist eine Quasseltante.*)
leggere	lesen	leggo, leggi, legge, leggiamo, leggete, leggono **L** leggere **F** lire
il libro	das Buch	**L** liber **E** library **F** un livre ▶ leggere un libro
cucinare	kochen, (*eine Mahlzeit*) zubereiten	**F** cuisiner ▶ Oggi cucino un risotto ai funghi e la cotoletta alla milanese.
il mare *m*	das Meer	**L** mare **F** la mer
l'età	das Alter	**L** aetas
l'interesse *m*	das Interesse	**L** interesse **E** interest **F** l'intéret *m* ▶ avere interesse per qc
lo sport *m*	der Sport	▶ Fare sport è importante.
il calcio	der Fußball; der Tritt, Fußtritt	▶ Il calcio è lo sport nazionale in Italia./ dare un calcio a qn (*jdm einen Tritt geben*)
spesso *avv.*	oft	▶ Guardo spesso il calcio in TV.
lo stadio	das Stadion	**E** stadium **F** le stade ▶ andare allo stadio
l'indirizzo *m*	die Adresse	▶ l'indirizzo di casa; l'indirizzo di posta elettronica
pensare (a qualcosa)	(an etwas) denken, meinen; darüber nachdenken, davon halten	**F** penser à qc ▶ Domani piove, penso. (*ich glaube, ich meine*)/Penso a te. (*Ich denke an dich.*)
il centro storico	die Altstadt	*ant.* la periferia
il/la compagno/a (di liceo); i compagni	der/die (Schul-)Kamerad/in, Mitschüler/in; die Mitschüler	**L** cum + panis **E** companion **F** le copain/ la copine ▶ i compagni di classe
odiare fare qc	hassen etwas zu tun	▶ Odio guardare il calcio in TV!

	l'animale *m*, **gli animali**	das Tier	**L** animal **E** animal **F** un animal ▶ gli animali domestici (*die Haustiere*)
	il gatto	die Katze	
	fuori	(nach) draußen	**L** foris *ant.* dentro ▶ I bambini vanno a giocare fuori.
	fuori città	außerhalb der Stadt	▶ Marina abita fuori città.
	tra poco	in Kürze	▶ Tra poco arrivano gli amici.
	il rap *m*	der Rap	▶ Il rap è un tipo di musica.
	il corso	der Kurs; der Lauf; *hier:* die (große, breite) Straße	**L** cursus **E** course **F** un cours ▶ il corso di italiano; il corso delle cose (*der Lauf der Dinge*); abito in corso Garibaldi
	altro, altra, altri, altre	anderer, andere, anderes	**L** alter **F** autre ▶ I veri problemi non sono questi, sono altri.
	il concerto	das Konzert	▶ il concerto di musica classica/il concerto di Eros, …
	la moto, la motocicletta	das Motorrad	**L** movere **E** motorcycle **F** la moto-cyclette ▶ andare in moto
E5	**m̲ettere**	setzen, legen, stellen	metto, metti, mette, mettiamo, mettete, m̲ettono **F** mettre ▶ mettere un CD (*eine CD einlegen*); mettere in ordine (*aufräumen*); mettere un vestito (*ein Kleid anziehen*)
E9	**far vedere**	zeigen	▶ Ti faccio vedere io la strada. (*Ich zeige dir den Weg.*)/ Ti faccio vedere come funziona. (*Ich zeige dir, wie es funktioniert.*)

Preparare T2

E1	**l'appartamento** *m*	die Wohnung	**E** apartment **F** un appartement ▶ Ho un appartamento di tre stanze. (*Ich habe eine Dreizimmerwohnung.*)
	la cucina	die Küche	**F** une cuisine ▶ la cucina abitabile (*die Wohnküche*)
	il bagno	das Badezimmer; die Toilette	▶ Il mio bagno non ha la vasca, ha solo la doccia. (*Mein Bad hat keine Bade-wanne, sondern nur eine Dusche.*)
	la c̲amera da letto	das Schlafzimmer	**L** lectum **F** un lit
	la c̲amera dei genitori	das Elternschlafzimmer	
	il soggiorno	das Wohnzimmer; *auch:* der Aufenthalt	**L** diurnus **F** la salle de séjour ▶ Il soggiorno è grande e luminoso (*hell*).
	il terr̲azzo	die Terrasse	▶ Andiamo fuori sul terrazzo.
E2	il canarino	der Kanarienvogel	▶ Il canarino è un uccello (*Vogel*).
	la g̲abbia	der Käfig	▶ la gabbia del canarino
	su *prep.*; **sull'**, **sulla**	auf	**F** sur ▶ Il libro è sul tavolo.
	vicino a *prep.*	in der Nähe von	▶ Il bagno è vicino alla cucina./Il bar è vicino a casa.
	di fronte a *prep.*	gegenüber	▶ La camera da letto è di fronte al bagno.

2

a destra di	rechts von	**L** dexter **F** à droite de ▶ La cucina è a destra del soggiorno.
a sinistra di	links von	**L** sinister **F** à gauche de (!) ▶ La camera dei genitori è a sinistra della cucina.
dietro (a/di) *prep.*	hinter	**F** derrière ▶ Luigi è dietro all'albero.
sopra *prep.*	über	**L** supra **F** au-dessus de ▶ I Rossi abitano sopra ai Bianchi (*eine Etage höher*).
sotto *prep.*	unten, unterhalb, darunter	**F** sous ▶ I Bianchi abitano sotto ai Rossi.
povero, -a *agg.*	arm	**L** pauper **E** poor **F** pauvre ▶ Povero Paolo! (*Armer Paolo!*)/ essere poveri (*arm sein*)
accanto a *prep.*	neben	▶ La cucina è accanto al bagno.
significare	bedeuten	▶ Cosa significa? (*Was heißt das?*)
a casa mia	bei mir zuhause	▶ a casa mia/a casa tua (*bei mir/dir zuhause*)/Andiamo a casa mia o a casa tua?
scrivere	schreiben	**L** scribere **F** écrire ▶ **scrivere** una lettera/un'e-mail, ma **fare** il compito in classe! (*eine Klausur schreiben*)
la/l'e-mail *f*	E-Mail	
il/la cugino/a	der Cousin/die Cousine	
carissimo, carissima; caro, cara	Liebster/Liebste; lieb, wertvoll, teuer; Lieber/Liebe …	**L** carus **F** cher, chère ▶ Cara Lidia! Caro Paolo./L'albergo è caro.
abitare da qn	bei jdm wohnen	▶ Abito da un amico/da mia zia.
la famiglia	die Familie	**L** familia **E** family **F** une famille
lavorare	arbeiten	**L** laborare ▶ lavorare all'estero (*im Ausland arbeiten*)/lavorare in banca
il porto	der Hafen	**L** portus **E** port **F** le port ▶ Il porto di Genova è molto importante.
il broker	der Handelsmakler	
piccolo, -a *agg.*	klein	*ant.* grande
la pasta fresca	frische Pasta (*Teigware*)	
fresco, -a; *agg.* pl. freschi, fresche	frisch	▶ l'aria fresca (*die frische Luft*); la verdura fresca (*frisches Gemüse*)
già *avv.*	schon	**L** iam **F** déjà ▶ Sei già qui? (*Bist du schon hier?*)
la scuola di ballo	die Tanzschule	▶ Imparo a ballare il tango alla scuola di ballo di fronte a casa mia.
la sera	der Abend; abends	**L** serus **F** le soir ▶ La sera guardo la televisione.
vedere	sehen	**L** videre **F** voir ▶ Vedo Maria alla fermata dell'autobus. (*Ich sehe Maria an der Bushaltestelle.*) ↔ Guardo Maria. (*Ich beobachte Maria.*)
insieme	zusammen	**F** ensemble ▶ Andiamo insieme a scuola?

descrivere	beschreiben	**L** describere **E** to describe **F** décrire
grande *agg.*, *pl.* **grandi**	groß, großartig	**L** grandis **E** grand **F** grand, -e ▶ Grazie Paolo, sei grande!
enorme *agg.*	enorm, riesig	**F** énorme ▶ Ma questa città è enorme!
la vista	die Sicht, Aussicht	▶ la vista sulla città/sul porto/sullo stadio
il piano	das Stockwerk, die Etage	▶ stare al primo, secondo, terzo, quarto, quinto piano
la fine, alla fine di	das Ende, am Ende	**L** finis ▶ la fine del film/alla fine della strada
allegare (un documento)	(ein Dokument) anhängen	▶ Allego un documento all'e-mail.
il disegno	die Zeichnung	**E** design **F** un dessin ▶ I disegni di Maria sono molto belli.
potere	können	posso, puoi, può, possiamo, potete, possono **L** posse **F** pouvoir ▶ Posso andare a casa?
capire *-isc-*	verstehen	capisco, capisci, capisce, capiamo, capite, capiscono **L** capere (!) ▶ Capisco un po' il francese.
lo specchio	der Spiegel	**L** speculum ▶ guardarsi allo specchio (*sich im Spiegel anschauen*)
la sorella	die Schwester	**L** soror **F** une sœur ▶ mia/tua/sua sorella
unico, -a, *agg.* *pl.* unici, uniche	einzig	**L** unicus **E/F** unique ▶ il figlio unico (*das Einzelkind*)
passare molto/ tanto tempo a fare qc	viel Zeit damit verbringen etw. zu tun	▶ Laura passa tanto tempo ogni giorno ad ascoltare la musica.
per fortuna	zum Glück	**L** fortuna **E** fortunately ▶ Per fortuna sei qui!
il fratello	der Bruder	**L** frater **F** un frère ▶ Il fratello di Anna si chiama Luigi.
alto, -a *agg.*	hoch, groß (*bei Personen*)	**L** altus ▶ Marco è molto alto. È alto un metro novanta.
quasi	fast	**L** quasi ▶ Siamo quasi a casa.
il metro	der Meter	
quando; Quando?	als, (immer) wenn; Wann?	**L** quando **F** quand ▶ (Sempre) quando vado al ristorante mangio la pasta./ Quando arrivano Paola e Martin?
tornare	zurückkehren, wiederkehren; umkehren	**E** to (re)turn **F** retourner ▶ Quando tornano a casa Chiara e Anna?
accendere	anschalten, anmachen	**L** accendere **F** allumer (!) ▶ accendere la luce/la sigaretta/la candela (*das Licht einschalten/die Zigarette/die Kerze anzünden*)
subito	sofort, plötzlich	**L** subito (!)
la TV; la televisone;	das Fernsehen;	**F** la télé
il televisore *m*	der Fernseher	▶ Il televisore è in soggiorno.
il videoclip	der Videoclip	
il rumore *m*	der Lärm, Krach	**L** rumor ▶ Ma che rumore in questa casa! (*Was für ein Lärm in diesem Haus!*)

più; non ... più	mehr, plus (*in der Mathematik*); nicht mehr	**L** plus **F** plus (de); ne ... plus ▶ Tre più cinque fa otto.
oppure *congz.*	oder	▶ Mangi la pasta oppure/o la pizza?
fare i compiti	die Hausaufgaben machen	▶ fare i compiti, studiare
disordinato, -a *agg.*	unordentlich, ungeregelt; wirr	▶ Marco è molto disordinato, la sua camera da letto è sempre in disordine.
litigare	streiten	litigo, litighi, litiga, litighiamo, litigate, litigano ▶ I due fratelli litigano sempre.
qualcosa	etwas	**F** quelque chose ▶ Mangi qualcosa o prendi solo un caffè?
trovarsi	sich befinden	**F** se trouver ▶ La cucina si trova al pianoterra (*im Erdgeschoss*).
ancora *avv.*	noch	**F** encore ▶ Prendi ancora qualcosa? (*Nimmst du noch etwas?*)
divertente *agg.*	unterhaltsam, lustig	▶ Il film/il gioco/Paolo è divertente.
la discussione *f,* pl. **le discussioni**	die Diskussion, Unterhaltung	**L** discutere **E** discussion **F** la discussion ▶ una discussione interessante
ti abbraccio; abbracciare	ich umarme dich (*am Briefende*); umarmen	**L** brachium **E** to embrace **F** embrasser ▶ Ti abbraccio con affetto ... (*am Briefende*)
E3 **la stanza**	das Zimmer	la camera (da letto) ((*Schlaf-*)*Zimmer*); la stanza (*Zimmer allg.*)
il corridoio	der Korridor, Flur	
2 **mettere a posto**	aufräumen, in Ordnung bringen	▶ Oggi mettiamo a posto la casa!

Lezione 3

vivere; *part. pass.* **vissuto**	leben	**L** vivere **F** vivre ▶ – Dove vivi? – Vivo in Italia./ vivere bene/male

Ingresso

E1 **il tipo**	der Typ, die Sorte, Art	**E** type **F** un type ▶ Che tipo di musica ti piace?
la vita	das Leben	**F** la vie ▶ La vita è bella.
da solo, da sola; pl. **soli, sole**	alleine	**L** solus **F** seul, -e ▶ Paola vive da sola./ Vado a casa da solo/a.
E2 **la campagna**	das Land (*im Gegensatz zur Stadt*)	**L** campus **F** la campagne ▶ La vita di campagna è diversa dalla vita in città.
la villetta	das kleine Haus (*mit Garten*), die kleine Villa	▶ Anna ha una villetta sul mare.

Preparare T1

E1 **il letto**	das Bett	**L** lectum **F** un lit ▶ il letto singolo (*Einzelbett*)/matrimoniale (*Ehebett*)/a castello (*Etagenbett*)
il tavolo	der Tisch	**L** tabula **F** une table
la scrivania	der Schreibtisch	**L** scribere ▶ Sulla scrivania di Anna ci sono molti libri.

la sedia	der Stuhl	L sedere E seat ▶ una sedia comoda (*bequem*)/scomoda (*unbequem*)
la poltrona	der Sessel	▶ la poltrona di pelle (*Ledersessel*)
l'armadio *m*	der Schrank	L armare F une armoire ▶ l'armadio a muro (*Wandschrank*)
il tappeto	der Teppich	F le tapis ▶ il tappeto persiano (*Perserteppich*)
lo scaffale *m*	das Regal	▶ Lo scaffale dei libri è in corridoio.
il poster *m*	das Poster	

T1

il caos	das Chaos	▶ La camera di Paolo è un vero caos!
la mamma	die Mama, Mutti	▶ "La mamma è sempre la mamma!"
la chiave, *pl.* le chiavi	der Schlüssel	L clavis F la clé ▶ le chiavi di casa
il portafoglio	der Geldbeutel, das Portemonnaie	L portare + folium
di' un po'	sag mal!	▶ Di' un po': quando fai i compiti?
dire	sagen	dico, dici, dice, diciamo, dite, dicono L dicere F dire ▶ Io dico sempre quello che penso.
normale *agg.*	normal	
il giornale	die (Tages-)Zeitung	L diurnus F le journal ▶ Leggo sempre il giornale.
forse *avv.*	vielleicht	L forsitan ▶ Forse oggi vado al cinema.
l'idea *f*	die Idee	F une idée ▶ Ma è davvero una buona idea! (*Das ist wirklich eine gute Idee!*)
il telefono	das Telefon	F le téléphone ▶ il telefono fisso (*Festnetztelefon*) ↔ il telefono cellulare (*Handy*)
possibile *agg.*	möglich	L possibilis E/F possible ▶ (non) è possibile fare qc
per favore; il favore *m*	bitte; der Gefallen	L favor E favour F la faveur ▶ Mi fai/Mi fa un favore?
il CD	die CD	
la terra; per terra	die Erde, der Boden; auf dem Boden	L terra F la terre, par terre ▶ La Terra è un pianeta (*Planet*)./lavorare la terra (*die Erde/den Boden bearbeiten*)/Maria è disordinata (*chaotisch*): in camera sua è tutto per terra (*liegt alles auf dem Boden*).
stare zitto, -a	leise/still sein	▶ Perché stai sempre zitto?
passare	vorbeigehen; vorbeifahren	L passus E pass F passer ▶ Posso passare, per favore?
tra; fra	in; von, unter den; zwischen	▶ tra cinque minuti; Firenze è/sta tra Roma e Bologna.
poco, -a, *pl.* pochi, poche	wenig/e	L pauci F peu (de gens) ▶ pochi ↔ molti
il minuto	die Minute	▶ Un'ora ha sessanta minuti./ Tra un minuto sono da te.
il biglietto	das Ticket, die Eintrittskarte, Fahrkarte; der Geldschein, die Glückwunschkarte	F un billet ▶ il biglietto dell'autobus/ del treno/del tram; il biglietto di auguri

da *prep.*	seit; aus, von … her; bei + *Personen*	**L** de ▶ da oggi
la mattina	der Morgen; morgens	▶ La mattina ha l'oro in bocca. (*Morgenstund' hat Gold im Mund.*)
il papà *inv.*	der Papa, Vati	*auch:* il babbo (*v. a. in der Toskana*)
incredibile *agg.*	unglaublich	**L** credere **E** incredible **F** incroyable ▶ Incredibile ma vero! (*Unglaublich, aber wahr!*)
aprire	aufmachen, öffnen	apro, apri, apre, apriamo, aprite, aprono **L** aperire **F** ouvrir ▶ aprire la porta; aprire la discussione
dentro	innen, innerhalb	*ant.* fuori ▶ Oggi mangiamo dentro. Fuori fa freddo.
E2 **il riassunto**	die Zusammenfassung	▶ Devo fare il riassunto del testo.
corretto, -a *agg.*	richtig	**L** correctum **F** correct, -e ▶ La pronuncia è corretta.
spiegare	erklären	**L** explicare **F** expliquer ▶ spiegare la regola grammaticale
aiutare	helfen	**L** adiuvare **F** aider ▶ aiutare qn a fare qc
E5 **dormire**	schlafen	**L** dormire **F** dormir ▶ dormire molto/poco
domani	morgen	**L** mane **F** demain ▶ Domani è festa (*hier: Feiertag*).
la festa	das Fest, die Feier, Party	▶ la festa di compleanno/di Carnevale
E6 **il/la figlio/a;** *pl.* **i figli, le figlie**	der Sohn/die Tochter	**L** filius **F** le fils ▶ Anna ha tre figli: due maschi e una femmina.
il professore, la professoressa	der/die Lehrer/in (*eines Gymnasiums/einer Universität*)	**F** professeur **F** le professeur ▶ Il professore di inglese è di madrelingua (*Muttersprachler*).
l'alunno/a *m/f*	der/die Schüler/in	**L** alumnus
tardi *avv.*	spät	**F** tard *ant.* presto ▶ È tardi! Andiamo a dormire!
il foglio	das Blatt (Papier), das Arbeitsblatt	**L** folium **F** la feuille ▶ il foglio di carta
il lunedì	Montag, montags	**L** lunae dies **F** lundi ▶ i compiti per lunedì
E8 **la notte** *f*	die Nacht	**L** nox **F** la nuit
la camomilla	die Kamille; der Kamillentee	
il computer	der Computer	
fino a *prep.*	bis	▶ Lavoro al computer fino alle 18./ Con il treno vado fino a Milano.
.13 **correggere**	korrigieren	**L** corrigere **E** correct **F** corriger ▶ Il professore corregge i compiti. *ma:* Il compito è corretto. (*hier: richtig*)

Preparare T2

il pianterreno	das Erdgeschoss	▶ Abito al pianterreno.

	il primo, secondo, terzo, quarto, quinto piano	das erste, zweite, dritte, vierte, fünfte Stockwerk	▶ Marina abita al primo piano.
E1	**entrare (in)**	eintreten, hereinkommen	L intrare F entrer (dans) ▶ entrare in casa/a scuola
	uscire	ausgehen, weggehen, fortgehen	esco, esci, esce, usciamo, uscite, escono F sortir (!) ▶ uscire da casa/da scuola
	chiudere	schließen	L claudere F fermer ▶ chiudere la porta/la finestra
	caotico, -a *agg.*	chaotisch	*sin.* disordinato, -a
	ordinato, -a *agg.*	aufgeräumt, ordentlich	L ordo E order ▶ una casa/una persona ordinata
	triste *agg.*	traurig	L tristis F triste ▶ una storia triste
	contento, -a (di) *agg.*	zufrieden (mit)	L contentus E content F content, -e (de) ▶ Sono contento/a di essere qui!
	raramente	selten	L rarus E rarely F rarement ▶ Raramente sono triste.
	facile *agg.*	einfach, leicht (zu tun)	L facilis F facile ▶ Il compito di italiano è facile.
	difficile *agg.*	schwierig, schwer (zu tun); kompliziert	L difficilis F difficile ▶ il compito/una persona difficile (*schwierig, kompliziert*)
E2	**dovere**	müssen	devo, devi, deve, dobbiamo, dovete, devono L debere F devoir ▶ Devo fare i compiti per lunedì.
T2	**il/la vicino/a** (di casa)	der/die Nachbar/in	F le voisin, la voisine ▶ I miei vicini sono molto simpatici.
	purtroppo	leider	▶ Purtroppo devo lavorare oggi! Non posso venire al cinema.
	l'attimo	der Moment, Augenblick	▶ Da casa a scuola è un attimo.
	notare qc	etw. (be)merken	L nota ▶ Noto che sei molto stanco in questo periodo.
	lasciare	lassen, zulassen; zurücklassen	F laisser ▶ Lascio le chiavi a casa./ Lascio tutto a te.
	il motorino	das Mofa	L movere ▶ Vai a scuola a piedi (*zu Fuß*) o in motorino?
	riuscire a fare qc	schaffen, gelingen	riesco, riesci, riesce, riusciamo, riuscite, riescono F réussir à faire qc ▶ Guarda! Da qui riusciamo a vedere il mare!
	appena *avv.*	kaum; soeben, eben (erst)	F à peine ▶ Ma io riesco appena a vedere il mare!
	il parcheggio	der Parkplatz	▶ il parcheggio a pagamento
	piovere	regnen	L pluit F pleuvoir ▶ Comincia a piovere. (*Es fängt an zu regnen.*)
	l'eccezione *f*	die Ausnahme	L excipere E exception F une exception ▶ l'eccezione alla regola/fare un'eccezione
	piuttosto *avv.*	vielmehr, eher, lieber	F plutôt ▶ Non mi va la pizza! Preferisco piuttosto un piatto di spaghetti!
	se *congz.*	wenn, falls	L si F si ▶ Se posso, vengo.

	permettere	erlauben	**L** permittere **E** to permit **F** permettre ▶ Se permetti, telefono a Paolo.
	abbaiare	bellen	**F** aboyer ▶ Il cane abbaia.
	perfino *avv.*	sogar	▶ Il film è orribile! Perfino Paolo lo dice. (*Der Film ist furchtbar! Sogar Paolo sagt das.*)
	mi dispiace; dispiacere	es tut mir leid; leid tun, bedauern	**L** displicet ▶ Mi dispiace, non posso venire.
	sapere	wissen; können	so, sai, sa, sappiamo, sapete, sanno **F** savoir ▶ Domenico sa molte cose./ Laura sa ballare bene.
	portare a spasso qn	jdn spazieren führen	▶ La mamma porta a spasso il bambino.
	ogni tanto	von Zeit zu Zeit; manchmal	▶ Ogni tanto andiamo a mangiare la pizza.
	il pomeriggio	der Nachmittag; am Nachmittag	**F** un après-midi ▶ Nel pomeriggio facciamo i compiti.
	preferire -isc-	vorziehen, bevorzugen	preferisco, preferisci, preferisce, preferiamo, preferite, preferiscono **E** prefer **F** préférer ▶ Preferisco la pasta alla pizza.
	il periodo	der Zeitraum	**E** period **F** une période ▶ Il periodo tra Carnevale e Pasqua si chiama Quaresima (*Fastenzeit*).
	accettare	annehmen, akzeptieren	**L** accipere **E** to accept **F** accepter
	ringraziare qn	jdm danken, sich bei jdm bedanken	**F** remercier qn ▶ Ti ringrazio./ La ringrazio, signore/signora./ Vi ringraziamo per l'aiuto (*für die Hilfe*).
	chiedere qc a qn	jdn etwas fragen, jdn um etwas bitten	*im It. mit indirektem Objekt* ▶ Chiedo un'informazione a Mauro.
	di nuovo	erneut	**L** de novo **F** de nouveau ▶ Domani scrivo di nuovo un'e-mail a Anna.
	non c'è di che	es ist nicht der Rede wert	▶ – Grazie! – Non c'è di che.
E7	**cantare**	singen	**L** cantare **F** chanter ▶ cantare una canzone
	bere	trinken	bevo, bevi, beve, beviamo, bevete, bevono **L** bibere **F** boire
	infatti *congz.; avv.*	nämlich, in der Tat, tatsächlich; genau	**L** factum **E** in fact **F** en fait ▶ – Non è vero che in Germania il tempo è sempre brutto! – Ma infatti! Lo dico sempre anche io!
	esserci	vorhanden sein	**L** esse (→ c'è, ci sono) ▶ In casa mia ci sono sei armadi ma c'è un solo tavolo.
	il documentario	der Dokumentarfilm	**L** docere **E** documentary **F** un documentaire
	il deserto	die Wüste, Einöde	**L** desertur **E** desert **F** le désert ▶ il deserto del Sahara
E13	**raccontare**	erzählen	**F** raconter ▶ raccontare una storia

Lezione 4

Ingresso

E1

la settimana	die Woche	**L** septem **F** une semaine ▶ la prossima settimana (*nächste Woche*)
l'ora *f*	die Stunde; die Uhrzeit	**L** hora **E** hour **F** une heure ▶ Che ore sono?
A che ora?	Um wie viel Uhr?	▶ A che ora vai a casa?
il ritardo; **essere in ritardo**	die Verspätung; spät dran sein	**L** tardus **F** le retard ▶ Paolo è in ritardo. in ritardo ↔ in anticipo
essere aperto, -a	offen, geöffnet sein	**L** apertus **F** ouvert, -e ▶ La farmacia è aperta dalle 9 alle 13.
mezzo, -a *agg.; avv.*	halb	**L** medius ▶ alle otto e mezzo (*um halb neun*)
cominciare (a fare) qc	beginnen, anfangen	comincio, cominci, comincia, cominciamo, cominciate, cominciano; **E** commence **F** commencer *ant.* finire di fare qc
meno	weniger; minus (*in der Mathematik*)	**L** minus **E** minus **F** moins ▶ Quattro meno due fa due./Questo libro costa meno dell'altro.
il quarto	das Viertel	**F** un quart ▶ tre e un quarto, tre meno un quarto; Prendo un quarto di vino.
partire	weggehen, wegfahren	**E** depart **F** partir ▶ A che ora parti domani?
il treno	der Zug	**E** train **F** un train ▶ Parti con il treno o con l'aereo?
dalle ... alle; **dalle ... fino a**	von ... bis	**F** de ... à ▶ dalle otto alle dieci
la biglietteria	der Fahrkartenschalter	▶ Prendi il biglietto in Internet o in biglietteria?
il giorno feriale	der Werk-, Wochentag	**F** un jour ouvrable ▶ Il giovedì è un giorno feriale.
il giorno festivo	der Feiertag	**E** festive **F** un jour férié ▶ La domenica è un giorno festivo.
il mezzogiorno	der Mittag; zwölf Uhr (*als Zeitangabe*)	**F** le midi ▶ a mezzogiorno = alle 12 (dodici)

Preparare T1

I giorni della settimana	Die Wochentage	
il lunedì	der Montag; montags	**L** lunae dies **F** lundi (→ L3, T1, E6)
il martedì	Dienstag; dienstags	**L** Martis dies **F** mardi
il mercoledì	Mittwoch; mittwochs	**L** Mercurii dies **F** mercredi
il giovedì	Donnerstag; donnerstags	**L** Iovis dies **F** jeudi
il venerdì	Freitag; freitags	**L** Veneris dies **F** vendredi
il sabato	Samstag; samstags	**F** samedi (!)
la domenica	Sonntag; sonntags	**L** dominus **F** dimanche

E1

il giorno	der Tag	**L** diurnus **F** le jour

la giornata	der Tag (*in seinem Verlauf*)	▶ Oggi è una bella giornata. (*Heute ist ein schöner Tag. – meistens auf das Wetter bezogen*)
dopodomani	übermorgen	ieri, oggi, domani, dopodomani **F** après-demain
pr<u>o</u>ssimo, -a	nächste, -r, -s	**L** proximus **F** prochain, -e ▶ giovedì prossimo
svegliarsi; svegliare qn	aufwachen; jdn wecken	**F** (se) réveiller ▶ Mi sveglio alle 8./Alle 9 sveglio Paolo.
la sv<u>e</u>glia	der Wecker	**F** le réveil ▶ Metto la sveglia alle 8. (*Ich stelle den Wecker auf 8.*)
avere v<u>o</u>glia di	Lust haben, etwas zu tun	**F** avoir envie de ▶ Ho voglia di andare al cinema.
alzarsi	aufstehen	mi alzo, ti alzi, si alza, ci alziamo, vi alzate, si alzano **L** altus ▶ Ci alziamo alle 8.
rimanere; *p. p.* **rimasto**	bleiben	▶ Rimaniamo tre giorni a Roma.
volere	wollen	voglio, vuoi, vuole, vogliamo, volete, vogliono **L** velle **F** vouloir ▶ Vuoi uscire con me? Vuoi un gelato?
occupato, -a	besetzt	**F** occupé, -e ▶ Il bagno è occupato./Il posto è occupato.
sbrigarsi	sich beeilen	mi sbrigo, ti sbrighi, si sbriga, ci sbrighiamo, vi sbrigate, si sbrigano ▶ Mi sbrigo a fare i compiti e poi andiamo al cinema.
continuare (a fare qc)	fortfahren, weitermachen (etw. zu tun)	**L** continuus **F** continuer à faire qc **E** continue ▶ Continuo a studiare. Ho molti compiti per domani.
c<u>o</u>rrere	rennen, laufen	**L** currere **F** courir ▶ Ho fretta, devo correre. (*Ich habe es eilig, ich muss rennen.*)/La domenica vado a correre. (*Sonntags gehe ich joggen.*)
farsi la d<u>o</u>ccia	duschen	**F** prendre une douche ▶ Mi faccio sempre la doccia fredda/calda.
asciugarsi	sich (ab-)trocknen	▶ asciugarsi i capelli (*die Haare trocknen*)
lavarsi; lavarsi i denti	sich waschen; sich die Zähne putzen	**L** lavare **F** se laver ▶ Mi lavo i denti tre volte al giorno (*dreimal am Tag*).
il dente *pl.* **i denti**	der Zahn	**L** dens **F** la dent
pettinarsi	sich kämmen	▶ pettinarsi i capelli
truccarsi	sich schminken; „frisieren" (*Mofa etc.*)	▶ La mattina Mara si trucca sempre./ Il motorino è truccato. (*Das Mofa ist frisiert.*)
vestirsi	sich anziehen; sich kleiden	**L** vestis ▶ Oggi mi vesto elegante/ sportivo.
fare colazione	frühstücken	▶ Normalmente faccio colazione alle otto.
il biscotto	der Keks	**E** biscuit **F** un biscuit ▶ A colazione prendo sempre il caffè con i biscotti.

stanco, -a *agg.*	müde	▶ Sono stanco/a e ho sonno!
il piede; a piedi	der Fuß; zu Fuß	**L** pes **F** le pied; à pied ▶ andare a piedi ↔ andare in macchina
il pranzo	das Mittagessen	**L** prandium ▶ A pranzo c'è pasta al pomodoro.
la fame	der Hunger	**L** famis **F** la faim ▶ Ho fame.
il pesto	*typische Soße aus der Gegend um Genua*	▶ Oggi mangiamo la pasta al pesto.
l'insalata *f*	der Salat	**L** salis ▶ l'insalata di pomodori/ l'insalata mista
la frutta	das Obst	**L** fructus **E** fruit **F** un fruit
riposarsi	sich ausruhen, erholen	**F** se reposer ▶ Dopo pranzo mi riposo un po'.
dopo *avv.*	dann, danach; nach	▶ Dopo la pasta mangiamo l'insalata./ Dopo il lavoro andiamo a fare spese./ Dopo il lunedì viene il martedì.
il giretto; fare un giretto	der/die kleine Rundgang/ -fahrt; eine/n kleine/n Rundgang/-fahrt machen	**L** ire ▶ Andiamo a fare un giretto in centro? Ci sono tanti negozi interessanti!
avere bisogno di qc	etwas brauchen, benötigen	**F** avoir besoin de ▶ Ho bisogno di soldi./Ho bisogno di un libro per la scuola.
la scarpa	der Schuh	
comprare	kaufen	**L** comparare ▶ Voglio comprare un paio di scarpe (*ein Paar Schuhe*).
il pane *m*	das Brot	**F** le pain ▶ In Toscana si mangia il pane sciocco (= senza sale).
il dolce	der Nachtisch, Kuchen, das Dessert; die Süßigkeit	**L** dulcis **F** le dessert (!) ▶ Dopo pranzo ho sempre bisogno di mangiare qualcosa di dolce.
la cena	das Abendessen	▶ E che cosa facciamo dopo cena?
cenare	zu Abend essen	**L** cenare ▶ Stasera ceniamo alle otto.
il primo/a; **il primo (piatto)**	der/die/das Erste; *hier:* der erste Gang	**L** primus **F** le premier (plat) ▶ di primo c'é ...; di secondo c'è ...
il secondo/a; **il secondo (piatto)**	der/die/das Zweite; *hier:* der zweite Gang	**L** secundus **E** second **F** le second (plat)
la carne	das Fleisch	**L** carnis
la verdura	das Gemüse	**F** les légumes (!) ▶ Mangio molta verdura cotta (*gegart*).
addormentarsi	einschlafen	**L** dormire **E** dormitory **F** s'endormir ▶ La notte mi addormento presto/ tardi.
i capelli (il capello)	die Haare	**L** capillus **F** les cheveux (*m*) ▶ i capelli lunghi (*lang*)/corti (*kurz*)/lisci (*glatt*)/ ricci (*lockig*)
E8 **l'ufficio** *m*	das Büro	▶ L'ufficio di Paolo è in centro.
il/la cliente	der Kunde/die Kundin	**F** le client, la cliente
trasportare	befördern, transportieren	**L** transportare **E** to transport **F** transporter ▶ trasportare qc

il container	der Container (*Großbehälter zum Gütertransport*)	**L** continere **E** container **F** un container ▶ I nostri mobili (*Möbel*) sono nel container.
il/la collega	der Kollege/die Kollegin	**E** colleague **F** un/une collègue
la nave *f*	das Schiff	**L** navis **E** naval **F** un navire, un bateau ▶ la nave da crociera (*Kreuzfahrtschiff*)

Preparare T2

il/la turista *m/f*	der/die Tourist/in	**E** tourist **F** un/une touriste
il mondo	die Welt	**L** mundus **F** le monde ▶ il mondo dei bambini/il mondo degli adulti (*Erwachsene*)
il paese	das Land; das Dorf	**F** un pays ▶ il Paese = Italien; La situazione politica del Paese è preoccupante. (*Die politische Situation Italiens ist besorgniserregend.*)/Pelago è un paese vicino a Firenze.
la Francia	Frankreich	
la carta geografica	die Landkarte	▶ la carta geografica fisica e politica
l'inizio *m*; **all'inizio di**	der Anfang; am Anfang	▶ L'inizio del film è molto interessante./ Il bar è all'inizio della strada.
2 **l'Unione europea (UE)**	die Europäische Union (EU)	**E** European Union **F** l'Union européenne
2 accompagnare	begleiten	**E** to accompany **F** accompagner ▶ Il papà accompagna i figli a scuola.
l'università	die Universität	**E** university **F** une université
fermarsi	stehen bleiben, anhalten	**F** s'arrêter ▶ L'autobus si ferma davanti al cinema./Ti fermi a cena? (*Bleibst du zum Abendessen?*)
la bacheca	das Schwarze Brett	▶ Guardiamo gli annunci in bacheca.
l'annuncio *m*	die Anzeige, Annonce	**E** announcement **F** une annonce
la lampada; la lampada fashion	die Lampe; die modische Lampe	**E** lamp **F** une lampe ▶ la lampada al neon
lo studente/ la studentessa	der/die Schüler/in am Gymnasium; der/die Student/in an der Universität	**L** studere **E** student **F** un étudiant, une étudiante ▶ Gli studenti del liceo spesso vanno poi all'università.
il/la francese *m/f*; **il francese** *m*; **francese** *agg.*	der Franzose/die Französin; Französisch; französisch	**E** French **F** français, -e ▶ la mia amica/ il mio amico francese/Il francese è una lingua romanza. (*Französisch ist eine romanische Sprache.*)
la lezione di grammatica	der Grammatikunterricht	
la conversazione	die Unterhaltung, Konversation	**E** conversation **F** une conversation
offrire	anbieten	**L** offerre **E** to offer **F** offrir ▶ Tre amici al bar. Uno dice: "oggi offro io!"
frequentare	besuchen (*z. B. einen Kurs*)	**L** frequens **F** fréquenter une école ▶ frequentare un corso/frequentare una persona (*mit einer Person in Kontakt stehen*)
il corso di ballo	der Tanzkurs	

Italiano	Deutsch	Weitere Sprachen / Beispiele
cambiare; cambiare città	(ver)ändern, wechseln; in eine andere Stadt ziehen	F changer ▶ Paolo e Anna cambiano città: vanno a vivere a Milano.
vendere	verkaufen	L vendere F vendre *ant.* comprare
i mobili (il mobile) *m*	die Möbel	F les meubles *(m)* ▶ i mobili antichi (*Antiquitäten*)
trendy *ingl., inv.*	trendig	▶ Maria veste sempre molto trendy.
il/la danese *m/f;* **il danese** *m;* **danese** *agg.*	der Däne/die Dänin; Dänisch; dänisch	▶ Marieke è danese./Il danese è una lingua difficile.
serio, -a *agg.*	ernst, ernsthaft; seriös	L serius E serious F sérieux, sérieuse ▶ Anna è una persona seria.
responsabile *agg.*	verantwortungsbewusst; verantwortlich	E/F responsable ▶ Paolo è una persona responsabile./Tu sei responsabile (*verantwortlich*) del caos.
desiderare (fare qc)	wünschen	L desiderare E to desire F désirer faire qc ▶ Desidero fare un viaggio in America.
il/la baby-sitter	der/die Babysitter/in	
il/la turco/a *m/f;* **il turco** *m;* **turco, -a** *agg.*	der/die Türke/Türkin; Türkisch; türkisch	▶ Il turco è una lingua molto difficile.
lo/la straniero/a *m/f;* **straniero, -a** *agg.*	der/die Fremde, der/die Ausländer/in; ausländisch; fremd	E stranger F étranger, étrangère ▶ In Italia ci sono molti stranieri./Imparare una lingua straniera è molto importante.
il corso tandem	der Tandemkurs	▶ Faccio un corso tandem italiano-tedesco.
(il) gennaio	Januar	L ianua E January F janvier
organizzare	organisieren	E organize F organiser ▶ organizzare un viaggio/una festa
il/la giovane *m/f;* **giovane** *agg.*	der junge Mensch; jung	L iuvenis E juvenile F jeune
il centro linguistico	das Sprachenzentrum	▶ il centro linguistico dell'università
conoscere	kennen, kennenlernen	conosco, conosci, conosce, conosciamo, conoscete, conoscono L cognoscere F connaître ▶ conoscere una persona/una lingua/la storia
diverso, -a *agg.*	verschieden, anders	▶ Paolo e Mario sono due persone molto diverse./La situazione ora è diversa da quella di due anni fa.
interessato, -a *agg.*	interessiert	E interested F intéressé, -e ▶ Sono interessato/a alla storia.
l'incontro *m*	das Treffen	E encounter F une rencontre ▶ L'incontro con i professori è alle tre.
la domanda	die Frage, Anfrage	F la demande *ant.* la risposta
E4 **interessare (a) qn**	interessieren	F intéresser qn (!) ▶ Ti interessa il giornale di oggi?
E9 **il prezzo**	der Preis	F un prix ▶ Il prezzo di un caffè al bar è normalmente 80 centesimi.
E10 **la novità**	die Neuigkeit	L novitas F une nouvelle ▶ Sai la novità? (*Weißt du die Neuigkeit?*)

i paesi membri	die Mitgliedsländer, -staaten	▶ i paesi membri dell'UE (Unione europea)
il/la portoghese *m/f*; il portoghese *m*; portoghese *agg.*	der Portugiese/die Portugiesin; Portugiesisch; portugiesisch	
lo/la spagnolo/a *m/f*; lo spagnolo *m*; spagnolo, -a *agg.*	der/die Spanier/in; Spanisch; spanisch	▶ Anche il portoghese e lo spagnolo sono, come il francese, lingue romanze.
l'americano/a *m/f*; l'americano *m*; americano, -a *agg.*	der/die Amerikaner/in; Amerikanisch; amerikanisch	▶ l'inglese americano e l'inglese britannico
il film	der Film	**F** le film
la specialità	die Spezialität	**L** species **E** speciality **F** une spécialité ▶ La specialità della casa sono gli spaghetti al pesto.

Preparare T3

I vestiti	**Kleidung**	
le scarpe da ginnastica	die Sportschuhe	▶ Ho le scarpe da ginnastica molto belle.
i pantaloni *m*	die Hose	**F** le pantalon ▶ i pantaloni lunghi/corti (*die langen/kurzen Hosen*)
la gonna	der Rock	▶ la gonna lunga/corta; la minigonna
la maglia	der Pullover	▶ la maglia di lana (*Wolle*), la maglia di cotone (*Baumwolle*)
il vestito; i vestiti	das Kleid; die Kleidung	▶ il vestito da sera (*Abendkleid*); il vestito da sposa (*Brautkleid*)
lo stivale *m*	der Stiefel	▶ gli stivali di pelle (*Lederstiefel*)
la camicia	das Hemd	**F** la chemise ▶ la camicia da uomo/da donna
i (blu) jeans	Jeans	*(immer Plural)*
la cintura	der Gürtel	**L** cingere **F** la ceinture ▶ la cintura/ la cinta di pelle (*Ledergürtel*)
la maglietta	das T-Shirt	
il maglione	der (Strick-/Woll-)Pullover	▶ il maglione di lana (*Wollpullover*)
la giacca	die Jacke	**E** jacket **F** la veste (!)
il berretto	die Mütze	
la felpa	das Sweatshirt	▶ Mario si veste sempre molto sportivo: jeans, maglietta e felpa.
gli occhiali (da sole) *m*	die (Sonnen-)Brille	

I colori	**Farben**	
bianco, -a *agg.*, pl. bianchi, bianche	weiß	**E** blank (!) **F** blanc, blanche
nero, -a *agg.*	schwarz	**F** noir, -e ▶ un film in bianco e nero (*Schwarzweißfilm*)
beige *agg. (inv.)*	beige	
blu *agg. (inv.)*	dunkelblau	**E** blue **F** bleu, -e
rosso, -a *agg.*	rot	**F** rouge

marrone *agg.*	braun	F marron
azzurro, -a *agg.*	tiefblau	
verde *agg.*	grün	F vert, -e
grigio, -a *agg.*	grau	E grey F gris, -e
chiaro, -a *agg.*	hell, klar	E clear F clair, -e
giallo, -a *agg.*	gelb	

T3	il prodotto	das Produkt	L producere F un produit
	indovinare	raten, rätseln	L divinus F deviner
	grazie a	dank …	F grâce à ▶ Grazie a Paolo è andato tutto bene. (*Dank Paolo ist alles gut gegangen.*)
	lo/la svedese *m/f*; lo svedese *m*; svedese *agg.*	der Schwede/die Schwedin; Schwedisch; schwedisch	
	il colore	die Farbe	L color E colour F la couleur ▶ Il colore che preferisco è il blu.
	l'insegnante *m/f*	der/die Lehrer/in (*der Unter- und Mittelstufe*)	F l'enseignant, l'enseignante ▶ l'insegnante di matematica/di storia
	il gioco	das Spiel	L iocus F un jeu
	la regola	die Regel	E regular F une règle
	attenzione!	aufgepasst!	E/F attention
	indossare	anhaben, tragen	▶ Oggi Marina indossa un vestito molto elegante.
	scuro, -a *agg.*	dunkel	F obscur, -e ▶ Il vestito di Carla è scuro./Fuori è scuro. (*Draußen ist es dunkel.*)
	fa freddo	es ist kalt	L frigidus F il fait froid
E6	lo scambio	der (Schüler-)Austausch	F un échange ▶ La mia scuola ha uno scambio con una scuola di Parigi.
E7	il ritratto	das Porträt, Bildnis	
	famoso, -a *agg.*	berühmt	L fama E famous F fameux, fameuse
	la persona	die Person	▶ una persona famosa
	l'uomo; gli uomini	der Mann; die Männer	l'uomo: *auch*: *der Mensch*; gli uomini: *die Menschheit* F l'homme (*m*), les hommes
E8	essere nato, -a; *inf.* nascere	geboren sein/werden	F étre né, -e ▶ – Quando sei nato/a? – Sono nato/a nel 1995./– Dove sei nato/a? – Sono nato/a a Roma.
	essere morto, -a	gestorben sein	L mortuus F être mort, morte ▶ È morto Lucio Dalla.
E9	costare	kosten	L constare E cost F coûter ▶ Il vestito costa 150 euro.

Lezione 5

Ingresso

il matrimonio	die Hochzeit; die Ehe	L matrimonium ▶ Il matrimonio di Mara e Sergio è a giugno.
il battesimo	die Taufe	E baptism F le baptême

la (prima) comunione *f*	die (Erst-)Kommunion	**L** communio **E** communion **F** la communion
il compleanno	der Geburtstag	**L** complere + annus
il funerale	die Beerdigung, das Begräbnis	**L** funus **E** funeral **F** les funérailles (*f*)
il/la nipote;	der Neffe/die Nichte;	**L** nepos **F** le neveu, la nièce
il/la nipotino/a	der/die Enkel/in	
il nonno, la nonna;	der Großvater/Opa;	▶ Il rapporto (*die Beziehung*) tra nonni e nipoti è sempre molto bello.
i nonni	die Großmutter/Oma; die Großeltern	
felice *agg.*	glücklich	**L** felix ▶ Felice anno nuovo!
il/la bambino/a	Kind, kleiner Junge/ kleines Mädchen	
lo sposo/la sposa	der Bräutigam/die Braut	**L** spondere **F** les époux (*m*) ▶ Evviva gli sposi!
invitare	einladen	**L** invitare **E** invite **F** inviter ▶ invitare qn a cena
il/la parente *m/f*	der/die Verwandte	i parenti ↔ i genitori **F** les parents = *die Eltern* (!) ▶ I parenti sono gli zii, i nonni, i cugini. I genitori sono la mamma e il papà.
la morte	der Tod	**L** mors **E** mortal **F** la mort ▶ La morte di una persona cara è molto triste.

Preparare T1

1 **durante** *prep.*	während	**L** durare **E** during **F** durant/pendant
il viaggio	die Reise	**F** le voyage ▶ Durante i viaggi si incontrano persone interessanti.
la regione *f*	die Gegend, Region	**L** regio **E** region **F** une région
il nord *m*	der Norden	
il sud *m*	der Süden	
il chilometro	der Kilometer	**E** kilometre **F** un kilomètre
2 **la moglie**	die Ehefrau	**L** mulier **F** la femme (!) ▶ mia moglie; la mia ex-moglie
il marito	der Ehemann	**L** maritus **F** le mari ▶ mio marito; il mio ex-marito
il/la cognato/a	der Schwager/die Schwägerin	**L** cognatus ▶ mio cognato/mia cognata
1 **importante** *agg.*	wichtig	**E** important **F** important, -e
finalmente *avv.*	endlich	▶ Finalmente siamo a casa.
sposare qn; sposarsi	heiraten	**F** épouser ▶ Ci sposiamo tra due settimane.
l'architetto *m*	der Architekt	**E** architect **F** un architecte
insegnare	unterrichten, lehren	*sost.* l'insegnante **F** enseigner ▶ insegnare a scuola/all'università
sentirsi bene/male	sich gut/schlecht fühlen	**F** se sentir bien/mal ▶ Paola non si sente bene. = Paola si sente male.
qualche (+ *sost. sing.*)	einige	**F** quelques ▶ Andiamo qualche giorno al mare. (→ *mehr als 1 oder 2 Tage*)
il raffreddore *m*	die Erkältung	▶ Maria ha un forte raffreddore.

grave *agg.*	schlimm, ernst	**L** gravis **E/F** grave ▶ La situazione è grave.
la macchina	das Auto	▶ andare in macchina
emozionato, -a	aufgeregt, bewegt, gerührt	**E** emotional **F** excité, -e (!)
gli Stati Uniti *m*	die Vereinigten Staaten	**E** United States **F** les Etats-Unis (*m*)
divorziato, -a	geschieden	**E** divorced **F** divorcé *vb.* divorziare
Ostia; Lido di Ostia	Stadtteil von Rom; Strand südlich der Tibermündung bei Rom	
il/la compagno/a	*hier:* der/die (Lebens-)Partner/in	**E** companion **F** le compagnon ▶ Il compagno di Anna è divorziato.
la volta; una volta; due volte	Mal; einmal; zweimal	▶ Vado in discoteca una volta alla settimana./Sono stato/a due volte a Roma.
viaggiare	reisen	**F** voyager ▶ viaggiare in treno/in macchina/in aereo
il traffico	der Verkehr	**E** traffic **F** le trafic ▶ A Roma c'è un traffico pazzesco (*wahnsinniger Verkehr*).
all'improvviso; improvviso, -a *agg.*	plötzlich; überraschend	**L** in + providere ▶ All'improvviso ha cominciato a piovere.
il cellulare	das Mobiltelefon, Handy	**E** cellular **F** le portable ▶ Mi dai il numero del cellulare?
la stazione *f*	der Bahnhof	**E** station
tanti saluti	viele Grüße	**L** salutare **F** Bien des choses (!) ↔ salut! (*hallo/tschüss!*)
l'isola *f*	die Insel	**L** insula **E** island **F** une île ▶ La Sicilia e la Sardegna sono isole.
quel(lo), quella	jene, -r, -s	**L** ille **F** celui-là, celle-là ▶ Prendi questo libro (qui) o quello (lì)?
rispondere, *part. pass.* **risposto**	antworten	**L** respondere **E** respond **F** répondre *ant.* domandare ▶ rispondere a una domanda; rispondere al telefono
meraviglioso, -a *agg.*	wunderbar, faszinierend	**E** marvellous **F** merveilleux, merveilleuse ▶ un panorama meraviglioso; una persona meravigliosa
la Costiera Amalfitana	die Amalfiküste	▶ Andiamo in vacanza sulla Costiera Amalfitana.
attirare	anziehen	**L** ad + trahere **E** attract **F** attirer ▶ Vestita così attiri gli occhi di tutti!
la passeggiata	der Spaziergang	▶ Facciamo una passeggiata nel parco?
il giardino	der Garten	**F** le jardin
il panorama *m*	der Ausblick, das Panorama	
mandare	schicken, senden	**L** mandare ▶ mandare una e-mail/un sms
l'accento *m*	der Akzent, die Betonung	**E** accent **F** un accent ▶ "Perché" ha l'accento sulla "e"./Karin parla italiano con un accento tedesco.

la zona	die Gegend, Region	**F** la zone ▶ La zona del Chianti è molto amata (*beliebt*) dai turisti, io però preferisco altre parti della Toscana.
però	aber, jedoch, hingegen	
fare quattro chiacchiere	sich nett unterhalten	▶ Oggi vedo Paola per fare quattro chiacchiere.
salutare qn	jdn grüßen, begrüßen	▶ Saluta Mara da parte mia! (*Grüß(e) Mara von mir!*)
la descrizione	die Beschreibung, Schilderung	**L** describere **E** description **F** une description ▶ La descrizione della zona è molto precisa (*sehr genau*).
la scalinata	die Freitreppe	▶ La scalinata di piazza di Spagna a Roma è molto famosa.

Preparare T2

scegliere; *part. pass.* **scelto**	wählen, auswählen	scelgo, scegli, sceglie, scegliamo, scegliete, scelgono ▶ Per il matrimonio di Emilia ho scelto un abito/vestito molto elegante.
il/la parrucchiere/a	der/die Friseur/in	
il fiore	die Blume	**L** flos **E** flower **F** une fleur
la cerimonia	die Zeremonie	**E** ceremony **F** une cérémonie ▶ La cerimonia è molto commovente (*bewegend*).
l'anello *m*	der Ring	**L** anulus **F** un anneau, une bague ▶ L'anello degli sposi si chiama "fede" (*Ehering*).
il prete *m*	der Priester, Pfarrer	**F** un prêtre
il menù *m*	die Speisekarte	**E** menu **F** le menu
il vino	der Wein	**L** vinum **E** wine **F** le vin
il regalo	das Geschenk	dt. Regal = lo scaffale! ▶ Come regalo gli sposi vogliono un divano e due poltrone.
l'invito *m*	die Einladung	**L** invitare **E** invitation **F** une invitation ▶ ricevere un invito (*eine Einladung erhalten*)
la sala	der Saal	**F** une salle ▶ La sala è molto bella e grande.
ordinare	bestellen	**E** order ▶ Ordiniamo da mangiare e da bere.
la bomboniera	die Bonboniere	▶ La bomboniera del matrimonio di Paolo e Luisa è molto bella.
l'albergo	das Hotel	**F** un hôtel (!) ▶ Il *Jolly* è un albergo a quattro stelle.
il viaggio di nozze	die Hochzeitsreise	**F** le voyage de noces ▶ In viaggio di nozze gli sposi vanno a Honolulu.
spegnere; *part. pass.* **spento**	ausschalten, ausmachen, löschen	spengo, spegni, spegne, spegniamo, spegnete, spengono; spento ▶ spegnere la luce

meglio *avv.*	besser	L melius F mieux ▶ È meglio fare in questo modo/così.
durare	dauern	L durare ▶ – Quanto dura una lezione in Italia? – 55 minuti.
ieri *avv.*	gestern	L heri F hier ▶ Ieri sono andata al cinema.
invece *avv.*	hingegen, jedoch	▶ Maria ha 16 anni, Paolo invece ne ha 17.
rom**a**ntico, -a *agg.*	romantisch	E romantic F romantique ▶ una persona romantica/un posto romantico/ una situazione romantica
il ba**cio**	der Kuss	L basium F le baiser ▶ Mi dai un bacio?
pia**ngere;** *part. pass.* **pianto**	weinen	L plangere F pleurer ▶ piangere calde lacrime (*sehr viel weinen*)
l'invitato/a	der/die Eingeladene	F l'invité, -e ▶ Gli invitati sono tutti molto eleganti.
lanciare	werfen	E launch F lancer ▶ lanciare una pietra (*einen Stein werfen*); lanciare un prodotto sul mercato (*ein Produkt auf dem Markt lancieren*)
il riso	der Reis	E rice F le riz
assaggiare	kosten, schmecken, probieren	F essayer ▶ Posso assaggiare la tua pasta?
il br**i**ndisi	der Trinkspruch, Toast	▶ Facciamo un brindisi agli sposi! Cin cin!
il bicchiere	das Glas	▶ un bicchiere da vino/da acqua (*ein Wein-, Wasserglas*); un bicchiere di vino/d'acqua (*ein Glas Wein, ein Glas Wasser*)
il banchetto	das Festessen, Bankett	E banquet F le banquet ▶ il banchetto di nozze (*Hochzeitsbankett*)
gli antipasti	die Vorspeisen	▶ antipasti caldi, antipasti freddi
bastare	reichen, genügen	▶ – Vuoi ancora pasta? – No, grazie, basta così./I soldi non bastano mai.
il rock *m*	die Rockmusik	
gli anziani	die älteren Leute	E ancient *ant.* i giovani
classico, -a *agg.*	klassisch	E classical F classique ▶ la musica classica
la canzone	das Lied	L canere F une chanson
napoletano, -a *agg.*	neapolitanisch	▶ la pizza napoletana/la canzone napoletana
il sole *m*	die Sonne	L sol E solar F le soleil ▶ Oggi il sole è molto caldo.
la luna	der Mond	L luna F la lune ▶ Oggi c'è la luna piena (*Vollmond*).
la tarantella	*süditalienischer Volkstanz im 3/8- oder 6/8-Takt*	▶ il festival della tarantella
lo spumante *m*	der Sekt, Schaumwein	▶ Gli italiani per brindare (*anstoßen*) bevono lo spumante.

Peccato!	Schade!	**L** pecatum ▶ Peccato! Non posso venire alla festa!
il parco	der Park	**E** park **F** un parc
la luce	das Licht	**L** lux **F** la lumière ▶ La luce al neon è economica.
cadere	fallen	**L** cadere ▶ cadere in terra/per terra
6 la lettera	der Brief; der Buchstabe	**L** littera **E** letter ▶ una lettera d'amore; Il mio nome è di cinque lettere.
giocare a pallone	Fußball spielen	
9 il tango	der Tango (*argentin. Volkstanz; europ. Gesellschaftstanz im langsamen 2/4-Takt*)	
il valzer *m*	der Walzer	
la samba	der Samba (*brasil. Gesell-schaftstanz im 2/4-Takt*)	
1 lo shopping *ingl.*	der Einkaufsbummel	▶ Andiamo a fare shopping in centro oggi?
provare	(an)probieren; versuchen	**L** probare ▶ Voglio provare quella gonna blu./Provo a telefonare a Paolo.
2 maggiorenne	volljährig	**L** maior + annus **F** majeur, -e *ant.* minorenne

Preparare T3

1 l'hotel *m*	das Hotel	*sin.* albergo **F** un hôtel
3 l'aliscafo	das Tragflächenboot	▶ Per andare da Napoli a Capri si può prendere l'aliscafo.
la spiaggia *pl.* **le spiagge**	der Strand	▶ Andiamo in spiaggia.
divertirsi	sich vergnügen, Spaß haben	▶ Sulla spiaggia ci divertiamo sempre molto.
l'acqua *f*	das Wasser	▶ acqua potabile/non potabile (*trinkbar/ nicht trinkbar*)
giocare a pallavolo	Volleyball spielen	▶ A scuola nell'ora di educazione fisica abbiamo giocato a pallavolo.
naturalmente *avv.*	natürlich	**L** natura **E** naturally **F** naturellement
il cielo	der Himmel	**L** caelum **F** le ciel ▶ L'aereo vola alto nel cielo.
forte *agg.*; **fortissimo, -a**	stark, laut; sehr stark, sehr laut	**L** fortis **F** fort, -e
il vento	der Wind	**L** ventus **F** le vent ▶ C'è un vento fortissimo.
brutto, -a *agg.*	hässlich, scheußlich	
la sorpresa	die Überraschung	**E** surprise **F** une surprise ▶ fare una sorpresa
vietato, -a	verboten	**L** vetare ▶ vietato l'ingresso (*Eintritt verboten*)
la partenza	die Abfahrt, Abreise	**E** departure **F** le départ
il traghetto	die Fähre	▶ Il traghetto per l'isola del Giglio è sempre pieno di turisti.

la barca a vela	das Segelboot	▶ Una vacanza in barca a vela è un'esperienza unica!
il mare mosso	das stürmische Meer	▶ Quando il mare è mosso, sulla spiaggia c'è una bandierina rossa che significa "pericolo".
perdere; *part. pass.* **perso**	verlieren; verpassen	**L** perdere **F** perdre ▶ perdere le chiavi di casa; perdere a tennis; perdere il treno
l'aereo *m*	das Flugzeug	**E** aeroplane
gridare	schreien, rufen	▶ Perché gridi così? Sono qui! Ti sento benissimo!
immaginare	vorstellen, sich vorstellen	**L** imago **E** imagine **F** imaginer ▶ Non posso immaginare la mia vita senza di lui.
succedere; *part. pass.* **successo**	geschehen, sich ereignen	**L** succedere ▶ Perché ridi? Che cosa succede/è successo?
prenotare	reservieren, vorbestellen	▶ Allora prenoto due posti al cinema, va bene?
preoccuparsi	sich Sorgen machen	**L** prae + occupare **E** preoccupy **F** se préoccuper ▶ Mi preoccupo per Paola./La situazione mi preoccupa.
insomma	nun ja, alles in allem	▶ – Come stai? – Insomma, così così./ Insomma, questo libro ti piace, vero?
almeno *avv.*	wenigstens	**F** au moins ▶ Sei fortunato! Tu almeno puoi andare alla festa! Io invece devo rimanere a casa e devo anche studiare!
ti passo …	ich gebe dir … (*am Telefon*)	▶ Aspetta, ti passo Luisa. Ciao!
la soluzione *f*	die Lösung	**E** solution **F** une solution ▶ la soluzione dei problemi
pieno, -a *agg.*	voll	**L** plenus **F** plein, -e ▶ il bicchiere mezzo pieno/mezzo vuoto (*das halb-volle/halbleere Glas*)
la gita	der Ausflug	**L** ire ▶ la gita scolastica
verso *prep.*	*örtlich:* in Richtung; *zeitlich:* gegen	**F** vers ▶ andiamo verso casa/ci vediamo verso le otto
l'aeroporto	der Flughafen	**L** aer + portus **E** airport **F** un aéroport
la valigia	der Koffer	**F** une valise
E3 **tranquillo, -a** *agg.*	ruhig, leise	**L** tranquillus **F** tranquille ▶ Mario è una persona tranquilla./Questo è un locale tranquillo./Stai tranquillo! Non ti preoccupare!
E5 **l'ultimo/a**; **ultimo, -a**	der/die/das Letzte; letzter, letztes, letzte	▶ l'ultima volta (*das letzte Mal*)/ È l'ultimo treno.
E6 la tariffa	der Tarif	**E** tariff **F** un tarif
la biglietteria	der Fahrkartenschalter; die Kino-, Theaterkasse	▶ fare la fila alla biglietteria
l'impiegato/a	der/die Angestellte	**E** employee **F** un employé, une employée ▶ Marco è impiegato in banca.

speciale	speziell, besonders	**L** species **E** special **F** spécial, -e ▶ una persona/una situazione speciale
il passaporto	der (Reise-)Pass	**E** passport **F** un passeport
la carta d'identità	der (Personal-)Ausweis	**E** identity card **F** une carte d'identité ▶ Il passaporto e la carta d'identità sono documenti importanti.
la tessera universitaria	der Studentenausweis	
il servizio	der Service	**L** servire **E** service **F** un service
il volontariato	das Volontariat, der freiwillige Dienst	**L** voluntas **E** voluntary **F** un/une volontaire ▶ Carlo fa un volontariato.
presso	bei	▶ Anna in questi giorni abita presso amici.
Legambiente	*ital. Umweltorganisation*	
pulire -isc-	putzen, säubern	pulisco, pulisci, pulisce, puliamo, pulite, puliscono ▶ Michele deve pulire la casa.
il coro	der Chor	**F** une chorale ▶ Il coro canta ogni domenica.
mezzanotte	Mitternacht	**L** media nocte **F** minuit (f) ▶ Vado sempre a dormire a mezzanotte.
il film a episodi	der Episodenfilm	▶ La domenica pomeriggio in TV c'è un film a episodi che mi piace molto.
innamorarsi di qn	sich in jdn verlieben	▶ Marina si innamora facilmente.
il progetto	das Projekt; das Vorhaben	**L** proicere **F** le projet ▶ L'architetto ha fatto un progetto molto bello per la nuova casa./ Che progetti hai per il futuro?

Lezione 6

Ingresso

preferito, -a	Lieblings-	**F** préféré, -e ▶ il mio giorno preferito, la mia materia preferita
l'orario *m*	der Stundenplan; Fahrplan	▶ l'orario scolastico; l'orario dei treni
le materie scolastiche *f*	die Schulfächer	**F** les matières scolaires ▶ materie letterarie/materie scientifiche
l'italiano *m*	Italienisch	**E** Italian **F** italien (*m*)
il tedesco	Deutsch	
l'inglese *m*	Englisch	**E** English **F** anglais (*m*)
il francese	Französisch	**E** French **F** le français
il latino	Latein	**E** Latin **F** le latin
la matematica	Mathematik	**E** mathematics **F** les mathématiques ▶ essere bravo/a in latino e matematica
la fisica	Physik	**E** physics **F** la physique
la chimica	Chemie	**E** chemistry **F** la chimie
la biologia	Biologie	**E** biology **F** la biologie
la storia	Geschichte	**E** history **F** l'histoire (*f*)
l'educazione civica *f*	Sozialkunde	▶ Nell'ora di educazione civica si legge anche la costituzione (*die Verfassung*) della Repubblica italiana.

	la filosofia	Philosophie	E philosophy F la philosophie
	la storia dell'arte	Kunstgeschichte	E history of art F histoire de l'art
	l'arte *f*	Kunsterziehung	L ars E art F l'histoire ... (*f*)
	l'educazione fisica *f*, lo sport	Sport	E physical education F l'éducation physique et sportive (*f*) ▶ Nell'ora di educazione fisica spesso giochiamo a pallavolo (*Volleyball*).
E3	l'intervista *f*	das Interview	E interview F une interview ▶ fare un'intervista = intervistare qn (*jdn interviewen*)

Preparare T1

E1	esprimere	ausdrücken	L exprimere E to express F exprimer ▶ esprimere la propria opinione
E2	la cortesia	die Höflichkeit, Gefälligkeit	▶ l'imperativo di cortesia
	stare attento, -a	aufpassen	F faire attention à *sin.* fare attenzione a ...
	la password *f*	das Passwort	▶ Ho dimenticato (*vergessen*) la password.
T1	essere stufo, -a di fare qc	es satt haben, etwas zu tun	▶ essere stanco di fare qc; non poterne più di qc (*nicht mehr (aushalten) können*)/Sono stufo/a di lavorare così./ Sono stufo/a della situazione.
	la ricerca	die Suche, Recherche	E research F la recherche ▶ la ricerca scientifica (*wissenschaftl. Forschung*)
	il monumento	das Denkmal, Monument, die Sehenswürdigkeit	L monumentum E monument F un monument ▶ Roma è una città piena (*voll*) di monumenti.
	il personaggio	die Persönlichkeit, wichtige Person	F le personnage ▶ i personaggi importanti della politica europea
	il tema *m*	das Thema; der Aufsatz	▶ fare un tema di letteratura
	andare in tilt	abstürzen (*Computer*)	▶ Il computer è andato in tilt.
	versare	(ein)gießen, (ein)schenken; (ver)schütten	F verser ▶ Mi versi un po' d'acqua per favore?
	la tastiera	die Tastatur	▶ La tastiera del computer è rotta (*kaputt*).
	la corrente	der Strom	E electric current F le courant électrique ▶ Oggi manca la corrente. (*Heute ist kein Strom da.*)
	il diario	das Tagebuch; das Merkheft	L dies E diary ▶ il diario di scuola/il diario segreto/il diario di bordo (*auf dem Schiff*)
	necessario, -a *agg.*	nötig	E necessary F nécessaire ▶ una cosa necessaria/è necessario fare qc
	il sito (Internet)	die Internetadresse	F le site internet
	consigliare	raten	L consilium F conseiller ▶ *auch*: dare consigli/un consiglio

il ghetto	das Ghetto; das ehemals jüdische Viertel in Venedig	▶ Anche a Roma c'è il Ghetto. È il quartiere ebraico.
servire (a) qn	jdn bedienen; jdm dienen, nützlich sein	E serve F servir (à) qn ▶ Il cameriere serve il cliente./Il computer serve a me.
cioè	das heißt, das bedeutet	cio + è ▶ Emily è mia cognata, cioè la sorella di mio marito.
il gruppo	die Gruppe	F un groupe ▶ il gruppo di amici
il secchione, la secchiona	der/die Streber/in	▶ Paolo è un secchione.
lo/la specialista *m/f*	der/die Spezialist/in, Fachmann/-frau	E specialist F un/une spécialiste ▶ Luigi è uno specialista in informatica.
il link *ingl.*	der Link	
il risultato	*im Internet*: das Ergebnis, die Eintragung	F un résultat ▶ In Google ci sono molti risultati sul tema.
cliccare su (un sito)	(eine Adresse) anklicken	E click F cliquer sur
il blog	Weblog, Onlinetagebuch	
lo schermo	der Bildschirm	▶ lo schermo del computer; il grande schermo = il cinema; il piccolo schermo = la televisione
doppio, -a *agg.*	doppelt	E double ▶ fare una doppia vita
lo scherzo	der Scherz	▶ Non fare scherzi stupidi!
l'amore *m*	Liebe	F un amour ▶ Amore mio!
il messaggio	die Meldung, Nachricht	E message F un message ▶ Quando ho finito ti mando un messaggio (sms)./ lasciare un messaggio sulla segreteria telefonica
la prigione *f*	das Gefängnis	E prison F une prison
tvtb (ti voglio tanto bene)	ich mag dich so sehr	▶ Tvtb gattino mio!
ricevere	erhalten, bekommen	L recipere E receive F recevoir ▶ ricevere un regalo, un messaggio, la posta
sognare (qc)	träumen	L somnium
il voto	die Note	F la note (!) ▶ Mariella prende sempre bei voti.
migliore *agg.*	besser; der/die/das beste	L melior F meilleur ▶ La pasta che cucina Paola è migliore di quella che cucina Rosa.
la pagella	das Zeugnis	▶ Mariella ha preso/ha avuto una pagella bellissima!

Preparare T2

E1

(non) ... niente	nichts	F ne ... rien ▶ Non mi piace niente di tutto questo!
(non) ... mai	nie	F ne ... jamais ▶ Non vado mai a dormire presto.
(non) ... nessuno	niemand	F ne ... personne ▶ In quel bar non vedo mai nessuno.
(non) ... per niente	überhaupt nicht/absolut nicht	F ne ... pas du tout (!) ▶ Questa musica non mi piace per niente.

il banco	die Schulbank	▶ il compagno/la compagna di banco
noioso, -a *agg.*	langweilig	**F** ennuyeux, -se ▶ Questo film è molto noioso.
comunque *avv.; congz.*	jedenfalls, ohnehin, sowieso; dennoch, jedoch	▶ Il film è noioso, comunque lo guardo.
discutere	diskutieren	**L** discutere **E** to discuss **F** discuter ▶ discutere con qn di qc/discutere la tesi
creativo, -a *agg.*	kreativ	**L** creare **E** to create **F** créatif/créative ▶ Paolo è una persona molto creativa.
l'esame *m*	die Prüfung	**L** examen **E** exam **F** un examen ▶ l'esame di maturità
ricordarsi di qc	sich an etwas erinnern	▶ Mi ricordo ancora oggi della prima visita a Roma.
il giornale scolastico	die Schülerzeitung	
ideale *agg.*	ideal	**E** ideal **F** idéal, -e ▶ l'amico/a ideale/il lavoro ideale/la vacanza ideale
esistere	existieren	**E** to exist **F** exister
a causa di	wegen	**F** à cause de ▶ A causa dei lavori in corso (*Baustelle*) dobbiamo prendere un'altra strada.
libero, -a *agg.*	frei	**F** libre ▶ La sedia è libera (*ant.* occupata)./L'ingresso è libero (= gratis).
credere	glauben, denken, meinen	**F** croire ▶ Chi credi di essere? (*Was bildest du dir ein?*)
il/la preside *m/f*	der/die Schulleiter/in, der/die Direktor/in	▶ il/la preside della scuola media/del liceo classico ecc.
criticare	kritisieren	**E** criticize **F** critiquer ▶ Perché mi critichi sempre?/Il giornalista critica la politica italiana.
la classe	die Schulklasse	▶ entrare in classe (*Klassenraum*)/La classe di Mario (*die Gruppe von Schülern, die Schulkameraden*) è molto simpatica.
l'argomento	das Thema	▶ L'argomento del tema (*Aufsatz*) è …
l'estero	das Ausland	**F** l'étranger (*m*) ▶ Vivo all'estero./Andiamo all'estero.
la possibilità	die Möglichkeit	**E** possibility **F** la possibilité
informarsi	sich informieren	**E** inform **F** s'informer ▶ Mi informo leggendo il giornale./Mi sono informata da Paola per sapere quando comincia il film.
la teoria	die Theorie	**E** theory **F** une théorie *ant.* la pratica
la natura	die Natur	**E** nature **F** la nature ▶ È bello camminare nella natura./la natura delle persone
la mostra	die Ausstellung, Schau	**L** monstrare ▶ La mostra di Botticelli dura fino a Natale.

strano, -a *agg.*	seltsam	**E** strange **F** étrange ▶ Non trovo le chiavi di casa! Che strano!/Maria è una persona strana./ È accaduto un fatto strano.
il contatto	der Kontakt	**E** contact **F** le contact
diretto, -a *agg.*	direkt	**E** direct **F** direct, -e ▶ Avere un contatto diretto con qualcuno.
il/la partner *m/f*	der/die Partner/in	**F** le/la partenaire ▶ il partner d'affari (*Geschäftspartner*); il mio/la mia partner (*mein Freund/meine Freundin*)
né ... né	weder ... noch	**F** ne ... ni ... ni ▶ Non mangio né la carne, né il pesce.
scientifico, -a	wissenschaftlich, naturwissenschaftlich	**E** scientific **F** scientifique ▶ il liceo scientifico; la rivista (*Magazin*) scientifica
la maturità	das Abitur, die Reife(-prüfung)	**L** maturus **E** mature (Österr.) Matura ▶ fare gli esami di maturità
il club	die Arbeitsgemeinschaft; der Club	**F** le club
decidere di fare qc	entscheiden etwas zu tun	**L** decidere **E** to decide **F** décider de faire qc ▶ Ho deciso di andare in vacanza in Francia.
3 **la critica**	die Kritik	**E** criticism **F** une critique

Preparare T3

1 **in anticipo**	zu früh; im Voraus	**F** en avance ▶ arrivare in anticipo (*ant.* in ritardo (*verspätet*)/puntuale (*pünktlich*))
3 il cocco, la cocca	der Liebling, das Lieblingskind	▶ la cocca/il cocco dell'insegnante
la lavagna	die Tafel	**L** lavare ▶ scrivere alla lavagna
il messaggio di benvenuto	der Willkommensgruß	**F** le message de bienvenue
come al solito	wie gewöhnlich	*sin.* come sempre ▶ Come al solito anche oggi Paolo non è puntuale!
l'interrogazione *f*	die Abfrage (*in der Schule*)	**F** une interrogation ▶ Paolo ha preso otto all'interrogazione di fisica.
sedersi	sich setzen, Platz nehmen	mi siedo, ti siedi, si siede, ci sediamo, vi sedete, si siedono **F** s'asseoir ▶ sedersi in poltrona/sul divano/sulla sedia
il cuore; l'amica del cuore	das Herz; die liebste Freundin	**L** cor **F** le cœur ▶ Alessandra è la mia amica del cuore.
la cattedra	das Pult	▶ Per l'interrogazione dobbiamo sempre andare alla cattedra. Il/La prof è seduto/a in cattedra.
la fila	die Reihe, Schlange	**F** la file ▶ Io sono seduto/a in seconda fila.
copiare	abschreiben	**F** copier ▶ copiare il compito dal compagno/dalla compagna di banco

la mano *f, pl.* **le mani**	die Hand	**L** manus **F** une main ▶ Perché non alzi la mano?
la pazienza; **con pazienza**	die Geduld; geduldig	**L** patientia **E** patience **F** la patience ▶ avere la pazienza di un santo (*eine Engelsgeduld haben*)
qualsiasi cosa	alles	▶ Con me puoi parlare di qualsiasi cosa/di tutto./una cosa qualsiasi (*irgendeine Sache*)
ridere; *part. pass.* **riso;** **far ridere**	lachen; zum Lachen bringen	**L** ridere **F** rire ▶ Mi fai ridere!
il/la cantante	der/die Sänger/in	▶ il/la cantante pop, lirico/a
per esempio	zum Beispiel	**F** par exemple ▶ Per capire bene prendiamo per esempio questo testo.
la vivisezione *f*	die Vivisektion (*Eingriff am lebenden Tier zu Forschungszwecken*)	**L** vivere + secare **E/F** vivisection ▶ Io sono contro (*ich bin gegen*) la vivisezione!
bravo, -a *agg.*	gut (*in einer Sache gut sein*)	▶ Mario è bravo a scuola/in inglese/in matematica/a fare qualcosa.
superiore *agg.*	höher	**F** supérieur, -e ▶ Lei è in una classe superiore.
seguire	folgen	**F** suivre ▶ seguire qn; seguire una trasmissione (*Sendung*) in TV
l'alunno/a modello	der/die Musterschüler/in	▶ Laura è un'alunna modello.
intelligente *agg.*	intelligent	**L** intellegere **E** intelligent **F** intelligent, -e
essere attivo, -a in	aktiv sein (mitarbeiten) in	**F** être actif, active ▶ essere attivo in politica
il profilo	das Profil; die Wesensmerkmale	**F** le profil ▶ il profilo del collaboratore ideale (*das Profil des idealen Mitarbeiters*); guardare una persona di profilo (*jdn von der Seite anschauen*)
interrogare	verhören; abfragen (*in der Schule*)	**E** to interrogate **F** interroger ▶ L'insegnante interroga gli studenti.
rispettare	respektieren, achten	**L** respicere **E** to respect **F** respecter ▶ rispettare le regole/una persona
normalmente *avv.*	normalerweise	**E** normally **F** normalement
superpopolare *agg.*	sehr beliebt	▶ un personaggio superpopolare
l'evento *m*	das Ereignis, Vorkommnis	**L** evenire **E** event **F** un événement ▶ Il summit è un evento importante per la politica mondiale.
sociale *agg.*	sozial, gesellschaftlich	**L** socius **E** social **F** social, -e ▶ Avere la competenza sociale è molto importante.
il/la ribelle *m/f*	der Rebell/die Rebellin	**E** rebel **F** un/une rebelle ▶ Paola è una ribelle. Fa sempre quello che vuole.
partecipare a	teilnehmen, mitmachen	▶ partecipare a una gara (*Wettkampf*)/ ad una festa
il rapporto	die Beziehung	**F** le rapport ▶ Il mio rapporto con Paola è molto bello.
stesso, -a	gleich, gleiche; der-, die-, dasselbe	▶ Abbiamo gli stessi amici./È la stessa cosa.

3	**la parola**	das Wort	**F** la parole
	il contrario (di ...)	das Gegenteil (von ...)	**L** contrarius **E** contrary **F** le contraire de ▶ Il contrario di "freddo" è "caldo"./ Anna è proprio il contrario di Paola: lei è simpatica e Paola è antipatica.
4	il campo sem**a**ntico	das Wortfeld	**F** le champ sémantique

Lezione 7

Ingresso

1	il gondoliere	der Gondoliere	
	il vaporetto	*venezianisches Busschiff*	▶ prendere il vaporetto
	il carnevale	der Karneval; Fastnacht	▶ la festa di carnevale
	il Canal Grande	der Canal Grande	

Preparare T1

1	**l'azione**	die Handlung	**L** actio **E** action ▶ fare una buona azione
	il posto	der Ort, Platz, die Stelle	**E** post **F** le lieu, la place (!) ▶ posto di lavoro (*Arbeitsstelle*)/Vallombrosa, in Toscana è davvero un bel posto per fare un picnic. (*Ort*)/Abbiamo prenotato un posto al teatro. (*(Sitz-)Platz*)
	riferirsi a	sich beziehen auf	**F** se référer à ▶ – A chi ti riferisci? – Mi riferisco a ...
	spostarsi	sich bewegen, reisen, unterwegs sein	▶ spostarsi in macchina, in treno, in aereo
	nuotare	schwimmen	**L** natare **F** nager ▶ nuotare al/in mare, in piscina
	il lago	der See	**L** lacus **F** le lac ▶ il lago Maggiore, il lago di Garda
	attraversare	überqueren	**F** traverser ▶ attraversare la strada/ il ponte
	il ponte *m*	die Brücke	**L** pons **F** le pont
	andare in g**o**ndola	mit der Gondel fahren	▶ Solo i turisti vanno in gondola.
	dife**ndere; dif**e**ndersi**	verteidigen, sich verteidigen	**L** defendere **E** defend **F** (se) défendre ▶ difendersi fisicamente (*sich schützen*); difendersi a parole (*sich wehren*)
	le mura	die Stadtmauern	**L** murus **F** les murs (*m*) ▶ Le mura della città di Lucca sono molto antiche.
	le invasioni barb**a**riche *f*	die Völkerwanderung	**F** les invasions barbares (*f*)
	la riva	das Ufer	**L** ripa **F** la rive ▶ la riva destra/la riva sinistra del fiume
	la metropolitana	die U-Bahn	**F** le métro
	il Doge	der Doge	**L** dux ▶ Il Doge è per Venezia un personaggio storico importante.
	la vacanza	der Urlaub, die Ferien	**L** vacare **E** vacation **F** les vacances (*f*) ▶ Andiamo in vacanza.

	magari *inter.; avv.*	schön wär's; und ob; vielleicht	▶ – Vieni al cinema con me? – Magari! (*Schön wär's!*)/– Fa caldo! – Magari (*vielleicht*) se apri la finestra entra un po' d'aria!
	tanto *avv.*	sehr viel, sehr	**L** tantus **F** tant ▶ Ti amo tanto!
E5	**la cultura**	die Kultur	**F** la culture ▶ la cultura del paese (*Kultur eines Landes*); la cultura di una persona (*Bildung*)
E6	il/la **veneziano/a** *m/f*	der/die Venezianer/in	
	utile *agg.*	nützlich	**L** utilis **E** useful **F** utile *ant.* inutile ▶ una cosa utile
	pericoloso, -a *agg.*	gefährlich	**L** periculum **E** perilous **F** dangereux, dangereuse
T1	il **programma** *m*	das Programm	**F** le programme ▶ il programma del cinema/della televisione
	la **pausa pranzo**	die Mittagspause	**L** prandium ▶ Nella pausa pranzo andiamo a mangiare un panino al bar.
	il **silenzio**	die Ruhe, Stille	**L** silentium **E** silence **F** le silence ▶ C'è silenzio in classe.
	dappertutto *avv.*	überall	**F** partout *ant.* da nessuna parte
	aver(e) ragione	Recht haben	**F** avoir raison ▶ Hai ragione! ↔ Non hai ragione./Hai torto (*Unrecht*).
	il **terreno**	das Land, Gelände, Gebiet	**L** terra **F** le terrain ▶ Paola e Marco hanno comprato un terreno per costruire (*bauen*) una casa.
	instabile *agg.*	unstabil, instabil	**E/F** instable ▶ una situazione/una persona instabile
	il **secolo**	das Jahrhundert	**L** saeculum **F** le siècle ▶ il ventesimo secolo (dal 1900 al 2000)
	il **commercio**	der Handel	**L** merx **E** commerce **F** le commerce
	diventare	werden	**F** devenir ▶ diventare ricco/a, ricchi/e (*reich werden*)
	ricco, -a *agg.*	reich	**E** rich **F** riche ▶ Anna è ricca di famiglia. (*Anna kommt aus einer reichen Familie.*)/una persona ricca interiormente (*innerlich reich*)
	l'**artista** *m/f*	der/die Künstler/in	**L** ars **E** artist **F** un/une artiste
	l'**opera** (d'arte) *f*	das (Kunst-)Werk	**L** opus **F** une œuvre ▶ La *Gioconda* è un'opera d'arte.
	lo **stile** *m*	der Stil	**E** style **F** un style ▶ Il mio stile è semplice ma elegante. (*bezogen auf Kleidung*)
	stamattina	heute Morgen	**L** matutinus **F** un matin ▶ questa mattina
	l'**ostello**	die Herberge	**L** hospes **F** l'auberge (*f*) de jeunesse ▶ l'ostello della gioventù (*Jugendherberge*)
	la (prima) **colazione** *f*	das Frühstück	▶ A colazione prendo solo un caffè.
	la **sede** *f*	der Sitz (*einer Firma etc.*)	**L** sedes **F** le siège ▶ la sede della banca/della ditta

morire; *part. pass.* **essere morto, -a**	sterben; gestorben sein	muoio, muori, muore, moriamo, morite, muoiono; essere morto, -a **F** mourir ▶ morire dalle risate (*lachen bis zum 'es geht nicht mehr'*)
il modo	die Art, Weise	**L** modus **E** mode **F** le mode, la manière, la façon ▶ il modo migliore per fare qc
violento, -a *agg.*	gewalttätig; heftig	**L** violare **E** violent **F** violent, -e ▶ una persona violenta; un violento mal di testa (*starke Kopfschmerzen*)
cercare di fare qc	versuchen, etw. zu tun	**L** circum **F** chercher à faire qc (!) ▶ Cerco di arrivare puntuale. (*Ich versuche, pünktlich da zu sein.*)
il popolo	das Volk	**L** populus **E** people **F** le peuple ▶ il popolo viola (*eine politische Bewegung in Italien*)
la dinastia	die Dynastie	**E** dynasty **F** la dynastie
il politico; *pl.* **i politici**	der/die Politiker/in	**E** politician **F** l'homme/la femme politique
il Trecento	das vierzehnte Jahrhundert	
la facciata	die Fassade; die Vorderseite	**L** facies **E** facade **F** la façade ▶ La facciata del palazzo è molto antica.
la fermata	die Haltestelle	▶ La fermata dell'autobus è a 200 metri da qui.
sporco, -a *agg.*	schmutzig	▶ Ho le mani sporche.
quindi *congz.*	also, folglich	**L** inde ▶ Ti ho già detto tutto, quindi lasciami in pace! (*Ich habe dir schon alles gesagt, lass mich also in Ruhe damit!*)
il taxi	das Taxi	**F** le taxi ▶ Chiamo un taxi.
la polizia	die Polizei	**E** police **F** la police ▶ chiamare la polizia
andare a trovare qn	jdn besuchen	**F** aller voir qn (!) ▶ Domani vado a trovare Paolo.
o … o …	entweder … oder	**L** aut … aut **F** ou … ou … ▶ O mangi la pasta o mangi la pizza.
l'acqua alta *f*	das Hochwasser	▶ A Venezia in questi giorni c'è acqua alta.
essere fortunato, -a	Glück haben	▶ Sono stato fortunato a trovare un buon lavoro!
condividere una camera con qn	mit jdm ein Zimmer teilen	
la camera matrimoniale	Zimmer mit einem großen (Ehe-)Bett	**F** la chambre matrimoniale
E8 la calle, *pl.* le calli	*venezian. Bezeichnung für Straße*	vgl. span. la calle

Preparare T2

E1 **il succo di frutta**	der Fruchtsaft	▶ il succo di frutta alla pesca/alla pera

il tramezzino	das Sandwich	▶ Per me un tramezzino pomodoro e mozzarella.
la focaccia	das Pizzabrot	
spendere; *part. pass.* **speso**	ausgeben	**E** spend **F** dépenser ▶ Non devi spendere così tanto!
i soldi *m*	das Geld	**F** l'argent (!) (*m*) ▶ Ho bisogno di soldi!
l'acqua minerale *f*	das Mineralwasser	**F** l'eau minérale (*f*) ▶ l'acqua minerale gassata/naturale
la pesca	der Pfirsich	**E** peach **F** la pêche
l'uva *f*	die Weintraube	▶ l'uva bianca/l'uva nera
la salumeria	der Wurst-, Feinkostladen	▶ Vado in salumeria.
il supermercato	der Supermarkt	**E** supermarket **F** le supermarché ▶ Vado al supermercato.
il panino	das Brötchen	**L** panis **F** le pain
la mozzarella	der Mozzarella(-käse)	
il prosciutto (cotto; crudo)	der (rohe, gekochte) Schinken	▶ Mangio un panino con il prosciutto cotto.
il salame *m*	die Salami	▶ il salame toscano; la spianata romana (*typisch römische Salami-Sorte*)
la bottiglia	die Flasche	**F** la bouteille ▶ la bottiglia di vetro/di plastica
l'offerta *f*	das Angebot	**F** l'offre (*f*) ▶ l'offerta speciale (*Sonderangebot*)
T2 **il/la barista**	der/die Barkeeper/in, der/die Barmann/-frau	
la coca-cola	die (Coca-)Cola	**F** le coca (!)
il toast *m*	der Toast	**F** le toast ▶ Un toast prosciutto e formaggio, per favore.
la sprite *f*	Sprite	
accomodarsi	Platz nehmen, sich setzen	▶ Accomodati!/Accomodatevi!/ Si accomodi/Si accomodino, prego!
il/la cameriere/a	der/die Kellner/in	
il tonno	der Thunfisch	**E** tuna **F** le thon
la cipolla	die Zwiebel	
l'aglio *m*	der Knoblauch	**F** l'ail (*m*) ▶ Stasera mangiamo la pasta aglio, olio e peperoncino.
l'olio *m*	das Öl	**L** oleum **E** oil **F** l'huile (*f*) ▶ olio d'oliva/ olio di semi
il piatto	der Teller; das Gericht	**F** le plat ▶ Questo è il mio piatto preferito: il risotto ai funghi porcini (*Steinpilze*).
puzzare (di qualcosa)	stinken, übel riechen	▶ Qui c'è puzza di pesce./La cosa mi puzza. (*Die Sache ist mir suspekt.*)
viennese *agg.*	Wiener, wienerisch	
i wurstel *m*	die Würstchen	
Che schifo!	Pfui Teufel!	
il conto	die Rechnung; das Konto	**E** count ▶ Il conto, per favore!
la cassa	die Kasse	**F** la caisse ▶ pagare alla cassa

ne	dazu, davon	**F** en ▶ Chi ne parla? Che cosa ne dici?
pagare alla romana	die Rechnung zu gleichen Teilen unter sich aufteilen	▶ Ieri sera al ristorante ha pagato Paolo o avete fatto/pagato alla romana?
a testa	pro Person	▶ Paghiamo 20 euro a testa.
troppo, troppa; **troppo** avv.	zu viel	▶ Ma questo esercizio è troppo difficile!/Ho mangiato troppo.
uguale, uguali agg.	gleich; ähnlich	▶ Le case in questa via sono tutte uguali.
perdersi; part. pass. **perso**	sich verlaufen	**F** perdre son chemin (!) ▶ – Perché sei arrivato in ritardo? – Mi sono perso, mi dispiace!
la panetteria	die Bäckerei	▶ La panetteria è aperta/chiusa.
andare dritto	geradeaus gehen	**F** aller tout droit ▶ Se va dritto/a per questa strada arriva direttamente al cinema.
la piazzetta	der (kleine) Platz	
girare a destra/a sinistra	nach rechts/links abbiegen	▶ Per arrivare al supermercato deve girare alla prima a destra e poi alla seconda alla sinistra.
volerci	benötigen	▶ Ci vuole un'ora./Ci vogliono due ore.
la sete f	der Durst	**F** la soif ▶ Ho fame e sete.
il mercato	der Markt	**L** mercator **E** market **F** le marché ▶ Al mercato compro verdura e frutta fresca.
fare la spesa	einkaufen gehen	▶ Faccio la spesa per la festa.
l'albicocca	die Aprikose	
il/la fruttivendolo/a	der/die Obstverkäufer/in	**L** fructus + vendere
la mela	der Apfel	**L** malum
la pera	die Birne	**E** pear **F** la poire
il chilo	das Kilo	**F** le kilo ▶ Mi dia un chilo di mele, per favore!
l'etto m	100 Gramm	(vgl. Hekto) ▶ Mi dia due etti di prosciutto cotto per favore.
la ciliegia	die Kirsche	**E** cherry **F** la cerise
il melone m	die Honigmelone	**F** le melon
il pomodoro	die Tomate	**L** pomum (+ de auro) ▶ pomodori a boccetta (Flaschentomaten)
la mortadella	die Mortadella	▶ La mortadella è un prodotto tipico di Bologna.
lo snack m	der Snack; salziges Gebäck; Imbiss	
l'oliva f	die Olive	**E** olive **F** une olive
il formaggio	der Käse	**F** le fromage (!) ▶ formaggio stagionato (gereift); formaggio fresco (jung)

Preparare T3

il pittore/la pittrice	der/die Maler/in	**L** pictor **E** painter **F** le peintre
dipingere; part. pass. dipinto	malen	▶ Mario dipinge molto bene!

la comm**e**dia	die Komödie	▶ la Commedia dell'Arte
lo scrittore/la scrittrice	der/die Schriftstellerin	**L** scriptor ▶ Il mio scrittore/la mia scrittrice preferito/a è …
il/la collezionista	der/die Sammler/in	**L** colligere **E** collector **F** un collectionneur, une collectionneuse ▶ il collezionista di francobolli (*Briefmarken*)
T3 **elegante** *agg.*	elegant	**L** elegans **E** elegant **F** élégant, -e
l'occhio *m, pl.* **gli occhi**	das Auge	**L** oculus **F** l'œil (*m*), les yeux ▶ Questo vestito costa un occhio della testa! (*Dieses Kleid ist wahnsinnig teuer!*)
camminare	(spazieren)gehen; laufen	▶ – Forza, cammina! – Non ho voglia di camminare. Sono stanco!
leggero, -a *agg.*	leicht	**L** levis **F** léger, légère *ant.* pesante ▶ un pacco leggero (*ein leichtes Päckchen*)/un piatto leggero (*ein leichtes Gericht*)
la farfalla	der Schmetterling	
furbo, -a *agg.*	schlau	▶ furbo come una volpe
la volpe *f*	der Fuchs	**L** vulpes ▶ Carlo è una volpe (*schlau*).
spiritoso, -a *agg.*	geistreich, witzig	**L** spiritus ▶ una persona spiritosa
l'universo *m*	das Universum	**L** universus **E** universe **F** l'univers (*m*)
affascinante *agg.*	bezaubernd, faszinierend	**E** fascinating **F** fascinant, -e ▶ una donna/un uomo/una persona affascinante
la stella	der Stern	**E** star **F** une étoile ▶ le stelle cadenti (*Sternschnuppen*)
lucente *agg.*	leuchtend, glänzend	▶ un viso lucente (*ein strahlendes Gesicht*)
misterioso, -a *agg.*	geheimnisvoll	**L** mysterium **E** mysterious **F** mystérieux, -se ▶ Questa è una storia davvero misteriosa!
il miele *m*	der Honig	**L** mel **F** le miel ▶ il miele di acacia (*Akazienhonig*)
profumato, -a *agg.*	duftend	▶ il fiore profumato
la rosa	die Rose	**L** rosa **E** rose **F** une rose ▶ Non c'è rosa senza spine. (*Sprichwort*)
il paradiso	das Paradies	**E** paradise **F** le paradis ▶ Questo posto è un paradiso.
il tesoro	der Schatz	**L** thesaurus **E** treasure **F** le trésor ▶ la caccia al tesoro (*Schatzsuche, Schnitzeljagd*)
l'inferno	die Hölle	**L** inferi **F** l'enfer (*m*) ▶ Va' all'inferno! (*Fahr zur Hölle!*)
peggiore *agg.*	schlimmer, schlechter	**L** peior ▶ La cosa peggiore da fare in questo momento è …
l'ansia *f*; **con ansia**	die Angst, Beklemmung; die Unruhe	▶ essere in ansia; Maria è una persona ansiosa (*ängstlich*).

darsi (un) appuntamento sich verabreden		**F** se donner rendez-vous ▶ Ci siamo dati appuntamento davanti al cinema.
l'autore/l'autrice	der/die Autor/in	**L** auctor **E** author **F** l'auteur (*m*) ▶ l'autore/l'autrice del romanzo/ dell'articolo/del libro
il simbolo	das Symbol	**E** symbol **F** le symbole
la star *f*	der Star	
il Lido	der Lido	▶ il Lido di Venezia
l'importanza *f*	die Wichtigkeit	**E** importance **F** une importance
galante *agg.*	galant, artig	**E** gallant **F** galant, -e ▶ un uomo galante
cattivo, -a *agg.*	böse, schlecht	▶ una persona cattiva; un vino/un gelato cattivo
il carattere	der Charakter	**E** character **F** le caractère ▶ avere un buon carattere

Lezione 8

Ingresso

le stagioni *f*	die Jahreszeiten	▶ la pizza quattro stagioni
la primavera	der Frühling	**L** ver **F** le printemps ▶ Che cosa fate in primavera?
l'estate *f*	der Sommer	**L** aestas **F** un été (!) ▶ In estate andiamo in Sicilia.
l'autunno	der Herbst	**L** autumnus **E** autumn **F** l'automne (*m*) ▶ In autunno comincio a studiare all'università.
l'inverno *m*	der Winter	**L** hiems **F** l'hiver (*m*) ▶ In inverno esco poco. Preferisco l'estate.
i mesi	die Monate	▶ 30 dì conta novembre con april, giugno e settembre, di 28 ce n'è uno, tutti gli altri ne han 31.
(il) gennaio	Januar	**L** ianua **E** January **F** janvier
(il) febbraio	Februar	**E** February **F** février
(il) marzo	März	**L** Mars **E** March **F** mars
(l')aprile *m*	April	**E** April **F** avril
(il) maggio	Mai	**E** May **F** mai
(il) giugno	Juni	**E** June **F** juin
(il) luglio	Juli	**E** July **F** juillet
(l')agosto	August	**L** Augustus **E** August **F** août
(il) settembre	September	**L** septem **E** September **F** septembre
(l')ottobre *m*	Oktober	**L** octo **E** October **F** octobre
(il) novembre	November	**L** novem **E** November **F** novembre
(il) dicembre	Dezember	**L** decem **E** December **F** décembre
le feste	die Feiertage / Feste	
(il) Natale	Weihnachten	**L** natus **F** Noël ▶ A Natale andiamo a Roma.
il Capodanno	Neujahr	▶ Che cosa fate a Capodanno?
la Pasqua	Ostern	**F** Pâques ▶ A Pasqua stiamo a casa.

<u>o</u>ltre (a)	darüber hinaus, außer	**L** ultra ▶ Oltre a Paolo vengono anche Maria e Luisa.
lo spett<u>a</u>colo	die Aufführung, das Ereignis	**F** le spectacle ▶ Lo spettacolo (teatrale) comincia alle 8.
la scalinata	die Freitreppe	▶ La scalinata di piazza di Spagna a Roma è molto famosa.
la f<u>o</u>glia	das Blatt, Laub	**F** une feuille ▶ il foglio (*Papierblatt*) – la foglia (*Pflanzenblatt*); Ha mangiato la foglia. (*Er/Sie hat etwas schnell begriffen.*)
la benedizione	der Segen, die Segnung	**L** bene + dicere **E** benediction **F** la bénédiction ▶ la benedizione del Papa
urbi et orbi	*Segen des Papstes*: „der Stadt (Rom) und dem Erdkreis"	▶ la benedizione urbi et orbi

T1

il reporter *m*	der Reporter	**F** le reporter
il/la romano/a; **romano, -a** *agg.*	der/die Römer/in; römisch	**L** Romanus **E** Roman **F** le Romain, la Romaine ▶ I romani sono simpatici.
lo svant<u>a</u>ggio	der Nachteil	**E** disadvantage **F** le désavantage ▶ Lo svantaggio di questa casa è che non ha il riscaldamento centralizzato (*Zentralheizung*).
rubare	stehlen, rauben	▶ Hanno rubato a casa di Paolo./Luisa mi ha rubato l'idea.
sc<u>e</u>ndere; *part. pass.* **sceso**	aussteigen; hinuntergehen, -steigen	**L** descendere **F** descendre ▶ – Dove scendete? – Scendiamo in piazza di Spagna./scendere dalla metro/ dall'autobus; scendere le scale
siccome *congz.*	da, weil	**F** comme ▶ Siccome mi piace mangiare sano, compro sempre tutto al super- mercato biologico.
il quadro	das Bild	▶ Il quadro alla parete è un Picasso!
la st<u>a</u>tua	die Statue, Figur	**L** statua **E** statue **F** une statue ▶ La statua del Davide è a Firenze.
capitolino, -a *agg.*	Kapitol-, kapitolinisch	▶ I Musei Capitolini sono a Roma.
vaticano, -a *agg.*	Vatikan-, vatikanisch	▶ I Musei Vaticani sono chiusi per restauro.
lo spin<u>a</u>rio	der Dornenauszieher	
il bronzo	die Bronze	**E** bronze **F** le bronze
la moneta; la monetina	das Geldstück, die Münze; die kleine Münze	**L** monere **E** money **F** la monnaie ▶ Ho molte monete in tasca (*Hosen- tasche*).
il volantino	das Flugblatt	▶ Fuori della scuola distribuiscono (*verteilen*) volantini pubblicitari.
la provenienza	die Herkunft	▶ La provenienza di questa statua non è certa.
eterno, -a *agg.***; la città** **eterna**	ewig, unendlich; die ewige Stadt	**L** aeternus **E** eternal **F** éternel, éternelle ▶ Roma è la città eterna.
calabrese *agg.*	kalabrisch	▶ La mia amica Mariangela è calabrese.

de (= di) *röm. Dialekt*	aus, von	**L** de ▶ "Aho' io so' romano de Roma."/ Ehi, io sono un romano di Roma! (*Ich bin ein echter Römer!*)
il bar e tabacchi	Bar und Tabakwarengeschäft	▶ Al bar tabacchi all'angolo prendo sempre il caffè e compro i biglietti dell'autobus.
la cartolina	die Postkarte, Ansichtskarte	
il francobollo	die Briefmarke	▶ la collezione di francobolli (*Briefmarkensammlung*)
il vantaggio, *pl.* **i vantaggi**	der Vorteil, die Vorzüge	**E** advantage **F** avantage (*m*) ▶ Il vantaggio di questa casa è che si trova in centro.
3 il cinema all'aperto	das Freilichtkino	
7 **rappresentare**	darstellen	**F** représenter ▶ Che cosa rappresenta questo schizzo (*Skizze*)?
tirare fuori	herausziehen	
la guerra	der Krieg	**F** une guerre ▶ la prima/seconda guerra mondiale
togliersi; *part. pass.* **tolto**	ablegen, etw. ausziehen; *hier*: herausziehen	
9 **tipico, -a** *agg.*	typisch	**F** typique ▶ Il risotto alla milanese è un piatto tipico della Lombardia.

Preparare T2

l'asilo	der Kindergarten, die Kinderkrippe	▶ All'asilo i bambini imparano molte cose.
2 l'epoca *f*	die Zeit, Epoche	**F** l'époque (*f*) ▶ A quell'epoca non andavo spesso a Roma.
occuparsi di	sich kümmern um	**F** s'occuper de ▶ Devo occuparmi di mio fratello perché non sta bene.
il campo	das Feld	**F** le champ ▶ il campo di grano (*Weizenfeld*); il campo visivo (*Blickfeld*)
2 **l'infanzia**	die Kindheit	**L** infans **F** une enfance ▶ avere un'infanzia felice
ammalarsi	erkranken	**L** malus **F** tomber malade ▶ Gina non viene. Si è ammalata.
Cinecittà	„Filmstadt", (*Filmstudio-Komplex in einem Vorort Roms*)	
il/la regista *m/f*	der Regisseur	**L** regere **F** le réalisateur, le metteur en scène
1 l'argento; le nozze d'argento	das Silber; die Silberhochzeit	**L** argentum **F** l'argent (*m*)

Preparare T3

Il computer

la chat	der Chat; Kommunikation mithilfe des Chat	▶ chattare con qualcuno
la video-chat	der Video-Chat	
il portatile *m*	der Laptop	**L** portare
il mouse	die Maus	
l'iPod *m*	der iPod	
la chiavetta/la penna	der USB-Stick	
collegarsi in Internet	sich über das Internet in Verbindung setzen	▶ Sono collegato in Internet.
la rete *f*	das Netz; *hier:* das Internet	**L** rete
il DVD	die DVD	▶ Ho un DVD di Roberto Benigni.

T3

nessun problema!	überhaupt kein Problem!	**F** Pas de problème ▶ Nessun problema! Ci penso io! (*Ich kümmere mich darum!*)
la gara	der Wettkampf, -streit	
vincere; *part. pass.* **vinto**	gewinnen, siegen	**L** vincere **F** vaincre, gagner ▶ vincere la gara/vincere le elezioni
il premio	der Preis (*Auszeichnung*)	**L** praemium **F** le prix ▶ prendere/ricevere un premio
i cattolici	die Katholiken	**E** Catholic **F** les catholiques
la tartaruga	die Schildkröte	
sbagliarsi	sich irren	▶ Mi dispiace, ma mi sono sbagliato/a.
il fiume	der Fluss	**L** flumen **F** le fleuve ▶ In centro c'è un fiume di gente (*Menschenmenge*).
lasciar stare	bleiben lassen	**F** laisser tomber ▶ Lascia stare, è meglio così!
sembrare	scheinen, den Anschein haben	**F** sembler ▶ Sembra bello!
l'obelisco *m*	der Obelisk	**E** obelisk **F** l'obélisque (*m*)
egiziano, -a *agg.*	ägyptisch	**E** Egyptian **F** l'égyptien (*m*)
l'elefante *m*	der Elefant	**L** elephantus **E** elephant **F** l'éléphant (*m*)
salire	hochsteigen, hinaufgehen; einsteigen (*Fahrzeuge*)	salgo, sali, sale, saliamo, salite, salgono **L** salire **F** monter (!) ▶ salgo in macchina ↔ scendo dalla macchina
il presidente della Repubblica	der Präsident der Republik	**E** president **F** le président
la bocca	der Mund	**F** la bouche ▶ Non parlare con la bocca piena!
la verità	die Wahrheit	**F** la vérité ▶ dire la verità *ant.* dire una bugia
il marmo	der Marmor	**L** marmor
la bugia	die Lüge	*ant.* la verità **F** le mensonge (!) ▶ Non dire bugie!
salutarsi	sich begrüßen; sich verabschieden	**L** salutare ▶ Passa da me prima di partire, così ci salutiamo./Ieri ci siamo salutati all'entrata del cinema e poi non ci siamo più incontrati.

E5

il/la protagonista *m/f*	die Hauptperson, Hauptfigur	**F** le/la protagoniste ▶ il protagonista del film

Lezione 9

Ingresso

il turismo	der Tourismus	**E** tourism ▶ Il turismo è una risorsa (*Ressource*) importante per l'Italia.
il tempio, i templi	der Tempel	**L** templum **E** temple **F** le temple ▶ Il tempio di Vesta è a Roma./i templi greci
utilizzare	verwenden, gebrauchen	**L** uti **E** use **F** utiliser ▶ È bene utilizzare più volte le buste di plastica.
fare surf	surfen	▶ Paolo fa surf. È il suo sport preferito.
emozionante *agg.*	aufregend, spannend, bewegend	**E** emotional ▶ Che esperienza emozionante!
riposante *agg.*	erholsam	**F** reposant, -e ▶ È stata una vacanza molto riposante.
istruttivo, -a *agg.*	lehrreich	**L** instruere **E** instructive **F** instructif, -ve ▶ Ho visto un film storico molto istruttivo.
fare delle camminate	wandern	▶ In montagna abbiamo fatto delle lunghe camminate.
faticoso, -a *agg.*	ermüdend	**L** fatigare **F** fatigant, -e ▶ La camminata di ieri è stata molto faticosa!

Preparare T1

sicuramente *avv.*	sicherlich	**L** securus **E** surely **F** sûrement ▶ Paola viene sicuramente./Domani sicuramente piove.
1 **il tempo**	das Wetter; die Zeit	**L** tempus **F** le temps ▶ Le previsioni del tempo (*Wettervorhersage*) per domani sono belle/brutte./Il tempo vola!
il futuro	die Zukunft	**L** futurus **L** future **F** le futur ▶ il futuro del verbo avere/Il futuro è o non è nelle nostre mani?
la forma	die Form	**L** forma **E** form **F** la forme ▶ La forma di quel mobile è molto bella./Paolo è in forma. (*Paolo ist fit, sieht gut aus.*)
mettere in ordine	ordnen, aufräumen	▶ Devo mettere in ordine la mia camera./Devo mettere in ordine le fotografie dell'estate scorsa.
confrontare	vergleichen, gegenüberstellen	**E** confront **F** confronter ▶ Se confronti queste due cose vedi la differenza.
la formazione	die Bildung; die Ausbildung	**E** formare **E** formation **F** la formation ▶ Maria ha una formazione scientifica (= *mathematische Ausbildung an Gymnasium oder Uni*).

lo sci; sciare	der Ski; das Skifahren; Ski fahren/laufen	▶ Chi è il campione italiano di sci?/ Non mi piace sciare.
annoiarsi	sich langweilen	**F** s'ennuyer ▶ Alla festa di Carlo mi sono davvero annoiata.
la pista	die Skipiste	▶ la pista nera (= *Skipiste mit dem höchsten Schwierigkeitsgrad*)
l'impianto *m*	die Anlage	▶ Gli impianti di risalita sono la seggiovia, lo skilift (*Skilift*), la cabinovia (*Kabinenbahn*), la funivia (*Seilbahn*).
la disposizione	die Bereitschaft	**L** disponere **E** disposition **F** la disposition ▶ la disposizione d'animo di una persona (= *die innere Haltung*)/ essere a disposizione (= *zur Verfügung stehen*)
l'istruttore *m*/ **l'istruttrice** *f*	der/die (Sport-)Lehrer/in	**L** instruere **E** instructor ▶ Mario fa l'istruttore di nuoto in estate e di sci in inverno.
la neve	der Schnee	**L** nix, nivis **F** la neige ▶ A Madonna di Campiglio c'è sempre una neve meravigliosa!
la mountain bike	das Mountainbike	▶ A Mario piace andare a fare gite in montagna con la mountain bike.
la paura	die Angst	**L** pavor **F** la peur ▶ La paura fa novanta. (= *wenn jemand sprichwörtlich vor Angst nicht mehr klar denken kann*)
la pioggia	der Regen	**L** pluit **F** la pluie ▶ la pioggia battente (*starker Regen*)/La pioggia di ieri ha rovinato i fiori nel mio giardino.
pure	nur (*verstärkend*)	**L** purus ▶ Fai pure quello che vuoi!
sportivo, -a *agg.*	sportlich	**E** sportive **F** sportif, -ve ▶ il campo sportivo/Anna è molto sportiva.
il casco	der (Sturz-)Helm	**F** le casque ▶ Il casco è una protezione (*Schutz*) importante per chi va in moto.
il riposo	die Ruhe, die Pause	**E** repose **F** le repos ▶ Dopo quattro ore di allenamento è prevista un'ora di riposo. (*Nach vier Stunden Training ist eine Stunde Pause vorgesehen.*)/ Ho bisogno di riposo!
spirituale *agg.*	spirituell	**L** spiritus **E** spiritual **F** spiatuel, -le
il convento	das Kloster	**L** convenire **E** convent **F** le couvent ▶ il convento dei Cappuccini
tradizionale *agg.*	traditionell	**L** tradere **E** traditional **F** traditionnel, -le ▶ Il vestito tradizionale bavarese è il dirndl.
la fonte	die Quelle	**L** fons, fontis **E** fountain **F** la fontaine ▶ la fonte dell'acqua (*Wasserquelle, Brunnen*)/citare le fonti (*die Quellen zitieren* = *Literatur*)
lo stress	der Stress	▶ Lo stress non è sano.

ritrovare	wiederfinden	**F** retrouver ▶ Ho ritrovato il libro che avevo perso./Ritrovare la strada (*den Weg wiederfinden*).
il ritmo	der Rhythmus	**E** rhythm **F** le rythme ▶ il ritmo della musica/il ritmo quotidiano (*Alltags-rhythmus*)
lento, -a *agg.*	langsam	**L** lentus **F** lent, -e *ant.* svelto -a, veloce
il corpo	der Körper	**L** corpus **F** le corps
l'anima *f*	die Seele	**L** anima **F** une âme ▶ amare con anima e corpo (*mit Leib und Seele lieben*)
il cibo	das Essen, die Nahrung	**L** cibus
sano, -a *agg.*	gesund	**L** sanus **F** sain, -e ▶ Le verdure crude e cotte sono un cibo molto sano.
genuino, -a *agg.*	echt, unverfälscht	**E** genuine ▶ Il cibo genuino è sano.
il paesaggio	die Landschaft	**F** le paysage ▶ un paesaggio di montagna/di campagna/marittimo
splendido, -a *agg.*	wunderbar, -schön, traumhaft	**L** splendere **E** splendid **F** splendide ▶ Alle Cinque Terre il paesaggio è splendido!/Marina è una persona splendida (*wunderbar*).
la salute	die Gesundheit	**L** salus ▶ La salute è importante./ Le verdure fanno bene alla salute.
il benessere	das Wohlbefinden, die Gesundheit	**L** bene + esse ▶ Il tuo benessere mi sta a cuore. (*Dein Wohlbefinden liegt mir am Herzen.*)
la piscina	das Schwimmbad	**L** piscis **F** la piscine ▶ andare in piscina (*schwimmen gehen*)
caldo, -a *agg.*	warm	**L** calidus **F** chaud, -e
l'acqua termale *f*	das Thermalwasser	▶ L'acqua termale è calda.
l'idromassaggio *m*	die Unterwassermassage	▶ L'idromassaggio è molto riposante.
l'olio essenziale *m*	das ätherische Öl	▶ L'olio essenziale all'arancio è rilassante (*entspannend*).
esotico, -a *agg.*	exotisch	**E** exotic **F** exotique ▶ un paesaggio esotico/Il mango è un frutto esotico.
il pacchetto	das Paket	**E** packet **F** le paquet ▶ Il pacchetto sul tavolo è un regalo per Anna.
combinare	kombinieren, verbinden	**E** combine **F** combiner ▶ Se combini quelle lettere avrai una parola.
culturale	kulturell	**E** cultural **F** culturel, -le ▶ Il festival dei due mondi a Spoleto è un evento culturale importante per l'Italia.
situato, -a *agg.*	gelegen	**L** situs **E** situated **F** situé, -e ▶ Il nostro albergo è situato in un punto molto bello.
occidentale *agg.*	westlich, West-	**L** occidens/occidere **F** occidental, -e ▶ la cultura/il mondo occidentale
l'ambiente *m*	die Umwelt	▶ Bisogna rispettare l'ambiente.

incant**e**vole *agg.*	zauberhaft	**L** cantare **E** enchanting ▶ Il tuo vestito è incantevole.
godere	sich erfreuen	**L** gaudere ▶ Paolo gode di ottima salute.
il divertimento	das Vergnügen	**F** le divertissement ▶ Buon divertimento!
direttamente	direkt	**L** directum (dirigere) **E** direct, directly **F** directement ▶ Dopo la lezione vengo direttamente a casa.
E2 **la banca**	die Bank	▶ andare in banca, lavorare in banca
la parte	der Teil	**L** pars **E** part **F** la part
il capoluogo	die Hauptstadt einer Region	**L** caput + locus ▶ Il capoluogo della Toscana è Firenze.
siciliano, -a *agg.*	sizilianisch	▶ La famiglia di Rosalia è siciliana.
l'incidente *m*	der Unfall; *auch*: der Vorfall	**L** incidere **E** accident **F** un accident ▶ Paolo ha avuto un piccolo incidente col motorino.
scorso, -a *agg.*	vorige, zuletzt	▶ la settimana scorsa; l'anno scorso
E3 **m**e**ttersi d' accordo su qc**	sich einigen auf	▶ Mi sono messa d'accordo con Maria per domani.
il compromesso	der Kompromiss	**E** compromise **F** le compromis ▶ raggiungere un compromesso (*einen Kompromiss finden*)
E5 **alcuni, -e**	einige	**L** aliqui ▶ Stasera esco con alcuni amici.
la proposta	der Vorschlag	**L** proponere **E** proposition ▶ Paolo ha fatto una proposta interessante.
turi**stico, -a** *agg.*	touristisch	▶ Amalfi è una località (*Ortschaft*) molto turistica.
il momento	der Moment, Augenblick	**E** moment **F** le moment ▶ il momento buono per fare una cosa/Aspetta un momento!
la strada	die Straße	**L** stratum (sternere) **E** street ▶ La strada è bloccata per lavori in corso. (*Die Straße ist wegen Bauarbeiten gesperrt.*)
prima di + *inf.*	bevor	▶ Prima di tornare a casa passo al supermercato.
stretto, -a *agg.*	eng	**L** strictum (stringere) ▶ la camicia stretta/la strada stretta
la montagna	das Gebirge, die Berge	**L** mons **E** mountain **F** la montagne ▶ Amo molto andare in montagna.
me**ttersi qc**	sich etwas anziehen	▶ Stasera mi metto il vestito rosso.
prote**ggere;** *part. pass.* **protetto**	schützen	**L** protegere **E** protect **F** protéger ▶ La mamma protegge sempre i suoi bambini.
dimenticare	vergessen	**L** de + mens ▶ Ho dimenticato di comprare il giornale.

usare	benutzen	**L** uti **E** to use ▶ È bene usare la crema solare per proteggersi dal sole.
la crema solare	die Sonnencreme	▶ Io uso la crema solare con fattore di protezione 30 (*Schutzfaktor 30*).
portare con sé	mitnehmen	▶ Porto sempre la borsa con me.
in modo adatto	passend	▶ Anna è sempre vestita in modo adatto in ogni situazione.
la temperatura	die Temperatur	▶ La temperatura scende/sale.
il/la sardo/a; sardo, -a *agg.*	der/die Sarde/Sardin; sardisch	▶ il pecorino sardo (*sardischer Schafskäse*)
.6 la vela	das Segel; das Segeln	▶ Amo la vela! (*Segeln*)/La vela (*das Segel*) della mia barca (*Boot*) è rotta.
il campeggio	der Zeltplatz	**L** campus **E/F** camping ▶ Quest'estate andiamo in vacanza in campeggio.
fuggire	flüchten, fliehen	**L** fugere **F** fuir ▶ In agosto i romani fuggono dalla città per il caldo.
la trattoria	das Gasthaus	▶ La trattoria "da Giorgio" è conosciuta per la cucina sana e genuina.
E7 la nuvola	die Wolke	**L** nubis **F** le nuage ▶ Il cielo oggi è coperto di nuvole.
la nebbia	der Nebel	**L** nebula ▶ Nella pianura Padana c'è sempre molta nebbia.
nevicare	schneien	**L** nix, nivis **F** neiger ▶ A Roma non nevica quasi mai.
in aumento	steigend	**L** augere ▶ La temperatura è in aumento.
E9 a gestione familiare	als Familienbetrieb geführt	▶ È un piccolo albergo a gestione familiare.
collaborare	zusammenarbeiten	**L** cum + laborare **E** collaborate **F** collaborer ▶ Mara collabora con una casa editrice (*Verlag*).
l'informazione *f*	die Information	**E** information **F** une information ▶ I mass media diffondono (*verbreiten*) l'informazione./Scusi, mi può dare un'informazione?
riguardare qn	jdn betreffen	**E** regard ▶ Questa cosa riguarda me e non te!
il lato positivo/negativo	die positive/negative Seite	**L** latus ▶ il lato positivo/negativo della situazione
la pensione	die Pension	**F** la pension ▶ andare in pensione (*in Rente/Pension gehen*)/Ho prenotato una stanza in una piccola pensione (*Pension*).
E11 ufficiale *agg.*	offiziell	**L** officium **E** official **F** officiel, -le ▶ Il presidente della Repubblica è in visita ufficiale a Berlino./La carta d'identità è un documento ufficiale.

T2

la tradizione	die Tradition	**L** tradere **E** tradition **F** la tradition ▶ Alcune famiglie hanno forti tradizioni.
il cui	deren, derer, dessen	▶ Maria, il cui marito tu conosci, è una mia collega.
il fascino	die Faszination; der Zauber; der Reiz	**E** fascination **F** la fascination ▶ il fascino di una persona/di una storia
colpire [-isc-] qn	jdn beeindrucken; jdn schlagen	▶ Il fascino di quella ragazza mi ha colpito davvero!
neanche	auch nicht	▶ Non mangio la carne e neanche il pesce.
matto, -a agg.	verrückt	▶ Ma sei matto? (Spinnst du?)
esatto, -a agg.	genau	**L** exactum (exigere) **E** exact **F** exact, -e ▶ La matematica è una scienza (Wissenschaft) esatta.
la qualità	die Qualität, die Eigenschaft	**L** qualis **E** quality **F** la qualité ▶ la qualità della vita/le buone qualità di una persona
indiscutibile agg.	fraglos, unbestreitbar	▶ Le qualità di Maria sono indiscutibili.
talmente	dermaßen, so	**L** talis ▶ Il romanzo è talmente bello che vorrei leggere giorno e notte.
la noia	die Langeweile	▶ Che noia questo film! (Wie langweilig …!)
l'ombrellone m	der Sonnenschirm	**L** umbra ▶ Se il sole è troppo forte bisogna aprire l'ombrellone.
sudare	schwitzen	**L** sudare **F** suer ▶ Fa proprio caldo! Sono tutto/a sudato/a!
bruciarsi	sich verbrennen	▶ Ho preso troppo sole, mi sono bruciato/a.
la pelle	die Haut	**L** pellis **F** la peau ▶ Ho la pelle abbronzata dal sole (… von der Sonne gebräunt).
mentre congz.	während	▶ Mentre aspetto l'autobus leggo un libro.
la sabbia	der Sand	**F** le sable ▶ Con questo caldo la sabbia è bollente (sehr heiß)!
il motivo	der Grund	**L** movere **E** motive **F** le motif ▶ Per quale motivo hai detto queste cose?
la tenda	das Zelt	**L** tendere **E** tent **F** la tente ▶ montare/smontare la tenda (Zelt auf-/abbauen); smontare le tende (die Zelte abbrechen)
il dubbio	der Zweifel	**L** dubium **E** doubt **F** le doute ▶ avere un dubbio/dei dubbi
la scelta	die Wahl	▶ fare la scelta giusta/sbagliata

Le vacanze – Die Ferien

Dove andare?

Andiamo	in Italia, in Germania
Trascorriamo	in Italia
⟩ le vacanze ⟨	in Germania
Passiamo	in Toscana, in Sicilia, in Sardegna
	all'isola d'Elba
	a Roma, a Firenze …
	all'estero (*Ausland*)
	in montagna
	al mare
Come andare?	in treno, in macchina, in aereo
	in bicicletta, in moto, in camper *Wohnmobil*, a piedi
Quando partire?	in primavera, in estate, in autunno, in inverno
	nel mese di luglio, agosto …
	a Natale, a Pasqua
	il fine settimana, dal … al …
Con chi?	da solo/a, con degli amici, la famiglia, i parenti
Dove pernottare?	in un albergo, in campeggio, da amici, nell'ostello della gioventù
Per quale motivo?	per riposarsi, per conoscere altra gente/un'altra cultura
	per motivi di salute (*aus Gesundheitsgründen*), religiosi, culturali
Che cosa fare?	andare in spiaggia, fare il bagno (*schwimmen gehen*), fare vela (*segeln*)
	fare delle camminate (*Wanderungen*), fare arrampicate (*Klettertouren*),
	andare in bicicletta, sciare
	visitare delle città, dei musei
	assistere a (*teilnehmen*) un concerto

E2	**la lista**	die Liste	E list F la liste ▶ fare la lista della spesa (*Einkaufszettel*), degli ospiti (*Gästeliste*)
	il punto	der Punkt	L punctum (pungere) E point F le point ▶ Mettiamo un punto a questa storia! (*Beenden wir diese Geschichte!*)
	dimostrare	erweisen, zeigen, bekunden	L demonstrare E to demonstrate F démontrer ▶ Dimostrami che hai ragione. (*Beweise mir, dass du recht hast.*)
E7	**l'esperienza** *f*	die Erfahrung	L experiri E experience F une expérience ▶ fare un'esperienza positiva/negativa
	il coraggio	der Mut	L cor E courage F le courage ▶ Non ho il coraggio di fare certe cose.
E8	**il tabaccaio**	das Tabakwarengeschäft	▶ Dal tabaccaio in Italia si comprano anche i francobolli e i biglietti per l'autobus.
	chiacchierare	schwätzen, plaudern	▶ Ma chiacchierate sempre voi due!
E9	**il passatempo**	der Zeitvertreib	F le passe-temps ▶ Il mio passatempo preferito è leggere libri gialli (*Krimis*).
	avere in comune	gemeinsam haben	E to have in common F avoir en commun ▶ Paolo e Maria non hanno niente in comune.

| il contenuto | der Inhalt | **L** continere **E** content **F** le contenu ▶ il contenuto del libro/della scatola |

T3 | **Lo sport – Sport**

Mi piace giocare	a pallone (*Fußball*)	
	a pallamano (*Handball*)	
	a pallacanestra (*Basketball*)	
	a pallavolo (*Volleyball*)	
	a tennis	
	in una squadra (*Mannschaft*)	
Mi piace	l'atletica leggera (*Leichtathletik*)	
	il nuoto (*Schwimmen*)	
	andare a cavallo (*Reiten*)	
Vado	in palestra (*Fitnessstudio*)	

Lezione 10

| **umano, -a** *agg.* | menschlich | **L** humanus **E** human **F** humain, -e ▶ l'essere umano; una persona molto umana |

Ingresso

l'amicizia *f*	Freundschaft	**L** amicitia ▶ un'amicizia d'infanzia (*eine Freundschaft seit der Kindheit*)
coltivare	pflegen, kultivieren	**L** colere **E** to cultivate **F** cultiver ▶ Coltivare le amicizie è molto importante!
altrimenti	ansonsten	**L** aliter ▶ Gli amici sono importanti altrimenti si può essere molto soli./ Non so fare altrimenti. (*Ich kann nicht anders.*)
scappare	weglaufen, davonlaufen	**E** to escape ▶ Perché scappi sempre davanti alle difficoltà (*Schwierigkeiten*)?
presente *agg.*; il presente	gegenwärtig, heutig; die Gegenwart	**L** praesens **E** present **F** le présent ▶ Bisogna pensare al presente e non al passato./la situazione presente (attuale)
giudicare	urteilen, beurteilen	▶ Non bisogna giudicare sempre gli altri!
comprendere	verstehen	**L** comprehendere **E** to comprehend **F** comprendre ▶ per favore, cerca di comprendere la mia situazione! (*Versuche bitte, meine Situation zu verstehen!*)
il sentimento	das Gefühl	**L** sentire **F** le sentiment ▶ un bel sentimento; provare un sentimento forte per qualcuno
rendere qc/qn + *agg.*	etw./jdn ... machen	**E** to render **F** rendre + agg. ▶ Se vieni mi rendi felice!
degno, -a di	wert, würdig	**L** dignus **F** digne ▶ Paola è una persona degna di fiducia (*vertrauenswürdig*).
a portata di mano	zum Greifen nahe, bei der Hand	▶ Puoi lavorare senza problemi. Hai tutto a portata di mano.

Preparare T1

consolare	trösten	**L** consolari **E** consolation **F** consoler ▶ Paola è triste! La dobbiamo consolare.
soffrire	leiden	**E** to suffer **F** souffrir ▶ Paola soffre perché il suo ragazzo l'ha lasciata.
il luogo; il luogo comune	der Ort; der Gemeinplatz	**L** locus **E** local **F** le lieu ▶ i luoghi della mia infanzia; i luoghi della memoria (*Erinnerungsorte*); Dire che in Italia si mangia molta pasta è un luogo comune.
eppure	trotzdem, dennoch, und doch	▶ Hai dimenticato di telefonare a Mario. Eppure te l'avevo detto!
accadere	geschehen	**L** ad + cadere ▶ Che cosa è accaduto ieri a piazza Bologna? C'erano tante auto della polizia!
non ... alcuno, -a	kein, keine	**L** aliquis ▶ Non ho alcuna voglia di andare a casa degli zii!
la distinzione	die Unterscheidung	**L** distinguere **E** distinction **F** la distinction ▶ Bisogna sempre fare una distinzione tra amici e conoscenti (*Bekannte*). Sono due cose diverse!
il genere	die Art; die Gattung	**L** genus **F** le genre ▶ Non amo l'opera: è un genere di musica che non mi piace./A Maria per il compleanno compro dei cosmetici: è un genere di regalo che le piace molto.
la relazione amorosa	die Liebesbeziehung	▶ Le relazioni amorose qualche volta sono complicate.
sostenere qc	etw. behaupten, beteuern	**L** sustinere ▶ Luigi sostiene sempre di avere ragione.
guidare	fahren, lenken, führen; *auch*: durchführen	**E** to guide **F** guider ▶ guidare la macchina; Anna guida male! Ho sempre paura quando sono con lei in macchina./Mario guida un gruppo numeroso di persone in questo progetto.
a capo di	*hier*: verantwortlich für	▶ Mario è a capo del progetto.
finalizzato, -a a	(ziel)gerichtet auf	**L** finis **E** final ▶ Il progetto è finalizzato a creare nuovi posti di lavoro.
contabilizzare	verbuchen	**E** to account *sin.* conteggiare
l'impatto *m*	die Auswirkung	**E** impact ▶ L'impatto della nuova insegnante sugli studenti è stato forte. Adesso tutti lavorano con entusiasmo.
il debutto	das Debüt	**E** debut ▶ Il debutto del nuovo giornalista sul quotidiano *La Repubblica* è stato un successo.
il/la famigliare; pl. i famigliari	der/die Familienangehörige	**L** familia ▶ Allo spettacolo di fine anno sono invitati i famigliari dei ragazzi.

in media, mediamente	durchschnittlich; im Durchschnitt	**F** en moyenne ▶ Gli studenti universitari dovrebbero fare in media/mediamente otto esami all'anno.
la base	die Basis	**E** basis **F** la base ▶ L'educazione di una persona è alla base di tutto.
il questionario	der Fragebogen	**L** quaerere **E** question/questionnaire **F** le questionnaire ▶ Il progetto di ricerca di Mario ha alla base dati raccolti con un questionario.
coinvolgere; *part. pass.* **coinvolto**	einbeziehen	**L** involvere **E** to involve ▶ Gli insegnanti coinvolgono anche i genitori nell'organizzazione dello spettacolo.
sentimentale *agg.*	gefühlsmäßig, Gefühl-	**L** sentire **E** sentimental **F** sentimental, -e ▶ Maria è molto sentimentale. Piange sempre al cinema quando vede scene commoventi (*bewegend*).
ciascuno, -a	jeder, jede, jedes	**L** quisque unus ▶ A ciascuno il suo! (*Jedem das Seine!*)
dettagliatamente	im Detail	**E** in detail **F** en détail ▶ Anna ha descritto così dettagliatamente il suo vestito da sposa che mi sembra quasi di averlo visto!
il ricercatore	der Forscher	**E** research ▶ Mario è ricercatore all'università.
il costo	die Kosten	**L** constare **E** cost ▶ Il costo della vita è aumentato (*hat zugenommen*).
la conclusione	die Schlussfolgerung	**L** concludere **E** conclusion **F** la conclusion ▶ È sbagliato trarre conclusioni affrettate! (*Es ist falsch, voreilige Schlüsse zu ziehen!*)
registrare qc	etw. erfassen; aufnehmen, aufzeichnen	**E** register ▶ registrare dati; registrare un CD
l'addio *m*	der Abschied	**L** ad + deus **F** un adieu **Sp.** adiós ▶ l'addio al celibato (*Polterabend*)
intimo, -a *agg.*	vertraut, gemütlich	**L** intimus **E** intimate **F** intime ▶ un amico/un'amica intimo/a (*vertraut*); l'atmosfera intima di una casa (*gemütlich*)
il/la confidente	der/die Vertraute	**L** confidere **E** confident **F** le confident ▶ Anna è molto amica di Paola. È anche la sua confidente!
compensare	ausgleichen	**E** to compensate **F** compenser ▶ Non è possibile compensare la mancanza di amore con il denaro.
generalmente *avv.*	allgemein, generell	**F** en général ▶ Generalmente il sabato c'è il mercato nel nostro quartiere.
la causa	der Grund	**L** causa **E** cause **F** la cause ▶ Il denaro è spesso la causa di molti problemi.

il cambiamento	die Veränderung	**F** le changement ▶ un cambiamento positivo/negativo
riscontrare	herausfinden, überprüfen	▶ Il tecnico ha riscontrato delle irregolarità (*Unregelmäßigkeiten*) nel funzionamento (*Betrieb*) del computer.
la disponibilità	die Verfügbarkeit; die Hilfsbereitschaft, das Entgegenkommen	**L** disporre **F** la disponibilité ▶ la disponibilità delle stanze (in albergo); la disponibilità di una persona; Grazie della vostra disponibilità!
l'energia *f*	die Energie	**E** energy **F** l'énergie (*f*) ▶ l'energia solare; l'energia positiva/negativa; Luisa è una persona piena di energia.
interiore *agg.*	innerlich	**L/E** interior **F** intérieur, -e *ant.* esteriore
graduale *agg.*	schrittweise	**L** gradus **E** gradual **F** graduel, -le ▶ un cambiamento graduale vs. cambiamento improvviso
il deterioramento	die Verschlechterung	**L** deterior **E** deterioration **F** la détérioration ▶ In caso di deterioramento della situazione bisogna cercare nuove soluzioni.
la risorsa	die Fähigkeit, die Ressource	**E** resource ▶ Mario è una persona piena di risorse./Il turismo è una risorsa importante per l'Italia.
infinito, -a	unendlich	*vgl.* la fine ▶ L'amore di una madre per i figli è infinito.
l'essere umano	der Mensch	**L** esse + humanus **E** human being **F** un être humain
t̲endere a qc	tendieren zu	**L** tendere **E** tend ▶ Io tendo sempre ad avere ragione.
probabilmente	wahrscheinlich	**L** probare **E** probably **F** probablement ▶ – Anna e Mario vengono stasera o domani? – Probabilmente stasera.
tollerante *agg.*	tolerant	**L** tolerare **E** tolerant **F** tolérant, -e ▶ Luigi per fortuna è una persona tollerante. Con lui si può parlare di tutto.
gradire (*-isc-*)	sich wünschen, gern entgegennehmen	**L** gratus ▶ Come aperitivo cosa gradisce?
attuale *agg.*	aktuell	**E** actual (!) **F** actuel, -le ▶ la situazione attuale
amoroso, -a *agg.*	verliebt	**L** amor **E** amorous **F** amoureux, amoureuse ▶ lo sguardo amoroso (*der verliebte Blick*) di Fabrizio verso la moglie Marina
E4 **principale**	Haupt-, hauptsächlich	**L** princeps **E** principal **F** principal, -e ▶ la strada principale (*die Hauptstraße*); il motivo/la ragione principale
la ragione	der Grund	**L** ratio **E** reason **F** la raison ▶ La ragione principale per cui ti dico questo è perché ti voglio bene.

	esporre; *part. pass.* **esposto**	darlegen	espongo, esponi, espone, esponiamo, esponete, espongono; esposto **L** exponere **E** to expose **F** exposer ▶ È importante esporre le proprie ragioni in modo chiaro e comprensibile.
	la riflessione, *pl.* **le riflessioni**	die Überlegung	**L** reflectere **E** reflection **F** la réflexion ▶ Oggi sono stata da sola tutto il giorno e ho fatto molte riflessioni sulla situazione attuale.
E5	**inseparabile** *agg.*	unzertrennlich	**L** in + separare **E** inseparable **F** inséparable ▶ Paolo e Marco sono inseparabili! Stanno sempre insieme.
	deluso, -a *agg.*	enttäuscht	**L** de + ludere **E** delusion/disillusion **F** déçu, -e ▶ Angelo mi ha deluso molto con il suo comportamento stupido!
	francamente	offen	**E** frankly **F** franchement ▶ Francamente mi hai deluso!
E7	**la poesia**	das Gedicht	**E** poem **F** le poème ▶ Mi piace molto leggere le poesie di Leopardi.
E9	**urgente** *agg.*	dringend	**L** urgere **E** urgent **F** urgent, -e ▶ Devo fare una telefonata urgente.
	il consiglio	der Rat, Ratschlag	**F** le conseil ▶ Perché non ascolti mai i consigli degli altri?
	vivace *agg.*	lebhaft	**L** vivere ▶ un bambino vivace; un vestito a colori vivaci
	carino, -a *agg.*	hübsch	**L** carus ▶ una ragazza carina; un vestito carino; una persona carina (*nett*)
	distruggere; *part. pass.* **distrutto**	zerstören	**L** destruere **E** to destroy **F** détruire ▶ La guerra distrugge interi paesi./ La preoccupazione (*Sorge*) mi distrugge.
	malato, -a *agg.*	krank	**L** malus **E** malady ▶ una persona malata; una mente malata
	imbarazzato, -a *agg.*	verlegen	**E** embarrassed **F** embarrassé, -e ▶ Paola ha incontrato il suo ex ragazzo: lui era molto imbarazzato.
	luminoso, -a *agg.*	hell	**L** lumen **F** lumineux, lumineuse ▶ una casa/una stanza luminosa
	timido, -a *agg.*	schüchtern	**L** timere **E** timid **F** timide ▶ una persona timida; un timido tentativo (*Versuch*) di fare qualcosa
	ovvio, -a *agg.*	natürlich, selbstverständlich; offensichtlich	**L** obvius **E** obvious ▶ Vieni a Roma? Bene! È ovvio che stai a casa mia!/ La riunione è noiosa: tutti dicono cose ovvie./Tu devi andare a scuola! È ovvio!
	riflettere; *part. pass.* **riflettuto**	überlegen, nachdenken, bedenken	**L** reflectere **E** to reflect **F** réfléchir ▶ È bene riflettere prima di parlare.

intenso, -a	intensiv	**L** intentus **E/F** intense ▶ Ho avuto una settimana intensa di lavoro.
rivolgersi a; *part.* *pass.* **rivolto**	sich wenden an	▶ Per informazioni rivolgersi al numero 06 66611177.
completo, -a *agg.*	vollständig, komplett, ganz	**L** complere **E** complete **F** complet, complète ▶ pensione completa (*Vollpension*); l'imbarco è completo (*das Boarding ist abgeschlossen*)
confuso, -a *agg.*	verwirrt	**L** confundere **E** confused **F** confus, -e ▶ Sono confuso/a./Ho le idee confuse.
11 **il flauto**	die Flöte	**E** flute ▶ il flauto dolce (*Blockflöte*); il flauto traverso (*Querflöte*)
lungo, -a *agg.*	lang	**L** longus **F** long, -ue ▶ Da circa dieci anni alcune città invitano alla lunga notte dei musei./Non posso raccontarti tutto adesso: è una storia troppo lunga.
la palestra	das Fitnessstudio	**L** palaestra ▶ Vado in palestra tre volte alla settimana.
correntemente *avv.*	fließend	**L** currere **E** currently **F** couramment ▶ parlare correntemente una lingua straniera
12 **la situazione**	die Situation	**L** situs **E** situation **F** la situation ▶ La situazione è complicata./fare il punto della situazione (*die Situation umreißen/zusammenfassen*)

Preparare T2

E1 **l'immagine** *f*	das Bild	**L** imago **E** image **F** une image ▶ L'immagine dell'Italia all'estero è spesso carica di stereotipi.
il lucchetto	das Vorhängeschloss	**E** lock ▶ La valigia è chiusa con il lucchetto.
T2 **la collana**	die Halskette	**L** collum ▶ la collana di perle/d'oro
il ciondolo	der Anhänger	▶ il ciondolo della collana
il delfino	der Delfin	**E** dolphin **F** le dauphin
regalare	schenken	**L** regalis ▶ Che cosa regali a Marina a Natale?
all'antica	altmodisch	▶ Mia nonna è una persona all'antica. Non capisce i desideri dei ragazzi di oggi.
il tramonto	der Sonnenuntergang	**L** trans + mons ▶ il tramonto sul mare
festeggiare	feiern	**L** festus ▶ Il compleanno di Paolo lo abbiamo festeggiato in campagna.
la data	das Datum	**L** datum (< dare) **E** date **F** la date ▶ Qual è la data di oggi?
buttare	werfen	▶ buttare (via) qualcosa
il gesto	die Geste	**L** gerere **E** gesture **F** le geste ▶ Paola ieri ha aiutato una persona anziana in difficoltà. È stato proprio un bel gesto.

E5	**reagire** *(-isc-)*	reagieren

F réagir ▶ Uffa! Quando io parlo Mario reagisce sempre male! Ma dico sempre cose sbagliate?

E6	**prestare**	leihen

L praestare **F** prêter ▶ prestare qualcosa a qualcuno

E7	**rotto, -a** *agg.*	kaputt, zerbrochen

L ruptus (rumpere) ▶ Il computer è rotto./Il bicchiere è rotto.

	riparare	reparieren

L reparare **E** to repair **F** réparer ▶ Il tecnico ha riparato il computer.

	fumare	rauchen

L fumus **F** fumer ▶ Luigi fuma le sigarette senza filtro.

E8	**la sigaretta**	die Zigarette
	pesante	schwer, gewichtig

E cigarette **F** la cigarette

L pensum (pendere) ▶ una valigia pesante; un libro pesante (*ein dicker Schinken*); una persona pesante (*eine anstrengende Person*); una situazione pesante

Preparare T3

	il viso	das Gesicht

L videre ▶ un viso magro/rotondo, simpatico/antipatico

T3	**la voce**	die Stimme

L vox **E** voice **F** la voix ▶ Laura ha una bellissima voce infatti è cantante.

	il sangue	das Blut

L sanguis **F** le sang ▶ avere il sangue freddo (*mutig sein*)

	gelare	gefrieren

L gelidus **F** geler ▶ Le previsioni del tempo dicono che stanotte gela.

	il grumo	der Klumpen

▶ Ho fatto la besciamella (*Bechamelsoße*) ma non è buona perché la farina (*Mehl*) ha fatto tanti grumi.

	l'entusiasmo *m*	die Begeisterung

E enthusiasm **F** l'enthousiasme (*m*) ▶ Anna è davvero una persona positiva! Fa tutto sempre con grande entusiasmo!

	il taglio dei capelli	der Haarschnitt; die Frisur
	crescere	wachsen

▶ Mi piace il tuo nuovo taglio.

L crescere ▶ I bambini crescono in fretta./I miei capelli crescono molto lentamente.

	la spalla	die Schulter

F une épaule ▶ Il vestito rosso lascia le spalle scoperte.

	raccogliere; *part. pass.*	sammeln, zusammenfassen
	raccolto	

raccolgo, raccogli ... **L** colligere **E** to collect ▶ raccogliere i dati

	la nuca	der Nacken

F la nuque

	sciogliere; *part. pass.*	lösen
	sciolto	

sciolgo, sciogli ... **L** (ex)solvere ▶ sciogliere un nodo (*Knoten*)

	aderente	eng anliegend

L ad + haerere ▶ una gonna aderente

	scollato, -a	weit ausgeschnitten

L collum ▶ un vestito scollato

	il tacco	der Absatz

▶ il tacco alto/basso/a spillo (*Pfennigabsatz*)

la meta**mo**rfosi	die Verwandlung	**E** metamorphosis **F** la métamorphose ▶ Hai letto *La Metamorfosi* di Kafka?
il bruco	die Raupe	
accorgersi di qc	etw. bemerken	▶ Non mi sono accorto di niente.
muscoloso, -a	muskulös	▶ una persona muscolosa
maturo, -a	reif	**L** maturus **E** mature ▶ La pesca è matura./Marina è una ragazza matura.
di pece	kohlrabenschwarz	▶ nero come la pece
la facoltà	die Fakultät	**L** facultas ▶ la facoltà di giurisprudenza (*die juristische Fakultät*)
manipolare	beeinflussen	**L** manus **E** to manipulate **F** manipuler ▶ Angelo tende sempre a manipolare le persone.
il giocoliere	der Jongleur	**L** iocus ▶ Al circo si vedono spesso i giocolieri.
fare finta di	vorgeben, so tun als ob	**L** fingere ▶ Faccio finta di ascoltare ma penso ai fatti miei.
la realtà	die Realität	**L** res **E** reality **F** la réalité ▶ La realtà è ben diversa dal sogno!
il ricordo	die Erinnerung	**L** re + cor **E** record ▶ Non si può vivere di ricordi!
vergognarsi	sich schämen	▶ Anna si vergogna sempre di come è vestita.
la sm**o**rfia	die Grimasse	▶ In questa foto Paolo fa proprio una smorfia stupida!
lo stu**pido**	der Dummkopf	**L** stupere **E** stupid **F** stupide ▶ Sei uno stupido!
l'a**ngolo** *m* della bocca	der Mundwinkel	
il tovagliolo	die Serviette	▶ A tavola ci deve sempre essere il tovagliolo.
il cretino	der Blödmann	**F** le crétin ▶ Hai visto cosa ha fatto quel cretino di Paolo?
il pezzetto	der Schnipsel	**E** piece ▶ il pezzetto di carta
indietro	zurück	**L** in + de + retro ▶ guardare indietro
voltarsi	sich umdrehen	**L** volvere ▶ Paolo si è voltato di scatto. (*sich plötzlich umdrehen*)/E il gatto si è spaventato (*erschrocken*).
scalare	klettern	**L** scalae **E** escalator **F** faire de l'escalade ▶ scalare la montagna
le vertigini *pl.*	der Schwindel	**L** vertigo **F** avoir le vertige ▶ avere le vertigini/Non posso guardare fuori dalla finestra! Mi vengono le vertigini!
avanti	nach vorne, voran, vor	**L** ante ▶ È bene guardare in avanti.
rimpia**ngere**	bedauern, nachtrauern	**L** plangere ▶ Gli anziani spesso rimpiangono i tempi passati.
il telefonino	das Mobiltelefon	diminutivo di "telefono"
squillare	klingeln	▶ Squilla il telefono.
esitare	zögern	**E** to hesitate **F** hésiter ▶ Ho esitato a chiamarti. Forse è troppo tardi …

	saltellare	hüpfen	**L** saltare ▶ Il cane di Maria saltella sempre da tutte le parti (*überall*).
	la ripetizione	die Wiederholung	**L** repetitio **E** repetition **F** la répétition ▶ Prima dell'esame è bene fare una ripetizione di tutto il programma.
	l'anatomia *f*	die Anatomie	▶ Studio medicina e ieri ho fatto l'esame di anatomia.
	basso, -a *agg.*	niedrig; leise	▶ parlare a bassa voce = *mit leiser Stimme*
	ammiccare	zwinkern	▶ Paolo ha ammiccato da lontano.
	non ... nulla	nichts	**L** nullus ▶ Oggi non ho fatto nulla.
	il passato	die Vergangenheit	▶ Non parliamo sempre del passato! Pensiamo al futuro!
	il fiato	der Atem	**L** flatus ▶ essere senza fiato
	la malattia	die Krankheit	**L** malus **F** la maladie ▶ avere una malattia
	guarire	gesund werden	**F** guérir ▶ Giovanni è guarito per fortuna!
	la terapia	die Therapie	**E** therapy **F** la thérapie
	curare	behandeln	**L** curare ▶ Il medico cura il paziente con una terapia omeopatica.
E5	**la giurisprudenza**	die Rechtswissenschaft	**L** ius + prudentia ▶ studiare giurisprudenza
E7	**il comportamento**	das Verhalten	**L** portare **F** le comportement ▶ un comportamento educato/maleducato (*wohlerzogen/unerzogen*)
E9	**capitare**	geschehen	**L** caput ▶ Non capita mai di vincere al lotto!
E10	**il pulsante**	die Taste	▶ Per aprire il portone si deve premere (*drücken*) il pulsante a destra.
	cancellare	löschen, ausradieren	**E** cancel ▶ cancellare il disegno; cancellare i dati (*Daten löschen*)
E11	**il romanzo**	der Roman	**F** le roman ▶ Uno dei romanzi più famosi della letteratura italiana è *I promessi sposi*.
	la struttura	die Struktur	**E** structure **F** la structure ▶ la struttura del romanzo
	insolito, -a	ungewöhnlich	**L** in + solere **F** insolite ▶ una storia insolita
	narrare	erzählen	**L** narrare **E** to narrate *sin.* raccontare
	la prospettiva	die Perspektive	**L** prospicere ▶ L'autore narra la storia dalla prospettiva del bambino.
	perciò	demnach, infolgedessen	▶ Il libro mi piace perciò voglio leggerlo tutto.
	il legno	das Holz	**L** lignum
	il successo	der Erfolg	**E** success **F** le succès ▶ L'ultimo film di Benigni è stato un grande successo.
	tradurre; *part. pass.* **tradotto**	übersetzen	traduco ... **L** transducere **F** traduire ▶ tradurre dall'inglese al tedesco

ciò	das, dies	**L** ecce + hoc ▶ Non dimenticare ciò che ti ho detto.
rivelare	enthüllen	**L** re + velum **E** to reveal **F** révéler ▶ rivelare la verità
il segreto	das Geheimnis	**L** secretum **E** secret **F** le secret ▶ David, rivelaci il segreto del tuo successo!
2 passare di moda	aus der Mode kommen	▶ I pantaloni a zampa di elefante (*Schlaghose*) sono passati di moda.
possedere	besitzen	possiedo ... **L** possidere **E** to possess **F** posséder ▶ Possiedo una bella casa al mare.
l'accesso *m*	der Zugang	**L** accedere **E** access **F** un accès ▶ È vietato l'accesso ai cani.
la lettura	die Lektüre	**F** la lecture ▶ La lettura dei classici è importante per capire l'evoluzione della nostra cultura.

Lezione 11

impegnarsi	sich engagieren, sich anstrengen, sich verpflichten	▶ Con il suo progetto Mario ha deciso di impegnarsi davvero in politica (*sich engagieren*)./Il figlio di Paola è molto bravo a scuola: è un bambino che si impegna molto (*sich anstrengen*)./ Mi sono impegnata con Marina: da settembre le darò lezioni di tedesco.

Ingresso

E1 il sondaggio	die Umfrage	▶ Ho letto sul giornale i risultati di un sondaggio sulle abitudini degli italiani.
la manifestazione	der Ausdruck, das Auftreten; die Veranstaltung, *hier*: die Demonstration	**F** la manifestation ▶ Ieri sono stata alla manifestazione per la pace (*Demo*)./ Le manifestazioni d'affetto dei miei figli sono molto belle (*Gefühlsausdrücke, hier der Zuneigung*).
iscriversi	sich einschreiben, beitreten	**L** inscribere **F** s'inscrire ▶ Anna si è iscritta ad un corso di francese. Mario si è iscritto all'università. Paolo si è iscritto al partito (*Partei*).
pubblicare	veröffentlichen	**L** publicus **E** public **F** publier
la difficoltà	die Schwierigkeit	**L** difficultas **E** difficulty **F** la difficulté ▶ la difficoltà dell'esercizio; le difficoltà della vita
votare	wählen	**L** votum **E** to vote **F** voter ▶ Domenica si va a votare per il referendum (*Volksentscheid*).
il consumatore	der Verbraucher	**L** consumere **E** consumer ▶ Per vendere bene un prodotto è importante conoscere l'opinione del consumatore.

il potere	die Macht	**L** potens
realizzare	realisieren, verwirklichen	**L** res **E** to realize **F** réaliser ▶ Ho realizzato il mio sogno.
promuovere; *part. pass.* **promosso**	fördern, in Gang bringen; versetzen (in eine höhere Klasse)	**L** pro + movere **E** to promote ▶ Per promuovere un prodotto bisogna fare molta pubblicità (*Werbung*).
la società	die Gesellschaft	**L** socius **E** society **F** la société ▶ Viviamo in una società in cui spesso si dimenticano i valori importanti.

Preparare T1

i mezzi pubblici	die öffentlichen Verkehrsmittel	**F** les moyens publics ▶ Sofia non ha la macchina: si muove solo con i mezzi pubblici.
T1 **convincere qn di qc; a fare qc**	überzeugen; von etwas überzeugen; überzeugen zu tun	**L** convincere **E** to convince **F** convaincre ▶ Ho cercato di convincere Mario ad andare al cinema ma non ci è voluto andare.
affinché + *cong.*	damit	▶ Cosa devo fare affinché tu venga con me?
indipendente *agg.*	unabhängig	**L** in + pendere **E** independent **F** indépendant, -e ▶ Il gatto è un animale molto indipendente. Il cane no.
produrre; *part. pass.* **prodotto**	produzieren, herstellen, erzeugen	produco, produci, produce, produciamo, producete, producono ▶ Questa ditta produce mobili molto belli.
mettere fine a	etw. beenden	**F** mettre fin à ▶ Anna ha messo fine alla sua relazione con Paolo. Le cose non andavano più bene da tanto tempo.
lo sfruttamento	die Ausbeutung	▶ Sono pagata pochissimo per il mio lavoro! È un vero sfruttamento!
vietare di fare qc	verbieten etwas zu tun	**L** vetare ▶ I genitori vietano a Paola di uscire con quel ragazzo.
l'aria *f*	die Luft	**L** aer **E** air **F** l'air (*m*) ▶ Apri la finestra e fai entrare un po' di aria fresca!
respirabile *agg.*	zu atmen	**L** respirare **F** respirable ▶ Qui c'è un'aria non proprio respirabile ... direi che è proprio irrespirabile!
il degrado	der Verfall, die Beschädigung	**L** de + gradus ▶ il degrado sociale/ ambientale
la pista ciclabile	der Fahrradweg, die Fahrradspur	**F** la piste cyclable ▶ A Roma c'è una pista ciclabile che arriva fino a Fiumicino.
la violenza	die Gewalt	**L** violare **E** violence **F** la violence ▶ La violenza mi fa paura.
concreto, -a *agg.*	wirklich, tatsächlich, konkret	**E** concrete **F** concret, concrète ▶ Posso farti una domanda concreta?
il minimo	das Mindeste, das Minimum	**L** minimus **F** le minimum ▶ Il minimo che posso fare per te è invitarti a cena!

anziano, -a	alt, betagt	le persone anziane = *die alten Leute* ▶ Marisa lavora in una istituzione per anziani.
a condizione che + *cong.*	unter der Bedingung, dass	**L** condicio **E** condition **F** à condition que ▶ Sabato puoi andare alla festa a condizione che (tu) prenda un bel voto all'interrogazione di inglese.
l'ecosistema *m*	das Ökosystem	**E** ecosystem **F** un écosystème

---

Il volontariato – Freiwilliger Dienst

Faccio il volontario/la volontaria
– per aiutare
      gli anziani (*alte Menschen*)
      i disabili (*behinderte Menschen*)
      bambini in difficoltà
      i senzatetto (*Obdachlose*)
      i tossicodipendenti (*Drogenabhängige*)
– per informare   la gente
– per proteggere (*beschützen*)   la natura, l'ambiente (*Umwelt*), gli animali
– per combattere (*bekämpfen*)   l'inquinamento (*Umweltverschmutzung*)
– per contribuire (*beitragen*)   a un mondo più giusto (*gerechtere Welt*)

E2	**l'organizzazione** *f*	die Organisation	▶ l'organizzazione del lavoro
E3	**il desiderio**	der Wunsch	**L** desiderium **E** desire **F** le désir ▶ Ogni tuo desiderio è un ordine per me. (*Dein Wunsch ist mir Befehl.*)
	il parere	die Meinung	**L** (ap)parere ▶ Dimmi quello che pensi! Mi interessa il tuo parere!
	l'affermazione *f*	die Behauptung	**L** affirmare **E** affirmation **F** une affirmation ▶ Non fare affermazioni stupide per favore!
E4	**adulto, -a; gli adulti**	erwachsen; die Erwachsenen	**E** adult **F** adulte; un/une adulte ▶ la/e persona/e adulta/e
	liberarsi	sich befreien	**L** liberare **E** to liberate **F** se libérer ▶ Mi sono liberata da tutti gli impegni per venire da te!
	il sottosviluppo	die Unterentwicklung	▶ Il sottosviluppo di alcuni paesi è un problema molto grave.
10	**funzionare**	funktionieren	**L** fungi **E** function **F** fonctionner ▶ Questa caffettiera funziona proprio bene! Fa un ottimo caffè!
	intanto	unterdessen, währenddessen	▶ Tu prepari il pranzo. Io, intanto, pulisco la casa.

Preparare T2

	il terremoto	das Erdbeben	**L** terrae motus ▶ Il terremoto dell'Aquila è stato un vero disastro.
T2	**ormai**	nun, schon	▶ Ormai è troppo tardi.
	il/la volontario/a	der/die freiwillige Helfer/Helferin	**L** voluntas **E** voluntary ▶ Il contributo (*der Beitrag*) dei volontari è molto importante.

l'abitante *m/f*	der/die Einwohner/in	**L** habitare **F** un habitant ▶ gli abitanti di una città
benché + *cong.*	obwohl	**F** bien que + *cong.* ▶ Benché te lo abbia detto tante volte (tu) continui sempre a fare lo stesso errore.
precario, -a *agg.*	vorläufig, unstabil, unsicher; prekär	**F** précaire ▶ una situazione precaria; un lavoro precario
confortevole	bequem, behaglich	**E** comfortable **F** confortable ▶ un abito/una casa confortevole
il disabile	der Behinderte	**L** dis + abilis **E** disabled
rischiare	riskieren, wagen; Gefahr laufen	**E** to risk **F** risquer ▶ Oggi ho rischiato di perdere il treno.
l'isolamento *m*	die Isolierung, Einsamkeit	**L** insula **E** isolation **F** l'isolement (*m*) ▶ Non capisco perché Luisa viva sempre in isolamento. Non parla mai con nessuno.
estivo, -a *agg.*	Sommer-	**L** aestas **F** estival, -e ▶ Che cosa fate durante le vacanze estive?
prestare servizio in qc	in etw. dienen	**L** praestare **F** prêter service ▶ Anna presta servizio come volontaria in una missione in Africa.
distante	entfernt	**L** distare **E** distant ▶ un luogo distante, una persona distante
l'abbandono *m*	die Vernachlässigung, die Aufgabe, der Verzicht	**E** abandon **F** un abandon ▶ la paura dell'abbandono (*die Angst verlassen zu werden*)
inventare	erfinden	**L** invenire **E** to invent **F** inventer ▶ Chi ha inventato il telefono?
la caccia al tesoro	die Schatzsuche	**F** la chasse au trésor
semplice	einfach	**L** simplex **E** simple **F** simple ▶ una persona/una cena/una cosa semplice
anzi	im Gegenteil, sogar	▶ Daniele non è solo bello, anzi è bellissimo!
duro, -a *agg.*	hart, schwer	**L** durus **F** dur, -e ▶ una situazione dura da sopportare (*ertragen*)
la miseria	die Armut, das Elend	**L** miseria **E** misery **F** la misère ▶ Ci sono molte persone che purtroppo vivono in miseria.
nonostante + *cong.*	trotz, obwohl	**L** non + obstare ▶ Nonostante io ti dica sempre la verità, tu non mi credi.
apprezzare	schätzen	**L** pretium **E** to appreciate **F** apprécier ▶ Apprezzo molto la tua sincerità (*Ehrlichkeit*)!
il dolore	der Schmerz	**L** dolor **F** la douleur ▶ il dolore fisico – il mal di testa; il dolore di una separazione (*Trennung*)
inoltre *avv.*	außerdem; überdies, darüber hinaus	▶ Per la festa abbiamo preparato molto da mangiare. Inoltre Paola porta anche una torta!

la gioia	die Freude	**L** gaudium **E** joy **F** la joie ▶ Conoscete *l'Inno alla Gioia* di Beethoven?
la riconoscenza	die Dankbarkeit	**L** re + cognoscere **E** recognition **F** la reconnaissance
fare compagnia a qn	jdm Gesellschaft leisten	**F** faire compagnie à qn ▶ Il mio gatto mi fa molta compagnia quando sono sola a casa.
la foto; la fotografia	das Foto; die Fotografie	**F** la photo ▶ Bella questa foto dei bambini!/La fotografia è un hobby molto interessante.
2 **la presenza**	die Anwesenheit	**L** praesentia **E** presence **F** la présence ▶ Questo corso ha la presenza obbligatoria (*Anwesenheitspflicht*).
4 **l'uso** *m*	der Gebrauch, die Verwendung	▶ Agitare bene prima dell'uso. (*Reichlich schütteln vor dem Verbrauch*)/In aereo è vietato l'uso dei telefonini.
5 **la decisione**	die Entscheidung	**L** decidere **E** decision **F** la décision ▶ prendere una decisione
dividere	teilen	**L** dividere **E** to divide **F** diviser ▶ Da bambina dividevo tutto con mio fratello.
sperare che + *cong.*	hoffen	**L** sperare **F** espérer que + *ind.* ▶ Spero che tu vinca al lotto!
6 **riprendersi**	sich erholen	▶ Carlo si è ripreso bene dall'operazione.
del resto	im Übrigen, übrigens	▶ Hai detto che volevi comprare il pane e poi non lo hai fatto! Del resto ti avevo detto che ne avevamo abbastanza.
depresso, -a *agg.*	deprimiert	**L** deprimere **E** depressed **F** déprimé, -e ▶ Sono depresso/a!
rifiutarsi (di fare qc)	sich weigern, etwas zu tun	**E** to refuse **F** refuser ▶ Mi rifiuto di rispondere.
risolvere; *part. pass.* **risolto**	lösen	**L** re + solvere **E** solve **F** résoudre ▶ risolvere un problema
ultimamente	in letzter Zeit	**L** ultimus **E** ultimately ▶ Ultimamente non ho più visto Michela.
8 **l'oculista** *m/f*	der Augenarzt/die Augenärztin	**L** oculus **F** un oculiste
10 **il sindaco**	der Bürgermeister	▶ Il sindaco ha una funzione molto importante per una città.
internazionale *agg.*	international	▶ Al concerto c'era un pubblico internazionale.
antico, -a *agg.*	alt, antik	**L** antiquus ▶ il festival di musica antica
la stradina	die kleine Straße, der Weg	▶ Nella stradina davanti a casa mia possono passare solo biciclette.
collegare	verbinden	**L** con + ligare **F** lier ▶ Per leggere la posta elettronica mi devo collegare in Internet.
il pensiero	der Gedanke	**L** pendere **E** pensive **F** la pensée ▶ un pensiero allegro/triste

la fortuna	das Glück	**L** fortuna **E** fortunate ▶ Buona fortuna!/Ho avuto fortuna.

T3

E6 **la partita** — das Spiel, Match, die Partie — ▶ la partita di calcio/di tennis/a carte

Lezione 12

E1 **la scommessa** — die Wette — ▶ Ho fatto una scommessa con Paolo: secondo me la Roma vincerà il campionato. Secondo lui no!

trascorrere — verbringen — **L** trans + currere ▶ Ginetta trascorre molto tempo con sua figlia.

T1 **in cerca di** — auf der Suche nach — ▶ Antonella è ancora in cerca di lavoro. È da molto tempo che è disoccupata (*arbeitslos*).

la radice — die Wurzel — **L** radix **F** la racine ▶ Questo albero ha le radici molto profonde.

mediterraneo, -a *agg.* — mediterran — **E** mediterranean **F** méditerranéen, -ne ▶ il panorama mediterraneo, la cucina mediterranea

all'interno — im Inneren; das Innere, die Innenseite — ▶ All'interno dell'edificio (*Gebäude*) ci sono molti uffici.

sebbene + *cong.* — obwohl — ▶ Sebbene io non la pensi come te, rispetto la tua opinione.

americanizzare — amerikanisieren

la caffettiera — die Kaffeemaschine — ▶ La caffettiera è pronta. Appena arrivano gli ospiti accendo il gas. Il caffè è pronto in pochi minuti.

il tè — der Tee — **E** tea **F** le thé ▶ Nel tè c'è la teina e nel caffè c'è la caffeina.

riscaldare — erhitzen — **L** calidus ▶ Per cena riscaldiamo la minestra (*Suppe*) di ieri.

il bollitore — der Kocher — **E** to boil

arredare — einrichten — ▶ Paola è molto brava ad arredare appartamenti.

la piastrella — die Kachel, die Fliese — ▶ In bagno abbiamo le piastrelle azzurre.

fabbricare — herstellen — **L** faber **E** to fabricate **F** fabriquer

la ceramica — die Keramik — **E** ceramic **F** la céramique ▶ In cucina abbiamo delle belle piastrelle di ceramica verde.

talvolta — manchmal — ▶ Non fumo più. Talvolta però mi piacerebbe fumare una sigaretta.

disegnare — entwerfen, zeichnen — **L** signum **E** design **F** dessiner ▶ Mio fratello è molto bravo a disegnare.

il/la designer — der/die Designer/in — ▶ Antonio è il designer di questo divano.

la macedonia — der Obstsalat — ▶ La macedonia è ricca di vitamine.

far venire l'acquolina in bocca a qn	jdm den Mund wässrig machen	▶ Se penso alla lasagna di zia Maria mi viene l'acquolina in bocca!
ammirare	bewundern	**L** admirari **E** to admire **F** admirer ▶ Io ammiro molto le persone coraggiose!
l'abbigliamento *m*	die Bekleidung, Kleidung	▶ Luisa lavora in un negozio di abbigliamento.
casual *agg.*	leger	**L** casus **E** casual ▶ Alla festa erano tutti vestiti molto casual.
dare un'occhiata	einen Blick werfen	▶ Hai comprato l'ultimo libro di Camilleri? Posso dare un'occhiata?
la collezione	die Kollektion; die Sammlung	**L** colligere **E** collection **F** la collection ▶ la collezione di francobolli; la collezione primavera-estate di Armani
dunque	also, daher	▶ Dunque … fammi pensare … per andare alla stazione devi prendere il 30 e scendere alla quarta fermata.
il/la regista	der/die Regisseur/in	**L** regere **F** le réalisateur (film), le metteur en scène (theat)
l'aperitivo *m*	der Aperitif	**L** aperire **F** un apéritif ▶ L'aperitivo più di moda in Europa in questo periodo è l'Aperol Spritz.
vasto, -a *agg.*	breit, groß	**L** vastus **E** vast **F** vaste ▶ Nel nord della Spagna ci sono spiagge molto vaste.
portare a domicilio	nach Hause bringen/liefern	**L** portare, domus ▶ Ho fatto una grande spesa e me la portano a domicilio.
controllare	kontrollieren	**E** to control **F** contrôler ▶ Luigi vuole sempre controllare tutto e tutti.
la notizia	die Nachricht	**L** notus **E** notice **F** la nouvelle ▶ Bruno ci ha dato una buona notizia! Abbiamo vinto alla lotteria!
purché + *cong.*	vorausgesetzt, dass; nur, wenn …	▶ Va bene! Vengo con te purché tu dopo mi accompagni a casa.
scoprire; *part. pass.* **scoperto**	entdecken; enthüllen	**F** découvrir ▶ Cristoforo Colombo ha scoperto l'America.
l'assassino *m*	der Mörder	**E** assassin **F** l'assassin (*m*) ▶ Finalmente la polizia ha scoperto l'assassino.
il giallo	der Krimi	▶ Mi piace molto leggere i gialli!
intero, -a	ganz, vollständig	**L** integer ▶ Ho mangiato una pizza intera ma ho ancora fame.

Per cucinare bisogna

– prendere
- una pentola (*Topf*)
- una padella (*Pfanne*)
- uno scolapasta (*Sieb*)
- una scodella (*Schüssel*)
- un tagliere (*Schneidebrett*)
- la presina (*Topflappen*)

– accendere/spegnere
- il fornello (*Herd*)
- il forno (*Ofen*)

Per apparecchiare la tavola (*Tisch decken*) **ci vuole/vogliono**

la tovaglia (*Tischdecke*)
i tovaglioli (*Servietten*)
i piatti (*Teller*)
i piatti fondi (*tiefe Teller*) per la pasta, la minestra (*Suppe*), il riso
i piatti piani (*flache Teller*)
le posate (*Besteck*)
la forchetta (*Gabel*)
il cucchiaio (*Löffel*)
il cucchiaino (*Löffelchen*)
il coltello (*Messer*)
i bicchieri da acqua, da vino

E5	**la porzione**	die Portion	▶ Signora, desidera una porzione normale o mezza?
	avere una fame da lupi	einen Bärenhunger haben (*wörtl.* Wolfshunger)	▶ Ho una fame da lupi! Mi porti una doppia porzione per favore!
E9	**il fornitore**	der Lieferant	F le fournisseur ▶ Ogni azienda ha i suoi fornitori.

Preparare T2

E1	**il dizionario**	das Wörterbuch	L dictare, dicere E dictionary F le dictionnaire ▶ In ogni casa ci dovrebbe essere un dizionario monolingua.
	l'accessorio *m*	das Zubehör, das Accessoire	L accedere E accessory F un accessoire ▶ I miei accessori preferiti sono i gioielli.
	l'orecchino *m*	der Ohrring	L auris F une boucle d'oreille ▶ l'orecchino d'oro/d'argento/di bigiotteria (*Modeschmuck*)
	definire	definieren, bestimmen	L de + finis E to define F définir ▶ Prima di firmare il contratto (*Vertrag*) dobbiamo definire alcune cose.
T2	**lo/la stilista**	der/die Designer/in	E stylist F le styliste
	colorare	färben, ausmalen	L color E colour F colorer ▶ I bambini colorano i disegni che hanno fatto a scuola.
	compiere gli anni	Geburtstag haben	L "complere annos" ▶ Compio gli anni il 6 dicembre.
	il giovanotto	junger Mann/Bursche	L iuvenis F le jeune ▶ Giovanotto, mi aiuti per favore a portare la spesa!
	severo, -a *agg.*	streng	L severus E severe F sévère ▶ La professoressa di matematica è molto severa.
	liscio, -a *agg.*	glatt	▶ i capelli lisci (*die glatten Haare*); Per fortuna è andato tutto liscio. (*Gott sei Dank ist alles glatt gelaufen.*)
	gli occhiali *m pl.*	die Brille	L oculus ▶ occhiali da sole, da vista

la proprietà	der Besitz, das Gut	**L** propius **E** property **F** la propriété ▶ La casa a Porto Santo Stefano è di nostra proprietà.
affidare qc a qn	jdm. etwas anvertrauen	**L** fidus ▶ Ho affidato a Paola il nostro gatto per le tre settimane in cui siamo in vacanza.
il marchio	die Marke	**E** mark **F** la marque ▶ il marchio di provenienza (*Herkunft*)
l'imprenditore *m*	der Unternehmer	**F** un entrepreneur
la leggenda	die Legende; *auch:* die Sage	**L** legere **E** legend **F** la légende ▶ Le leggende dell'antica Grecia sono interessanti e affascinanti.
il primogenito	der Erstgeborene	**L** primus genitus
mantenere	aurecht erhalten, bewahren	**L** manu tenere **E** to maintain **F** maintenir ▶ mantenere la propria posizione (*die eigene Position behaupten*)
noleggiare	ausleihen, mieten; verleihen, vermieten	▶ noleggiare un'auto/una bicicletta
l'orfano/a *m/f*	der/die Waise	**E** orphan **F** un orphelin, une orpheline ▶ Tiziana è rimasta orfana a 12 anni.
il commesso	der Verkäufer	**L** commessum (committere) ▶ Il padre di Paolo fa il commesso in un negozio di abbigliamento per uomo (*Herrenmodegeschäft*).
il tessuto	der Stoff	▶ un tessuto di seta/di cotone/di lana
innervosirsi	wegen etw. nervös werden	▶ La discussione di ieri mi ha veramente innervosito.
determinante	maßgebend, entscheidend	**L** determinare **E** determine **F** déterminant, -e ▶ La spiegazione di Anna è stata determinante per la decisione che abbiamo preso. (*Die Erklärung von Anna ist für die von uns getroffene Entscheidung maßgebend gewesen.*)
la provincia	die Provinz	**L** provincia ▶ In provincia la vita forse è più tranquilla ma anche più noiosa.
arretrato, -a *agg.*	rückständig, veraltet	**L** retro ▶ Il nonno di Luigi ha una mentalità piuttosto arretrata.
la folla	die Menge	**F** la foule ▶ trovarsi tra la folla
immenso, -a	immens, riesengroß	**L** immensis **F** immense ▶ Hai avuto una fortuna immensa!
la razza	die Rasse	**E** race **F** la race
la bandiera	die Fahne	▶ Ogni nazione ha una bandiera.
la nazione	die Nation	▶ ONU: Organizzazione Nazioni Unite
la moltitudine	die Vielzahl, die Menschenmenge	**L** multitudo **E** multitude **F** la multitude ▶ Ieri sera in piazza c'era una grande moltitudine di gente.
conquistare	erobern	**E** to conquer **F** conquérir ▶ conquistare un paese; Michele, con il suo fascino, mi ha conquistato.

temere	fürchten	**L** timere ▶ Ci sono persone che non temono niente.
ispirare	inspirieren, anregen	**L** inspirare **E** to inspire **F** inspirer ▶ Guardare un bel panorama mi ispira sempre pensieri poetici.
confezionare	anfertigen, herstellen	**L** conficere **F** confectionner
la curiosità	die Neugier	**E** curiosity **F** la curiosité ▶ Modo di dire: la curiosità è femmina.
simile	ähnlich	**L** similis **F** similaire ▶ Paola ed io siamo molto simili di carattere./Non ho mai visto una cosa simile! (*Ich habe noch nie so etwas gesehen!*)
suscitare (un sentimento)	(ein Gefühl) auslösen, verursachen	**L** suscitare **F** susciter ▶ Le tue parole mi suscitano un sentimento di commozione.
imprenditoriale	unternehmerisch	▶ Luigi ha una mentalità imprenditoriale.
vincente	siegreich, unwiderstehlich; Gewinn-, Sieges-	**L** vincere ▶ Il mondo è diviso in vincenti e perdenti (*Verlierer*).
massimo, -a *agg.*	höchst, maximal	**L** maximus ▶ Agli esami di maturità ho avuto la massima soddisfazione.
l'eleganza *f*	die Eleganz	**L** elegans **E** elegant **F** l'élégance (*f*)
mondiale	die ganze Welt betreffend, Welt-	**F** mondial, -e ▶ le guerre mondiali
sottomettersi a qn	sich unterwerfen	**L** submittere **F** se soumettre
esigente *agg.*	anspruchsvoll, fordernd	**L** exigere **F** exigeant, -e ▶ La mia prof di lettere è molto esigente però prepara molto bene gli studenti alla maturità.
essere cosciente di qc *agg.*	sich einer Sache bewusst sein	**L** conscire **E** conscious **F** conscient, -e ▶ Sono cosciente del fatto che mi aiuti molto in questo periodo.
il rischio	das Risiko	**E** risk **F** le risque ▶ correre un rischio; essere cosciente di un rischio
E2 **decisivo, -a** *agg.*	entscheidend	**L** decidere **E** decisive **F** décisif, -ve ▶ Le tue parole sono state decisive per lo sviluppo della situazione!
E3 **l'effetto** *m*	der Effekt; die Wirkung	**L** efficere **E** effect **F** l'effet (*m*) ▶ Nel film *Avatar* ci sono molti effetti speciali.
medio, -a *agg.*	durchschnittlich	**L** medius ▶ Quanto guadagna l'italiano medio?
ipotizzare	Vermutungen anstellen	▶ Ipotizza pure che le cose siano andate così. Che significa questo per noi ora?
E4 **la differenza**	der Unterschied	▶ fare, notare la differenza
E5 **corto, -a**	kurz	▶ i capelli corti
promettere di fare qc	versprechen, etwas zu tun	**L** promittere **E** promise **F** promettre ▶ Mi hai promesso di fare la spesa per me oggi!

	Italiano	Deutsch	Anmerkungen / Beispiele
	il cartello	das Schild	▶ Ho messo un cartello fuori della porta di casa.
6	**il maestro, la maestra**	der/die Meister/in, der/die (Grundschul-)Lehrer/in	L magister E master F le maître ▶ il maestro della scuola elementare
	la sfilata	die Modenschau	cf. la fila ▶ Alla sfilata (di moda) ho visto dei vestiti bellissimi!
	tono su tono	Ton in Ton	
	snello, -a *agg.*	schlank	▶ Laura è snella. Si può mettere qualsiasi cosa perché le sta bene tutto!
	l'occasione *f*	der Anlass, die Gelegenheit	L occasio E occasion F une occasion ▶ cogliere l'occasione (*die Gelegenheit ergreifen*)
	il particolare	das Besondere, das Detail	L pars E particular F le particulier ▶ Anna è sempre molto attenta ai particolari.
E7	**l'invenzione** *f*	die Erfindung	L invenire E invention F une invention
	il cannocchiale	das Fernrohr	
	il paracadute	der Fallschirm	L cadere E parachute F le parachute ▶ lanciarsi con il paracadute (*Fallschirmspringen*)
	ideare	erfinden, ausdenken	*vgl.* un'idea ▶ È lui che ha ideato tutto il progetto!
	l'intensità *f*	die Intensität	L intentus E intensity F une intensité ▶ l'intensità di un colore/di un dolore/di un sentimento
	misurare	messen	E to measure F mesurer ▶ misurare la febbre/la stanza/il tavolo, ecc.
	la scala	die Skala	L scala ▶ la scala di valori
	modificare	verändern, verbessern	L modus E to modify F modifier ▶ modificare il progetto
	perfezionare	perfektionieren	L perficere F perfectionner ▶ perfezionare il progetto
	l'inventore *m*	der Erfinder	L invenire ▶ Chi è stato l'inventore del telefono?
	consegnare qc a qn	abgeben, abliefern; übergeben	▶ consegnare un pacco (*ein Paket abgeben*); consegnare un premio (*einen Preis verleihen*)
	creare	schaffen, erfinden, herstellen	L creare E to create F créer ▶ Anna e Mario sono molto bravi a creare situazioni piacevoli.
	il dopoguerra	die Nachkriegszeit	▶ Come si viveva nel dopoguerra?
	introdurre; *part. pass.* **introdotto**	einführen	introduco, introduci … L introducere E to introduce F introduire ▶ introdurre una moneta e aspettare le indicazioni
E8	**la modella**	das Model	E model ▶ Sofia fa la modella.
	trattarsi di; trattare di	sich handeln um; handeln von	▶ Stai leggendo l'ultimo libro di De Luca? Di che cosa tratta?
	firmare	unterschreiben	▶ Tutti hanno firmato quella petizione.

il contratto	der Vertrag	**L** contrahere **E** contract **F** le contrat ► Ho firmato il contratto di lavoro a tempo indeterminato (*unbefristet*).
l'agenzia *f*	die Agentur	**L** agere **E** agency **F** une agence ► l'agenzia di viaggi; l'agenzia immobiliare

T3

la civiltà	die Zivilisation; die Kultur	**L** civilis **E** civil **F** civil, -e ► la civiltà di un paese
il sogno	der (angenehme) Traum	**L** somnium ► Stanotte ho fatto un sogno bellissimo.
respirare	atmen	**L** respirare **F** respirer ► Aprite la finestra! In questa stanza non si respira!
il pubblico	die Öffentlichkeit; das Publikum	**L** publicus **E** public **F** le public ► Non si può dire sempre tutto in pubblico! (*in der Öffentlichkeit*)/Questo spettacolo è piaciuto al pubblico. (*... hat dem Publikum gefallen.*)
il capolavoro	das Meisterwerk	► Questo quadro è un capolavoro della pittura impressionista.
l'ingegnere *m*	der Ingenieur, die Ingenieurin	**L/E** genius *vgl.* il genio
il cittadino, la cittadina	der/die (Staats-)Bürger/in	**L** civitas **E** citizen **F** le citoyen, la citoyenne
ovunque	wo auch immer	► Giulia parla, sempre, ovunque e con chiunque.
l'orrore *m*	Horror, Abscheu; *hier*: entsetzliches Gebäude	**L/E** horror **F** l'horreur (*f*) ► Questo edificio/quadro/vestito è un vero orrore!
costoso, -a *agg.*	teuer	*sin.* caro, -a ► Ma questa borsa è davvero costosa! Non me la posso permettere! (*Ich kann sie mir nicht leisten!*)
snob *agg.*	snobistisch	**E** snob **F** snob ► Cristiana è una persona molto snob.
umanistico, -a *agg.*	humanistisch	**L** humanus ► le facoltà umanistiche
diffuso, -a *agg.*	ungenau; *hier*: verbreitet	**L** diffundere **E** diffuse ► una luce diffusa (*schwaches Licht*); un'idea molto diffusa (*weit verbreitete Idee*)
sorgere; *part. pass.* **sorto**	stehen, sich erheben, emporragen	**L** surgere **E** surge **F** surgir ► Su questo terreno (*Grund*) è sorta la casa in cui abbiamo abitato da bambini.
il vetro	das Glas	**L** vitrum ► Vorrei un bicchiere di vetro, non di plastica.
sconfiggere; *part. pass.* **sconfitto**	besiegen, überwinden	► sconfiggere un nemico/una malattia
la gravità	der Ernst, die Schwere; *hier*: die Schwerkraft	**L** gravitas **E** gravity **F** la gravité ► la forza di gravità
evocare	heraufbeschwören, hervorrufen	**L** e + vocare **E** evoke **F** évoquer

l'immaterialità *f*	die Immaterialität, Unkörperlichkeit	**L** materia
l'utopia *f*	die Utopie	**E** utopia **F** l'utopie (*f*) ▶ La situazione che descrivi tu è un'utopia!
riempire	füllen, ausfüllen, auffüllen	riempio, riempi, riempie, riempiamo, riempite, riempiono **L** re + implere
il buco; *pl.* **i buchi**	das Loch	▶ Ma questo maglione è pieno di buchi!
l'elemento *m*	das Element	**L** elementum **E** element **F** l'élément (*m*)
la trasparenza	die Durchsichtigkeit	**L** trans + parere **E** transparency **F** la transparence ▶ la trasparenza di una situazione
monumentale *agg.*	gewaltig, monumental	▶ Hai già visitato il cimitero monumentale a Milano?
l'ideale *m*	das Ideal	**E** ideal **F** l'idéal (*m*) ▶ Elena rappresenta il mio ideale di bellezza.
l'acciaio *m*	der Stahl	**F** l'acier (*m*) ▶ Io ho solo pentole (*Töpfe*) di acciaio inossidabile (*rostfreier Edelstahl*).
il cemento	der Zement	▶ Per costruire una casa ci vuole il cemento.
la Casa Bianca	das Weiße Haus (*Washington, D.C.*)	

E2	**attraverso** *prep.*	durch, hindurch; mittels	**F** à travers
	assumere; *part. pass.* **assunto**	annehmen, anstellen (*Job*)	**L** assumere **E** to assume ▶ Giorgia è stata assunta alla Fiat.
	investire	investieren	**E** to invest **F** investir ▶ Ho investito dei soldi in azioni (*Aktien*).
E5	la pianta	die Pflanze	**L** planta **E** plant **F** la plante ▶ una pianta di rose, di orchidee, ecc.
E6	il/la direttore/direttrice	der/die Direktor/in	**L** dirigere **E** director **F** le directeur, la directrice ▶ il direttore/la direttrice della scuola elementare
	garantire (*-isc-*)	garantieren	**E** to guarantee **F** garantir ▶ Mi garantisci che quello che dici è vero?
E8	**la creatività**	die Kreativität	**L** creare **E** creativity **F** la créativité ▶ La creatività è una qualità molto positiva.
	la ditta	der Betrieb, die Firma	**L** dictum (dicere)
	specializzarsi	sich spezialisieren	**L** species **E** to specialize **F** se spécialiser ▶ Mario ha studiato medicina e si è specializzato in anestesia.
	la lavorazione	die Verarbeitung	**L** labor ▶ la lavorazione a mano
	casalingo, -a *agg.*	Haus-, häuslich	▶ un lavoro casalingo
	l'oggetto *m*	das Objekt, der Gegenstand	**L** obiectum (obicere) **E** object **F** un objet ▶ un oggetto di valore (*Wertgegenstand*)
E9	**la costruzione**	die Konstruktion	▶ La costruzione di questo edificio è stata molto dispendiosa (*kostspielig*).

Lezione 13

Ingresso

il programmatore, la programmatrice	der Programmierer, die Programmiererin	
l'infermiera *f,* **l'infermiere** *m*	die Krankenschwester, der Krankenpfleger	**L** infirmus **F** l'infirmière (*f*)
il cuoco, la cuoca	der Koch, die Köchin	**L** coquere **E** cook **F** le cuisinier, la cuisinière
il/la giornalista	der/die Journalist/in	**E** journalist **F** le/la journaliste
il/la poliziotto/a	der/die Polizist/in	**E** police **F** le policier, la policière
il/la pilota	der/die Pilot/in	**E** pilot **F** le/la pilote
l'avvocato *m,* **l'avvocatessa**	der Anwalt, die Anwältin	**L** advocatus **F** un avocat, une avocate
E1 **il mestiere**	der Beruf	**F** le métier

T1

l'ospedale *m*	das Krankenhaus	**L** hospes **E** hospital **F** un hôpital ▶ La madre di Paolo è infermiera e lavora in ospedale.
professionale *agg.*	Berufs-, professionell	**L** professus (profiteri) **E** professional **F** professionnel, -le
la dialisi	die Dialyse	▶ fare la dialisi
la responsabilità	die Verantwortung	**L** respondere **E** responsibility **F** la responsabilité ▶ prendersi una responsabilità
la specializzazione	die Spezialisierung	**E** specialisation **F** la spécialisation ▶ Maria ha studiato medicina e ha fatto la specializzazione in anestesia.
conciliare qc con qc	etwas mit einer Sache abstimmen, vereinbaren	**L** conciliare **F** concilier ▶ Non è sempre facile conciliare il lavoro con la famiglia.
la frequenza	die Häufigkeit; die Frequenz	**L** frequens **E** frequency **F** la fréquence ▶ Con quale frequenza vai al cinema?
il sacrificio	das Opfer	**L** sacrificium **E** sacrifice **F** le sacrifice ▶ fare un sacrificio (*ein Opfer bringen*)
universitario, -a *agg.*	Universitäts-	**L** universus ▶ fare la carriera universitaria
il concorso	der Wettbewerb, *hier:* das Auswahlverfahren	**L** concurrere **F** le concours ▶ fare un concorso; vincere un concorso
l'ispettore *m* **l'ispettrice** *f*	der Inspektor, die Inspektorin	**L** inspicere **E** inspector **F** un inspecteur, une inspectrice
l'agente *m/f* di polizia	der/die Polizeibeamte/-beamtin	**L** agere **E** agent **F** un agent de police
il turno	der Dienst, die Schicht	**E** turn ▶ fare il turno di giorno/di notte
interno, -a *agg.*	intern, Innen-	▶ il ministero degli interni (*das Innenministerium*)
il passaggio di grado	*hier:* die Beförderung	**L** passus ▶ Carlo ha avuto un passaggio di grado.
l'esportatore, l'esportatrice	der Exporteur, die Exporteurin	**L** exportare **E** exporter **F** un exportateur, une exportatrice

il/la commerciante	der Händler, die Händlerin	**L** commercium **E** commerce **F** le commerçant, la commerçante ▶ il/la commerciante di abbigliamento
fisso, -a *agg.*	fix, fest; fest angestellt	**L** fixum (figere) **E** fix **F** fixe ▶ Finalmente ho un posto fisso (*unbefristete Anstellung*).
l'autista *m/f*	der Fahrer, die Fahrerin	▶ l'autista del camion, dell'autobus, del taxi
il camion	der Lastwagen	**F** le camion
agricolo, -a *agg.*	landwirtschaftlich	**L** agricola **E** agricultural **F** agricole
la licenza media	das Abschlusszeugnis der Mittelschule	**L** licet ▶ Nicola ha preso la licenza media.
laurearsi	einen Universitätsabschluss machen	**L** laurea ▶ Luisa si è laureata in mediazione linguistica.
arrangiarsi	sich behelfen, sich zurechtfinden	**E** arrange **F** s'arranger ▶ Non c'è problema! Noi ci arrangiamo come possiamo.
il disoccupato, la disoccupata	der/die Arbeitslose	**L** dis + occupatus ▶ Carla è stata disoccupata per tanti anni. Ora finalmente ha trovato un lavoro.
occasionale *agg.*	Gelegenheits-, gelegentlich	▶ Purtroppo Carla ha trovato solo un lavoro occasionale.
la laurea	der Doktortitel; der Universitätsabschluss	**L** laurea ▶ Dopo la laurea Antonella ha fatto un dottorato di ricerca (*Promotion, Doktorarbeit*).
E2 **l'errore** *m*	der Fehler	**L/E** error **F** l'erreur (*f*) ▶ fare un errore
mantenersi	den eigenen Lebensunterhalt verdienen	▶ Per mantenermi lavoro molto.
E5 la prova	der Test, die Prüfung; die Bewährungsprobe	**L** probare ▶ superare una/la prova
la speranza	die Hoffnung	**L** sperare **F** l'espoir (*m*) ▶ La speranza è l'ultima a morire. (*Die Hoffnung stirbt zuletzt.*)
preoccupato, -a	besorgt	**F** préoccupé, -e ▶ Sono preoccupata per la situazione.
la conoscenza	das Wissen, die Fertigkeit	**L** cognoscere **F** la connaissance ▶ Martina ha una conoscenza profonda della letteratura italiana.
concentrarsi	sich konzentrieren	**E** concentrate **F** se concentrer ▶ Paolo si concentra sempre molto quando studia e la sera è stanchissimo.

Info

l'amministrazione *f*	die Verwaltung	**L** administrare **E** administration
superare (un esame)	überwinden; (eine Prüfung) bestehen	**L** superare
il/la candidato/a	der/die Kandidat/in	**L** candidatus (candidus) **F** le candidat, la candidate

orale *agg.*	mündlich	L os, oris E oral F orale ▶ La candidata ha superato l'esame orale con un voto migliore di quello dello scritto.
la capacità	die Fähigkeit	L capax (capere) F la capacité ▶ Anna ha grandi capacità comunicative.
il punteggio	die Punktzahl	▶ Il punteggio massimo è 100.
ottenere	erreichen, erzielen, bekommen	L obtinere E to obtain F obtenir ▶ Paolo è davvero bravo! Ha ottenuto il massimo dei voti.
il vincitore, la vincitrice	der Sieger, die Siegerin	L vincere F le vainqueur ▶ Mario è stato il vincitore della partita di tennis.
la graduatoria	die Rangliste	L gradus ▶ David è il primo in graduatoria per una cattedra a Venezia.
attingere	erlangen, erreichen; *hier*: schöpfen, entnehmen	L attingere F atteindre ▶ Da dove attingi per avere quei soldi?
assegnare qc a qn	zuteilen	E to assign F assigner ▶ Hanno assegnato ad Angelo l'incarico di ministro.

E6

la bambola	die Puppe	▶ La bambola è di porcellana (*Porzellan*).
la fasciatura	der Verband	L fasces ▶ Mi sono fatto male a una gamba e mi hanno messo una fasciatura.
l'astuccio *m*	das Mäppchen	▶ Nel mio astuccio ci sono penne e matite.
lo strumento	das Instrument	L instrumentum E instrument F l'instrument (*m*) ▶ lo strumento da lavoro; lo strumento musicale
il giocattolo	das Spielzeug	L iocus F le jouet
assolutamente	unbedingt	L absolutus (absolvere) E absolutely F absolument ▶ Devi assolutamente fare come ti dico io!
la caramella	das Bonbon	▶ la caramella alla frutta/alla menta/ senza zucchero
il cioccolatino	die Praline	E chocolate F le chocolat ▶ il cioccolatino ripieno (la pralina)
il libraio	der Buchhändler	L liber E library F le libraire

E8 | **preciso, -a** *agg.* | genau, präzise | E precise F précis, -e ▶ una persona precisa; un lavoro preciso |

T2

pauroso, -a *agg.*	ängstlich, scheu; beängstigend	▶ Come sei pauroso! È solo un gatto!
l'operatore *m* **turistico**	der Reiseveranstalter	
essere in gamba	tüchtig, patent, gut sein	▶ Pia è una persona molto in gamba. Ha superato tutti gli esami in pochissimo tempo!
costringere a fare qc; *part. pass.* **costretto**	zwingen etwas zu tun	L constringere E constraint F contraindre à faire qc ▶ Ho costretto mio figlio a studiare medicina. Lui voleva fare scienze politiche.
sottostare	unterliegen	L sub + stare ▶ Non si può sempre sottostare alla volontà dei genitori.

a piacimento	nach Belieben	**L** placet ▶ Puoi scegliere a tuo piacimento cosa mangiare.
il preavviso	die Vorankündigung	**F** le préavis ▶ Paolo è stato licenziato (*gekündigt*) senza preavviso.
avvisare	benachrichtigen	**F** aviser ▶ Devo avvisare mia madre che sono in ritardo.
brevemente *avv.*	kurz	**L** brevis **E** briefly **F** brièvement ▶ Chiamo brevemente Anna per informarla.
competitivo -a *agg.*	wettbewerbsfähig, konkurrenz-	**L** cum + petere **E** competitive **F** compétitif, -ve ▶ Il prezzo di questo computer è competitivo!
lo stipendio	der Lohn	*vgl.* la borsa di studio: das Stipendium **L** stipendium ▶ Lo stipendio arriva sempre alla fine del mese.
aggiungere qc a qc; *part. pass.* **aggiunto**	hinzufügen	**L** adiungere **F** ajouter ▶ Non aggiungere altri problemi a quelli che già abbiamo!
non importa	das macht nichts; das spielt keine Rolle	
sottomano	zur Hand, bei der Hand	▶ Mi dai il numero di Paolo? Lo devo chiamare ora ma in questo momento non ce l'ho sottomano.
la bolletta	die (Gas-/Strom-)Rechnung	▶ Hai pagato la bolletta del telefono?

E2 **affrontare** — sich stellen, begegnen — **L** ad + frons **F** affronter ▶ Affrontiamo i problemi uno alla volta!

la testimonianza	die Zeugenaussage, die Schilderung	**L** testis **E** testimony **F** le témoignage ▶ La testimonianza delle persone che hanno aiutato la gente dopo il terremoto dell'Aquila è molto importante.
economico, -a *agg.*	wirtschaftlich, günstig, billig	**F** économique ▶ Questo è un negozio molto economico. Si spende bene qui!

E3 **la protesta** — der Protest — **L** pro + testis **E** protest **F** la protestation ▶ Oggi c'è stata una manifestazione di protesta contro il governo attuale.

la vergogna	die Schande	▶ Che vergogna! Hai 15 anni e ancora non sai nuotare?
la sicurezza	die Sicherheit	**L** securus **E** security **F** la sécurité ▶ la sicurezza del paese; le norme di sicurezza
il governo	die Regierung	**L** gubernare **E** government **F** le gouvernement
combattere	bekämpfen	**E** combat **F** combattre ▶ combattere una malattia
il precariato	das unsichere Arbeitsverhältnis	▶ Il precariato è un grosso problema per la nostra società.
il sindacato	die Gewerkschaft	▶ essere iscritto/a al sindacato

E4	**mobilitarsi**	sich mobilisieren	**L** movere **E** mobilise **F** se mobiliser ▶ Tutti gli amici si sono mobilitati per aiutare Anna quando lei era in difficoltà.
	il partecipante	der Teilnehmer	**L** particeps **E** participant **F** le participant
	augurarsi	sich wünschen	**L** augur ▶ Mi auguro che tutto vada bene!
	la solidarietà	die Solidarität	**E** solidarity **F** la solidarité
E6	**la chiusura**	die Schließung	▶ In quel negozio vendono tutto a metà prezzo per chiusura dei locali.
	l'affitto m	die Miete	▶ Quanto paghi di affitto?
E7	**radiofonico, -a** agg.	Radio-	**F** radiophonique ▶ Alcuni programmi radiofonici sono molto più interessanti di tanti programmi televisivi.
E8	**il curriculum vitae (CV)**	der Lebenslauf	**F** le CV ▶ Ho mandato il curriculum (vitae) ad una ditta.
	la lettera di motivazione	das Bewerbungsschreiben	**F** la lettre de motivation
	tramite	durch, per, mittels	▶ Ti ho mandato il libro tramite Mario.
E11	**numeroso, -a** agg.	zahlreich	**F** nombreux, se ▶ una famiglia numerosa (eine kinderreiche Familie)
	maggiore	größer, größte/r; Haupt-	**F** majeur, -e ▶ il problema maggiore; l'altare maggiore

Lezione 14

<table>
<tr><td colspan="4">Ingresso</td></tr>
<tr><td>E1</td><td>la vignetta</td><td>die Comiczeichnung</td><td>▶ Ogni tanto sui giornali ci sono delle vignette satiriche sui politici italiani.</td></tr>
<tr><td colspan="4">Preparare T1</td></tr>
<tr><td>E1</td><td>l'unificazione f</td><td>die Vereinigung</td><td>L unus + facere E unification F l'unification (f)</td></tr>
<tr><td></td><td>la capitale</td><td>die Hauptstadt</td><td>L caput E capital F la capitale ▶ La capitale d'Italia è Roma. La capitale della moda in Italia è Milano.</td></tr>
<tr><td>E2</td><td>il paragrafo</td><td>der Paragraf, der Abschnitt</td><td>E paragraph F le paragraphe ▶ "Ragazzi studiate il paragrafo 4 del capitolo 2".</td></tr>
<tr><td>T1</td><td>il Risorgimento</td><td>die Wiedergeburt (Zeit des Strebens nach ital. Nationalstaatlichkeit)</td><td>L re + surgere</td></tr>
<tr><td></td><td>il ministro</td><td>der Minister, die Ministerin</td><td>L/E minister F le ministre ▶ il ministro degli Esteri (Außenminister), degli Interni (Innenminister)</td></tr>
<tr><td></td><td>stringere, part. pass. stretto</td><td>schließen; nehmen; drücken</td><td>▶ stringere amicizia con qn (Freundschaft mit jdm schließen)</td></tr>
<tr><td></td><td>l'alleanza f</td><td>das Bündnis</td><td>L alligare E alliance F une alliance ▶ stringere un'alleanza, un patto</td></tr>
</table>

l'indipendenza *f*	die Unabhängigkeit	**E** independence **F** l'indépendance (*f*)
la popolazione	die Bevölkerung	**L** populus **E** population **F** la population
proclamare	ausrufen	**L** proclamare **E** to proclaim **F** proclamer ▶ proclamare l'indipendenza di un paese
l'unità *f*	die Einheit	**L** unus **E** unity **F** l'unité (*f*) ▶ l'unità d'Italia
il movimento	die Bewegung	**L** movere **E** movement **F** le mouvement ▶ Il movivento (*im Sinne von Sport*) fa bene!; il movimento politico/studentesco
sottolineare	unterstreichen	**F** souligner ▶ Quando leggo, sottolineo le frasi più importanti./Vorrei sottolineare il fatto che sono stata io a finire tutto il lavoro!
risorgere; *part. pass.* **risorto, -a**	wieder auferstehen	**L** re + surgere ▶ Gesù è risorto dopo tre giorni.
lo stato, *auch:* **lo Stato**	der Staat	**L** status
il congresso	der Kongress	**L** congredi **E** congress **F** le congrès ▶ Domani comincia un congresso importante all'università di Roma.
governare	regieren	**L** gubernare **E** to govern **F** gouverner
gli Asburgo	die Habsburger	
i Borboni	die Bourbonen *(frz. Herrschergeschlecht)*	
la volontà	der Wille, die Absicht	**L** voluntas **E** voluntary **F** la volonté ▶ Alberto ha una grande forza di volontà: vuole prendere il massimo di voti all'esame e studia da un mese senza interruzione (*ohne Unterbrechung*).
liberare	befreien	**L** liberare **E** to liberate **F** libérer ▶ liberare i prigionieri (*die Gefangenen*); Cerco di liberarmi dagli impegni per uscire con te.
la spedizione	der Aufbruch, die Verschickung; der Versand	**L** expedire **E** expedition **F** une expédition ▶ La Spedizione dei Mille è un episodio del Risorgimento.
il controllo	die Kontrolle	**E** control **F** le contrôle
la penisola	die Halbinsel	**L** paene + insula **E** peninsula **F** la peninsule
cedere	aufgeben, nachgeben, verzichten	**L** cedere **F** céder ▶ Ho cercato di fare tutto quello che potevo per avere di più ma alla fine ho dovuto cedere.
acquistare	kaufen, anschaffen, gewinnen	**L** ad + quaerere **E** to acquire **F** acquérir ▶ Ho acquistato una macchina./Anna da adulta ha acquistato in bellezza. (*Anna hat als Erwachsene an Schönheit gewonnen.*)

la pace	der Frieden	**L** pax **E** peace **F** la paix
fondare	gründen	**L** fundus **E** to found **F** fonder ▶ Alberto ha fondato una società.
segreto, -a *agg.*	geheim	**L** secretus **E** secret **F** secret, secrète
repubblicano, -a *agg.*	republikanisch	**L** res publica **E** republican **F** républicain, -e
la rivoluzione	die Revolution	**L** revolvere **E** revolution **F** la révolution ▶ la rivoluzione francese
il/la patriota	der Patriot	**L** patria **E** patriot **F** le/la patriote ▶ Cesare Battisti è stato un patriota.
austriaco, -a *agg.*	österreichisch	**E** Austrian **F** autrichien
la truppa	die Truppe, die Armee	**E** troop **F** la troupe
E5 **il moto**	die Bewegung; der Aufstand, die Erhebung	**L** motum (movere) ▶ il moto rivoluzionario
l'esilio *m*	das Exil	**L** exilium **E** exile **F** un exil ▶ andare in esilio; mandare in esilio
il discorso	der Vortrag, die Rede	**E** discourse **F** le discours ▶ il discorso di fine d'anno del presidente della Repubblica
l'articolo *m*	der Zeitungsartikel	**E** article **F** un article ▶ Oggi su *Repubblica* ho letto un articolo sull'ambiente molto interessante.
diffondere; *part. pass.* **diffuso**	verbreiten	**L** diffundere **F** diffuser ▶ diffondere notizie
la lotta	der Kampf	**L** luctari **F** la lutte
l'insurrezione *f*	der Aufstand	**L** in + surgere **F** une insurrection
la fuga	die Flucht	**F** la fuite ▶ darsi alla fuga (*die Flucht ergreifen*)
la liberazione	die Befreiung	**L** liberare **E** liberation **F** la libération ▶ Il 25 aprile in Italia è la festa della Liberazione.
il tentativo	der Versuch	**L** temptare **E** attempt **F** la tentative ▶ Ho fatto alcuni tentativi di telefonare a Paolo ma non ha mai risposto.
assaltare	stürmen, überfallen	**L** ad + saltare **E** to assail ▶ I soldati hanno assaltato la fortezza (*die Festung*).
ritirarsi	sich zurückziehen	**L** re + trahere **E** retire **F** se retirer ▶ I nemici si sono ritirati.
il progresso	der Fortschritt	**L** progredi **E** progress **F** le progrès ▶ fare dei progressi
l'agricoltura *f*	die Landwirtschaft	**L** agricultura **E** agriculture **F** une agriculture ▶ L'agricoltura è una risorsa importante per l'Italia.
applicare	anwenden	**E** apply **F** appliquer ▶ Se ci sono delle regole bisogna applicarle.
tentare di	versuchen	**E** to attempt **F** tenter de faire qc ▶ Tentiamo ancora una volta? Se non funziona lasciamo stare (*lassen wir es sein*).

l'alleato *m*	der Verbündete	**L** alligare **E** alliance **F** l'allié, -e (*m/f*) ▶ Gli alleati hanno vinto la seconda guerra mondiale.
iniziare	beginnen	**L** inire, initium ▶ Quando inizia il corso?
l'intellettuale *m/f*	der/die Intellektuelle	
l'eroe *m*	der Held	**F** le héros ▶ Giuseppe Garibaldi è chiamato l'eroe dei due mondi.
E6 la monarchia	die Monarchie	**E** monarchy **F** la monarchie
E7 l'opera lirica *f*	die Oper	▶ Il *Don Giovanni* è una delle opere (liriche) più famose.
l'ebreo *m*, l'ebrea *f*	der Jude, die Jüdin	**E** Hebrew
il/la prigioniero/a	der/die Gefangene	**E** prisoner **F** le prisonnier, la prisonnière
la traduzione	die Übersetzung	**L** trans + ducere **F** la traduction
la strofa	die Strophe	**F** la strophe
fedele	treu	**L** fidelis **F** fidèle *ant.* infedele
dorato, -a	vergoldet	**L** aurum **F** doré, -e ▶ Ho degli orecchini dorati./i dorati Anni Venti (*die Goldenen Zwanziger Jahre*)
E9 l'inno *m*	die Hymne	**E** hymn **F** l'hymne (*m*) ▶ L'inno nazionale italiano è *Fratelli d'Italia* di Goffredo Mameli.
11 la pena di morte	die Todesstrafe	**L** poena mortis **E** death penalty **F** la peine de mort ▶ Negli Stati Uniti esiste ancora la pena di morte.
l'innocente *m/f*	der/die Unschuldige	**L** innocens **E** innocent **F** l'innocent, -e (*m/f*)
nucleare	Kern-, Atom; nuklear; atomar; Atomkraft	**E** nuclear **F** nucléaire
la centrale nucleare	das Atomkraftwerk	**F** la centrale nucléaire
E12 l'opposizione *f*	die Opposition	**L** opponere **E/F** opposition ▶ È importante che in ogni paese ci sia un'opposizione politica forte.
E13 la posizione	die Position, die Meinung	**L** ponere **E** position **F** la position

Preparare T2		
il meccanico	der Mechaniker	**E** mechanic **F** le mécanicien, la mécanicienne ▶ Il padre di Mauro è un bravo meccanico: ha riparato la mia macchina perfettamente.
T2 la biblioteca	die Bibliothek	▶ La biblioteca nazionale centrale di Roma è vicino alla stazione Termini.
l'origine *f*	die Herkunft, der Ursprung	**L** origo **E** origin **F** l'origine (*f*) ▶ l'origine di una parola; l'origine di una persona
la favola	das Märchen	**L** fabula ▶ Le favole più famose sono Biancaneve, Cappuccetto Rosso (*Rotkäppchen*), Hansel e Gretel.

Biancaneve	Schneewittchen	F Blanche-Neige
il nano	der Zwerg	F le nain ▶ Biancaneve e i sette nani
il trasferimento	der Umzug, der Transport	L trans + ferre E transfer ▶ Il trasferimento dall'aeroporto all'albergo si fa con uno shuttle./Mario si è trasferito a Milano per lavoro./trasferimento di denaro
la scuola serale	die Abendschule	▶ Luigi va alla scuola serale. Ha deciso di fare la maturità anche se ormai lavora da tanti anni.
le ferie	die Ferien	L feriae ▶ Ho preso due settimane di ferie.
escludere; *part. pass.* **escluso, -a**	ausschließen	L ex + claudere E to exclude F exclure ▶ Non ti voglio escludere dalla mia vita!
breve *avv.*	kurz, knapp	L brevis E brief F bref, -ve *ant.* lungo
integrare	integrieren; ergänzen	L integer E integrate F intégrer ▶ Per imparare bene una lingua si può integrare l'attività scolastica con altre iniziative, p.es. film in lingua originale.
E6 **il catalogo**	der Katalog	E catalogue F le catalogue ▶ Il catalogo della biblioteca è online.
con comodo	in Ruhe, ohne Eile	▶ Non c'è fretta! Fai pure con comodo.
il trasporto	der Transport	L transportare E transport F transporter ▶ il trasporto dei bagagli (*Gepäck*); i trasporti pubblici (*öffentliche Verkehrsmittel*)
E8 **la biografia**	die Biographie	E biography F la biographie
T3 **la contraddizione**	der Widerspruch	L contra + dicere E contradiction F la contradiction ▶ Ieri hai detto che vuoi andare in vacanza al mare, oggi dici che il mare non ti piace: è una contraddizione!
centralizzato, -a *agg.*	zentralisiert	▶ il riscaldamento centralizzato (*Zentralheizung*)
statale	staatlich	▶ Mio padre è un impiegato statale: lavora al ministero.
eterogeneo, -a *agg.*	heterogen	E heterogeneous F hétérogène
il fenomeno	das Phänomen	E phenomenon F le phénomène
rispetto a	im Verhältnis zu	
il continente	der Kontinent	▶ La terra ha cinque continenti: l'Europa, l'Asia, l'Africa, le Americhe e l'Australia/l'Oceania.
la disuguaglianza	die Ungleichtheit	L dis + aequus *ant.* l'uguaglianza (*f*)
regionale *agg.*	regional	L regio E regional F régional, -e ▶ le specialità delle cucine regionali
il Mezzogiorno (d'Italia)	Süditalien	▶ In Italia si parla molto dei problemi economici del Mezzogiorno.

l'**area** *f*	das Gebiet	▶ l'area di servizio sull'autostrada (*Rast-stätte*)
contare	zählen	**F** compter ▶ So contare da uno a dieci in francese; so che posso contare su di te. (*Ich weiß, dass ich auf dich zählen kann.*)
storico, -a *agg.*	historisch	**F** historique ▶ il periodo storico
climatico, -a *agg.*	klimatisch	**E** climatic **F** climatique ▶ le variazioni (*Veränderungen*) climatiche
il divario	der Unterschied	**L** de + varius ▶ Il divario che c'è nella nostra società è grande: ormai ci sono o poveri o ricchi. La classe media tende a sparire (*verschwinden*).
meridionale *agg.*	südlich, süditalienisch	**L** meridio **F** méridional, -e *ant.* setten-trionale
lo sforzo	die Anstrengung	**E** effort **F** un effort ▶ fare uno sforzo
notevole *agg.*	bemerkenswert	▶ Il risultato dell'esame di Paolo è davvero notevole.
separatista *agg.*	separatistisch, teilend	**L** separare **F** séparatiste
carismatico, -a *agg.*	charismatisch	**L** carus **E** charismatic **F** charismatique ▶ una persona carismatica
leghista	der Lega Nord zugehörig	▶ Marco è un leghista ... discutiamo sempre quando parliamo di politica.
autonomo, -a *agg.*	eigenständig	▶ Angela è una persona molto autono-ma: non chiede mai niente a nessuno.
problematico, -a *agg.*	problematisch	**E** problematic **F** problématique ▶ una situazione/una persona problematica
l'equilibrio *m*	das Gleichgewicht	**L** aequus **E** equilibrium **F** l'équilibre (*m*) ▶ perdere l'equilibrio
vistoso, -a *agg.*	auffallend, auffällig	**L** videre ▶ Anna aveva un vestito molto vistoso ieri sera!
la statistica	die Statistik	**L** stare **E** statistics **F** la statistique ▶ Secondo la statistica ogni tre matrimoni c'è un divorzio (*Scheidung*).
il dato	die Tatsache, Gegebenheit; das Faktum	▶ È un dato di fatto che tu ancora non lavori e hai bisogno dei soldi dei tuoi genitori.
il reddito	das Einkommen, der Ertrag	▶ Il reddito della famiglia Locchi è piuttosto basso.
pro capite	pro Kopf	*sin.* a testa ▶ Paghiamo alla romana: sono 15 euro pro capite.
risultare	anfallen, sich ergeben	▶ Dal sondaggio risulta che la città ha bisogno di un maggior numero di auto-bus.
contribuire (-*isc*-) **a qc**	beitragen	**L** contribuere **E** to contribute **F** contri-buer ▶ Contribuisci anche tu al regalo per Paola?
il PIL	das Bruttoinlandsprodukt	(prodotto interno lordo)
alimentare	nähren, unterhalten, versorgen	**L** alere **F** alimenter

produttivo, -a *agg.*	produktiv	**L** producere **E** productive **F** productif, -ve ▶ Anna Maria è una persona molto produttiva: ha cominciato a lavorare da noi tre mesi fa e già ha concluso molti affari.
assistito, -a *agg.*	unterstützt, betreut	**L** ad + sistere **E** to assist **F** assisté, -e
sfruttare	ausnutzen, ausbeuten	**L** ex + fructus ▶ Non è giusto sfruttare il lavoro degli altri!
la ricetta	das Rezept	**L** recipere **E** recipe **F** la recette ▶ la ricetta di cucina/del medico
la crisi	die Krise	**E** crisis **F** la crise ▶ Viviamo in un periodo di crisi per l'economia.
l'economista	der Volkswirt	**E** economist **F** un/une économiste
il sociologo, la sociologa	der Soziologe, die Soziologin	**E** sociologist **F** le/la sociologue
scolastico, -a *agg.*	schulisch, Schul-	**L** schola **E** scholar **F** scolaire ▶ l'anno scolastico
il livello	das Niveau, die Stufe, Ebene; die Höhe	▶ Che livello hai in inglese?/Le conferenze dei professori al congresso di oggi sono tutte ad un alto livello.
l'eliminazione *f*	die Auslöschung, Eliminierung	**L** e(x) + limen **E** eliminate **F** une élimination
mafioso, -a *agg.*	mafiös	▶ un'associazione mafiosa
condizionare	bedingen, abhängig machen	**L** condicio **E** condition **F** conditionner ▶ Non ti voglio condizionare con le mie idee!
l'autosviluppo *m*	die eigene Entwicklung	▶ L'autosviluppo è l'attivazione autonoma (*autonome Aktivierung*) di un processo di miglioramento.
E3 **Benvenuti!**	Willkommen!	**L** bene + venire **F** bienvenue
lo stereotipo	das Stereotyp, das Klischee	**E** stereotype **F** le stéréotype
l'invalido/a *m/f*; **invalido, -a** *agg.*	der/die Behinderte; behindert	**L** invalidus **E** invalid **F** invalide ▶ Negli autobus ci sono sempre dei posti riservati agli invalidi.
la punizione	die Bestrafung	**L** punire **E** punishment **F** la punition ▶ Mio figlio è in punizione perché è tornato troppo tardi a casa ieri sera: per una settimana non può uscire con gli amici.
l'incubo *m*	der Albtraum	▶ Ho avuto un incubo stanotte: ho sognato di trovare a casa tanti animali feroci!
ironico, -a *agg.*	ironisch	**E** ironic **F** ironique
comico, -a *agg.*	witzig, komisch	**E** comic **F** comique ▶ un film comico; una persona comica
corrispondere a	etw. entsprechen	▶ L'informazione che mi hai dato corrisponde a quello che già sapevo.
ridurre; *part. pass.* **ridotto**	reduzieren	**L** reducere **E** to reduce **F** réduire ▶ ridurre le spese; ridurre il peso (*das Gewicht*)

Lezione 15

Ingresso

1   **attualmente**   gerade, im Moment   **E** actually **F** actuellement ▶ – Dove lavori? – Attualmente lavoro in una ditta di computer ma non ho un posto fisso.

1   **la corona**   die Krone   **L** corona **E** crown **F** la couronne

  la letteratura   die Literatur   **L** litterae **E** literature **F** la littérature

  il poeta, la poetessa   der/die Dichter/in   **L** poeta **E** poet **F** le poète, la poétesse

  il Purgatorio   das Fegefeuer   **L** purgare **E** purgatory **F** le purgatoire ▶ Il Purgatorio è una parte della *Divina Commedia*.

  il commediografo   der Komödienautor, der Lustspielschreiber   ▶ Carlo Goldoni è uno dei commediografi italiani più famosi.

  la tecnica   die Technik   **E** technique **F** la technique

  la maschera   die Maske   ▶ la maschera di Carnevale

  il ruolo   die Rolle   **E** role **F** le rôle ▶ il gioco di ruoli (*Rollenspiel*); In una famiglia il padre e la madre hanno dei ruoli molto diversi.

  rinnovare   erneuern   **L** renovare **F** rénover

  mettere in risalto   hervorheben   ▶ Perché non metti in risalto il fatto che sai benissimo l'italiano?

  il servitore   der Diener   **L** servire **E** servant **F** le servant

  il padrone, la padrona   der Herr; der Chef; der Arbeitgeber   **L** patronus **F** le patron, la patronne ▶ *Il servitore di due padroni* è una commedia di Goldoni in cui Arlecchino è il protagonista.

  influenzare   beeinflussen   **L** in + fluere **E** to influence **F** influencer ▶ Decidi tu! Non ti voglio influenzare con le mie idee!

  la produzione   die Produktion   **L** producere **E** production **F** la production

  teatrale   Theater-, Bühnen-

  Ottocento   das 19. Jahrhundert   **L** octo + centum

  riflettersi; *part. pass.* **riflesso**   sich reflektieren, sich widerspiegeln   **L** reflectere **E** to reflect **F** refléter ▶ L'immagine si riflette nello specchio.

  il romanticismo   die Romantik   **E** romanticism **F** le romantisme

  considerare   betrachten, berücksichtigen   **L** considerare **E** to consider **F** considérer ▶ Prima di prendere una decisione bisogna considerare molti fattori.

  il/la verista   der/die Verist/in (*Vertreter/in des Verismus = lit. Strömung in der 2. Hälfte d. 19. Jh.; italienische Form d. Naturalismus*)   ▶ Giovanni Verga è uno dei massimi autori veristi.

  il termine   der Begriff, Ausdruck   **E** term **F** le terme ▶ Verismo? Verista? Non so, è un termine che non conosco.

documentare	dokumentieren; belegen	**L** docere **E** to document **F** documenter ▶ Le citazioni devono essere sempre documentate.
innovativo, -a *agg.*	innovativ, erneuernd	**L** in + novus **E** innovative **F** innovateur, innovatrice
il drammaturgo	der Dramaturg, Dramatiker	
il messaggero	der Bote	▶ *Il Messaggero* è il titolo di un quotidiano italiano molto diffuso.
suggestivo, -a *agg.*	suggestiv	**E** suggestive **F** suggestif, -ve ▶ un panorama suggestivo
fantastico, -a *agg.* (**-ci, -che**)	fantastisch	**E** fantastic **F** fantastique ▶ una persona fantastica; una storia fantastica
irreale *agg.*	irreal, realitätsfremd	**F** irréel, -le ▶ Ho avuto un incubo: ero in una scena assolutamente irreale.
dominare qn/qc	dominieren, beherrschen, meistern	**L** dominus **E** to dominate **F** dominer
angoscioso, -a *agg.*	beängstigend, beklemmend	**L** angustus **F** angoissant, -e ▶ un sogno angoscioso, una situazione angosciosa
il destino	das Schicksal	**L** destinare **E** destiny **F** le destin ▶ Ognuno ha il suo destino.
la metà	die Hälfte, die Mitte	**L** medius **F** la moitié ▶ la prima metà del Novecento
letterario, -a *agg.*	literarisch	**L** litterae **E** literary **F** littéraire
l'immaginazione *f*	die Fantasie	**L** imago **E** imagination **F** l'imagination (*f*) ▶ Sii realista! Tu lavori troppo di immaginazione!
assomigliare a qn/a qc	jdm. /etwas ähneln, gleichen	**L** similis ▶ Paola assomiglia moltissimo a sua madre.
l'antenato *m*	der Vorfahr, der Ahn	**L** ante + natus ▶ I miei antenati erano siciliani.
noto, -a; essere noto, -a per	bekannt	▶ Mario è noto per essere molto divertente.
tragicomico, -a *agg.*	tragikomisch	▶ Ieri per la strada ho visto una scena tragicomica: non sapevo se piangere o ridere.
la lacrima	die Träne	**L** lacrima **F** la larme ▶ avere le lacrime agli occhi
l'attore, l'attrice	der Schauspieler, die Schauspielerin	**L/E** actor **F** un acteur, une actrice
contemporaneo, -a *agg.*	zeitgenössisch	**L** cum + tempus **E** contemporary **F** contemporain, -e ▶ uno scrittore, un artista contemporaneo
incentrare	in den Mittelpunkt stellen	▶ Il libro è incentrato sul tema della guerra.
la mafia	die Mafia	
la civetta	die Eule	
la dittatura	die Diktatur	**L** dictare **E** dictatorship **F** la dictature
la vena	die Ader, die Laune	**L** vena ▶ Paolo ha una vena poetica./ Non sono in vena di scherzare.

inventivo, -a *agg.*	erfinderisch	**L** invenire **E** inventive **F** inventif, -ve ▶ uno scrittore di grande inventiva
originale	originell; original	**L** origo ▶ una persona/un vestito originale (*originell*); Questo quadro di Picasso è originale (*original*)/un originale.
l'oceano *m*	der Ozean	**L** oceanus **E** ocean **F** l'océan (*f*)
il/la pianista	der/die Pianist/in	**E** pianist **F** le/la pianiste
il transatlantico; **transatlantico, -a** *agg.*	der Ozeandampfer; transatlantisch	**E** transatlantic **F** transatlantique
popolarissimo, -a *agg.*	sehr bekannt	**L** populus ▶ *Va dove ti porta il cuore* è un libro popolarissimo in tutta Europa.
fare scalpore	Aufsehen erregen	▶ Quella storia che hai raccontato ha fatto davvero scalpore! È su tutti i giornali.
avvincente	packend, fesselnd, spannend	**L** vincere ▶ Il film *La meglio gioventù* è davvero avvincente!
il titolo	der Titel	**L** titulus **E** title **F** le titre ▶ il titolo del libro; il titolo nobiliare (*Adelstitel*)
disperatamente	verzweifelt	**L** de + sperare **E** desperately **F** désespérément ▶ Sto cercando disperatamente una casa. Il mese prossimo devo uscire da questo appartamento!
centrale *agg.*	zentral	▶ La casa dovrebbe essere in una zona centrale.
ambientare; essere **ambiento, -a a/in**	an einem Ort/in einem Milieu spielen (lassen)	▶ Il film è ambientato nell'America degli anni Cinquanta.
appendere qc; *part. pass.* **appeso, -a**	(etwas) aufhängen	**L** pendere ▶ Ieri ho appeso due quadri (*Bilder*) alla parete (*Wand*).
sospendere qc; *part. pass.* **sospeso, -a**	hängen; unterbrechen	**L** suspendere **E** to suspend **F** suspendre ▶ Siccome non ci sono più soldi hanno sospeso i lavori di restauro (*Restaurierungsarbeiten*) nel duomo.
la solitudine	die Einsamkeit	**L** solitudo **E** solitude **F** la solitude
la copia	die Kopie, das Exemplar	**L** copia **E** copy **F** la copie la copia ↔ la coppia (*Paar*)! ▶ Ecco una copia del documento.
essere attratto, -a da	von etwas angezogen, gefesselt werden	**L** ad + trahere **E** to attract **F** être attiré, -e par ▶ Sono molto attratta dai film dell'orrore (*Horrorfilme*).
comune *agg.*	gemeinsam, gemeinschaftlich	▶ Paolo ed io abbiamo un interesse comune: il cinema.
la profondità	die Tiefe	**L** profundus **F** la profondeur ▶ la profondità del mare; la profondità di un sentimento
la concezione	die Konzeption; die Auffasung, Vorstellung	**L** concipere **E** conception **F** la conception ▶ La mia concezione del lavoro è molto diversa dalla tua.

	doloroso, -a *agg.*	schmerzlich	**L** dolor **F** douloureux, -se ▶ una ferita (*Wunde*) dolorosa; una storia dolorosa
	l'illusione *f*	die Illusion	**L** illudere **E** illusion **F** l'illusion (*f*)
	essere combattuto, -a tra qc	zwischen etwas hin und hergerissen sein	▶ Sono combattuta tra due libri: quale devo leggere?
	la gioventù	die Jugend	**L** iuventus **F** la jeunesse ▶ Molti in gioventù vivono di illusioni.
	desolante *agg.*	desolat, trostlos	**L** de + solus **E** desolate **F** désolant, -e ▶ Questa storia è davvero desolante.
	l'aridità *f*	die Dürre, Trockenheit; die Leere; die Kälte	**L** aridus **E** aridity **F** l'aridité (*f*) ▶ l'aridità del terreno (*die Dürre des Bodens*); l'aridità di una persona (*die Gefühllosigkeit, Leere*)
	il filosofo	der Philosoph	**L** philosophus **F** le/la philosophe
	il principe	der Fürst; der Herrscher; der Prinz	**L** princeps **E** prince **F** le prince
E1	**il sovrano**	der Herrscher, der Souverän	**E** souverain **F** le souverain
	rispecchiarsi	sich widerspiegeln	▶ Io mi rispecchio molto in questa storia.
	puramente	ausschließlich	**L** purus **E** purely **F** purement
	immaginario, -a *agg.*	imaginär, fiktiv	**L** imago **E** imaginary **F** imaginaire
	altrove	anderswo, woanders	▶ *Vivo altrove* è il titolo di un libro che parla di ragazzi italiani che negli ultimi anni hanno deciso di andare via dall'Italia.
	satirico, -a *agg.*	satirisch	**L** Satyrus **E** satirical **F** satirique
E3	**il brano**	das Stück, der Abschnitt	▶ Ho letto solo alcuni brani del libro che mi hai dato.

T2

E5	la scoperta	die Entdeckung	**F** la découverte ▶ la scoperta dell'America
	inaspettato, -a *agg.*	unerwartet	**L** in + exspectare **E** unexpected **F** inattendu, -e ▶ È successo qualcosa di inaspettato.
	drammatico, -a *agg.*	dramatisch	**E** dramatic **F** dramatique
	la fantasia	die Fantasie	**E** fantasy
E6	**ubbidire a qn**	jdm gehorchen	ubbidisco, ubbidisci, ubbidisce, ubbidiamo, ubbidite, ubbidiscono **L** oboedire
	trarre; *part. pass.* tratto, -a	ziehen; entnehmen	**L** trahere ▶ trarre le conclusioni (*Schlussfolgerungen ziehen*); trarre in inganno (*in die Irre führen*)
E7	**il processo**	der Prozess	**L** procedere **E** process **F** le procès
	proprio, -a	eigen	**L** proprius ▶ Non riconosce i propri nonni./nel tuo proprio interesse
	omonimo, -a *agg.*	gleichnamig	**E** homonymous

3

2 svolgersi; *part. pass.* svolto — sich abspielen — **F** se dérouler ▶ La storia raccontata nel libro si svolge a Milano.

la legge — das Gesetz — **L** lex, legis **E** law **F** la loi ▶ La legge è uguale per tutti!

ingiusto, -a *agg.* — ungerecht — **F** injuste ▶ Perché mi dici queste cose? Sei ingiusto con me!

il tribunale — das Gericht — **F** le tribunal ▶ chiamare in tribunale (*vor Gericht laden*)

la reazione — die Reaktion — ▶ Che reazione ha avuto Alberto quando gli hai raccontato la storia?

il/la giudice — der/die Richter/in — **E** judge **F** le juge
nei confronti di — gegenüber — ▶ Hai avuto una reazione eccessiva (*extrem, übertrieben*) nei confronti di Anna.

E3 riguardante *agg.* — betreffend, angehend — **F** concernant ▶ Gli studiosi lavorano a un progetto riguardante l'energia alternativa.

lo stato d'animo — der Gemütszustand, die seelische Verfassung — **L** status animi **F** l'état (*m*) d'âme ▶ Il mio stato d'animo dopo la delusione (*Enttäuschung*) di ieri non è dei migliori.

per quanto riguarda — was ... betrifft — **F** en ce qui concerne ▶ Per quanto riguarda Luigi non mi preoccupo: lui cade sempre in piedi. (*Er fällt immer auf die Füße.*)

consultare — konsultieren, zu Rate ziehen — **L** consulere **E** to consult **F** consulter ▶ consultare un medico; consultare un vocabolario

E4 mettersi nei panni di qn — sich in jds Lage versetzen — i panni = i vestiti ▶ Non farmi questo! Mettiti nei miei panni e cerca di capire la situazione!

la scenetta — der Sketch — ▶ I due comici in televisione hanno fatto una scenetta molto divertente.

E6 il narratore/la narratrice — der/die Erzähler/in — **F** le narrateur, la narratrice
fin dall'inizio — von Anfang an — ▶ Il libro mi è piaciuto fin dall'inizio./ Te l'ho detto fin dall'inizio! Se vuoi fare bene gli esami di maturità devi studiare molto.

contenere — enthalten — **L** continere **F** contenir ▶ Questa scatola contiene vecchi gioielli della nonna.

la brevità — die Kürze — **L** brevitas **F** la brièveté
E7 **tradire qn** — verraten; betrügen, untreu sein — tradisco, tradisci, tradisce, tradiamo, tradite, tradiscono **F** trahir qn

la fedeltà — die Treue — **L** fidelis **F** la fidélité
condividere un argomento — ein Argument nachvollziehen, teilen — ▶ Questo è un argomento che non posso condividere.

accettabile *agg.* — akzeptabel, annehmbar — ▶ una soluzione accettabile
punire qn (-*isc*-) — jdn bestrafen — **L** punire **E** to punish **F** punir

il rogo	der Scheiterhaufen	**L** rogus ▶ Giordano Bruno è stato mandato al rogo.
la modernità	die Modernität	**F** la modernité
la tematica	die Thematik	▶ La tematica di questo libro è molto interessante.
salvare	retten	**L** salvare **F** sauver ▶ salvare la situazione; Si salvi chi può!
E8 il compito	die Aufgabe	▶ Io non porto fuori il cane! Non è compito mio!/La prof ci ha dato molti compiti per domani.
tener presente	sich vor Augen halten, sich vergegenwärtigen	▶ Tieni presente che dobbiamo partire alle 10. Quindi devi essere da noi al più tardi (*spätestens*) alle 9.45.
seguente *agg.*	folgend, nachfolgend, anschließend	**F** suivant, -e ▶ nel capitolo seguente; i giorni seguenti
il giudizio	das Urteil, Beurteilung	**L** iudicium ▶ a mio giudizio (*meiner Meinung nach*)
l'attualità *f*	die Aktualität	
l'analisi *f*	die Analyse, Untersuchung, Auswertung	▶ l'analisi del sangue (*Blut*); l'analisi di mercato; l'analisi della situazione
E10 assistere a qc	einer Sache beiwohnen, bei einer Sache anwesend sein	**L** ad + sistere ▶ Non ho assistito all'ultima lezione.
E11 lo sconosciuto	der Unbekannte	▶ Le mamme italiane dicono sempre ai figli di non parlare mai con gli sconosciuti.

Alphabetisches Vokabelverzeichnis

a casa mia 2, T2
a capo di 10, T1
a causa di 6, T2
A che ora? 4, I, E1
a condizione che + *cong.*
  11, T1
a destra di 2, T2, E2
a gestione familiare 9, T1, E9
a me/a te 1, T3
a piacimento 13, T2
a portata di mano 10, I
a proposito 1, T1
a sinistra di 2, T2, E2
a testa 7, T2
abbaiare 3, T2
abbandono *m* 11, T2
abbastanza *avv.* 1, T3, E1
abbigliamento *m* 12, T1
abbracciare 2, T2
abitante *m/f* 11, T2
abitare 1, T1
abitare da qn 2, T2
accadere 2, T2
accanto a *prep.* 2, T2, E2
accendere 2, T2
accento *m* 5, T1
accesso *m* 10, T3, E12
accessorio *m* 12, T2, E1
accettabile *agg.* 15, T3, E7
accettare 3, T2
acciaio *m* 12, T3
accomodarsi 7, T2
accompagnare 4, T2
accorgersi di qc 10, T3
acqua alta *f* 7, T1
acqua *f* 5, T3
acqua minerale *f* 7, T2, E1
acqua termale *f* 9, T1
acquistare 14, T1
addio *m* 10, T1
addormentarsi 4, T1
aderente 10, T3
adesso 1, T1
adulto, -a; gli adulti 11, T1,
  E4
aereo *m* 5, T3
aeroporto 5, T3
affascinante *agg.* 7, T3
affermazione *f* 11, T1, E3
affidare qc a qn 12, T1
affinché + *cong.* 11, T1
affitto *m* 13, T2, E6
affrontare 13, T2, E2
agente *m/f* di polizia 13, T1
agenzia *f* 12, T2, E8
aggiungere qc a qc; *part.*
  pass. **aggiunto** 13, T2
aglio *m* 7, T2
agosto 8, I
agricolo, -a *agg.* 13, T1
agricoltura *f* 14, T1, E5
aiutare 3, T1, E2
albergo 5, T2, P
albicocca 7, T2
alcuni, -e 9, T1, E5
alimentare 14, T3
all'antica 10, T2
alleanza *f* 14, T1
alleato *m* 14, T1, E5

allegare (un documento) 2,
  T2
all'improvviso; improv-
  viso, -a *agg.* 5, T1
all'interno 12, T1
allora 1, T2
almeno *avv.* 5, T3
alto, -a *agg.* 2, T2
altrimenti 10, I
altro, altra, altri, altre 2,
  T1
altrove 15, T1, E1
alunno/a *m/f* 3, T1, E6
alunno/a modello 6, T3
alzarsi 4, T1
amare fare qc 2, I, E1
amarena *f* 1, T3, E2
ambientare; essere am-
  biento, -a a/in 15, T1
ambiente *m* 9, T1
americanizzare 12, T1
americano/a *m/f*; **ameri-**
  cano *m*; **americano, -a** *agg.*
  4, T2, E11
amicizia *f* 10, I
amico *m*, **amica** *f*; **amici,**
  amiche 1, T1
ammalarsi 8, T1
ammiccare 10, T3
amministrazione *f* 13, T1,
  Info
ammirare 12, T1
amore *m* 6, T1
amoroso, -a *agg.* 10, T1
analisi *f* 15, T3, E8
anatomia *f* 10, T3
anche 1, T1
ancora *avv.* 2, T2
andare 1, T2
andare a trovare qn 7, T1
andare dritto 7, T2
andare in bicicletta 2, T1,
  E1
andare in gondola 7, T1, E1
andare in tilt 6, T1
anello *m* 5, T2, P
angolo *m* della bocca 10, T3
angoscioso, -a *agg* 15, T1
anima *f* 9, T1
animale *m*, **gli animali** 2,
  T1
anno *m* 1, T1
annoiarsi 9, T1
annuncio *m* 4, T2
ansia *f*; con ansia 7, T3
antenato *m* 15, T1
antico, -a *agg.* 11, T2, E10
antipasti 5, T2
anzi 11, T2
anziani 5, T2
anziano, -a 11, T1
aperitivo *m* 12, T1
appartamento *m* 2, T2, E1
appena *avv.* 3, T2
appendere qc; *part. pass.* **ap-**
  peso, -a 15, T1
applicare 14, T1, E5
apprezzare 11, T2
aprile *m* 8, I
aprire 3, T1

arancio *agg.* *(inv.)* 4, T3, E1
architetto *m* 5, T1
area *f* 14, T3
argento; nozze d'argento 8,
  T2, E11
argomento 6, T2
aria *f* 11, T1
aridità *f* 15, T1
armadio *m* 3, T1, E1
arrangiarsi 13, T1
arredare 12, T1
arretrato, -a *agg.* 12, T2
arrivare 1, T3
arte *f* 6, I, E1
articolo *m* 14, T1, E5
artista *m/f* 7, T1
Asburgo 14, T1
asciugarsi 4, T1
ascoltare 2, T1, E1
asilo 8, T2, P
aspettare 1, T3
assaggiare 5, T2
assaltare 14, T1, E5
assassino *m* 12, T1
assegnare qc a qn 13, T1,
  Info
assistere a qc 15, T3, E10
assistito, -a *agg.* 14, T3
assolutamente 13, T1, E6
assomigliare a qn/a qc 15,
  T1
assumere; *part. pass.*
  assunto 12, T3, E2
astuccio *m* 13, T1, E6
attenzione! 4, T3
attimo 3, T2
attingere 13, T1, Info
attirare 5, T1
attore, attrice 15, T1
attraversare 7, T1, E1
attraverso *prep.* 12, T3, E2
attuale *agg.* 10, T1
attualità *f* 15, T3, E8
attualmente 15, I, E1
augurarsi 13, T2, E4
austriaco, -a *agg.* 14, T1
autista *m/f* 13, T1
autonomo, -a *agg.* 14, T3
autore/autrice 7, T3, E1
autosviluppo *m* 14, T3
autunno 8, I
avanti 10, T3
aver(e) ragione 7, T1
avere 1, T2
avere ... anni 2, I, E1
avere bisogno di qc 4, T1
avere in comune 9, T2, E9
avere una fame da lupi 12,
  T1, E5
avere voglia di 4, T1
avvincente 15, T1
avvisare 13, T2
avvocato *m*, **avvocatessa**
  13, I
azione 7, T1, E1
azzurro, -a *agg.* 4, T3, E1
baby-sitter 4, T2
bacheca 4, T2
bacio 5, T2
bagno 2, T2, E1

ballare 2, I, E1
bambino/a 5, I, E1
bambola 13, T1, E6
banana 1, T3, E2
banca 9, T1, E2
banchetto 5, T2
banco 6, T2, E1
bandiera 12, T2
bar 1, T2, E1
bar e tabacchi 8, T1
barca a vela 5, T3
barista 7, T2
base 10, T1
basso, -a *agg.* 10, T3
bastare 5, T2
battesimo 5, I
beige *agg.* *(inv.)* 4, T3, E1
bellissimo, -a 1, T2
bello, -a *agg.* 1, T1
benché + *cong.* 11, T2
bene *avv.* 1, T2
benedizione 8, I
benessere 9, T1
Benvenuti! 14, T3, E3
bere 3, T2, E7
berretto 4, T3, E1
Biancaneve 14, T2
bianco, -a *agg.*, *pl.* **bianchi,**
  bianche 4, T3, E1
biblioteca 14, T2
bicchiere 5, T2
bicicletta 2, T1, E1
biglietteria 4, I, E1; 5, T3, E6
biglietto 3, T1
biografia 14, T2, E8
biologia 6, I, E1
biscotto 4, T1
blog 6, T1
blu *agg.* *(inv.)* 4, T3, E1
(blu) jeans 4, T3, E1
bocca 8, T3
bolletta 13, T2
bollitore 12, T1
bomboniera 5, T2, P
Borboni 14, T1
bottiglia 7, T2, E1
brano 15, T1, E3
bravo, -a *agg.* 6, T3
breve *avv.* 14, T2
brevemente *avv.* 13, T2
brevità 15, T3, E6
brindisi 5, T2
broker 2, T2
bronzo 8, T1
bruciarsi 9, T2
bruco 10, T3
brutto, -a *agg.* 5, T3
buco; *pl.* **buchi** 12, T3
bugia 8, T3
Buongiorno. 1, I
buono, -a *agg.* 1, T3
buttare 10, T2
caccia al tesoro 11, T2
cadere 5, T2
caffè 1, T3, E2
caffettiera 12, T1
calabrese *agg.* 8, T1
calcio 2, T1
caldo, -a *agg.* 9, T1
calle, *pl.* le calli 7, T1, E8

vocabolario

dato 14, T3
davvero *avv.* 1, T3
de (= di) *röm. Dialekt* 8, T1
debutto 10, T1
decidere di fare qc 6, T2
decisione 11, T2, E5
decisivo, -a *agg.* 12, T2, E2
definire 12, T2, E1
degno, -a di 10, I
degrado 11, T1
del resto 11, T2, E6
delfino 10, T2
deluso, -a *agg.* 10, T1, E5
dente *pl.* i denti 4, T1
dentro 3, T1
depresso, -a *agg.* 11, T2, E6
descrivere 2, T2
descrizione 5, T1, E9
deserto 3, T2, E7
desiderare (fare qc) 4, T2
desiderio 11, T1, E3
designer 12, T1
desolante *agg.* 15, T1
destino 15, T1
deterioramento 10, T1
determinante 12, T2
dettagliatamente 10, T1
di 1, T1
Di dove sei? 1, T1
di fronte a *prep.* 2, T2, E2
di nuovo 3, T2
di pece 10, T3
di' un po' 3, T1
dialisi 13, T1
diario 6, T1
dicembre 8, I
dietro (a/di) *prep.* 2, T2, E2
difendere; difendersi 7, T1, E1
differenza 12, T2, E4
difficile *agg.* 3, T2, E1
difficoltà 11, I, E1
diffondere 14, T1, E5
diffuso, -a *agg.* 12, T3
dimenticare 9, T1, E5
dimostrare 9, T2, E2
dinastia 7, T1
dipingere; *part. pass.* dipinto 7, T3, P
dire 3, T1
direttamente 9, T1
diretto, -a *agg.* 6, T2
direttore/direttrice 12, T3, E6
disabile 11, T2
discorso 14, T1, E5
discussione *f, pl.* le discussioni 2, T1
discutere 6, T2
disegnare 12, T1
disegno 2, T2
disoccupato/a 13, T1
disordinato, -a *agg.* 2, T2
disperatamente 15, T1
dispiacere; mi dispiace 3, T2
disponibilità 10, T1
disposizione 9, T1
distante 11, T2
distinzione 10, T1
distruggere 10, T1, E9
disuguaglianza 14, T3
ditta 12, T3, E8

dittatura 15, T1
divario 14, T3
diventare 7, T1
diverso, -a *agg.* 4, T2
divertente *agg.* 2, T2
divertimento 9, T1
divertirsi 5, T3
dividere 11, T2, E5
divino, -a *agg.* L1, T3
divorziato, -a 5, T1
dizionario 12, T2, E1
documentare 15, T1
documentario 3, T2, E7
Doge 7, T1, E1
dolce 4, T1
dolore 11, T2
doloroso, -a *agg.* 15, T1
domanda 4, T2
domani 3, T1, E5
domenica 4, T1, E1
dominare qn/qc 15, T1
dopo *avv.* 4, T1
dopodomani 4, T1, E1
dopoguerra 12, T2, E7
doppio, -a *agg.* 6, T1
dorato, -a 14, T1, E7
dormire 3, T1, E5
dove; dov'è ...? 1, T1
dovere 3, T2, E2
drammatico, -a *agg.* 15, T2, E5
drammaturgo 15, T1
dubbio 9, T2
dunque 12, T1
duomo 1, T2, E1
durante *prep.* 5, T1, E1
durare 5, T2
duro, -a *agg.* 11, T2
DVD 8, T3, P
e *congz.* 1, I
ebreo 14, T1, E7
eccezione *f* 3, T2
ecco a Lei, ... 1, T3
ecco! 1, T2
economico, -a *agg.* 13, T2, E2
economista 14, T3
ecosistema *m* 11, T1
edicola *f* 1, T2, E1
educazione civica *f* 6, I, E1
educazione fisica *f*/sport 6, I, E1
effetto *m* 12, T2, E3
egiziano, -a *agg.* 8, T3
elefante *m* 8, T3
elegante *agg.* 7, T3
eleganza *f* 12, T2
elemento *m* 12, T3
eliminazione *f* 14, T3
e-mail *f* 2, T2
emozionante *agg.* 9, I, E1
emozionato, -a 5, T1
energia *f* 10, T1
enorme *agg.* 2, T2
entrare (in) 3, T2, E1
entusiasmo *m* 10, T3
epoca *f* 8, T2, E2
eppure 10, T1
equilibrio *m* 14, T3
eroe *m* 14, T1, E5
errore *m* 13, T1, E2
esame *m* 6, T2
esatto, -a *agg.* 9, T2

escludere; *part. pass.* escluso, -a 14, T2
esigente *agg.* 12, T2
esilio *m* 14, T1, E5
esistere 6, T2
esitare 10, T3
esotico, -a *agg.* 9, T1
esperienza *f* 9, T2, E7
esporre; *part. pass.* esposto 10, T1, E4
esportatore, esportatrice 13, T1
esprimere 6, T1, E1
esserci 3, T2, E7
essere 1, I
essere aperto, -a 4, I, E1
essere attivo, -a in 6, T3
essere attratto, -a da 15, T1
essere combattuto, -a tra qc 15, T1
essere cosciente di qc *agg.* 12, T2
essere fortunato, -a 7, T1
essere in gamba 13, T2
essere morto, -a 4, T3, E8
essere nato, -a; *inf.* nascere 4, T3, E8
essere stufo, -a di fare qc 6, T1
essere umano 10, T1
estate *f* 8, I
estero 6, T2
estivo, -a *agg.* 11, T2
età 2, T1
eterno, -a *agg.*; la città eterna 8, T3
eterogeneo, -a *agg.* 14, T3
etto *m* 7, T2
euro *inv.* 1, T3
evento *m* 6, T3
evocare 12, T3
fa caldo 1, T2
fa freddo 4, T3
fabbricare 12, T1
facciamo; *inf.* fare 1, T3
facciata 7, T1
facile *agg.* 3, T2, E1
facoltà 10, T3
fame 4, T1
famiglia 2, T2
famigliare *m/f* 10, T1
famoso, -a *agg.* 4, T3, E7
fantasia 15, T2, E5
fantastico, -a *agg.* 15, T1
far vedere 2, T1, E9
fare colazione 4, T1
fare compagnia a qn 11, T2
fare delle camminate 9, I, E1
fare finta di 10, T3
fare i compiti 2, T2
fare la spesa 7, T2
fare quattro chiacchiere 5, T1, E6
fare scalpore 15, T1
fare surf 9, E1
far venire l'acquolina in bocca a qn 12, T1
farfalla 7, T3
farmacia 1, T2, E5
farsi la doccia 4, T1
fasciatura 13, T1, E6
fascino 9, T2

faticoso, -a *agg.* 9, I, E1
favola 14, T2
febbraio 8, I
fedele 14, T1, E7
fedeltà 15, T3, E7
felice *agg.* 5, I, E1
felpa 4, T3, E1
fenomeno 14, T3
ferie 14, T2
fermarsi 4, T2
fermata 7, T1
festa 3, T1, E5
festeggiare 10, T2
fiato 10, T3
figlio/a; *pl.* i figli, le figlie 3, T1, E6
fila 6, T3
film 4, T2, E12
film a episodi 5, T3, E8
filosofia 6, I, E1
filosofo 15, T1
fin dall'inizio 15, T3, E6
finalizzato, -a a 10, T1
finalmente *avv.* 3, T1
fine; alla fine di 2, T2
fino a *prep.* 3, T1, E8
fiore 5, T2, P
firmare 12, T2, E8
fisica 6, I, E1
fisso, -a *agg.* 13, T1
fiume 8, T3
flauto 10, T1, E11
focaccia 7, T2, E1
foglia 8, I
foglio 3, T1, E6
folla 12, T2
fondare 14, T1
fontana 1, T2, E5
fonte 9, T1
forma 9, T1, E1
formaggio 7, T2, E9
formazione 9, T1, E1
fornitore 12, T1, E9
forse *avv.* 3, T1
forte *agg.*; fortissimo, -a 5, T3
fortuna 11, T2, E10
foto; fotografia 11, T2
fragola 1, T3, E2
francamente 10, T1, E5
francese 6, I, E1
francese *m/f*; francese *m*; francese *agg.* 4, T2
Francia 4, T2, E1
francobollo 8, T1
fratello 2, T2
frequentare 4, T2
frequenza 13, T1
fresco, -a *agg.*; *pl.* freschi, fresche 2, T2
frutta 4, T1
fruttivendolo/a 7, T2
fuga 14, T1, E5
fuggire 9, T1, E6
fumare 10, T2, E7
funerale 5, I
funzionare 11, T1, E10
fuori 2, T1
fuori città 2, T1
furbo, -a *agg.* 7, T3
futuro 9, T1, E1
gabbia 2, T2, E2
galante *agg.* 7, T3, E7

gara 8, T3
garantire *(-isc-)* 12, T3, E6
gatto 2, T1
gelare 10, T3
gelataio 1, T3
gelateria 1, T2, E1
gelato 1, T2
generalmente *avv.* 10, T1
genere 10, T1
gennaio 4, T2; 8, I
gente 1, T3
gentile *agg.* 1, T3
genuino, -a *agg.* 9, T1
gesto 10, T2
ghetto 6, T1
già *avv.* 2, T2
giacca 4, T3, E1
giallo 12, T1
giallo, -a *agg.* 4, T3, E1
giardino 5, T1
giocare 2, I
giocare a pallavolo 5, T3
giocare a pallone 5, T2, E6
giocare a tennis 2, T1, E1
giocattolo 13, T1, E6
gioco 4, T3
giocoliere 10, T3
gioia 11, T2
giornale 3, T1
giornale scolastico 6, T2
giornalista 13, I
giornata 4, T1, E1
giorno 4, T1, E1
giorno feriale 4, I, E1
giorno festivo 4, I, E1
giovane *m/f*; giovane *agg.* 4, T2
giovanotto 12, T2
giovedì 4, T1, E1
gioventù 15, T1
girare a destra/a sinistra 7, T2
giretto; fare un giretto 4, T1
gita 5, T3
giudicare 10, I
giudice 15, T3, E2
giudizio 15, T3, E8
giugno 8, I
giurisprudenza 10, T3, E5
godere 9, T1
gondoliere 7, I, E1
gonna 4, T3, E1
governare 14, T1
governo 13, T2, E3
gradire 10, T1
graduale *agg.* 10, T1
graduatoria 13, T1, Info
grande *agg., pl.* grandi 2, T2
grave *agg.* 5, T1
gravità 12, T3
grazie 1, T1
grazie a 4, T3
gridare 5, T3
grigio, -a *agg.* 4, T3, E1
grumo 10, T3
gruppo 6, T1
guardare 1, T2
guardare la TV 2, T1, E1
guarire 10, T3
guerra 8, T1, E7
guidare 10, T1
gusto 1, T3, E2
Hai voglia di ... ? 1, T2

hotel *m* 5, T3, E1
idea *f* 3, T1
ideale *m* 12, T1, T3
ideale *agg.* 6, T2
ideare 12, T2, E7
idromassaggio *m* 9, T1
ieri *avv.* 5, T2
il cui 9, T2
illusione *f* 15, T1
imbarazzato, -a *agg.* 10, T1, E9
immaginare 5, T3
immaginario, -a *agg.* 15, T1, E1
immaginazione *f* 15, T1
immagine *f* 10, T2, E1
immaterialità *f* 12, T3
immenso, -a 12, T2
imparare 1, T3
impatto *m* 10, T1
impegnarsi 11
impianto *m* 9, T1
impiegato/a 5, T3, E6
importante *agg.* 5, T1
importanza *f* 7, T3, E7
imprenditore *m* 12, T2
imprenditoriale 12, T2
in anticipo 6, T3, E1
in aumento 9, T1, E7
in cerca di 5, T3
in Germania 1, T3, E5
in Italia 1, T2, E2
in media, mediamente 10, T1
in modo adatto 9, T1, E5
in serata 3, T2
inaspettato, -a *agg.* 15, T2, E5
incantevole *agg.* 9, T1
incentrare 15, T1
incidente *m* 9, T1, E2
incontrare 1, T3
incontro *m* 4, T2
incredibile *agg.* 3, T1
incubo *m* 14, T3, E3
indietro 10, T3
indipendente *agg.* 11, T1
indipendenza *f* 14, T1
indirizzo *m* 2, T1
indiscutibile *agg.* 9, T2
indossare 4, T3
indovinare 4, T3
infanzia 8, T2
infatti *congz.; avv.* 3, T2, E7
infermiera *f,* infermiere *m* 13, I
inferno 7, T3
infinito -a 10, T1
influenzare 15, T1
informarsi 6, T2
informazione *f* 9, T1, E9
ingegnere *m* 12, T3
ingiusto, -a *agg.* 15, T3, E2
inglese *agg.;* inglese 1, T3
inglese *m* 6, I, E1
ingresso 1, I
iniziare 14, T1, E5
inizio; all'inizio di 4, T2, E1
innamorarsi di qn 5, T3, E8
innervosirsi 12, T2
inno *m* 14, T1, E9
innocente *m/f* 14, T1, E11
innovativo, -a *agg.* 15, T1
inoltre *avv.* 11, T2

insalata *f* 4, T1
insegnante *m/f* 4, T3
insegnare 5, T1
inseparabile *agg.* 10, T1, E5
insieme 2, T1
insolito, -a 10, T3, E11
insomma 5, T3
instabile *agg.* 7, T1
insurrezione *f* 14, T1, E5
intanto 11, T1, E10
integrare 14, T2
intellettuale *m/f* 14, T1, E5
intelligente *agg.* 6, T3
intensità *f* 12, T2, E7
intenso, -a 10, T1, E9
interessante *m/f agg.* 1, T1
interessare (a) qn 4, T2, E4
interessato, -a *agg.* 4, T2
interesse *m* 2, T1
interiore *agg.* 10, T1
internazionale *agg.* 11, T2, E10
interno, -a *agg.* 13, T1
intero, -a 12, T1
interrogare 6, T3
interrogazione *f* 6, T3
intervista *f* 6, I, E3
intimo, -a *agg.* 10, T1
introdurre; *part. pass.* introdotto 12, T2, E7
invalido/a; invalido, -a *agg.* 14, T3, E3
invasioni barbariche *f* 7, T1, E1
invece *avv.* 5, T2
inventare 11, T2
inventivo, -a *agg.* 15, T1
inventore *m* 12, T2, E7
invenzione *f* 12, T2, E7
inverno 8, I
investire 12, T3, E2
invitare 5, I, E1
invitato/a 5, T2
invito *m* 5, T2, P
io, tu, lui, lei 1, I
iPod *m* 8, T3, P
ipotizzare 12, T2, E3
ironico, -a *agg.* 14, T3, E3
irreale *agg.* 15, T1
iscriversi 11, I, E1
isola *f* 5, T1
isolamento *m* 11, T2
ispettore *m* ispettrice *f* 13, T1
ispirare 12, T2
istruttivo, -a *agg.* 9, I, E1
istruttore/istruttrice 9, T1
italiano *m* 6, I, E1
italiano, -a *agg.;* italiano/ italiana 1, T1, E4
lacrima 15, T1
lago 7, T1, E1
lampada; lampada fashion 4, T2
lanciare 5, T2
lasciar stare 8, T3
lasciare 3, T2
latino 6, I, E1
lato positivo/negativo 9, T1, E9
laurea 13, T1
laurearsi 13, T1
lavagna 6, T3

lavarsi; lavarsi i denti 4, T1
lavorare 2, T2
lavorazione 12, T3, E8
Legambiente 5, T3, E7
legge 15, T3, E2
leggenda 12, T2
leggere 2, T1, E1
leggero, -a *agg.* 7, T3
leghista 14, T3
legno 10, T3, E11
lento, -a *agg.* 9, T1
lettera 5, T2, E6
lettera di motivazione 13, T2, E8
letterario, -a *agg.* 15, T1
letteratura 15, T1
letto 3, T1, E1
lettura 10, T3; E12
lezione 1, I
lezione di grammatica 4, T2
lì 1, T1
liberare 14, T1
liberarsi 11, T1, E4
liberazione 14, T1, E5
libero, -a *agg.* 6, T2
libraio 13, T1, E6
libro 2, T1, E1
licenza media 13, T1
liceo 1, T2
Lido 7, T3, E6
limone 1, T3, E2
lingua 2, T1, E1
link *ingl.* 6, T1
liscio, -a *agg.* 12, T2
lista 9, T2, E2
litigare 2, T2
livello 14, T3
lontano 1, T2
lotta 14, T1, E5
lucchetto 10, T2, E1
luce 5, T2
lucente *agg.* 7, T3
luglio 8, I
luminoso, -a *agg.* 10, T1, E9
luna 5, T2
lunedì 4, T1, E6
lungo, -a *agg.* 10, T1, E11
luogo; luogo comune 10, T1
ma *congz.* 1, T1
macchina 5, T1
macedonia 12, T1
maestro 12, T2, E6
mafia 15, T1
mafioso, -a *agg.* 14, T3
magari *inter.; avv.* 7, T1, E1
maggio 8, I
maggiore 13, T2, E11
maggiorenne 5, T2, E12
maglia 4, T3, E1
maglietta 4, T3, E1
maglione 4, T3, E1
malato, -a *agg.* 10, T1, E9
malattia 10, T3
male; malissimo 1, T3, E1
mamma 3, T1
mandare 5, T1
mangiare 2, T1
manifestazione 11, I, E1
manipolare 10, T3
mano *f, pl.* le mani 6, T3
mantenere 12, T2
mantenersi 13, T1, E2
marchio 12, T2

mare *m* 2, T1, E1
mare mosso 5, T3
marito 5, T1, E2
marmo 8, T3
marrone *agg.* 4, T3, E1
martedì 4, T1, E1
marzo 8, I
maschera 15, T1
massimo, -a *agg.* 12, T2
matematica 6, I, E1
materie scolastiche *f* 6, I, E1
matrimonio 5, I
mattina 3, T1
matto, -a *agg.* 9, T2
maturità 6, T2
maturo, -a 10, T3
meccanico 14, T2, P
medio, -a *agg.* 12, T2, E3
mediterraneo, -a *agg.* 12, T1
meglio *avv.* 5, T2
mela 7, T2
melone *m* 7, T2
meno 4, I, E1
mentre *congz.* 9, T2
menù *m* 5, T2, P
meraviglioso, -a *agg.* 5, T1
mercato 7, T2
mercoledì 4, T1, E1
meridionale *agg.* 14, T3
mese *m* 1, T2
messaggero 15, T1
messaggio 6, T1
messaggio di benvenuto 6, T3
mestiere 13, I, E1
metà 15, T1
metamorfosi 10, T3
metro 2, T2
metropolitana 7, T1, E1
mettere 2, T1, E5
mettere a posto 2, T2, E12
mettere fine a 11, T1
mettere in ordine 9, T1, E1
mettere in risalto 15, T1
mettersi d'accordo su qc 9, T1, E3
mettersi nei panni di qn 15, T3, E4
mettersi qc 9, T1, E5
mezzanotte 5, T3, E7
mezzi pubblici 11, T1, P
mezzo, -a *agg.; avv.* 4, I, E1
mezzogiorno 4, I, E1
Mezzogiorno (d'Italia) 14, T3
mi farebbe comodo 3, T2
miele *m* 7, T3
migliore *agg.* 6, T1
minimo 11, T1
ministro 14, T1
minuto 3, T1
miseria 11, T2
misterioso, -a *agg.* 7, T3
misurare 12, T2, E7
mobili *m* 4, T2
mobilitarsi 13, T2, E4
modella 12, T2, E8
modernità 15, T3, E7
modificare 12, T2, E7
modo 7, T1
moglie 5, T1, E2
moltitudine 12, T2
molto *avv.* 1, T1

momento 9, T1, E5
monarchia 14, T1, E6
mondiale 12, T2
mondo 4, T2, E1
moneta; monetina 8, T1
montagna 9, T1, E5
monumentale *agg.* 12, T3
monumento 6, T1
morire; *part. pass.* essere morto, -a 7, T1
mortadella 7, T2, E9
morte 5, I, E1
mostra 6, T2
motivo 9, T2
moto 14, T1, E5
moto, motocicletta 2, T1
motorino 3, T2
mountain bike 9, T1
mouse *m* 8, T3, P
movimento 14, T1
mozzarella 7, T2, E1
mura *pl.* 7, T1, E1
muscoloso, -a 10, T3
museo 1, T2, E6
musica 2, T1, E1
nano 14, T2
napoletano, -a *agg.* 5, T2
narrare 10, T3, E11
narratore/narratrice 15, T3, E6
Natale 8, I
natura 6, T2
naturalmente *avv.* 5, T3
nave *f* 4, T1, E8
navigare in Internet 2, T1, E1
nazione 12, T2
ne 7, T2
né ... né 6, T2
neanche 9, T2
nebbia 9, T1, E7
necessario, -a *agg.* 6, T1
negozio *pl.* i negozi 1, T3
nei confronti di 15, T3, E2
nero, -a *agg.* 4, T3, E1
Nessun problema! 8, T3
neve 9, T1
nevicare 9, T1, E7
niente 1, T2
nipote; nipotino/a 5, I, E1
no 1, T1
nocciola 1, T3, E2
noi/voi/loro 1, T1
noia 9, T2
noioso, -a *agg.* 6, T2
noleggiare 12, T2
nome *m* 1, T1, E4
non 1, T1
non ... nulla 10, T3
non ... alcuno, -a 10, T1
non c'è di che 3, T2
non importa 13, T2
non so 1, T1
(non) ... mai 6, T2, E1
(non) ... nessuno 6, T2, E1
(non) ... niente 6, T2, E1
(non) ... per niente 6, T2, E1
nonno, nonna; i nonni 5, I, E1
nonostante + *cong.* 11, T2
nord *m* 5, T1, E1
normale *agg.* 3, T1

normalmente *avv.* 6, T3
notare qc 3, T2
notevole *agg.* 14, T3
notizia 12, T1
noto, -a; essere noto, -a per 15, T1
notte *f* 3, T1, E8
novembre 8, I
novità 4, T2, E10
nuca 10, T3
nucleare 14, T1, E11
numero 2, I, E1
numeroso, -a *agg.* 13, T2, E11
nuotare 7, T1, E1
nuovo, -a *agg.* 1, T1
nuvola 9, T1, E7
o 1, T2, E7
o ... o ... 7, T1
obelisco *m* 8, T3
occasionale *agg.* 13, T1
occasione *f* 12, T2, E6
occhiali (da sole) *m* 4, T3, E1
occhiali *m pl.* 12, T2
occhio *m,* pl. gli occhi 7, T3
occidentale *agg.* 9, T1
occuparsi di 8, T2, E2
occupato, -a 4, T1
oceano *m* 15, T1
oculista *m/f* 11, T2, E8
Oddio! 1, T1
odiare fare qc 2, T1
offerta *f* 7, T2, E1
offrire 4, T2
oggetto *m* 12, T3, E8
oggi *avv.* 1, T3
ogni tanto 3, T2
olio essenziale *m* 9, T1
olio *m* 7, T2
oliva 7, T2, E9
oltre (a) 8, I
ombrellone *m* 9, T2
omonimo, -a *agg.* 15, T2, E7
opera (d'arte) *f* 7, T1
opera lirica *f* 14, T1, E7
operatore *m* turistico 13, T2
opposizione *f* 14, T1, E12
oppure *congz.* 2, T2
ora *f* 4, I, E1
orale *agg.* 13, T1, Info
orario *m* 6, I, E1
ordinare 5, T2, P
ordinato, -a *agg.* 3, T2, E1
orecchino *m* 12, T2, E1
orfano/a *m/f* 12, T2
organizzare 4, T2
organizzazione *f* 11, T1, E2
originale 15, T1
origine *f* 14, T2
ormai 11, T2
orrore *m* 12, T3
ospedale *m* 13, T1
ostello 7, T1
Ostia; Lido di Ostia 5, T1
ottenere 13, T1, Info
ottimo, -a *agg.* 1, T2
ottobre *m* 8, I
Ottocento 15, T1
ovunque 12, T3
ovvio, -a *agg.* 10, T1, E9
pacchetto 9, T1
pace 14, T1

padre; mio padre, tuo padre, suo padre 1, T3
padrone, padrona 15, T1
paesaggio 9, T1
paese 4, T2, E1
paesi membri 4, T2, E10
pagare 1, T3
pagare alla romana 7, T2
pagella 6, T2
Palazzo Ducale 1, T2, E1
palestra 10, T1, E11
pane *m* 4, T1
panetteria 7, T2
panino 7, T2, E1
panna 1, T3
panorama *m* 5, T1
pantaloni *m* 4, T3, E1
papà *inv.* 3, T1
paracadute 12, T2, E7
paradiso 7, T3
paragrafo 14, T1, E2
parcheggio 3, T2
parco 5, T2
parente *m/f* 5, I, E1
parere 11, T1, E3
parlare (di qc) 1, T3
parola 6, T3, E3
parrucchiere/a 5, T2, P
parte 9, T1, E2
partecipante 13, T2, E4
partecipare a 6, T3
partenza 5, T3
particolare 12, T2, E6
partire 4, I, E1
partita 11, T3, E6
partner *m/f* 6, T2
Pasqua 8, I
passaggio di grado 13, T1
passaporto 5, T3, E6
passare 3, T1
passare di moda 10, T3, E12
passare molto/tanto tempo a fare qc 2, T2
passatempo 9, T2, E9
passato 10, T3
passeggiata 5, T1
password *f* 6, T1, E2
pasta fresca 2, T2
pasticceria 1, T2, E6
patriota 14, T1
paura 9, T1
pauroso, -a *agg.* 13, T2
pausa pranzo 7, T1
pazienza; con pazienza 6, T3
Peccato! 5, T2
peggiore *agg.* 7, T3
pelle 9, T2
pena di morte 14, T1, E11
penisola 14, T1
pensare (a qualcosa) 2, T1
pensiero 11, T2, E10
pensione 9, T1, E9
peperoncino 1, T3
per 1, T2
per esempio 6, T3
per favore; favore *m* 3, T1
per fortuna 2, T2
per quanto riguarda 15, T3, E3
pera 7, T2
Perché?; perché ... 1, T3

perciò 10, T3, E11

perdere; *part. pass.* perso 5, T3

perdersi; *part. pass.* perso 7, T2

perfezionare 12, T2, E7

perfino *avv.* 3, T2

pericoloso, -a *agg.* 7, T1, E6

periodo 3, T2

permettere 3, T2

però 5, T1, E5

persona 4, T3, E7

personaggio 6, T1

pesante 10, T2, E8

pesca 7, T2, E1

pesto 4, T1

pettinarsi 4, T1

pezzetto 10, T3

piacere 1, T3, E2

Piacere. 1, I

piangere; *part. pass.* pianto 5, T2

pianista 15, T1

piano 2, T2

pianta 12, T3, E5

pianterreno 3, T2

piastrella 12, T1

piatto 7, T2

piazza 1, T1

piazzetta 7, T2

piccolo, -a *agg.* 2, T2

piede; a piedi 4, T1

pieno, -a *agg.* 5, T3

PIL (prodotto interno lordo) 14, T3

pilota 13, I

pioggia 9, T1

piovere 3, T2

piscina 9, T1

pista 9, T1

pista ciclabile 11, T1

pittore/pittrice 7, T3, P

più; non ... più 2, T2

piuttosto *avv.* 3, T2

poco, -a, *pl.* pochi, poche 3, T1

poesia 10, T1, E7

poeta, poetessa 15, T1

poi 1, T2

politico; *pl.* politici 7, T1

polizia 7, T1

poliziotto/a 13, I

poltrona 3, T1, E1

pomeriggio 3, T2

pomodoro 7, T2, E9

ponte *m* 7, T1, E1

popolarissimo, -a *agg.* 15, T1

popolazione 14, T1

popolo 7, T1

portafoglio 3, T1

portare a domicilio 12, T1

portare a spasso qn 3, T2

portare con sé 9, T1, E5

portatile *m* 8, T3, P

porto 2, T2

portoghese *m/f*; portoghese *m*; portoghese *agg.* 4, T2, E10

porzione 12, T1, E5

posizione 14, T1, E13

possedere 10, T3, E12

possibile *agg.* 3, T1

possibilità 6, T2

poster *m* 3, T1, E1

posto 7, T1, E1

potere 2, T2

potere 11, I, E1

povero, -a *agg.* 2, T2, E2

pranzo 4, T1

preavviso 13, T2

precariato 13, T2, E3

precario, -a *agg.* 11, T2

preciso, -a *agg.* 13, T1, E8

preferire *-isc-* 3, T2

preferito, -a 6, I

premio 8, T3

prendere 1, T2

prenotare 5, T3

preoccuparsi 5, T3

preoccupato, -a 13, T1, E5

preparare 1, T2

presentare 1, T3

presente *agg.*; il presente 10, I

presenza 11, T2, E2

preside *m/f* 6, T2

presidente della Repubblica 8, T3

presso 5, T3, E7

prestare 10, T2, E6

prestare servizio in qc 11, T2

presto; a presto 1, T2

prete *m* 5, T2, P

prezzo 4, T2, E9

prigione *f* 6, T1

prigioniero/a *m/f* 14, T1, E7

prima di + *inf.* 9, T1, E5

(prima) colazione *f* 7, T1

(prima) comunione *f* 5, I

primavera 8, I

primo, secondo, terzo, quarto, quinto piano 3, T2

primo/a; il primo (piatto) 4, T1

primogenito 12, T2

principale 10, T1, E4

principe 15, T1

pro capite 14, T3

probabilmente 10, T1

problema *m*; *pl.* i problemi 1, T1

problematico, -a *agg.* 14, T3

processo 15, T2, E7

proclamare 14, T1

prodotto 4, T3, E1

produrre; *part. pass.* prodotto 11, T1

produttivo, -a *agg.* 14, T3

produzione 15, T1

professionale *agg.* 13, T1

professore, professoressa 3, T1, E6

profilo 6, T3

profondità 15, T1

profumato, -a *agg.* 7, T3

progetto 5, T3, E9

programma *m* Programm 7, T1

programmatore, programmatrice 13, I

progresso 14, T1, E5

promettere di fare qc 12, T2, E5

promuovere; *part. pass.* promosso 11, I, E1

pronto, -a; Pronto? 1, T1

proposta 9, T1, E5

proprietà 12, T2

proprio *avv.* 1, T2

proprio, -a 15, T2, E7

prosciutto (cotto; crudo) 7, T2, E1

prospettiva 10, T3, E11

prossimo, -a 4, T1, E1

protagonista *m/f* 8, T3, E5

proteggere 9, T1, E5

protesta 13, T2, E3

prova 13, T1, E5

provare 5, T2, E11

provenienza 8, T1

provincia 12, T2

pubblicare 11, I, E1

pubblico 12, T3

pulire *-isc-* 5, T3, E7

pulsante 10, T3, E10

punire qn *(-isc-)* 15, T3, E7

punizione 14, T3, E3

punteggio 13, T1, Info

punto 9, T2, E2

puramente 15, T1, E1

purché + *cong.* 12, T1

pure 9, T1

Purgatorio 15, T1

purtroppo 3, T2

puzzare (di qualcosa) 7, T2

qua vicino 1, T2

quadro 8, T1

qualche (+ *sost. sing.*) 5, T1

qualcosa 2, T2

qualità 9, T2

qualsiasi cosa 6, T3

quando; Quando? 2, T2

Quanto pago? 1, T3

quanto, -a 1, T3

quarto 4, I, E1

quasi 2, T2

quel(lo), quella 5, T1

questionario 10, T1

questo, questa; questi, queste 1, T2

qui 1, T1

quindi *congz.* 7, T1

raccogliere; *part. pass.* raccolto 10, T3

raccontare 3, T2, E13

radice 12, T1

radiofonico, -a *agg.* 13, T2, E7

raffreddore *m* 5, T1

ragazzo, ragazza; ragazzi; ragazze 1, I

ragione 10, T1, E4

rap *m* 2, T1

rapporto 6, T3

rappresentare 8, T1, E7

raramente 3, T2, E1

razza 12, T2

reagire *-isc-* 10, T2, E5

realizzare 11, I, E1

realtà 10, T1

reazione 15, T3, E2

reddito 14, T3

regalare 10, T2

regalo 5, T2, P

regionale *agg.* 14, T3

regione *f* 5, T1, E1

regista 12, T1

regista *m/f* 8, T2

registrare qc 10, T1

regola 4, T3

relazione amorosa 10, T1

rendere qc/qn + *agg.* 10, I

reporter *m* 8, T1

repubblicano, -a *agg.* 14, T1

respirabile *agg.* 11, T1

respirare 12, T3

responsabile *agg.* 4, T2

responsabilità 13, T1

rete *f* 8, T3, P

riassunto 3, T1, E2

ribelle *m/f* 6, T3

ricco, -a *agg.* 7, T1

ricerca 6, T1

ricercatore 10, T1

ricetta 14, T3

ricevere 6, T1

riconoscenza 11, T2

ricordarsi di qc 6, T2

ricordo 10, T3

ridere; *part. pass* riso; far ridere 6, T3

ridurre; *part. pass.* ridotto 14, T3, E3

riempire 12, T3

riferirsi 7, T1, E1

rifiutarsi (di fare qc) 11, T2, E6

riflessione 10, T1, E4

riflettere; *part. pass.* riflettuto 10, T1, E9

riflettersi; *part. pass.* riflesso 15, T1

riguardante *agg.* 15, T3, E3

riguardare qn 9, T1, E9

rimanere; *part. pass.* rimasto 4, T1

rimpiangere 10, T3

ringraziare qn 3, T2

rinnovare 15, T1

riparare 10, T2, E7

ripetizione 10, T3

riposante *agg.* 9, I, E1

riposarsi 4, T1

riposo 9, T1

riprendersi 11, T2, E6

riscaldare 12, T1

rischiare 11, T2

rischio 12, T2

riscontrare 10, T1

riso 5, T2

risolvere 11, T2, E6

risorgere; *part. pass.* risorto, -a 14, T1

Risorgimento 14, T1

risorsa 10, T1

rispecchiarsi 15, T1, E1

rispettare 6, T3

rispetto a 14, T3

rispondere, *part. pass.* risposto 5, T1

ristorante 1, T2, E6

risultare 14, T3

risultato 6, T1

ritardo; essere in ritardo 4, I, E1

ritirarsi 14, T1, E5

ritmo 9, T1

ritratto 4, T3, E7

ritrovare 9, T1

riuscire a fare qc 3, T2
riva 7, T1, E1
rivelare 10, T3, E11
rivolgersi a 10, T1, E9
rivoluzione 14, T1
rock *m* 5, T2
rogo 15, T3, E7
romano/a; romano, -a *agg.*
  8, T1
romanticismo 15, T1
romantico, -a *agg.* 5, T2
romanzo 10, T3, E11
rosa 7, T3
rosso, -a *agg.* 4, T3, E1
rotto, -a *agg.* 10, T2, E7
rubare 8, T1
rumore *m* 2, T2
ruolo 15, T1
sabato 4, T1, E1
sabbia 9, T2
sacrificio 13, T1
sala 5, T2, P
salame *m* 7, T2, E1
salire 8, T3
saltellare 10, T3
salumeria 7, T2, E1
salutare qn 5, T1, E7
salutarsi 8, T3
salute 9, T1
salvare 15, T3, E7
samba 5, T2, E9
sangue 10, T3
sano, -a *agg.* 9, T1
sapere 3, T2
sardo/a; sardo, -a *agg.* 9, T1,
  E5
satirico, -a *agg.* 15, T1, E1
sbagliarsi 8, T3
sbrigarsi 4, T1
scaffale *m* 3, T1, E1
scala 12, T2, E7
scalare 10, T3
scalinata 5, T1, E9; 8, I
scambio 4, T3, E6
scappare 10, I
scarpa 4, T1
scarpe da ginnastica 4, T3,
  E1
scegliere; *part. pass.* scelto 5,
  T2, P
scelta 9, T2
scendere; *part. pass.* sceso 8,
  T1
scenetta 15, T3, E4
schermo 6, T1
scherzo 6, T1
sci; sciare 9, T1
scientifico, -a 6, T2
sciogliere; *part. pass.* sciolto
  10, T3
scolastico, -a *agg.* 14, T3
scollato, -a 10, T3
scommessa 12, T1, E1
sconfiggere; *part. pass.* sconfitto 12, T3
sconosciuto 15, T3, E11
scooter *inv. m* 1, T2
scoperta 15, T2, E5
scoprire; *part. pass.* scoperto
  12, T1
scorso, -a *agg.* 9, T1, E2
scrittore/scrittrice 7, T3, P
scrivania 3, T1, E1

scrivere 2, T2
scuola 1, T3
scuola di ballo 2, T2
scuola serale 14, T2
scuro, -a *agg.* 4, T3
scusare 1, T1
se *congz.* 3, T2
sebbene + *cong.* 12, T1
secchione, secchiona 6, T1
secolo 7, T1
secondo/a; il secondo (piatto) 4, T1
sede *f* 7, T1
sedersi 6, T3
sedia 3, T1, E1
segreto 10, T3, E11
segreto, -a *agg.* 14, T1
seguente *agg.* 15, T3, E8
seguire 6, T3
sembrare 8, T3
semplice 11, T2
sempre *avv.* 2, I, E1
sentimentale *agg.* 10, T1
sentimento 10, I
sentire 1, T2
sentirsi bene/male 5, T1
senza 1, T3
separatista *agg.* 14, T3
sera 2, T2
serio, -a *agg.* 4, T2
servire (a) qn 6, T1
servitore 15, T1
servizio 5, T3, E7
sete *f* 7, T2
settembre 8, I
settimana 4
severo, -a *agg.* 12, T2
sfilata 12, T2, E6
sforzo 14, T3
sfruttamento 11, T1
sfruttare 14, T3
shopping *ingl.* 5, T2, E11
sì 1, T1
siccome *congz.* 8, T1
siciliano, -a *agg.* 9, T1, E2
sicuramente *avv.* 9, T1, P
sicurezza 13, T2, E3
sigaretta 10, T2, E8
significare 2, T2, E2
signore, signora, signorina
  1, I
silenzio 7, T1
simbolo 7, T3, E6
simile 12, T2
simpatico, -a *agg.* 1, T3
sindacato 13, T2, E3
sindaco 11, T2, E10
sito (Internet) 6, T1
situato, -a *agg.* 9, T1
situazione 10, T1, E12
smorfia 10, T3
snack *m* 7, T2, E9
snello, -a *agg.* 12, T2, E6
snob *agg.* 12, T3
sociale *agg.* 6, T3
società 11, I, E1
sociologo, la sociologa 14,
  T3
soffrire 10, T1, E2
soggiorno 2, T2, E1
sognare (qc) 6, T1
sogno 12, T3
soldi *m* 7, T2, E1

sole *m* 5, T2
solidarietà 13, T2, E4
solitudine 15, T1
solo *avv.*; solo, -a *agg.* 1, T3
soluzione *f* 5, T3
sondaggio 11, I, E1
sopra *prep.* 2, T2, E2
soprattutto *avv.* 1, T3
sorella 2, T2
sorgere; *part. pass.* sorto 12,
  T3
sorpresa 5, T3
sospendere qc, *part. pass.*
  sospeso, -a 15, T1
sostenere qc 10, T1
sotto *prep.* 2, T2, E2
sottolineare 14, T1
sottomano 13, T2
sottomettersi a qn 12, T2
sottostare 13, T2
sottosviluppo 11, T1, E4
sovrano 15, T1
spagnolo/a *m/f* spagnolo *m*;
  s pagnolo, -a *agg.* 4, T2,
  E10
spalla 10, T3
specchio 2, T2
speciale 5, T3, E6
specialista *m/f* 6, T1
specialità 4, T2, E12
specializzarsi 12, T3, E8
specializzazione 13, T1
spedizione 14, T1
spegnere; *part. pass.* spento
  5, T2
spendere; *part. pass.* speso
  7, T2, E1
speranza 13, T1, E5
sperare che + *cong.* 11, T2,
  E5
spesso *avv.* 2, T1
spettacolo 8, I
spiaggia *pl.* le spiagge 5, T3
spiegare 3, T1, E2
spinario 8, T1
spiritoso, -a *agg.* 7, T3
spirituale *agg.* 9, T1
splendido, -a *agg.* 9, T1
sporco, -a *agg.* 7, T1
sport *m* 2, T1
sportivo, -a *agg.* 9, T1
sposare qn; sposarsi 5, T1
sposo/sposa 5, I, E1
spostarsi 7, T1, E1
sprite 7, T2
spumante *m* 5, T2
squillare 10, T3
stadio 2, T1
stagione *f* 8, I
stamattina 7, T1
stanco, -a *agg.* 4, T1
stanza 2, T2, E9
star *f* 7, T3, E6
stare 1, T3, E1
stare attento, -a 6, T1, E2
stare zitto, -a 3, T1
statale 14, T3
Stati Uniti *m* 5, T1
statistica 14, T3
stato, Stato 14, T1
stato d'animo 15, T3, E3
statua 8, T1
stazione *f* 5, T1
stella 7, T3

stereotipo 14, T3, E3
stesso, -a 6, T3
stile *m* 7, T1
stilista 12, T2, E1
stipendio 13, T2
stivale *m* 4, T3, E1
storia 6, I, E1
storia dell'arte 6, I, E1
storico, -a *agg.* 14, T3
stracciatella 1, T3, E2
strada 9, T1, E5
stradina 11, T2, E10
straniero/a *m/f*; straniero,
  -a *agg.* 4, T2
strano, -a *agg.* 6, T2
stress 9, T1
stretto, -a *agg.* 9, T1, E5
stringere, *part. pass.* stretto
  14, T1
strofa 14, T1, E7
strumento 13, T1, E6
struttura 10, T3, E11
studente/studentessa 4, T2
studiare 2, T1, E1
stupido 10, T3
su *prep.*; sull', sulla 2, T2,
  E2
subito 2, T2
succedere; *part. pass.* successo 5, T3
successo 10, T3, E11
succo di frutta 7, T2, E1
sud *m* 5, T1, E1
sudare 9, T2
suggestivo, -a *agg.* 15, T1
suonare 2, I, E1
superare (un esame) 13,
  T1, Info
superiore *agg.* 6, T3
supermercato 7, T2, E1
superpopolare *agg.* 6, T3
suscitare (un sentimento)
  12, T2
svantaggio 8, T1
svedese *m/f*; svedese *m*; svedese *agg.* 4, T3
sveglia 4, T1
svegliarsi; svegliare qn 4,
  T1
svolgersi 15, T3, E2
tabaccaio 9, T2, E8
tacco 10, T3
taglio dei capelli 10, T3
talmente 9, T2
talvolta 12, T1
tango 5, T2, E9
tanti saluti 5, T1
tanto *avv.* 7, T1, E1
tappeto 3, T1, E1
tarantella 5, T2
tardi *avv.* 3, T1, E6
tariffa 5, T3, E6
tartaruga 8, T3
tastiera 6, T1
tavolo 3, T1, E1
taxi 7, T1
tè 12, T1
teatrale 15, T1
teatro 1, T2, E5
tecnica 15, T1
tedesco 6, I, E1
tedesco, -a *agg.*; tedesco/te-
  desca 1, T1

telefonare 2, T1, E1
telefonino 10, T3
telefono 3, T1
tema *m* 6, T1
tematica 15, T3, E7
temere 12, T2
temperatura 9, T1, E5
tempio, templi 9, I
tempo 9, T1, E1
tenda 9, T2
tendere a qc 10, T1
tener presente 15, T3, E8
tentare di 14, T1, E5
tentativo 14, T1, E5
teoria 6, T2
terapia 10, T3
termine 15, T1
terra; per terra 3, T1
terrazzo 2, T2, E1
terremoto 11, T2, P
terreno 7, T1
tesoro 7, T3
tessera universitaria 5, T3, E6
tessuto 12, T2
testimonianza 13, T2, E2
ti passo ... 5, T3
timido, -a *agg.* 10, T1, E9
tipico, -a *agg.* 8, T1, E9
tipo 3, I, E1
tirare fuori 8, T1, E7
titolo 15, T1
toast *m* 7, T2
tocca a te; toccare a 1, T3
togliersi; *part. pass.* tolto 8, T1, E7
tollerante *agg.* 10, T1
tonno 7, T2
tono su tono 12, T2, E6
tornare 2, T2
tovagliolo 10, T3
tra poco 2, T1
tra; fra 3, T1
tradire qn 15, T3, E7
tradizionale *agg.* 9, T1
tradizione 9, T2
tradurre; *part. pass.* tradotto 10, T3, E11
traduzione 14, T1, E7
traffico 5, T1
traghetto 5, T3
tragicomico, -a *agg.* 15, T1
tramezzino 7, T2, E1
tramite 13, T2, E8
tramonto 10, T2
tranquillo, -a *agg.* 5, T3, E3
transatlantico; transatlantico, -a *agg.* 15, T1
trarre; *part. pass.* tratto, -a 15, T2, E6
trascorrere 12, T1, E1
trasferimento 14, T2
trasparenza 12, T3
trasportare 4, T1, E8
trasporto 14, T2, E6
trattarsi di; trattare di 12, T2, E8
trattoria 9, T1, E6
Trecento 7, T1
trendy *ingl., inv.* 4, T2
treno 4, I, E1
tribunale 15, T3, E2

triste *agg.* 3, T2, E1
troppo, troppa; troppo (*avv.*) 7, T2
trovarsi 2, T2
truccarsi 4, T1
truppa 14, T1
turco/a *m/f;* turco *m;* turco, -a *agg.* 4, T2
turismo 9, I
turista *m/f* 4, T2, E1
turistico, -a *agg.* 9, T1, E5
turno 13, T1
TV; televisone; televisore *m* 2, T2
tvtb (ti voglio tanto bene) 6, T1
ubbidire a qn 15, T2, E6
uffa 1, T1
ufficiale *agg.* 9, T1, E11
ufficio *m* 4, T1, E8
ufficio postale *m* 1, T2, E5
uguale, uguali *agg.* 7, T2
ultimamente 11, T2, E6
ultimo/a; ultimo, -a *agg.* 5, T3, E5
umanistico, -a *agg.* 12, T3
umano, -a *agg.* 10, I
un momento, per favore 1, T1
un po' 1, T1
unico, -a *agg., pl.* unici, uniche 2, T2
unificazione *f* 14, T1, E1
Unione Europea (UE) 4, T2, E2
unità *f* 14, T1
università 4, T2
universitario, -a *agg.* 13, T1
universo *m* 7, T3
uomo; uomini 4, T3, E7
urbi et orbi 8, I
urgente *agg.* 10, T1, E9
usare 9, T1, E5
uscire 3, T2, E1
uso *m* 11, T2, E4
utile *agg.* 7, T1, E6
utilizzare 9, I, E1
utopia *f* 12, T3
uva *f* 7, T2, E1
vacanza 7, T1, E1
valigia 5, T3
valzer *m* 5, T2, E9
vaniglia 1, T3, E2
vantaggio, *pl.* i vantaggi 8, T1
vaporetto 7, I, E1
vasto, -a *agg.* 12, T1
vaticano, -a *agg.* 8, T1
vedere 2, T2
vela 9, T1, E6
vena 15, T1
vendere 4, T2
venerdì 4, T1, E1
veneziano/a *m/f* 7, T1, E6
venire 1, T2
vento 5, T3
verde *agg.* 4, T3, E1
verdura 4, T1
vergogna 13, T2, E3
vergognarsi 10, T3
verista 15, T1
verità 8, T3
vero, -a; vero? 1, T3

versare 6, T1
verso *prep.* 5, T3
vertigini *pl.* 10, T3
vestirsi 4, T1
vestito; vestiti 4, T3, E1
vetro 12, T3
via 1, T2, E1
viaggiare 5, T1
viaggio 5, T1, E1
viaggio di nozze 5, T2, P
vicino a *prep.* 2, T2, E2
vicino/a (di casa) 3, T2
vicolo 1, T3
video-chat 8, T3, P
videoclip 2, T2
viennese *agg.* 7, T2
vietare di fare qc 11, T1
vietato, -a 5, T3
vignetta 14, I, E1
villetta 3, I, E2
vincente 12, T2
vincere; *part. pass.* vinto 8, T3
vincitore, vincitrice 13, T1, Info
vino 5, T2, P
violento, -a *agg.* 7, T1
violenza 11, T1
visitare 1, T3
viso 10, T3, E1
vista 2, T2
vistoso, -a *agg.* 14, T3
vita 3, I, E1
vivace *agg.* 10, T1, E9
vivere; *part. pass.* vissuto 3
vivisezione *f* 6, T3
voce 10, T3
volantino 8, T1
volentieri *avv.* 1, T2
volerci 7, T2
volere 4, T1
volontà 14, T1
volontariato 5, T3, E7
volontario/a 11, T2
volpe *f* 7, T3
volta; una volta; due volte 5, T1
voltarsi 10, T3
vorrei 1, T3
votare 11, I, E1
voto 6, T1
wurstel *m* 7, T2
yogurt *m* 1, T3, E2
zona 5, T1, E3

Bildnachweis

Alberto Alessi, Die Traumfabrik, Alessi seit 1921, Electa, Mailand 2002 – S. 222 (3); Archiv für Kunst und Geschichte, Berlin – S.23, 245 (3), 258; Archiv für Kunst und Geschichte / Erich Lessing – S. 258 (2); Archiv für Kunst und Geschichte / Rabatti-Domingie – S. 258, 259; Artothek, Weilheim – S. 72;

Alessandra Bianchi, Bamberg – S. 231; Bildagentur Mauritius / Torino, Mittenwald – S. 228; Bruno Bozzetto, Bergamo – S. 255;

Andrea Dever, Bamberg – S. 17 (2); 231; DIZ Süddeutscher Verlag / Bilderdienst, Celestina Vatera, München – S. 258; dpa Picture-Alliance, Frankfurt – S. 152, 153, 191, 228; dpa Picture-Alliance / Agencia Estado, Vanessa Carvalho – S. 180; dpa Picture-Alliance / akg-images – S. 247; dpa Picture-Alliance / akg-images, Erich Lessing – S. 129 (2); dpa Picture-Alliance / ANSA / Giorgio Benvenuti – S. 75; dpa Picture-Alliance / ANSA / Alessandro Di Meo – S. 153; dpa Picture-Alliance / ANSA / epa Onorati – S. 153; dpa Picture-Alliance / ANSA / Virginia Farneti – S. 153; dpa Picture-Alliance / ANSA / Carlo Ferraro – S. 153; dpa Picture-Alliance / ANSA, Claudio Onorat – S. 259; dpa Picture-Alliance / ANSA, Nicola Romani – S. 258; dpa Picture-Alliance / Gaetano Barone – S. 19, 134; dpa Picture-Alliance / Beyond-Foto – S. 32; dpa Picture-Alliance / bifab – S. 259; dpa Picture-Alliance / CHROMORANGE / P. Widmann – S. 32; dpa Picture-Alliance / DEA, G. Dagli Orti – S. 243; dpa Picture-Alliance / Denkou Images / Javier Pierini –S. 45; dpa Picture-Alliance / dpa-Film, Prokino – S. 189, 190; dpa Picture-Alliance / EFE, epa Zipi –S. 153; 176; dpa Picture-Alliance / Erwin Elsner – S. 152; dpa Picture-Alliance / epa, ANSA, La Hanzio – S. 199; dpa Picture-Alliance / epa, ANSA, Danilo Schiavella – S. 236; dpa Picture-Alliance / epa, Keystone / Schmidt – S. 153; dpa Picture-Alliance / epa, Caroline Kopp, Ho – S. 220; dpa Picture-Alliance / fotomil – S. 258; dpa Picture-Alliance / Robert Haas – S. 247; dpa Picture-Alliance / Larls Halbauer – S. 247 (2); dpa Picture-Alliance / imagestate / Spectrum, Irene Booth – S. 134; dpa Picture-Alliance / INFOPHOTO, Sicki – S. 217; dpa Picture-Alliance / Ipol – S. 191; dpa Picture-Alliance / KPA – S. 261, 262; dpa Picture-Alliance / KPA 60061 – S. 93; dpa Picture-Alliance / Wolfgang Kumm – S. 208; dpa Picture-Alliance / Markus Lubitz, Jazz Archiv - S. 153; dpa Picture-Alliance / Frank May – S. 144; dpa Picture-Alliance / MP, Leemage – S. 164; dpa Picture-Alliance / Horst Ossinger – S. 153; dpa Picture- Alliance / Photopqr, le Parisien, Maxppp De Poulpiquet – S. 199; dpa Picture-Alliance / Photoshot – S. 213, 259; dpa Picture-Alliance / Picture24 /Rößler, Friedemann – S. 135; dpa Picture- Alliance / Patrick Seeger – S. 247; dpa Picture-Alliance / Anika-Cristina Schleifer, WB – S. 250; dpa Picture-Alliance / The Advertising Archives – S. 214 (2); dpa Picture-Alliance / TipsImages, Alessandro Ianunzio – S. 270/271; dpa Picture-Alliance / United Archives, WHA, 91020 – S. 216 (2); dpa Picture-Alliance / www.bildagentur-online.com – S. 141, 220; dpa Picture-Alliance / www.crossboccia.com – S. 171; dpa Picture-Alliance / Xamax – S. 227; dpa Picture-Alliance / Zentralbild, Andrew Engelhardt – S. 114; dpa Picture-Alliance / Zentralbild, Tom Maelsa – S. 153; dpa Picture-Alliance / Zentralbild, Soren Stache – S. 45;

Focus n°2, 2000 – S. 206/207, 270, 271; Cristina Fronterotta, Münster – S. 137;

Luciana Gandolfi, München – S. 137;

Barbara Henninger, Strausberg – S. 255; Rudi Hurzlmeier, München – S. 255;

images.de - digital photo GmbH / Eye Ubiquitous, Berlin – S. 219; Interfoto / Ifpa, München – S. 258; iStockphoto / Rainer Albiez – S. 162; iStockphoto / andipautz – S. 122; iStockphoto / Xavier Arnau – S. 114, 116; iStockphoto / Don Baylay – S. 257; iStockphoto / boroboro – S. 211; iStockphoto / Joselito Briones – S. 30; iStockphoto / George Cairns – S. 117; iStockphoto / Diego Cervo – S. 117;

iStockphoto / Gene Chutka – S. 44; iStockphoto / Steve Debeport – S. 30; iStockphoto / Olga Demchishina – S. 233; iStockphoto / Dario Egidi – S. 36 (4); iStockphoto / Tarek El Sombati – S. 211; iStockphoto / fotoVoyager – S. 138, 150; iStockphoto / Lise Gagne – S. 32; iStockphoto / José Girate – S. 228; iStockphoto / Hedda Gjerpen – S. 150; iStockphoto / Gorfer – S. 154, 157; iStockphoto / Servet Gürbütz – S. 211; iStockphoto / Niko Guido – S. 117; iStockphoto – Izabela Habur – S. 84, 93, 137, 141; iStockphoto / Hottner – S. 154; iStockphoto / inhouse – S. 117; iStockphoto / Ivanastar – S. 233; iStockphoto / David Jones – S. 229; iStockphoto / Nils Kahle – S. 114; iStockphoto / Isaac Koval – S. 155; istockphoto / Andriy Kravchenko – S. 174; iStockphoto / Tina Lorien –S. 36, 45; iStockphoto / Pavel Lopsevsky – S. 233; iStockphoto / LUKE1138 – S. 150; iStockphoto / Carsten Madsen – S. 36; iStockphoto / mammuth – S. 114; iStockphoto / Ilda Masa – S. 155, 157; iStockphoto / Steven Miric – S. 45; iStockphoto / Luciano Mortula – S. 159; iStockphoto / Aldo Murillo – S. 257; iStockphoto / Stacey Newman – S. 208; iStockphoto / pagadesign – S. 211; iStockphoto / Anita Patterson-Peppers – S. 238; iStockphoto / Ina Peters – S. 17; iStockphoto / Yana Petruseva – S. 122; iStockphoto / Photoshot – S. 259; iStockphoto / Leigh Prather – S. 188; iStockphoto / Michele Princigalli – S. 208; iStockphoto / proxyminder – S. 31; iStockphoto / Thomas Pullicino – S. 17; iStockphoto / Lorenzo Puricelli – S. 223; iStockphoto / RelaxFoto.de – S. 117; iStockphoto / rusm – S. 150; iStockphoto / Chris Schmidt – S. 122; iStockphoto / Dmity Shironosov – S. 210; iStockphoto / Soldani – S. 150; iStockphoto / Damir Spanic –S. 257; iStockphoto / Priyendu Subashchaudrau – S. 117, 118; iStockphoto / Ravi Tahilramani – S. 122; iStockphoto / TerraSign – S. 128; iStockphoto / Nikolay Titov – S. 257; iStockphoto / toddmedia –S. 229; iStockphoto / Aleksej Vasic – S. 17, 31 (2), 32; iStockphoto / Slobodan Vasic – S. 32; iStockphoto / Chris Vika –S. 229; iStockphoto / Vold77 – S. 133; iStockphoto / Darzen Vukelic – S. 117; iStockphoto / Jacob Wackershausen – S. 235; iStockphoto / webphotographeer – S. 122;

Andreas Jäger, München – S. 208, 244; Dieter Jaeschke, Mexiko-Stadt – S. 36, 44, 74/75, 75 (3), 77, 80 (7), 81 (2), 82 (2), 86, 89, 92, 166, 172, 192 (3), 193 (3);

Eugen Kamenar, Bamberg – Einband; S. 31, 179 (3); R. Kiedrowski, Ratingen – S. 28;

Luca e Claudia, Notte prima degli Esami, Arnaldo Mondadori, Mailand 2008 – S. 208;

Caroline Meidenbauer, Bamberg – S. 17, 29 (3), 32 (2), 114, 117, 134/135 (2), 140, 150, 155, 157, 165, 172/173, 197, 204, 229, 244 (8); Karma Mörl, München – S. 32; Musée National du Louvre, Paris – S. 72;

Photo Scala, Florenz – S. 142; Preußischer Kulturbesitz / Gemäldegalerie, SMB / Jörg P. Anders, Berlin – S. 72;

Marco Rossi Photographers – S. 259

Sonja Schmiel, Aalen – S. 16 (3), 18, 19 (7), 21, 24, 29 (11), 32 (3), 33 (3), 34 (2), 35 (7), 39, 42, 44, 52, 63 (2), 65, 72 (2), 94 (3), 103, 105 (4), 122 (4), 125 (6), 139 (10); 154, 165, 172, 181 (2), 183 (4), 192, 208, 226, 229, 231 (2), 240; André Sedlazek, Detmold – S. 255; Sergio Staino, Florenz – S. 255; Norbert Stöckle, Bodenheim – S. 17 (4), 29 (3), 113, 119, 212 (2), 228 (2), 256 (3);

Ullstein-Bild / Caro, Claudia Hechtenberg, Berlin – S. 219; Ullstein-Bild / Eckel, Berlin – S. 156; Ullstein-Bild / Fondation Horst Tappe – S. 258, 259;

Peter Weigelt, Hirschaid – S. 83;

Anke Zink, Mistendorf – S. 180.